Daniel Sanders

Bausteine zu einem Wörterbuch der sinnverwandten Ausdrücke im Deutschen

Verlag
der
Wissenschaften

Daniel Sanders

Bausteine zu einem Wörterbuch der sinnverwandten Ausdrücke im Deutschen

ISBN/EAN: 9783957005137

Auflage: 1

Erscheinungsjahr: 2015

Erscheinungsort: Norderstedt, Deutschland

Hergestellt in Europa, USA, Kanada, Australien, Japan
Verlag der Wissenschaften in Hansebooks GmbH, Norderstedt

Bausteine.

Bausteine

zu einem

Wörterbuch der sinnverwandten Ausdrücke im Deutschen.

—

Ein Vermächtnis an das deutsche Volk

von

Daniel Sanders.

Berlin.
Verlag von Hans Lüstenöder.
1889.

Vorwort.

Seitdem ich in mein siebzigstes Lebensjahr eingetreten bin, tönen mir öfter und eindringlicher noch als sonst die beachtungs- und beherzigungswerthen Worte aus dem uns im neunzigsten Psalm überlieferten Gebete Moses', des göttlichen Mannes, mahnend im Ohre:

> „Unser Leben währet siebenzig Jahre und, wenn es hoch kommt, so sind es achtzig Jahre und, wenn es köstlich gewesen ist, so ist es Mühe und Arbeit gewesen; denn es fährt schnell dahin, als flögen wir davon";

und diese Mahnung erweckt in mir das sehnliche Verlangen und den lebhaften Wunsch, daß ich von den Sammlungen, welche ich auf dem Gebiete der deutschen Sprache für die dereinstige Ausarbeitung, wie ich wünschte und vielleicht auch nicht ganz ohne Grund hoffen durfte, zum Nutzen meines Volkes lange Jahre hindurch mit emsigem, rastlosem und unermüdlichem Eifer zusammengetragen habe, daß ich von diesen Sammlungen, sage ich, wenigstens noch ein gut Theil vor meinem Hinscheiden möchte veröffentlichen können.

Diesem Wunsche dankt das vorliegende Buch seine Entstehung, das zusammen mit meinen in demselben Ver-

lage 1881 erschienenen „Neuen Beiträgen zur deutschen
Synonymik" und meinem vorangegangenen „Wörterbuch
deutscher Synonymen" (Hamburg, Hoffmann und Campe
1882, 2. Auflage) nur einen bescheidenen Theil des für
unsere Sprache nothwendigen, aber immer noch fehlenden
stolzen Baues, eines umfassenden und erschöpfenden „Wör-
terbuches aller sinnverwandten Ausdrücke im Deutschen"
bildet. Wie früher, so habe ich auch diesmal wiederum
absichtlich nur solche sinnverwandte Ausdrücke aufgenommen, die von meinen Vorgängern entweder gar
nicht oder meinem Urtheil nach nicht richtig oder sonst
doch wenigstens nicht erschöpfend behandelt worden sind.

Ausgehend aber von dem Erfahrungssatze, daß es
nicht wenige Personen giebt, denen es freilich an Zeit
und an Geduld und Ausdauer gebricht, eine hinreichende
Anzahl treffender und schlagender Beispiele für die Unterscheidung sinnverwandter Ausdrücke zusammenzubringen,
aber nicht an dem Fein- und Scharfsinn, für ihnen grade
aufstoßende mit Zuhilfenahme einer reichen Beispielsamm-
lung selbständig auch feinere Unterschiede zu entwickeln und
fest zu stellen, habe ich diesmal mein Augenmerk besonders
auf eine genügende Reichhaltigkeit guter Beispiele für die
zu unterscheidenden Ausdrücke gerichtet. Namentlich gilt
Dies für die erste Hälfte des Buches, in der ich, einigermaßen nach Vollständigkeit strebend, nach der Reihenfolge
des Abece sinnverwandte Ausdrücke aufgeführt, für welche
die Titelköpfe unter den Buchstaben A fallen. Bei der
zweiten Hälfte, in welcher ich auch für die mit andern
Buchstaben beginnenden Titelköpfe habe Proben geben
wollen, habe ich diese mehr aufs Gerathewohl heraus-
greifen als auswählen müssen; und zum Ersatz dafür habe
ich dabei die mehr zerstreuten als in Ordnung auf- und

zusammengeschichteten Bausteine hie und da mit Rücksicht auf den aufzuführenden Gesammtbau schon ein wenig mehr geformt und zugehauen.

Ein abecelich geordnetes Inhaltsverzeichnis ist sowohl für dies Buch wie für die früher in demselben Verlage erschienenen „Neuen Beiträge zur deutschen Synonymik" nach der getroffenen Anordnungsweise entbehrlich; aber das auf den Wunsch des Verlegers hinzugefügte Verzeichnis, welches den Inhalt beider Bücher zusammenfaßt, wird, als den Überblick über das in den beiden Büchern zu Findende erleichternd, Vielen erwünscht und willkommen sein.

Weitere Lieferungen von „Bausteinen" aus meinen Sammlungen liegen allerdings in meinem Wunsche; aber weiter kann der Siebzigjährige Nichts sagen. Die Erfüllung meines Wunsches wird nicht nur davon abhängen, ob das vorliegende Buch die gewünschte und gehoffte Aufnahme finden wird, sondern auch — und zwar vor Allem — davon, ob Gottes Güte und Gnade mir zu der Fortsetzung dieses Buches Leben und Kraft verleihen wird. Das stelle ich seinem allmächtigen und allweisen Walten anheim und scheide nun von meinen Lesern mit dem aufrichtigen, herzlichen Wunsche:

Gott befohlen!

Altstrelitz (in Meklenburg), den 28. Sept. 1889.

Daniel Sanders.

Aar. Adler.

Für die Thurmfalken gilt auch die Bezeichnung Wannen=
aare, aber nicht Wannenadler 2c.; — dagegen wechselnd
z. B. auch: Zum starken Adler wandre... | Da sucht' ich auf
den Aar im Felsenhorst. Hamerling Ahasver 246 f. Syn. I, 1 ff.

Ab, her f. ableiten.
Ab, weg 2c. f. ableiten.
**Abänderung. Abschattung. Abstufung. Nuance.
Schattierung. Farb(en)ton. Abtönung.**

Mit diesen drei oder sechs Farben, welche sich bequem in
einen Kreis einschließen lassen, hat die elementare Farbenlehre
allein zu thun. Alle übrigen ins Unendliche gehenden Abände=
rungen gehören mehr in das Angewandte, gehören zur Technik
des Malers, des Färbers, überhaupt ins Leben. Goethe 37, 8
[Zur Farbenlehre, Einleit]. Einlagerungen verwandten Gesteins,
dessen Abänderungen wir um und bei Karlsbad weitläufig
behandelt. 40, 239 [Mineralogie, Marienbad 2c.] 2c. f. Syn. I, 121.
Der sicilianische [Bernstein] unterscheidet sich von dem nor=
dischen darin, daß er von der durchsichtigen und undurchsich=
tigen Wachs= und Honigfarbe durch alle Abschattungen eines
gesättigten Gelbs bis zum höchsten Hyacinthroth hinansteigt.
Goethe 23, 368 [Ital. Reise, Catania, 3. Mai 1787]. Ist Mutter=
liebe in ihren Abschattungen nicht eine ergiebige Quelle für
Dichter und Maler in allen Zeiten? 31, 19 [Verschiednes über
Kunst II]. Mit dem verständigsten Grabstichel [ist] jeder Theil
nach seiner Eigenschaft ausgedrückt. Die verschiedenen Abschat=
tungen, kleine Vertiefungen, Erhöhungen, Ränder, Brüche,
Säume sind alle mit einer bewundernswürdigen Kunst nicht an=

gebeutet, sondern ausgeführt [in dem Kupferstich]. 31, 47 [Über Christus und die zwölf Apostel].

Die große Mannigfaltigkeit in Schnitt und Farbe der Kleider fällt mir auf und doch seh' ich nicht alle Farben, aber einige in allen ihren Abstufungen vom Hellsten bis zum Dunkelsten. Goethe 18, 181 [Wanderj. II, 1]. Die sämmtliche Bürgerschaft nach ihren verschiedenen Graden, Abstufungen und Quartieren 2c. 20, 225 [Wahrh. u. Dicht. V]. Es ist mir nicht leicht eine grausamere Scene und ein tieferer männlicher Schmerz in allen seinen Abstufungen jemals vor Augen und zur Seele gekommen. 25, 19 [Campagne in Frankr. 28. Aug.].

Ich sehe wohl, daß dir [in Egmont's Klärchen] eine Nuance zwischen der Dirne und der Göttin zu fehlen scheint.. So weiß ich nicht, wo ich die Zwischennuance hinsetzen soll, ob ich gleich gestehe, daß aus Nothdurft des dramatischen Puppen- und Lattenwerks die Schattierungen [s. u.], die ich oben hererzähle, vielleicht zu abgesetzt und unverbunden oder vielmehr durch zu leise Andeutungen verbunden sind. Goethe 24, 146 [Ital. Reise II: Rom, 3. Nov. 1787].

Schwarz gegen Weiß ohne die allergeringste Mittelschattierung. Matthisson Erinnerungen 1, 182. In meiner ganzen Schattierung, aus der ich allenfalls malen könnte, ist kein Ton so gelbbraun, gallenschwarz, wie Alba's Gesichtsfarbe, und als die Farbe, aus der er malt. Goethe 9, 188 [Egmont III] 2c. s. o.: Nuance.

Den schönen Kopf dieser Figur in Aquarellfarben trefflich kopiert . . . Selbst der gedämpfte Farbenton des Originalbildes . . . durchaus rein und gut nachgeahmt. Goethe 27, 140 [Annalen 1803]. Fügt diesem Gemälde hinzu, was die Horen ihm geben, indem sie leichtfüßig die Gegend durchstreifen: die Schatten, die Beleuchtungen, die Farbentöne, womit jede, wenn die Reihe sie trifft, den Pinsel der Natur führt, den Erdkreis auffrischt und zu einem neuen Bilde umschafft. Forster Briefe über Ital. 2, 231. Am ersten Tag der fünften Woche schon | begann, ich weiß nicht welch ein matter Farbenton | dem Glück der Liebe 'was von seinem Glanz zu stehlen. Wieland 12, 33 [Pervonte III]. Ein jedes Werk in jedem Dichterfach | hat seinen eignen Farbenton und Stil. Ders. Horaz Briefe 2, 206 2c. — Hat sie [die Seide]

die verlangte Tiefe der Farbe angenommen, so wird sie ausge-
rungen und, wenn man den Farbton mehr ins Violette zu
ziehen beabsichtigt, mit stark verdünntem Ammoniak behandelt.
Karmarsch und Heeren, Techn. Wörterb. 1, 240. Ins Bräunliche
ziehende Farbtöne. 2, 489 2c.

Das Gemälde des Tizian . . . Die Form der Waldbäume
und ihre Belaubung, die bergige blaue Ferne, die Abtönung
und Beleuchtung des Ganzen lassen einen feierlichen Eindruck
von Ernst und Größe, von einer Tiefe der Empfindungen,
welche die überaus einfache landschaftliche Komposition durchdringt. Humboldt Kosmos 2, 83. Wo der Baron eintrat, stellte
sich sofort eine gewisse milde Abtönung her. Wie er jetzt
mit meiner Frau sprach, kamen Gedanken aus ihr heraus,
die wir vielleicht sonst nie gehört hätten. Auerbach Wald-
fried 140 2c.

Abblassen, abbleichen s. abschießen.

Abdrängen s. abnöthigen.

Abdrehen s. abkehren.

Abdringen s. abnöthigen.

Abführen s. ableiten.

Abgeben, z. B. einen Beweis, ein Beweisthum; Rechenschaft; ein Zeugnis 2c. s. ablegen.

Abgeneigtheit, Abgeneigtsein s. Abneigung.

Abgewinnen, abnöthigen, abpochen, abtrotzen,
  abzwingen s. abnöthigen und außerdem z. B.:

Da Rousseau kein Mittel sah, der Natur diese Veränderung
abzugewinnen, so mußte er sich entschließen, ihr sie abzunöthigen. Lessing 7, 43. Ich wollte, daß es auf dem Papier
stünde, um Ihnen selbst bei Ihren Übeln ein Lächeln abzugewinnen. Goethe 18, 86 [Wanderj. I, 6]. Zuvörderst aber müssen
wir gestehen, daß es uns ein heiteres Lächeln abgewann, als wir,
gerade am Ende des alten Jahres, schon die mehr als dreißig
deutsche[n] Taschenbücher in einem englischen Journal angezeigt
fanden. 33, 101 [Franz. Litt., Bezüge nach außen]. Wenn gewöhnliche Menschen, durch gemeine Verlegenheiten des Tages zu einem
leidenschaftlich ängstlichen Betragen aufgeregt, uns ein mitleidiges
Lächeln abnöthigen, so betrachten wir dagegen mit Ehrfurcht

ein Gemüth, in welchem 2c. 15, 165 [Wahlverw. II, 3]. Warum sollt' ich euch nicht sagen, wie es in Rom um jene Blume aussieht..., deren Erinnerung dem Greise noch zuweilen Wehmuth oder Lächeln abzwingt, warum soll ich euch von der Schönheit der Römerinnen Nichts sagen? Forster Briefe über Ital. 1, 227. Glaubst du wirklich, du könntest mir Das mit Gewalt abtrotzen und abzwingen, was du durch Freundlichkeit mir abzugewinnen und durch Schmeichelei mir abzunöthigen vergebens versucht hast? — Das Moos, das meinem harten Felsen seine Nahrung abzwingt. Goethe 14, 61 [Werther, 18. Aug.]. So hat ihm dieser Schrecken das Geheimnis | auf einmal abgezwungen, das er sonst | mit so viel Klugheit zu verbergen strebte? 13, 237 [Natürl. Tocht. I, 3]. Du siehst daher, daß meine Freude, meine Neigung bis jetzt nur solchen Kunstwerken gelten konnte, deren natürliche Gegenstände mir bekannt waren, die ich mit meinen Erfahrungen vergleichen konnte. Ländliche Gegenden mit Dem, was in ihnen lebt und webt, Blumen, Fruchtstücke, gothische Kirchen, ein der Natur unmittelbar abgewonnenes Portrait 2c. 14, 168 [Briefe aus der Schweiz I]. Hatte man dieser ungewohnten Speise [der Schafmilch] erst einigen Geschmack abgewonnen, so ist nicht zu leugnen, daß man sie gern genoß 2c. 27, 188 [Annalen 1805]. Ein solches [Buch], dem sie auch nicht den mindesten Geschmack abgewinnen konnten. 27, 86 [Annalen 1801]. Schach Gebal hatte die Gabe nicht. ., der wunderbaren Lampe des Schneiders Aladdin Geschmack abzugewinnen, Wieland 7, 16 [Goldn. Spiegel, Einleit.]. So sind sie [diese Schriften] doch, sowohl dem Stoff als der Form nach dergestalt barock und wunderlich, daß man ihnen wohl vergebens durchaus einen Sinn abzugewinnen suchen möchte. Goethe 30, 21 [Winckelmann, Gewahrwerden griech. Kunst]. Ich überwand daher jede Lüsternheit, durch die sich der Jüngling gedrungen fühlt, diese viel oder wenig sagende Gunst [eines Kusses] einem reizenden Mädchen abzugewinnen. 22, 7 [Wahrh. u. Dicht. XI] 2c. Meine Absicht bei diesem Versuche ist mehr als erreicht, wenn er einem andern [Leser] das Geständnis abgewinnt, daß die Geschichte von einer verwandten Kunst Etwas borgen kann, ohne deßwegen nothwendig zum Roman zu werden. Schiller 774b [Abfall der Niederl., Vorrede].

Du wolltest dich dem Vater widersetzen, | wenn er es anders
nun mit dir beschlossen? | Ihm denkst du's abzuzwingen?
Wisse Kind, | sein Nam' ist Friedland. 350a. [Piccol. III, 8].
Den böhm'schen Majestätsbrief zeigt sie [die Rolle] an, | die wir
dem Kaiser Rudolf abgezwungen. 353 [IV, 5]. Und ob sie
gleich mit Müh kaum über sich gewann, | dem marmorharten
jungen Mann | in ihren Armen nicht Empfindung abzu-
zwingen, | versucht sie doch noch Eins. Wieland 20, 304
[Oberon XI, 60]. In den Palast zu dringen | und seine Rezia
dem Sultan abzuzwingen. 306 [XI, 66] ꝛc. Betrachtung, die
einen Schriftsteller, der bei der Nachwelt fortzuleben wünscht,
nicht aufmerksam genug auf seine Sprache machen kann und,
wenn er darin auch den höchsten Grad der Korrektheit erreicht
hätte, ihm doch den Wunsch abnöthigen muß, daß die Sprache,
worin er geschrieben, ihn nicht lange überleben möge. Ders.
Horaz Br. 2, 189. Ich lasse mir keinen Frieden abpochen oder
abnöthigen. Zinkgräf Apophtegm. 2, 82 u. ä. m. —

Einem nach demselben Ziel Strebenden Etwas abgewinnen
[im Wettstreit siegend] z. B. den Preis des Wettkampfs, den
Kranz, Lorbeer ꝛc., den Sieg, das Spiel, zwei Tricks ꝛc., einen
Vortheil, den Vorsprung, einen Schritt, den Rank oder Rang ꝛc.
Sanders 3, 1621c.

Abgleichen s. abmachen.

**Abgrund; das Bodenlose; Feuerschlund; Hohle,
Höhle; Hölle, Höllen-Rachen, -Raum,
-Schlund, -Tiefe; Klamm; Kluft, Geklüft;
Rachen; Schlucht; Schlund; Spalt(e); Tiefe,
Untiefe; Wasserhöhle; Wasserschlund.**

„Bei Abgrund drückt ab wohl gar nicht die Entfernung,
Verneinung u. s. w. aus, also nicht das Grundlose, sondern
vielmehr das in den Grund, in die Tiefe hinab Gehende; daher
auch seine Sinnverwandtschaft mit Schlund von schlinden
(Nebenform von schlingen). Der Schiffer nennt eine Stelle im
Meer, wo er mit dem Senkblei keinen Grund finden kann,
grundlos, aber nicht einen Abgrund. Dagegen: Hört, wie
der Abgrund tost, der Wirbel schwillt (Schiller Tell). Am
Abgrund leitet der schwindlichte Steg (Ders. Berglied) zur Be-

zeichnung einer Stelle, wo es in die Tiefe hinabgeht (vergl. Schlund u. s. w. im Taucher bei Schiller [s. u.] u. s. Eberhard's synon. Wörterbuch). Da fühlt' ich in den Abgrund mich ge= zogen | und wieder aufwärts fühlt' ich mich gehoben. Chamisso Salas y Gomez (1. Schiefertafel)." Sanders Programm eines neuen Wörterb. S. 68 b.

Wer wagt es, zu tauchen in diesen Schlund? Wer ist der Beherzte | zu tauchen in diese Tiefe nieder? Wie er tritt an des Felsens Hang | und blickt in den Schlund hinab Schwarz aus dem weißen Schaum | klafft hinunter ein gähnender Spalt | grundlos, als ging's in den Höllen= raum Geheimnisvoll über den kühnen Schwimmer | schließt sich der Rachen Stille wird's über dem Wasserschlund, | in der Tiefe nur brauset es hohl. Was die heulende Tiefe da unten verhehle, | Das erzählt keine lebende glückliche Seele... Aus dem Grab, aus der strudelnden Wasserhöhle | hat der Brave gerettet die lebende Seele. Aus der Tiefe ragend ein Felsenriff Da hing auch der Becher an spitzen Korallen, | sonst wär' er ins Bodenlose gefallen. Wie's sich regt in dem furchtbaren Höllenrachen. Schiller, Der Taucher.

Das ew'ge Forum ist nicht mehr zu schaun. | Statt seiner, wo sein hochgeweihter Grund | gestanden, gähnt ein breiter Schreckensschlund Verkündet hat Apoll, | daß nie mehr diese Kluft sich schließen soll | Des Goldes Fülle warf man in den Spalt An des Abgrunds Rand | wie zum Gebet erhebt er seine Hand. | Nun schweben Roß und Mann in hoher Luft, | versinken nun, — im Nu schließt sich die Kluft. Herm. Besser, Marcus Curtius (Echtermeyer, Auswahl deutscher Ged. 5. Aufl., S. 304 5.)

Bezeichnet nun [o Bergleute] den weitgevierten Schacht | und wagt euch kühn zum Abgrund tiefster Nacht! Goethe 6, 25 [Erzeugnisse der Saline]. Wo. so Zeit= als Volksgewinde | zum Abgrund wallt, zur Himmelshöhe steigt. 54 [Kurprinzessin Auguste]. In welchen Abgrund von Verrätherei hab ich hinein= geblickt! 10, 83 [Großkophta IV, 8]. Mit Bewunderung bemerke ich an Ihnen den tiefen und richtigen Blick, mit dem Sie Dich= tung und besonders dramatische Dichtung beurtheilen; die tiefsten Abgründe der Erfindung sind Ihnen nicht verborgen und die

feinsten Züge der Ausführung sind Ihnen bemerkbar. 16, 309.
[Lehrj. IV, 16.] So müßte man keine der menschlichen Kräfte
bei wissenschaftlicher Thätigkeit ausschließen. Die Abgründe der
Ahnung, ein sicheres Anschauen der Gegenwart ., Nichts kann
entbehrt werden. 39, 20 [Gesch. der Farbenl. I. Abschn.]. Aus
ihren [den beschatteten Augen] Abgründen schien ein Licht her-
vorzublicken und anzudeuten, was der Mund weislich verschwieg.
18, 259 [Wanderj. II, 5] 2c. Was sollt' er [Gott] billig Solchen thun,
wenn er nicht eitel grundlose [unergründliche] Liebe wäre?
Daß der Gott doch Nichts sei denn ein Abgrund ewiger Liebe.
Luther 6, 47a b. Sie füllen, wie alle andern Völker in der Welt,
den Abgrund, der zwischen ihrem Ursprung und der Epoche ihrer
Geschichtskunde liegt, mit Fabeln aus. Wieland 7, 22 [Goldner
Spiegel 1] 2c.

Desto mehr fühlte ich das Bodenlose meiner Kenntnisse.
Goethe 39, 441 [Gesch. der Farbenl. V, 2] 2c.

Er [Gott] ist höher denn der Himmel ., tiefer denn die
Hölle. Hiob 11, 8 2c. — Die Verdammten im tiefsten Abgrund
der Hölle 2c. — Blindwüthend mit des Donners Krachen | zer-
sprengt es das geborstne Haus | und, wie aus offnem Höllen-
rachen | speit es Verderben zündend aus. Schiller Glocke V. 348 2c.

Wir traten in eine Klamme Die ganze Klamme war
entstanden, daß man nach und nach die kalcinierten Schiefer ab-
geräumt und verbraucht hatte. Wir kletterten aus dieser Tiefe
hervor Den Platz, der auf die Hohle folgte 2c. Goethe 21,
254 [Wahrh. und Dicht. X]. Steinchen vom Klamm in die
Schlucht niederrollend. Westermann 268, 405a. Jetzt wird
das Thal zur Schlucht. Immer enger treten die Felsen
an einander; an einem an das Gestein angeklebten Winterhause
geht es vorbei, hinein in die enge Klamm, welche sich hier
in die Felsen hinein biegt Plötzlich verbreitert sich die Kluft
ein wenig 2c. National-Ztg. 40, 360.

Da wird man in der Felsen Höhlen gehen und in der Erde
Klüfte. In die Steinritzen und Felsklüfte kriechen. Jesaj. 2,
19—21. Ist zwischen uns [im Himmel] und euch [in der Hölle]
eine große Kluft befestigt. Lukas 16, 26. Scheu in des Ge-
birges Klüften | barg der Troglodyte sich. Schiller 55a [Eleus.
Fest]. Abschüssige Gründe | hemmen mit gähnender Kluft hinter

mir, vor mir den Schritt. 77a (Spaziergang B. 174). Wir
standen am schroffen Absturz eines Felsen, der sich in eine tiefe
Kluft herunter bückte. Jetzt stand ich allein vor dem Ab=
grund. Ich sah in den Schlund hinab, der mich jetzt auf=
nehmen sollte; es erinnerte mich dunkel an den Abgrund der
Hölle. 710a [Verbrecher aus verlorener Ehre]. Gehorchen!
Herrschen! — ungeheure schwindlige Kluft! 162a [Fiesko III, 2].
Wollen und Können sind freilich durch eine große Kluft getrennt.
Forster Briefe 2, 64 u. s. w. Abgrundskluft. Klopstock Mes=
siade 2, 672.

Die Hölle hat den Rachen aufgethan. Jesaj. 5, 14. Aus
dem tiefen Rachen der Hölle. Sirach 51, 6. Mir werde die
Natur | ringsum zum Grab, zum offnen Höllenrachen! | Nur
schone sie! Wieland 20, 196 [Oberon VII, 57]; 183 [VII, 19].
Hier standen wir an dem ungeheuren Rachen [des Vesuv],
dessen Rauch eine leise Luft von uns ablenkte, aber zugleich das
Innere des Schlundes verhüllte, der ringsum aus tausend
Ritzen dampfte. Goethe 23, 239 [Ital. Reise, Neapel, 7./3., 1787].

In der Gebirge Schlucht taucht sich der Bergmann hinab.
Schiller 76a [Spazierg. B. 106]. In das Wallisthal gehen
viele Schluchten des benachbarten Gebirgs aus. Goethe 14, 218
[Schweiz. Reise II, 10. Nov. 1779]. Enge Schluchten (Thäler,
welche senkrecht die Achsen der Gebirge durchschneiden). Hum=
boldt Kl. Schrift. 1, 100. Von jenen abschießenden graulichen
Gebirgsschluchten, welche sich der Rhein seit ewigen Zeiten
hindurch arbeitete. Goethe 26, 230 [Rochusfest, Schluß]. Nach
den grauen Rheinschluchten hinab zu blicken. 206 [ebd.].

„Der Schlund eigentlich: die schlingende Halsöffnung,
der Anfang der Speiseröhre, dann diese ganz; danach oft übertragen
(s. Rachen): die enge Öffnung einer tiefen Höhle, Schlucht;
ein verschlingender oder drohend Einem entgegengähnender Ab=
grund 2c.: Der Schlund einer Höhle, des Abgrunds, der
Hölle 2c." Sanders 2, 965b. Seht | die zugedeckten Abgrunds=
Schlünde, | die eingehüllte Majestät | in Jesu, dem geringen
Kinde! Zinzendorff (Wackernagel Leseb. 2, 602, [26]). Wenn der
benachbarte Höllenschlund [des Vesuv] zu toben anfängt 2c.
Goethe 23, 261 [Ital. Reise, Neapel, 17. März, 1787]. Des Berges
ungeheure Feuerschlünde, | die ihr das reiche Feld Sicilien's |

im Finſtern unterwühlet, reißt euch auf! 35, 334 [Tankred V, 6].
Schnell, unverhofft, bei nächtlich ſtiller Weile | gärt's in dem
tück'ſchen Feuerſchlunde, ladet | ſich aus mit tobender Gewalt
und weg | treibt über alle Pflanzungen der Menſchen | der wilde
Strom in grauſamer Zerſtörung. Schiller 383b [Wallenſt.'s
Tod III, 18]. Eine... Verſchanzung, die mit unzähligen Feuer=
ſchlünden [Kanonen] beſetzt ſei. 1090a [Vieilleville] 2c. Jetzo
ſteuerten wir angſtvoll in den engenden Meerſchlund; | denn
hier drohete Skylla und hier die grauſe Charybdis. Voss Odyſſee
12, 234. Waſſerſchlund (ſ. o., Schiller's Taucher). Schreckens=
ſchlund, ſ. o. S. 6.

Strahlt die Sonne vielleicht durch heimliche Spalten [ſ. d.]
und Klüfte? [ſ. o. S. 6] Goethe 1, 255 [Euphroſyne]. In dem
grauſen Geklüft. Ebd.

Es war finſter auf der Tiefe. 1. Moſ. 1, 2 [= Finſterniß
auf der Fläche des Abgrundes. Zunz ebd.]. Da aufbrachen alle
Brunnen der großen Tiefe. 7, 11. [An dieſem Tage brachen
hervor alle Quellen des tiefen Abgrundes. Zunz]. Die Waſſer
ſahen dich und ängſteten ſich und die Tiefen tobten. Psalm
77, 17. [Die Meerestiefen tobten. Mendelsſohn ebd.]. Das
Nationalgefühl iſt aufgeregt bis in ſeine abgründlichſten
Tiefen. Heine Lutetia 1, 67. Eine Liebe, deren Abgrund=
tiefe nicht ihres Gleichen hat. Ad. Stahr Kleopatra 92. Aus
unſichtbaren Höllentiefen. Lenau Albigenſ. 120.

Unter einem dunkeln Gewölbe am Fuße dieſes Kreidegebirgs
liegt der berühmte Quell, der zu Zeiten ſich aus ſeiner Untiefe
ergießt. Thümmel 2, 183. Das waren Töne, in deren boden=
loſer Untiefe weder Troſt noch Hoffnung glimmte. Heine (in
12 Bdn. 1876) 7, 101 [Florentin. Nächte, 1. Nacht]. Schaudert
dich nicht vor den Untiefen der Laſter, in die du ſchon haſt
einblicken dürfen? Gutzkow Ritter vom Geiſt 7, 467 2c., ſiehe
andrerſeits auch: Seichtheit 2c.

Abgucken, abſehen 2c. ſ. abhören.

**Abgunſt. Mißgunſt. Ungunſt. (Vergunſt). Neid.
Scheelſucht. Eiferſucht. Haß. — Abgünſtig,
mißgünſtig, ungünſtig, neidiſch (neidig,
neidhaft, neiderfüllt, neidvoll), eiferſüchtig,**

**ſchelſüchtig. — Miſsgönnen (vergönnen), nei=
den, beneiden, ſchel ſehen. — Abgünſtiger,
Miſsgünſtiger, Miſsgönner, Neider (Neid=
hart, Neiding, Neidling). Beneider.**

Abgunſt: die Abnahme, die Entziehung der Gunſt, an
deren Stelle das Gegentheil noch nicht eingetreten ſein darf,
deſſen Daſein das Wort Miſsgunſt andeutet. Die verſchiednen
Staffeln wären alſo Gunſt, Abgunſt, Miſsgunſt, Neid,
welches auch von den Beiwörtern gilt. Lessing 11, 652. — Un=
gunſt, ungünſtig drücken den Gegenſatz der Gunſt aus, aber
ohne den Nebenbegriff, daſs man dieſe erwarten durfte, — der
in Abgunſt, als dem Abgehen von der Gunſt und in Miſsgunſt
liegt. Man ſagt: das Wetter iſt mir ungünſtig (denn die
Natur iſt unfühlend, ohne Parteinahme); das für die eine Partei
günſtige Urtheil des Richters iſt für die andere ein ungünſtiges;
bei einem miſsgünſtigen Urtheil iſt das Motiv (der Beweg=
grund): man will ſchaden. Bei einer Bewerbung um ein Amt
iſt mir vielleicht ein Zufall ungünſtig; wer mir ſeine Gunſt
entzogen, iſt, wenn er deſshalb auch Dinge unterläſst, die für
mich wirken könnten, mir ſchon abgünſtig; allgemein aber, wer
mir die Stellung nicht gönnt und gegen mich wirkt, mir miſs=
günſtig. Sanders Programm eines neuen Wörterb. 68b. —
Geheimer Neid und ſtille Abgunſt. Immermann Münchh. 1, 370.
Gerechtigkeit, entfernt von Zu= und Gegenneigung, | von Vor=
lieb' und Miſslieb', Abgunſt und Gunſtbezeigung. Rückert
Weish. des Brahm. 2, 117. Vermögt ihr in die ¦Saat | der
Zeit zu ſchauen und vorherzuſagen, | welch Samenkorn wird auf=
gehn, welches nicht, | ſo ſprecht zu mir, der eure Gunſt nicht
ſucht, | noch eure Abgunſt fürchtet. Schiller 558a [Macbeth I, 5].
Zu Einem, der ihm ſagte, er wäre ihm miſsgünſtig, ſagte er:
Ich wünſchte   daſs ich Etwas in dir finden möchte, das der
Abgunſt werth. Weidner Apophthegm. 189. ¦— ¦Von Gunſt
und Miſsgunſt gleich entfernt. Chamisso 4, 10. Miſsgunſt
und Haſs beſchränken den Beobachter auf der Oberfläche, ſelbſt
wenn Scharfſinn ſich zu ihnen geſellt; verſchwiſtert ſich dieſer
hingegen mit Wohlwollen und Liebe, ſo durchdringt er die
Welt und den Menſchen, ja er kann hoffen, zum Allerhöchſten

zu gelangen. Goethe 3, 189 [Sprüche in Proſa III]. Ungunſt [des Königs] mußt du laſſen dir gefallen; | doch ſeine Miſs= gunſt iſt ein Dämon ſchadenfroh, | der ſelber ihm miſsgönnt, zu werden gnadenfroh. Rückert Weish. des Brahm. 2, 31. Die ſchelſehende Miſsgunſt. Schiller 314a [Menſchenfeind 6. Sc.]. Er iſt dir neidiſch, weil du glücklich wohnſt, | ein freier Mann auf deinem eignen Erbe | Nichts nennt er ſein als ſeinen Rittermantel: | drum ſieht er jedes Biedermannes Glück | mit ſchelen Augen gift'ger Miſsgunſt an. 519b [Tell I, 2]. Das Gefahrvolle des Reichthums liegt nicht nur darin, daſs er den Beſitzer, ſondern auch darin, daſs er den Beſitzloſen verderben kann. Die Sprache hat es noch nicht vollkommen deckend aus= gedrückt, wenn ſie dieſen Unmuth und die Unruhe in der Seele Miſsgunſt, Neid und Schelſucht nennt; es iſt Keins von Alledem, es iſt vielmehr die Pein der Frage: warum biſt du nicht auch reich? ꝛc. Auerbach Landhaus am Rhein 1, 225 (4. Buch 9. Kap.). — Wer Liebe hegt, ſoll keiner Ungunſt achten. | Die Roſ' hat Dornen, dennoch pflückt man ſie. Freilig- rath Venus und Adonis, Strophe 96. Das klüglich gebrauchte Mittel, durch liebreiche Scheltworte mit ſcheinbarer Ungunſt Etwas günſtig zu bezeichnen. Goethe 32, 252 [Der Pfingſtmontag]. Einen getreuen, weder von Gunſt, noch Ungunſt gefärbten Bericht. Prutz Muſikantenthurm 2, 269 ꝛc.

Neid iſt das eifrige, gierige Verlangen, daſs ein erwünſchtes Gut, das Andern zu Theil geworden, auch uns zu Theil werde. ., zumeiſt mit dem Nebenbegriff, daſs man das Gute nur ſich, nicht Anderen gönnt, es dieſen miſsgönnt, alſo ganz nahe ſich be= rührend mit Miſsgunſt (ſ. d., Abgunſt, Schelſucht ꝛc.), — oft (mehr oder minder perſoniſiciert) auch: der Gegenſtand des Neides, das Beneidete, Neid Erregende ..; ferner: Haſs, Feindſchaft aus Neid. Sanders Wörterb. 2, 421a b, mit zahl= reichen Belegen, ſ. o. und z. B.: O Raſerei der Eiferſucht, des Neides! Schiller 492b [Braut v. Meſſ. V. 384]. So flieht der alte Haſs mit ſeinem nächtlichen | Gefolge, dem hohläugigen Verdacht, | der ſchelen Miſsgunſt und dem bleichen Neide, aus dieſen Thoren murrend zu der Hölle. 500b [V. 1277]. Der Neid erwachte in ſeinem [des Ackermanns] Buſen; dieſe un= glückliche Leidenſchaft mußte, bei der erſten Ungleichheit unter

Menſchen, erwachen. Mit Schelſucht blickte er jetzt den Segen des Hirten an ꝛc. 1010b [Moſaïſche Urkunde]. Beſorgniß vor dem Neid und der Mißgunſt des Geſchicks. Wh. Humboldt 3, 7. Der Haß iſt ein aktives Mißvergnügen, der Neid ein paſſives; deßhalb darf man ſich nicht wundern, wenn der Neid ſo ſchnell in Haß übergeht. Goethe 3, 179 [Sprüche in Proſa II]. Laß Neid und Mißgunſt ſich verzehren! 3, 16 [Sprichwörtl. Nr. 64].

Alles ſuchte zu gefallen und Jedes gefiel ſich mit dem Andern, weil die Geſellſchaft ſich paarweiſe bildete und Schelſucht und Mißhelligkeit zugleich ausſchloß. Goethe 27, 252 [Annalen 1808]. Frühzeitig merkte dieſer den Vortheil, den die Freigebigkeit ſeines Nebenbuhlers über ihn gewonnen hatte und mit Schelſucht forſchte er nach den Quellen dieſer Veränderung   Sein lauerndes Auge von Eiferſucht und Neid geſchärft, entdeckte ihm bald, woher dies Geld floß. Schiller 707a (Verbrecher aus verlorener Ehre). Doch halte ich ihn für edel und beſcheiden genug, aus eigener Bewegung die Rechte einer ältern Freundſchaft ohne Schelſucht anzuerkennen. Wieland 252 [Ariſtipp, Br. 32].

Eiferſucht: die leidenſchaftlich eifernde Beſorgniß, in Etwas, das man Andern nicht gönnt und nur für ſich haben möchte, dadurch, daß auch Andern Etwas davon zu Theil wird, beeinträchtigt zu ſein ..., namentlich in engrem Sinne in Bezug auf Jemandes Liebe, die man ausſchließlich für ſich in Anſpruch nimmt. Sanders 3, 1267c, mit zahlreichen Belegen (ſ. auch oben). Die Eiferſucht iſt die auf einem Gefühle eigener Schwäche beruhende Furcht, daß Andere uns ein Gut entziehen können, in deſſen Beſitze wir zu ſein glaubten oder welches wir zu erlangen hofften. Bei der Mißgunſt und Schelſucht liegt nur eine gehäſſige Geſinnung zu Grunde, indem man unwillig darüber iſt, daß Andere mit einem Gute beglückt ſind, welches man entweder ſelbſt beſitzt oder „nicht als wünſchenswerth oder" [lies: als wünſchenswerth, aber nicht] erreichbar erkennt. Burdach Anthropologie 397/8.

Mißgönnen: eigentlich Gegenſatz von „wohl gönnen": Von dem Gute, das ich Einem mißgönne, möchte ich, daß er es nicht habe; das, was ich ihm beneide, möchte ich ſelbſt haben.

Sanders 1, 609b. Der Philosoph kann den Neid von der Mißgunst unterscheiden; er kann sagen, daß jener aus Selbstsucht, dieser aus Feindschaft entspringe, daß Kato den Feinden der Republik, die er als seine eigenen ansah, ihre Ehrenämter nur gemißgönnt, Cäsar und Pompejus ihre Vortheile einander beneidet haben. Engel 7, 265. Mutter! Mutter! spricht sie hohle Worte: | so mißgönnt ihr mir die schöne Nacht. Goethe 1, 194 [Braut von Korinth]. Du mißgönnst | dem Bild des Märtyrers den goldnen Schein | ums kahle Haupt wohl schwerlich. 13, 172 [Tasso III, 4]. Wie Held und Dichter sich einander suchen | und keiner je den andern neiden soll. 125 [II, 1]. Dort wägt man besser solchen edlen Schatz. | Der Vater neidet ihn dem Sohn. 261 [Natürl. Tochter II, 1]. O, wie muß ich euch beneiden, | gönn' ich euch auch Alles gern. Hiltscher (Hungari) 2, 621 ꝛc. — Siehest du darum schel, daß ich so gütig bin? Matth. 20, 15. Wenn der Orientale, seltsame Wirkung hervorzubringen, das Ungereimte zusammenreimt, so soll der Deutsche, dem Dergleichen wohl auch begegnet, dazu nicht schel sehen. Goethe 4, 205. Was der Arm' zu Hof Guts brengt [bringt], | Das wird zum Argen all's gelenkt. | Da sieht man schel und rümpft die Nasen [verachtend]. Waldis Esop 4, 96, V. 121 ꝛc.

Verlogene Leute stecken dahinter, Mißgönner, mit Butz, Neid und Praktika. Goethe 35, 67 [Berlich., Bühnenbearb. III, 8]. Seine Feinde und Mißgönner fingen an zu schweigen, seine Freunde aber zu triumphieren. Stilling 2, 112 ꝛc. So gekannt zu werden, wie ich wirklich bin, nicht, wie mich der Ruf, den mir meine Feinde und Neider gemacht haben, den Unwissenden abgeschildert hat. Wieland Lucian 6, 304. Beneider unsers Ansehens. Lessing 11, 24. Es ist kein Lauren über des Neidharts Lauren. Sirach 25, 19. Der schlimmste Neidhart ist in der Welt, | der Jeden für seines Gleichen hält. Goethe 2, 25 [Egalité] ꝛc. Dahin möchten es ja die Gewaltmenschen und Neidlinge gern bringen. Auerbach Gevattersmann 343. Neibing. Wilbrandt Kriemhild (s. Karl Biltz, Zur deutsch. Sprache, S. 72) ꝛc. — Meine Abgünstigen [Feinde] Schweinichen 3, 98. — Die Bestürzung der Unternehmer konnte nur durch die Schadenfreude ihrer Mißgünstigen übertroffen werden. Wieland 33, III

[Aeropetomanie]. Ein Schelsüchtiger. Ein Eifersüchtiger
wie Othello 2c.

Kein Frummer ist mir abgünstig, sonder[n] haffen mich
die Bösen. Hutten (Wh. Wackernagel Leseb. 3, 220 [41]). [Die]
haben wir uns zu Feinden, wenigstens abgünstig gemacht.
Voigts Hölty 3, 49 2c. Seitdem der König seinen Sohn ver-
loren, | vertraut er wenigen der Seinigen mehr | und diesen we-
nigen nicht mehr wie sonst. | Mißgünstig sieht er jedes Edeln
Sohn | als seines Reiches Folger an. Goethe 13, 9 (vgl. 34, 159,
Iphigen. I 2). — Ein ungünstiger Stern hatte dem Jüngling
[Burns] die Gewalt gegeben, das menschliche Dasein ehrwürdiger
zu machen, aber ihm war eine weisliche Führung seines eigenen
nicht geworden. Goethe 33, 182 [Zu Schiller's Leben von Car-
lyle]. Das Publikum, das den Dünkel des Verfassers mißfällig
bemerkt, hat sein Stück höchst ungünstig aufgenommen und ab-
fällig zurückgewiesen 2c., s. Sanders Syn. I, 52. — Juno selbst
wird neidisch auf dich schielen. Schiller 15 a (Semele) 2c. Noch
bin ich mit dir zu neidisch (indem er das Bild gegen die Wand
dreht). Lessing Em. Galotti I, 5 2c. Die neidige Parze. Herder
Philof. 13, 307. Ich spreche nicht gern von diesen Dingen, denn
sie machen alle Menschen neidig. Heinse Ardingh. 1, 66 2c.
Daß die neidhafte Welt den großen Mann nicht anerkennen
will. Herrig's Archiv 22, 426 2c. Schel und eifersüchtig blickt
er mit neiderfülltem Herzen auf den begünstigteren Neben-
buhler 2c. Es lauert des Scheidens Qual und träuft Bitter-
keit | neidvoll in den Wein der Liebe, | den unfre Seele schlürft.
Platen 2, 204 2c. — Don Eugenio war zu eifersüchtig über
die Lieblingstalente seiner jungen Freundin, um seine Schwester
in dem ruhigen Besitz eines so großen und ungetheilten Beifalls
zu lassen. Wieland 2, 44 [Don Sylvio V, 8]. Eine meiner Vor-
gängerinnen, die er in den Armen eines häßlichen Gnomen
überraschte, hatte ihn so mißtrauisch gemacht, daß er auf seinen
eigenen Schatten eifersüchtig war. 152 [VI, 2] 2c. — Kein
selbstsüchtiger Hypochondrist würde so scharf und schelsüchtig
den Verfall der Gebäude und, was noch Alles dergleichen
zu bemerken wäre, gerügt und gescholten haben. Goethe 18, 292
[Wanderj. II, 7]. Kein schelsüchtiger Fremdling sperrte ihnen

den Zugang zu ihrem Fürsten. Schiller 786b [Abfall d. Niederl., Die Niederl. unter Karl V.].

[Vergönnen im Sinne von mißgönnen nebst den Ableitungen Vergonst, vergönstig ꝛc. habe ich als veraltet oder doch nur noch mundartlich hier übergangen, um so mehr als ich Belege dafür in meiner Zeitschrift II, 162/3 zusammengestellt.]

Abhalten, halten, an=, auf=, ein=, hin=, inne=, zurückhalten; hemmen; hindern, behindern, verhindern; wehren, abwehren, verwehren; steuern (entgegensteuern); stören.

Diese Ausdrücke sind verwandt in dem Sinne: dahin wirken, daß Etwas, das sonst ein=, hervortreten oder fortgehen würde, nicht — oder wenigstens nicht sofort oder nicht in seiner ganzen Stärke ꝛc. ein=, hervortrete oder fortgehe ꝛc.

Ich weiß nicht, was mich abhält, daß ich dir nicht gleich die Augen auskratze. Wieland 28, 369 [Pandora II, 7]. Was hält mich, daß ich nicht mit einem Streich | ein Werk vernichte, das mir Schande macht? 374 [II, 11]. Was hält mich, daß ich nicht mich seiner auch entschlage | und das verhaßte Bild wie ein Gespenst verjage? 11, 193 [Klelia u. Sinibald III]. Ich weiß nicht, was mich hält, die Augen dir zu sparen. 229 [ebd. V]. Liebe setzt ihr zu, | ihm frei zu offenbaren, was ihr Herz | gelüstet; aber Scham hält ihren Mund, | sobald sie reden will. 139 [Geron der Adlige]. Der Herr hält sich beim ersten Worte kaum, | die Rednerin zu unterbrechen. 188 [Klelia ꝛc. III]. Da es der große König einsmal gar zu arg machte, konnte er sich nicht länger halten, [vgl.: sich bezwingen, sich beherrschen ꝛc.; an sich halten ꝛc.]. Ich bitte Ew. Majestät, nicht so laut zu reden, sagte Apelles ꝛc. Ders. Horaz Br. 2, 122. Ich halte mich kaum, daß ich dich nicht mit Fäusten schlage. Goethe 10, 206 [Die Aufgeregten IV, 5]. Länger hält die Mutter nicht das Zürnen. 1, 193 [Braut von Korinth] ꝛc. Wie den Apostel einst | der Engel führte aus des Kerkers Banden — | ihn hält kein Riegel, keines Hüters Schwert, | er schreitet mächtig durch verschloßne Pforten. Schiller 443a [Mar. Stuart V, 7]. „Haltet inne!“ Was hältst du meinen aufgehobnen Arm | und hemmst des Schwertes blutige Entscheidung? 465b [Jung=

frau II, 10]. Verflucht sei, der sein Schwert aufhält, daß es nicht Blut vergieße. Jerem. 48, 10. — Das Volk auf dem Lande zurückzuhalten, hinzuhalten, von einer Entschließung ab= zuhalten ist ohne kräftiges Zureden ganz unmöglich. Forster Br. 2, 256. Was hält mich ab, daß ich mit dieser Faust, | mit diesem Degen, Frecher, dich nicht strafe? Goethe 8, 27 [Klaudine von Villa Bella I]. Was hält mich ab, so schlag' ich zu [zu= zuschlagen]? 11, 105 [Faust I, Hexenküche]. Was hält mich ab, daß ich nicht fluchen darf? 12, 297 [Faust II, Akt V, Glorie v. oben]. Du nur hältst mich ab, daß ich nicht jetzt die Straßen durchfliege 2c. Thümmel 3, 71 2c. — Die Pferde, den Athem an= halten 2c.; auch (dichterisch): Aber das treffliche Mädchen, von solchen spöttischen Worten, | wie sie ihr schienen, verletzt und tief in der Seele getroffen, | stand, mit fliegender Röthe die Wange bis gegen den Nacken | übergossen, doch hielt sie sich an [vgl. bezwang sich, hielt an sich] und nahm sich zusammen. Goethe 5, 83 [Herm. u. Doroth. IX, V. 91]. — Die Thränen auf= oder zurückhalten. Das Wasser durch Dämme, die Pferde im Lauf, die Mühle im Gang aufhalten. Es hält dich auf, mit Seitenblick | der Blumen viel zu lesen; | doch hält Nichts grimmiger zurück, | als wenn du falsch gewesen. Goethe 4, 44 [Westöstl. Div.: Buch der Betracht.]. Flüchtiger als Wind und Welle | flieht die Zeit: was hält sie auf? | Sie genießen auf der Stelle, | sie ergreifen schnell im Lauf, | Das, ihr Brüder, hält ihr Schweben, | hält die Flucht der Tage ein. Herder 15, 35. Wenn des Dichters Mühle geht, | halte sie nicht ein. Goethe 4, 14 [Westöstl. Div.: Buch d. Sängers. Derb und tüchtig]. Der größte Fehler des Homer ist, daß er sich nicht einhalten, [zur rechten Zeit aufhören] kann   Mitten im Laufe hält er öfters ein. Mendelssohn 4, 2, 470. — Hin= halten (s. d.): hinzögernd (s. d.), hinfristend 2c., das Objekt länger in einem Zustand verharren lassen, als es ohne den Auf= schub der sonst naturgemäß eintretenden Entscheidung der Fall wäre: Daß mit dieser preußischen Politik die große Weltfrage in ihrem Fortschritt zwar hingehalten, aber nicht aufge= halten wird, sich ihrem vorgezeichneten Ziele zu nähern. Ernst v. Koburg 2, 221. Wer kann sagen   ., daß er sich nicht .. auch mit Aberglauben und Wahn, Leichtsinn und Vorurtheil

hinhalte? Goethe 39, 81 [Gesch. der Farbenl. II. Abth., Kap. 4].
Ein Lügenbild lebendiger Gestalten, | die Mumie der Zeit, | vom
Balsamgeist der Hoffnung in den kalten | Behausungen des Grabes
hingehalten, | das nennt dein Fieberwahn Unsterblichkeit.
Schiller 21 [Resignation]. In einem Zeitpunkte   wo ihren
erschöpften Muth Hoffnung allein noch hinhalten konnte. 778 a
[Abfall der Niederl., Einleit.] 2c. — Die Thränen, den Athem, eine
Bemerkung 2c., — mit der Bemerkung 2c. zurückhalten. Halte
das Messer zurück! [das die Ranken fortschneidende]. Goethe 1,
262 [Amyntas] 2c. Als der Gast seine Wirthe ernstlich ver=
mahnte, nicht weiter mit ihren Entdeckungen [Bekenntnissen] zu=
rückzuhalten. 15, 19 [Wahlverw. I, 2]. Da es   nicht immer
schicklich sein mag,   so will ich mich künftig mehr zurück=
halten. 56 [I, 6]. — Lange kämpfte sie, die Thränen zurück=
zuhalten; aber vergeblich! sie konnte die hervorbrechenden nicht
hemmen. Bergab die Räder, den Wagen hemmen 2c. Berge
lagen mir im Wege, | Ströme hemmten meinen Fuß. Schiller
48 a [D. Pilgrim]. Eine Mauer | aus meinen eignen Werken
baut sich auf, | die mir die Umkehr thürmend hemmt. 362 a
[Wallenst.'s Tod I, 4]. Jene gewaltigen Wetterbäche | reißen
die Brücken und reißen die Dämme | donnernd mit fort im
Wogengeschwemme. | Nichts ist, das die gewaltigen hemme.
491 b [Braut v. Mess., V. 248] 2c. — Weil die Bösen doch zuletzt |
durch jene Mittel selbst das Gute fördern müssen, | wodurch sie
sich's zu hindern vorgesetzt. Wieland 11, 177 [Klelia u. Sin. II).
Nur später erschien Jemand, zu hindern und zu wehren. Das
Unglück war geschehen. Goethe 20, 7 [Wahrh. u. Dicht. I]. Was
hindert mich   ., daß ich nicht eine der grünen Schnüre er=
greife 2c.? 71 [Der neue Paris]. — Ich war behindert, zu
kommen. — Das nasse Wetter, welches mich behindert, meine
Blumenzwiebeln in Boden zu bringen. Merch's Briefe 1, 365 2c. —
So trieb es mich, wechselsweise meine Genesung zu befördern
und zu verhindern. Goethe 21, 1 [Wahrh. u. Dicht. VI]. Pap=
penheim hatte nicht verhindern können, daß die Schweden
nicht mehrmalen die Elbe passierten, einige kaiserliche Détache=
ments niederhieben und mehrere Plätze in Besitz nahmen. Schiller
931 b [30jähr. Kr. II]. Die wirklich bewundernswerthe Sorgfalt
des Nürnberger Magistrats konnte nicht verhindern, daß nicht

ein großer Theil der Pferde aus Mangel an Fütterung umfiel. 959a [ebd.]. Zu verhindern, daß man die Fallrechen nicht herunterließe   Die vier Soldaten, die sich sehr tapfer hielten und sie verhinderten, nahe zu kommen. 1082a [Denkw. von Vieilleville] ꝛc. (vgl. verhüten). — So er sie umkehrete oder verbürge oder in einen Haufen würfe, wer will es ihm wehren? Hiob 11, 10. Der Herr Zebaoth hat es beschlossen, wer will es wehren? Jesaj. 14, 27 [= und wer wird es stören? Zunz, ebd.]. Der trieb die Teufel aus in deinem Namen und wir wehreten ihm   Wehret ihm nicht. Luk. 9, 49 ff. Lasset die Kindlein und wehret ihnen nicht, zu mir zu kommen. Matth. 19, 14. Manchem wehret seine Armuth, daß er nichts Übles thut. Sirach 20, 23. Da ward der Plage gewehret. 4. Mos. 16, 48 u. 50 [= Dem Sterben wurde Einhalt gethan. Zunz], vgl.: Da ward der Plage gesteuret. Psalm 106, 30 [= Das Sterben ward abgewehrt. Zunz = Da ward die Pest gehemmt. Mendelssohn]. Die Mutter   lehret die Mädchen | und wehret den Knaben. Schiller 78a [Glocke, V. 122]. Des Weges Enge wehret den Verfolgern. 544a [Tell IV, 3]. Den Wärmer..., der in der morschen Hütte | dem Winterfrost nur dürftig wehrt. Wieland 12, 6 [Pervonte I] ꝛc. Daß sie ihm damit steuren und wehren seine Tyrannei, Gotteslästerung und böse Thaten. Luther 8, 251b ꝛc. — Einem die Fliegen abwehren. Unter dem Baum, der die Mittagssonne mir abwehrt. Voss 3, 27. Mutterliebe, die jedes Lüftchen von ihr abwehrt. Börne 2, 130. Wenigstens den ersten Sturm abzuwehren. Schiller 822a [Abfall der Niederl. III, Verschwör. des Adels]. Mit Dämmen und Ableiten der künftig drohenden Gefahr abzuwehren. Goethe 14, 16 [Werther, 26. Mai]. Daß man dem Epheu nicht genug abwehrt, der den Ölbäumen und andern schädlich ist. 23, 133 [Ital. Reise, 23. Okt. 1786]. Wer kann abwehren, daß nicht das Gräßlichste geschieht? Auerbach Tagebuch 187 ꝛc. — Der Herr hat dir die Ehre verwehrt. 4. Mos. 24, 11 [= Der Ewige hat dich abgehalten von Ehre. Zunz]. Du küßtest mich und ich verwehrt' es. Goethe 5, 19 [Herm. u. Doroth. II, V. 145]. Das wolle Gott verwehren! [verhüten]. Wieland 20, 77 [Oberon III, 65]. Kannst du der Zeit verwehren, daß sie nicht | ans Licht hervorzieh, was itzt noch mit Erde | bedeckt ist? Ders. Hor.

Briefe 1, 110. In das Geheimnis der Natur selbst einzudringen, ist uns verwehrt. Ders. Att. Museum 1, 1, 137. — Der den Kriegen steuret in aller Welt. Psalm 46, 10 [Wie mächtig er dem Kriege steuert. Mendelssohn]. Du thust Böses und lässest dir nicht steuern. Jerem. 3, 5. Dass Gott den Sündern steuret, dass sie nicht fortfahren. 2. Maccab. 6, 13. Durch Streifungen und augenblickliche Wachsamkeit wurde dem Übel zwar bald gesteuert. Goethe 18, 20 [Wanderj. I, 2: Die Heimsuchung]. Diesen Unbilden einigermaßen zu steuern. 22, 94 [Wahrh. u. Dicht. XII]. Den Übelthaten steuern. 35, 270 [Tankred II, 2] 2c. [Um der Gehässigkeit entgegenzusteuern. Ernst v. Koburg 2, 419]. — Alles weg, was deinen Lauf stört! Goethe 4, 13 [Westöstl. Div., Buch des Sängers: Dreistigkeit]. Dadurch wird die Verdauung gestört.

Abhängen (abhangen), abhängig [s. d.] **sein** wovon; **ankommen** worauf; **beruhen** worauf, worin 2c.

Eine Person oder Sache hängt von einer andern ab, ist davon abhängig: Am Ende hängen wir doch ab | von Kreaturen, die wir machten. Goethe 12, 101 [Faust II, 2. Akt, Laboratorium]. Am Ende läuft es auf Eins hinaus: ganz von einer nothwendigen Gewohnheit oder ganz von der willkürlichsten Zufälligkeit abzuhangen. 15, 240 [Wahlverwandsch. II, 10]. Den Prinzen Begriffe und Maximen einflößen von deren Gebrauch oder Nichtgebrauch das Glück der sinesischen Provinzen größtentheils abhangen dürfte. Wieland 7, 18 [Goldn. Spiegel, Einleit.]. Einen kleinen Trugschluss der für ihren Sohn und für die Völker, deren Schicksal einst von seiner Art zu denken abhangen sollte, von großen Folgen war. 109 [ebd. VII]. Alles, was Sie mir von dem Unterricht des Verstandes und der Besserung des Willens sagen, verwerfe ich nicht; nur müssen Sie den letzten nicht bloß vom ersten abhangen lassen [vgl. abhängig sein lassen, abhängig machen 2c.]. Möser Patriot. Phantas. 2, 300.

Etwas kommt auf eine Sache oder Person an 2c.: Worauf kommt es überall an, | dass der Mensch gesundet? Goethe 4, 13 [Westöstl. Div., Buch des Sängers: Dreistigkeit]. Die Gründe für und dagegen haben wir wechselsweise vorgebracht: es kommt auf den Entschluss an. 15, 11 [Wahlverw. I, 1]. Durch Umstände

genöthigt ., gerade   den Hauptpunkt, worauf Alles an=
kommt, zu übersehen oder nicht genug zu beherzigen. 31, 61
[Abendmahl von da Vinci] 2c. Warum sollte man mit Wundern
es genauer nehmen wollen, bei welchen es auf die Zahl Derer,
zu deren Bestem oder zu deren Züchtigung sie geschehen, weit
weniger ankommt, — ganz und gar Nichts beruht. Lessing
(Ster.) 9, 63. Es mag also von diesen Schriften noch so viel
abhängen, so kann doch unmöglich die ganze Wahrheit der
Religion auf ihnen beruhen. ebd. 49.

Etwas beruht auf, in 2c. etwas Andrem 2c.: hat darin
seinen Grund, seine Grundlage, ist darauf begründet: Beruht
dieser Unterschied nun noch bloß auf meinem Befehle? Lessing
3, 410. Ihr großer wesentlicher Unterschied beruht aber darin,
daß der Epiker die Begebenheit als vollkommen vergangen vor=
trägt und der Dramatiker sie als vollkommen gegenwärtig dar=
stellt. Goethe 32, 209 [Briefe an Schiller 3, 374]. Wenn wir über
die Harmonie der Farben und den Grund, worauf sie beruht,
einig geworden. 29, 435 [Diderot's Versuch]. Bei den Bemer=
kungen des Kunstrichters beruhet das Meiste in der Richtigkeit 2c.
Lessing 6, 373 [vgl.: hängt das Meiste von der Richtigkeit ab,
kommt das Meiste darauf an]. Diese Einführung ordentlicher
Ehen scheint also nicht sowohl auf Gesetzen als auf dem Her=
kommen beruht zu haben. Schiller 1011a [Mosaïsche Urkunde].
So bin ich frei; doch wär' ich's lieber nicht, | hätt' es auf mir
beruht. Schlegel Shakesp. Cäs. 5, 3 [vgl.: hätte es von mir
abgehangen, wäre es auf mich angekommen]. Ob ich deinen
Wunsch werde erfüllen können, Das hängt nicht von mir ab;
es kommt darauf an, wie mein Vater, von dem ich abhängig
bin, darüber denkt; auf seiner Entscheidung beruht Alles. — Deine
Annahme beruht auf einer falschen Voraussetzung. „Es käme
also nur darauf an, diese Voraussetzung als richtig zu erweisen."
Freilich, davon wird Alles abhängen 2c., s. auch: Beruhen,
ruhen (in einem spätern Hefte).

Abhangend (abhängend); abhängig (abhänglich).

1) In der Bedeutung: gegen den Horizont geneigt: Reihen
von niedrigen sanft abhängenden Hügeln. Forster Reise um
die Welt 1, 192. Wenn der Weg nah am schroffsten [s. u.]

Felsen hergeht, ja in ihn hineingehauen ist, so erblickt man die
Seite gegenüber sanft abhängig, so daß noch kann der schönste
Feldbau darauf geübt werden. Es liegen Dörfer, Häuser, Häuschen,
Hütten, Alles weiß angestrichen, zwischen Feldern und Hecken
auf der abhängenden hohen und breiten Fläche. Bald ver-
ändert sich das Ganze: das Benutzbare wird zur Wiese, bis sich
auch das in einen steilen [s. u.] Abhang verliert. Goethe 23, 11
[Ital. Reise, 8. Sept. 1786]. In gehöriger Entfernung von einander sind [für das Ballspiel] zwei gelind abhängige Bretter-
flächen errichtet. 46 [16. Sept.]. Eine große sanft abhängige
Waldwiese lud zum Bleiben ein. 16, 265 [Lehrjahre 4. Buch,
4. Kap.]. Wagt' ich mich sachte ins Wasser, doch nicht tiefer,
als es der leise abhängige Boden erlaubte. 18, 331 [Wanderj.
2. Buch, 12. Kap.]. Bis in die Fläche abhangende Weinberge.
Haller Usong 215. Am abhangenden Fuß des Hügelchens.
Voss Theokrit 1, 13 2c.

Vergl. dazu als eine Unterabtheilung die sinnverwandten
Wörter: abschüssig, gäh, jäh, gähstotzig, prallig, schroff,
steil, stotzig, s. meine Synon. I, 71—73.

2) (s. abhängen ., abhängig sein). In diesem Sinne
steht das Particip gewöhnlich nur in Verbindung mit von, wie
auch abhängig häufig so vorkommt: Etwas hängt von Umständen, Bedingungen 2c. ab oder nicht ab, ist davon abhängend oder abhängig, nicht abhängend, nicht — oder:
un= — abhängig. Jemand hängt von einem Andern ab oder
nicht ab, ist von ihm abhängend oder nicht abhängend, von
ihm abhängig oder unabhängig. Daneben findet sich das
Eigenschaftswort in der gehobnen Sprache auch mit dem bloßen
Dativ: Glaubenshelden . welche von jenem hohen Wesen,
dem sie sich abhängig erkennen, alle und jede Gebote blind-
lings befolgen. Goethe 20, 160 [Wahrh. u. Dicht., 4. Buch]. Ein
Hauch bist du, abhängig aller Änderung der Luft. Voss Shakesp.
2, 190 = Du bist ein Hauch, abhängig jedem Wechsel in der
Luft. Shakespeare 8, 55 [Maß für Maß 3, 1] 2c. Namentlich
aber findet sich abhängig auch, und zwar in der gewöhnlichen
Sprache, ohne Nennung Dessen, wovon Etwas abhängt, z. B.:
Nun von dem abhängigen, durch Klima, Berghöhe, Feuchtigkeit auf das mannigfaltigste bedingten Pflanzenreich einige Worte.

Goethe 23, 14 [Ital. Reise, 8. 9. 1786] 2c., besonders oft von Per=
sonen: Jemand ist abhängig oder unabhängig, in einer ab=
hängigen oder unabhängigen Stellung 2c. [wo das Particip
nicht üblich ist].

Veraltende Nebenform. Die Nothwendigkeit, sich beinahe
in Allem auf die Werkzeuge Ihrer wohlthätigen Wirksamkeit zu
verlassen, macht Sie zum abhänglichsten aller Bewohner
Ihres unermeßlichen Reiches. Wieland 7, VIII [Goldn. Spiegel,
Zueign.].

Abhelfen, helfen; beseitigen.

Beseitigen: etwas im Wege Stehendes bei Seite, aus dem
Wege (oder fort=)schaffen, räumen: Daß sein Hauptfehler darin
bestanden, daß er jene Fragen zu schnell und übereilt be=
seitigt und verneint. Goethe 39, 245 [Gesch. d. Farbenl., Newton].
Daß man … alles einer solchen Vorstellung Günstige mit Leiden=
schaft festhält, alles zart Widersprechende ohne Weiteres besei=
tigt. 247 [ebd.]. Ein Muster ., wie grimassierend ein böser
Wille sich gebärdet, um Etwas, das sich nicht ganz verneinen
läßt, wenigstens zu beseitigen. 392 [ebd., Marat]. Die ehe=
maligen Landstände waren in den meisten deutschen Ländern
längst entweder beseitigt oder doch lahm gelegt. National-Ztg.
42, 271. Ein Übel=, Mißstand 2c. wird beseitigt: weg geschafft,
so daß er nicht mehr im Wege steht; ihm wird abgeholfen:
es wird Hilfe dagegen geschafft, indem er beseitigt wird. Nur
ein Geist der andern Welt könnte seinem Elend abhelfen. Klinger
Faust 9. Bald dehnte sie [die Gans] ihren Hals, dessen ver=
rätherischer Kürze sie abhelfen wollte. Lessing 1, 135 [Fabeln
1, 14]. Mit der heftigsten Begierde, allen Drangsalen seiner
Mitgeschöpfe abzuhelfen. Wieland 8, 96 [Goldn. Spiegel II, 7].
Er führte ihn allenthalben von den äußerlichen Zufällen auf die
Quelle des Übels und zeigte ihm, wie vergebens man jenem ab=
zuhelfen sucht, so lange diese nicht verstopft ist. 98 [ebd.] 2c.,
s. auch helfen (unter: beispringen).

Seltner so auch das bloße Grundwort: Seht selber auf das
Zünglein hin | und merkt, wohin es überschlage. | Nicht wahr,
zur Rechten? — „Ja.“ — Schon gut! — Den Augenblick | soll
ihm geholfen sein. L. H. Nicolay Vermischte Gedichte 1, 11.

**Abhören, ablauern, ablauschen, ablernen, ab=
merken, absehen, abgucken, abspüren, — an=
hören, anmerken, ansehen, anspüren — Einem
Etwas.**

„Aus dem Begriff der Trennung [von ab] entwickelt sich
ferner der des Übergehens aus dem Besitz des Einen in den des
Andern, z. B.: ich kaufe dir Etwas ab, mache, daß es von dir
weg, aus deinem Besitz in meinen übergeht; eben so: Einem
Etwas abnehmen, abbangen, ab=listen, =trotzen, =ängstigen, =nö=
thigen, =zwingen, =artigen, =komplimentieren, =luchsen, =lungern,
=stibitzen, =stehlen u. s. f. eine unerschöpfliche Menge: durch Bange=
machen, List, Trotz u. s. w. Einem Etwas abnehmen, machen,
daß es aus seinem Besitz in unsern übergeht Hierher ge=
hören natürlich auch Zeitwörter, wie: Einem Etwas absehen,
abhören, abmerken, abfragen u. a. m. —, nicht bloß: ich habe
ihm diesen Handgriff abgemerkt (abgesehen, abgelauscht),
so daß er durch meine Aufmerksamkeit mein eigen geworden,
sondern auch: Er erfüllt jeden Wunsch, den er mir an den Augen
absehen kann (und den er also durch seine Theilnahme gleichsam
zu seinem eignen Wunsch gemacht). So ist: Einem Etwas ab=
merken stärker als anmerken: Was ich ihm anmerke, bleibt
noch an ihm, bei ihm; was ich ihm abmerke, geht, gleichsam
zu mir herüber, wird mein Eigenthum.“ Sanders Programm
71 b 2 a.

Das hier über die Vorsilben Gesagte gilt auch mit den sich
aus den Grundwörtern (s. d.) ergebenden Abänderungen für die
in der Überschrift genannten sinnverwandten Wörter. — Die
Zusammensetzungen mit merken beziehen sich nicht auf einen
bestimmten Sinn der Wahrnehmung, dagegen die mit hören,
vgl. lauschen, zunächst auf den des Gehörs, wie die mit sehen,
gucken auf den des Gesichts, mit spüren zunächst auf den des
Geruchs; bei denen mit lauern und lernen treten ohne solche
Beziehung doch andre bestimmte Nebenbegriffe hinzu.

Was ich Einem anmerke, nehme ich durch mein Aufmerken
als etwas an ihm Wahrnehmbares, Haftendes ꝛc. wahr; was
ich ihm abmerke, Das eigne ich mir durch forschendes Auf=
merken und Beobachten, mit bewußtem Streben und absichtlich

an, z. B.: „So muß ich dir gestehen, daß ich schon einige Zeit Etwas auf dem Herzen habe, was ich dir vertrauen muß und möchte und nicht dazu kommen kann." Ich habe dir so Etwas **angemerkt.** Goethe 15, 5 [Wahlverw. I, 1]. Es wäre ein Wunder, wenn man es meiner Arbeit nicht **anmerkte,** unter welcher Unruhe ich sie zusammenschreibe. Lessing 12, 524. Weil wir   Diesem es in jeder Äußerung **anmerken,** daß er durch einen einzigen Willensakt sich zur ganzen Würde der Menschheit aufrichten kann. Schiller 1133 b [Üb. d. Pathetische, Schluß] ꝛc. — „Ich weiß doch, daß du lachst, wenn ich ein Liedchen anfange, das dir lieb ist." Hast du mir's **abgemerkt?** „Ja, wer euch Mannsleuten auch Nichts **abmerkte!** Goethe 9, 368 9 [Die Geschwister]. Was ist man nicht hinter dem Knaben her, dem man einen Funken Eitelkeit **abmerkt!** 14, 161 [Briefe aus der Schweiz I]. Seine Geliebte sucht, ihm **abzumerken,** was er wünscht, um es noch eher zu vollbringen, als er bittet. 17, 112 [Lehrj. VI]. Jener Frau, der ich, bei Reichthum und Bequem= lichkeit, lange Weile **abgemerkt** hatte. 302 [VIII, 3]. Mit neckendem Scherz, daß Eins dem Andern eine ängstliche Miene, eine größere Verlegenheit, eine furchtsame Gebärde wollte **ab= gemerkt** haben. 18, 256 [Wanderj. II, Kap. 5]. Mehr davon angesteckt, als er sich   wird wollen merken lassen, als er sich vielleicht noch selbst **abgemerkt** hat. Lessing 10, 162. Wenn ich ihm eine Schwachheit **ablauern** [s. u.] könnte, die mich ihm unentbehrlich machte!   Er glaubt, dem Minister eine Schwach= heit **abgemerkt** zu haben. Schiller 643 b 4 a [Der Parasit IV, 9 u. V, 1] ꝛc.; auch mit dem rückbezüglichen Dativ, worin der Be= griff entschieden hervortritt, daß das Subjekt sich Etwas an= eignet [s. o.]: Er hatte sich [an mir] **abgemerkt** [vgl.: gemerkt], was mir auffiel. Goethe 14, 168 [Briefe a. d. Schweiz I]. Dies hatte ich mir bald **abgemerkt.** Hauff 2, 212.

Einem Etwas **anspüren,** zunächst: mit feiner Nase und scharfer Witterung (wie ein Spürhund) anmerken: Man spürt dir doch immer an, daß du ein Gelehrter bist. Goethe 9, 272 [Clavigo, 2. Akt, Schluß]. Man spürt ihm noch gute Hoffnung an. Schiller an Goethe 2, 24 ꝛc. — Der tadelsüchtige Beur= theiler mutzt dem Verf. auch das geringste Versehen auf, das er ihm **abgespürt** hat ꝛc.

Einem Etwas am Gesicht, an der Nase, an der Stirn, an den Augen ansehen: ihn anschauend, anblickend anmerken (s. o.): Man sieht dir's an den Augen an: | gewiß du hast geweint. Goethe 1, 69 [Trost in Thränen]. Sonst konnt' ich ihm Alles an den Augen ansehen [s. u.: absehen]; aber jetzt war es vergebens: selbst seine Augen sprachen nicht mehr. 17, 208 [Lehrj. VII, 6]. Ob er ihm gleich keineswegs gefiel, da er ihm durchaus, bei seinem klaren Blick auf Menschen, eine gewisse Falschheit anzusehen glaubte. 19, 110 [Wanderj. III, 10]. So ist doch nicht zu leugnen, daß man ihren Theorien meistens einen empirischen Ursprung nur allzusehr ansieht. 39, 99 [Gesch. der Farbenl., 3. Abth., Zwischenbetr]. Ihn [den Kopf] zurückzuhalten, lehrt der Tanzmeister: man muß also Charlotten den Tanzmeister ansehen. Lessing Dramat., 13. Stück. Daß man ihnen den Galgen an der Stirne ansieht. Rabener 4, 69 ꝛc.

Der will Wunder thun, als wenn er mich lieb hätte, als wenn er mir Alles an den Augen absehen wollte [s. o.]. Goethe 8, 205 (Die Fischerin). Es thut ihm doch wohl, wenn er mich ansieht; ich seh's ihm an den Augen ab [vgl.: an], wenn er mir's gleich sonst nicht will merken lassen. 9, 375 [Die Geschwister] ꝛc. Einem seine Handgriffe, Kunstgriffe, Schliche ꝛc. absehen, auch: abgucken, s. mein Wörterb. 1, 638b, c, wo gucken erklärt ist: „die Augen scharf auf Etwas richten, um es zu erblicken": Wie er räuspert und wie er spuckt, | Das habt ihr ihm glücklich abgeguckt. Schiller 322a [Wallenst.'s Lager, 6. Auftr.]

In so fern es sich dabei um etwas wie ein aufgeschlagenes Buch vor Einem Liegendes handelt, auch z. B.: Einem Etwas (einen Gedanken, Wunsch, eine Frage ꝛc.) am Gesicht [wo es sich gleichsam geschrieben findet] oder vom Gesicht [woher man es entnimmt], an (oder: von) den Augen, dem Mund, der Stirn ꝛc. ablesen (s. lesen, erkennen ꝛc.). Sie meinte, man müsse ihr Innerstes an dem Gesichte ablesen. Auerbach Deutsche Abende 70. Eckhardt hatte sich gewöhnt, die Laune des Herrn Stephan ihm ziemlich genau vom Gesicht abzulesen. Zur guten Stunde 3, 1548 (Soph. Junghans Ein Räthsel XV.), vgl.: Eckhardt, der seinem Herrn die ungewöhnliche Verfassung bald abgemerkt hatte. 1553 (ebd.) ꝛc.

Einem Etwas anhören: es ihm durch die Wahrnehmung des Ohrs anmerken (s. o.): Der Arzt hört es dem Kranken, seiner Stimme an, daß er sich stark erkältet hat. Dankmar hörte dem Thiere die Freude an. Gutzkow Ritter vom Geist 2, 272 ꝛc. Ungewöhnlich oder doch wenigstens selten ist hier die dem abmerken (s. o.) entsprechende Zusammensetzung von hören mit ab, um so gewöhnlicher die von lauschen, wovon umgekehrt die Zusammensetzung mit an ungewöhnlich ist: Einem Etwas ablauschen: es ihm lauschend abmerken, es von ihm erlauschen, durch Lauschen gewinnen, sich zu eigen machen. Sanders Wörterb. 2, 58a, vgl.: Lauschen: die scharf angespannten Sinne, namentlich des Gesichts und Gehörs, auf Etwas richten, damit Einem Nichts entgehe. ebd. 57c und z. B.: Sie brachten darauf ein Märchen vor, das sie ihren Eltern wollten abge= lauscht haben. Goethe 20, 79 [Wahrh. u. Dicht., 2. Buch]. Der Reiter sollte dir [dem Pferde] deine Gedanken ablauschen und du lauschest sie ihm ab. Gutzkow Ritter vom Geist 1, 312 [s. u. ablernen Goethe 9, 214]. Architektur, | die du, voll Sinn, verstanden, abzulauschen | Gebilden herrlich bauender Natur, | wie Harmonien in Harmonieen rauschen. A. W. Schlegel Ge= dichte (1811) 1, 92. So halte ich mich an Das, was ich auf dem Wege der Beobachtung im Geschäfte der Entwicklung und Aus= bildung unsres Schönheitssinnes abgelauscht zu haben glaube. Wieland 23, 93 [Aristipp II, 18]. Sein trauriges Geheimnis wurde ihm abgelauscht. 229 [II, 30]. Er ... strengt bis zum Erblinden | die Augen an, nur um einen Seitenblick | die Messe durch dem Engel abzulauschen [zu erhalten] 11, 223 [Clelia, 5. Buch]. Mir an den Augen ablauschend, ob ꝛc. Heine Börne 71 ꝛc., s. Weiteres unter abpassen ꝛc. in einem spätern Heft.

Einem Etwas ablauern [anlauern ist, wie anlauschen, ungebräuchlich], wie abmerken, absehen und besonders ab= lauschen, doch mit dem Nebenbegriff (s. lauschen ꝛc.) des Liegens im Hinterhalt, im Versteck ꝛc. und der auf eignen Vortheil (oder auch auf fremden Schaden) sinnenden Absicht. Einem eine Schwachheit abmerken (s. o. S. 24), ablauern. Schiller 643b ff. Sie haben uns die Spur abgelauert. 121a [Räuber II, 3]. Ergriffen ihn des Gallas Abgeschickte, | die ihm schon lang die Fährte ab= gelauert. 361a [Wallenst.'s Tod I, 2]. Es wäre also nicht

überflüssig, wenn wir der Natur noch andre Fingerzeige ab=
lauerten. Wieland 22, 350 [Aristipp LXVIII] ꝛc.; selten mit
rückbezüglichem Dativ: Muſs ich mir hernach die Zeit ab=
lauern, wenn ich zu solcher Unterſuchung Luſt habe. Lessing
12, 111 [Brief] ꝛc.

Endlich: Einem Etwas ablernen, es ihm abmerkend, ab=
ſehend (ſ. o.) ſich zu eigen machen, um es für ſich zu verwenden
und auszuüben: Ablernen, verſchieden von lernen: wenn man,
ohne Vorwiſſen des Lehrers, ihm ſeine Kunſtgriffe abſieht.
Mendelssohn 4, 1, 36. Werner. holte. weit aus, indem er
die Sprachen überhaupt betrachten und ihnen Das, was zu
ſeinem Zwecke gefordert warb, ablernen wollte... Wir lernten
[ſ. o.] von ihm [durch Unterweiſung] und lernten ihm ab [ohne
ſeine eigentliche Unterweiſung, durch bloßes Abſehen, Abmerken],
wie man verſährt ꝛc. Goethe 27, 242 3 [Annalen, 1807]. Dem
edeln Pferde, das du reiten willſt, muſſt du ſeine Gedanken
ablernen. 9, 214 [Egmont, 4. Aufz., ſ. o. ablauſchen. Gutzkow
Ritter 1, 212]. Der Vf. hat keineswegs die Gabe, mehreren
Fällen ihr Gemeinſames abzulernen. 39, 393 [Geſch. der
Farbenl., 5. Abth., 2. Epoche „H. T. F."]. Der ihnen ihren be=
trügeriſchen Geſang abgelernt hat. Klinger Fauſt 5. Das
Génie iſt bekanntlich eine Sache, die kein Menſch dem andern
ablernen kann. Platen 5, 16 [Theater als National ꝛc.]. Künſtler
lernen der Natur ihre Werke ab. Schiller 691 b [Zuſammenh.
der thier. Natur § 11]. Ja, die Frau Gräfin | verſteht's. Sie
lernt' es ihrer Schwieger ab. 353b [Piccol. IV, 6]. So iſt doch
viel eher zu vermuthen, daſs die Menſchen ſie [die Künſte] den
Affen, als daſs die Affen ſie den Menſchen abgelernt haben
Daſs er die Kunſt. von dem Vogel Jſiatabacki abgeſehen
[ſ. o.] habe. Wieland 7, 23 [Goldn. Spieg. I, 1]. Die gute Art
zu moraliſieren, die unſer Künſtler den Sokrates ꝛc. ab=
gelernt hat. Ders. Horaz Briefe 1, 172 u. Ä. m., vgl. auch — mit
Hervorhebung des Heimlichen, Unvermerkten ꝛc.: Einem eine
Kunſt abſtehlen. Gotter 2, 295 (ſ. abnöthigen ꝛc., Schluſs).

**Abhub; Abſchaum; Auskehricht; Auswurf; Bo=
denſatz; Hefe; Schmud,**
bildlich und übertragen [vgl. die einzelnen Ausdrücke in ihrer
eigentlichen Bedeutung], von Perſonen, theils auch einzelnen (ſo:

Abschaum und Auswurf), besonders aber von einer Ge=
sammtheit:

Daß nicht edle Kräfte aus Überdruß, Ungeduld, vielleicht
auch Unverstand sich an den Abhub unserer Völker angeschlossen.
Ernst v. Koburg 2, 128 ꝛc. — Volksklassen..., die das Übergewicht
geben, wenn sie in Masse wirken. Weit entfernt, daß die erstern
eine eigene Klasse im Staat ausmachen sollten, bestehen sie viel=
mehr aus dem Abschaum, Bodensatz und Auskehricht aller
übrigen. Wieland 32, 196 [Gespr. unter vier Augen IX]. Schwache
und sorglose Regenten verdienen ihr gewöhnliches Schicksal, von
dem Abschaum des menschlichen Geschlechtes umgeben zu sein.
8, 147 [Goldn. Spiegel II, 10]. Daß dieser Abschaum von
Menschen nicht zu den Menschen gehört. Lessing 7, 407. Ha,
Mörder! feiger, elender Mörder! ... Abschaum aller Mörder! —
Was ehrliche Mörder sind, werden dich nicht unter sich dulden.
2, 158 [Em. Galotti III, 8]. Stax buhlt und Polidor säuft
Wein | und beide rufen mit Entsetzen: | Wie könnt' ich solch ein
Abschaum sein! Ramler Fabellese 1, 85 ꝛc. — Man sprach
von ihnen als dem verworfensten Auskehricht (s. o.) des
menschlichen Geschlechts. Wieland 7, 116 [Goldn. Spieg. I, 10].
Aus   Kupplern und Gott weiß was für anderm Aus=
kehricht des menschlichen Geschlechts. 9, 56 [Danischm. XIII]. —
Von den Juden   ., als einem allen andern Nationen gehässigen
und verhaßten Auswurf des Menschengeschlechts. 18, 263.
[Agathodäm. 6, IV] Einem armen Findling, der, nachdem er sich
lange für einen verwahrloseten Auswurf der Natur angesehen,
unverhofft von einem edeln und zärtlichen Vater erkannt wird
8, 128. [Goldn. Spieg. II, 9]. Jener Mörderhöhle in den Tui=
lerien   ., wo der Auswurf der Galeren und der Blutgerüste
dem Auswurf der Natur Entscheidungen vorschreibt. Gentz
Über d. franz. Revol. 102. Das gemeine Volk   hat uns als
den Auswurf der Natur, als Geschwüre der menschlichen Ge=
sellschaft angesehen. Lessing 4, 221. Dieses Heer | ., das ist
der Auswurf fremder Länder, ist | der aufgegebene Theil des
Volks, dem Nichts | gehöret als die allgemeine Sonne. Schiller
363b [Wallenst.'s Tod I, 5]. Zwei Weibspersonen   Ich er=
wartete den Auswurf ihres Geschlechts. 710b [Verbr. aus
verlorn. Ehre]. Hell und heiter | ging jedes Tages Sonne für

sie auf | und ich, der traurige Auswurf der Natur, | verbarg
mich vor dem Licht. 621b [Phädra IV, 6] ꝛc. Was leichte Beine
hatte, war ausgeflogen, der Komödie nach, und nur der Boden=
satz der Stadt blieb zurück, die Häuser zu hüten. 121a [Räuber
II, 3]. Den Bürger als einen groben Bodensatz, der im Adel
schwimmt, niederzuschlagen. Jean Paul 11, 78 [Siebenkäs]. —
Figürlich sind die Hefen des Volks die geringsten, schlechtesten
Glieder eines Staates oder Volkes. Adelung u. o. Sie ist aus
der alleruntersten Volkshefe. Westermann's Monatsh. 260, 116b.
Aufkocht der Völkerhefe, kocht der Brodem. Hamerling Ahasv.
143. — Was für Gesellschaft! Aller Schund von Diplomatie.
Varnh. v. Ense Tageb. 1, 355 (noch häufiger sachlich).

**Abkehren; ab=, fort=, hinweg=, weg= kehren,
=drehen, =wenden; verwenden; wenden; kehren**
s. fort, weg, hinweg. Sanders Syn. 1, 64 ff. u. die Grund=
wörter: kehren, wenden, drehen.

Drehte die Barke sich dwars ab. Scherr Nemesis 2, 138.
Als der Wind die Segel blähte und wir vom Lande abdrehten.
Willkomm Im Wald und am Gestade 90. Dann drehte sie
sich plötzlich ab und ging davon. Zschokke Ausgewählte Nov. ꝛc.
(1843) 1, 223. Sich, den Kopf, das Gesicht ꝛc. von Jemand,
von einem Anblick ꝛc. ab=, fort=, weg=, hinweg=drehen,
=kehren, =wenden. Ich aber stand von fern und abgekehrt.
Chamisso 4, 100. Einen Verein von akademischen Lehrern, die,
ohne sich vom alten Bewährten abzukehren, dem Neuen zu=
gewendet waren. Börne 2, 13. Wollte denn dein Herr, in
weisem Zorn entbrannt, | zur Strafe deinen Wunsch erhören, |
so bätest du gewiß mit aufgehobner Hand, | das Unglück wieder
abzukehren [heute üblicher: abzuwenden]. H. L. Nicolai
1, 93 ꝛc., vgl. auch: Die frühe Abkehrung Shakespeare's oder
seine ursprüngliche Abwendung von jenen Werken. Gervinus
Shakesp. 1, 125 ꝛc.; auch das bloße Grundwort kehren (mit
von) wie wenden (auch ohne von), z. B.: Ich will mein An=
gesicht davon kehren. Hesek. 7, 22 [= Ich wende mein Antlitz
weg von ihnen. Zunz]. Kehret und wendet euch von eurer
Abgötterei und wendet euer Angesicht von allen euren Gräueln.
14, 6 [= Kehret um und wendet euch ab von euren Götzen und

von all euren Gräueln wendet euer Angesicht ab. Zunz]. Der
seine Hand vom Unrechten kehret. 18, 8 [zurück zieht. Zunz].
Darum kehre sich ein Jeglicher von seinem bösen Wesen. Jerem.
18, 11. Wie versündiget ihr euch also an dem Gott Israel's,
daß ihr euch heute kehret von dem Herrn? Jos. 22, 16 [Euch
heute abzuwenden von dem Ewigen. Zunz]. Daß ihr Ge=
wissen | sich von allem arg Beginnen kehren soll zu ernstem
Büßen. Logau 1, 9, 75 ꝛc. Hier wendet sich der Gast mit
Grausen. Schiller 57b [Ring des Polykr., letzte Str.]. Auf=
jagen ihn die flinken Hunde, | doch wenden sie sich pfeilgeschwind
[zur Flucht], | als ꝛc. 66b [Kampf mit dem Drachen, Str. 18].
Wir wendeten uns mit Verachtung. Voss Ilias 2, 81 [= und
kehrten dem Manne den Rücken. Bürger 195a, ebd.] Sie
sagten's, | wendeten sich und wurden nicht mehr . gesehen.
Klopstock Messiade 19, 1072. Und er wandte sich schnell und
eilte, zur Kammer zu gehen. Goethe 5, 88 [Hermann u. Dorothea
IX, 197]. Du wendest dein Gesicht? 7, 50 [Mitschuld. I, 4].
Du wendest schaudernd dein Gesicht, o König; | so wendete
die Sonn' ihr Antlitz weg | und ihren Wagen aus dem ew'gen
Gleise. 13, 18 [= 34, 164, Iphig. I, 3]. Wende deinen Fuß
vom Bösen! Sprüche 4, 27. Er wende sich vom Bösen und
thue Gutes! 1. Petri 3, 11. Gott 　　　schrecket sie und züchtiget
sie, daß er den Menschen von seinem Vornehmen wende. Hiob
33, 17. Ich kann den Blick nicht von euch wenden, | ich muß
euch anschaun immerdar. Freiligrath Sämmtliche Werke 1, 16
[Die Auswandrer]. Sich von dem Individuum ab zur Idee
des Ganzen wenden. Schiller Briefe an Goethe 2, 81. Indem
sie ihre liebenswürdige Freundlichkeit von dem Säugling ab auf
den Fremden wendete. Goethe 18, 5 [Wanderj. I, 1] ꝛc. —
Wer von der Schönen zu scheiden verdammt ist, | fliehe mit abe=
gewendetem Blick! Goethe 10, 302 [Pandora]. Ihr Antlitz
wenden | Verklärte von dir ab. 11, 168 [Faust I, Dom]. Mich
ruft es auf, die schreckliche Gefahr | vom holden Zögling kräftig ab=
zuwenden. 13, 265 [Natürl. Tochter, II, 1]. Niemals hätte
ich mein Gemüth so ganz von der Bühne abgewendet. 17, 250
[Lehrj. VII, 8]. Dieser [Gottes Sohn] wird ihm dagegen die ab=
gewendeten Menschen, ja sogar einen abgefallenen Geist wieder
zuführen. 21, 227 [Wahrh. u. Dicht., 10. Buch]. Mit dem Er=

bieten, ihn   in ihre Dienſte zu nehmen; er hatte es aber
immer unter mancherlei Entſchuldigungen abzuwenden [ab=
zulehnen] geſucht. 30, 151 [Hackert]. Paulus iſt auch ſtehend
abgebildet, aber abgewendet, wie Einer, der gehen will und
nochmals zurückſieht. 31, 45 [Chriſtus u. d. 12 Apoſt.] 2c. Wenn
es | mit Unterwerfung, mit Nachgiebigkeit | kann abgewendet
werden. Schiller 338b [Piccol. II, 2]. Ein heilig Zwangsrecht
üb' ich aus, da ich, | aus dieſen Banden ſtrebe, Macht mit Macht |
abwende 2c. 414a [Mar. Stuart I, 7]. Ihr habt das Land
von Öſtreich abgewendet. 524a [Tell I, 4]. Gewalt durch
Gewalt abzuwenden. 883b. [30jähr. Krieg, 1. Buch] 2c. Ab=
gewendeter von Gott und dem Heiland als die armen Neger.
Forster Reiſe um die Welt 1, 286. Wie Stolz, Hochmuth und
Härte ihn früh dem mütterlichen Hauſe abgewandt. Tieck
Victoria Accorombona 2, 189. Die Bundesgenoſſen wandten
ſich von Sparta ab, der Führerſchaft Athen's zu. Rüſtow und
Köchly Geſch. des griech. Kriegs 70 2c. — Er ſprach's und
wendete vom Platz des Kampfes fort | den Blick, zum Berg
hinauf. Rückert Roſtem und Suhrab 27b. Wir ſuchen, von
Athen hinweggewandt, | uns neue Freunde dann in fremdem
Land. Shakespeare's Werke von Wilh. Schlegel und Tieck
(Berl. 1854) 3, 458 [Sommernachtstraum 1, 1] — Wenn Phöbus
nun | ein feuerwallend Lager ſich bereitet | und jedes Auge von
Entzücken thränt, | da werd' ich weg mich wenden, werde
dich | und dein Geſchick beweinen. Goethe 13, 312 [Natürl.
Tocht. IV, 2]. Das Intereſſe an der menſchlichen Geſtalt hebt
mir alles Andre auf. Ich fühlte es wohl und wendete mich
immer davon weg, wie man ſich von der blendenden Sonne
wegwendet. 24, 199 [Briefe aus Rom 10. Jan. 1788]. Sie be=
wegt ſich im Schlummer und ſinkt auf die Breite des Lagers, |
weggewendet und doch läſſt ſie mir Hand noch in Hand.
1, 233 [Röm. Elegien XIII]. Sobald aber die Sache entſchieden iſt,
wenden wir unſer Auge ſogleich von ihm weg. 16, 84 [Lehrj.
II, 1]. Aber ſchaudernd mit Entſetzen | wendet ſie ſich weg.
Schiller 55 [Eleuſ. Feſt, Str. 9] 2c. — Das Auge, den Blick, das
Geſicht, Antlitz, den Kopf 2c. verwenden (von Einem oder
Etwas) Sanders 3, 1560c: Den Strahl von ſeinem Angeſichte |
verwandte Gott auf ſtets von ihr [der Hölle]. Goethe 2, 134

[Höllenfahrt Christi, Str. 6]. Joel … verwandte sein thränendes
Antlitz | von dem Vater. Klopstock Mess. 2, 129. Mir war's,
als ob die Heil'ge | plötzlich das Gesicht verwandte. Pius Al.
Wolff Dram. Spiele 1, 93. Nun ist es eine häßliche, eine ab=
scheuliche Bildung geworden, von der man gern sein Gesicht
verwendet, weil der Anblick des Schmerzes Unlust erregt.
Lessing Laof. II 2c.; seltner auch: sich verwenden (wie sich
ab=, fort=, wegwenden 2c.), z. B.: Er ruft's und du ver=
wendest dich | und horchst dem Lobe nicht. Denis Die Lieder
Sined's (1772) 196 2c.; zumal verneint: Die Augen nicht —,
kein Auge, keinen Blick von Einem oder Etwas verwenden.
Sanders a. a. O., mit Belegen, auch rückbezüglich: Als wenn
Alles versteinert wäre: kein Fuß rührte sich, kein Mensch räusperte
sich, kein Auge verwandte sich 2c. C. F. Bahrdt Leben 2, 147.
Kein Auge verwendete sich von ihnen. Heinse Ardingh.
1, 311 2c. und im verneinten Mittelwort: Die zu dir gewandte
Sehe | unverwendet starrte sie. Daumer Hafis 1, 11 und be=
sonders: Unverwandt, namentlich oft vom Blick 2c., dann
auch allgemeiner: ohne den Blick, das Ohr, den Geist, sich 2c.
von Etwas als dem Ziel abzuwenden. Sanders 3, 1481 a/b mit
zahlreichen Belegen, vgl.: Ihr Auge hing darauf fest und un=
abgewandt. Bodmer Gedichte (Zürich 1754) 45.

In andern Verbindungen ist verwenden veraltet oder ge=
hört nicht in diese Sinnverwandtschaft.

Abkommen, Abkömmling, Abkommnis, Abkunft
f. ableiten; Abrede.

**Ablauern, ablauschen, abpassen, abwarten; auf=
lauern, auflauschen, aufmerken, aufpassen;
auslauern, auswarten; belauern, belauschen;
erlauern, erlauschen, erpassen, erwarten,**
f. die unter Abhören angeführten Stellen; ferner Acht geben 2c.
und z. B.:

Es giebt Stoffe, die man nur dann zu einer chemischen Ver=
bindung bewegen kann, wenn man sich gewissermaßen auf die
Lauer legt und den Augenblick abwartet, wo sie eben erst aus
einer chemischen Verbindung freigelassen worden sind … Braucht
man Salpetersäure ., so muß man den Moment ab=

warten, wo   der Stickstoff aus einer frühern chemischen Verbindung verdrängt wird   Dieses Ablauern des Stoffes,
um ihn sofort wieder einfangen zu können, geschieht bei dem
Ammoniak in noch höherm Grade   Man muß hier beiden
Stoffen auflauern, um den Moment nicht zu verpassen [f. d.]
A. Bernstein Naturwissenschaftl. Volksbücher (1880) 5, 32/3. Ich
habe   mancher durch Buhlerei verunstalteten Seele aufge-
lauert, um hinter ihre Schliche zu kommen. Thümel 6, 26.
Gebt mir ein hurtiges Schiff und zwanzig Genossen, | daß ich
ihm selbst auflaure, dem Reisenden, und ihn erwarte, | daß
ihm mit Schrecken die Fahrt sich endige wegen des Vaters. Voss
Odyssee 4, 670. Wie wir zu blutigem Mord auflauerten.
16, 379 2c. Da ich nicht vermeiden konnte, sie   zu sehen,
nahm ich mir vor, sie alle auszulauern [lauernd auszuforschen]
Goethe 16, 312 [Lehrj. 4, 16]. Wenig neugierig, die Zukunft
auszulauern. Varnhagen v. Ense Denkwürd. 1, 436 2c. Hat
er die Stadt sich als Wandrer betrachtet, | die Großen belauert,
die Kleinen beachtet. Goethe 1, 195 [Der Gott und die Bajad.,
Str. 1]. Wo   der Fischer die ziehende Thunne [Thunfische] be-
lauert. Voss Theokrit 3, 26. Sie belauerten, sagt er, mit der
scharfsichtigsten Aufmerksamkeit jede Gelegenheit und jedes Mittel,
ihren großen Zweck mit wenigern Unkosten zu befördern. Wieland
7, 176 [Gold. Spiegel 1, 10]. Gesetzt auch, daß um sie | der
Liebesgott die dickste Wolke zieh', | ihr Glück so lang als ihre
Flamme daure | und Argus selbst vergebens sie belaure, | so
lauscht ein Zeuge, den er nicht | betrügen kann, in seinem Busen.
10, 101 [Kombabus]. Verdopple indessen deine Aufmerksamkeit
auf meine Tante, belaure durch unsern Freund Eutyphron alle
ihre Bewegungen 2c.! 21, 151 [Krates und Hipparchia XII].
Die zweite [Republik] belauerte bereits der Neffe desselben
[Napoléon] mit den Träumen von der Wiederaufrichtung des
Kaiserreichs. Schmidt-Weissenfels Portr. 11 2c. Ich vermag's
nicht länger, | mit leisem Tritt um dieses Haus zu schleichen, |
den günst'gen Augenblick verstohlen zu | erlauern. Schiller 383
[Wallenst.s Tod 3, 18]. Ich habe den ganzen Tag gelauert und
abermals Nichts erlauert. Zschokke Ausgewählte Nov. 8, 354.
Am frühesten würde der Feinblick der Frau Bantes allfälligen
Herzensunfug erlauscht haben   aber sie erlauerte Nichts

und blieb beruhigt. Ders. (Novellenschatz v. Heyse 11, 85). Die
Kreuzotter nährt sich fast ausschließlich von Mäusen und anderen
kleinen Nagern, welche sie des Nachts erlauert, vielleicht auch
erschleicht. Brehm Führer durch das Aquarium (1869) S. 12. —
Nachdem sie ihm erst abgelauscht, wo er hinaus wollte.
Schelling 2, 2, 443 ꝛc. Ich bin Jupiter's Sohn und traue mir
Kraft zu über dich. An dem Grabe will ich dir auflauschen,
wo du das Blut trinkst der abgeschlachteten Todesopfer, fassen
will ich dich Todesgöttin ꝛc. Goethe 7, 224 [Götter, Helden und
Wieland]. Eine Astlücke, die seine Gäste zu belauschen dem
Wirthe oft dienen mochte. 25, 175 [Kampagne in Frankr. Nov.
1792]. Hat mich belauscht und belugst. König Klubisten von
Mainz 3, 10. Unser Verhältnis ist von einer sehr zarten Art;
ich erlaube dir, den Augenblick zu belauschen [üblicher: zu er=
lauschen, vgl.: lauschend abzupassen]; aber hüte dich, ihm
zuvorzukommen. Wieland 22, 123 [Aristipp XIV]. Erlauschte
er den Augenblick, wo er　　entschlüpfen konnte. Engel 12, 112
[Lor. Stark]. Der Abbé lehrte uns　　., dass man sich selbst
eigentlich nur in der Thätigkeit zu beobachten und zu erlauschen
im Stande sei. Goethe 17, 330 [Lehrj. VIII, 5].
Da er des andern Tags in die Messe ging, passt' ich meine
Zeit ab. Goethe 9, 57 [Berlich. II. Akt. Im Spessart]. Wir
Andern, Nachbarn des Berges, sind schon zufrieden, wenn wir
ein paar Mal in unserm Leben die beste Gelegenheit abgepasst
und den Gipfel erreicht haben. 23, 371 [Italiän. Reise, 4. Mai
1787]. Da ich schon abgepasst habe, wo es in Rom hinaus will.
184 [ebd. Rom 29. Dec. 1786]. Hier muss ich die Zeit ab=
passen, um meinen Vater zu sehen. Schiller 629a [Parasit I, 4].
Er　　steht gelassen, | des Sultans Antwort abzupassen.
Wieland 20, 126 [Oberon V, 57]. Stand　　der Sultan
erwartungsvoll, den Ausgang abzupassen. 280 [X, 48] ꝛc.
Süddeutsch (wie aufpassen, s. u., mit Dativ statt des Objekts):
Am andern Abend passte sie ihm ab. Auerbach Barfüßl. 101.
Während mir das Wasser in den Eimer lief, passte ich der
Sache ab und hörte, wie Johannes den Uli drangsalierte, bei
ihm Dienst zu nehmen. Gotthelf Uli der Knecht. 211 [Kap. 18].
Wenn die Katzen Mäuse fangen wollen, so müssen sie der Sache
wohl abpassen. Ders. Geld und Geist 261. Die Jäger passen

oft viele Nächte lang dem Thiere dort ab. Tschudi Thierleben der Alpenwelt 144 ꝛc. — Hätt' dieser Schleicher nicht gewußt, | in ihrer Krankheit aufzupassen, | uns anzuschwärzen ꝛc. Goethe 8, 230 [Scherz, List und Rache I]. Paßt auf! paßt auf! ge= horchet mir! 11, 86 [Faust I, Auerbach's Keller]. Die räube= rische Bande hatte nicht der wandernden Truppe, sondern jener Herrschaft aufgepaßt, bei der sie mit Recht vieles Geld und Kostbarkeiten vermuthete. 16, 287 [Lehrj. IV, 11]. Der Pedant hatte seinem Vorgänger gut aufgepaßt [ihm sein Spiel absehend] 17, 64 [V, 13]. Seinem Naturell, das sich zum Auf= passen auf Fehler und Mängel und zur Satire hinneigte. 20, 149 [Wahrh. u. Dicht. IV]. Man paßte einander streng auf und es blieb kein Geheimniß, daß diese verunglückte Götter= versammlung mein Werk gewesen sei. 21, 106 [VII]. Wo wir, auf zu passen dachten, um die so weit über uns erhabenen Männer mit eigenen Augen umherwandeln zu sehen. 140 [VIII]. Weil sie den Geist frei halten und dem Referenten aufpassen, ohne weitere Interessen als eigene Aufklärungen. 25, 27 [Kam= pagne in Frankr. 30. Aug. 1792]. Mit drei Gesellen, die mir auf= paßten, zwei von ihnen waren mit Spießen bewaffnet. 28, 168 [Cellini II, 5]. Dann paßte ich den jungen Pfauen auf und schoß alle zwei Tage einen. 304 [III, 3]. Es giebt zwei Ge= neralprokuratoren, einer [einen?], der euch aufpaßt und die Verbrechen gegen die Gesellschaft bestraft; die Natur ist der andre. 29, 276 [Rameau's Neffe]. Welch ein Aufmerken, welch ein Aufpassen auf jede Bedingung, unter welcher diese Er= scheinung zu beobachten ist! 39, 17 [Gesch. der Farbenl. I.] ꝛc. — Wißt ihr denn, auf wen die Teufel lauern, | in der Wüste, zwischen Fels und Mauern? | und wie sie den Augenblick er= passen, | nach der Hölle sie entführend fassen. 4, 19 [Westöstl. Div., Buch Hafis]. Am Ufer trifft er Engländer gelagert, deren Karavane gleichfalls aufgehalten, einen günstigen Augen= blick erpassen möchte. 303 [Anm. zum Divan: Della Valle]. Wollte man's erpassen, | bis sie zu Wien aus vierundzwanzig Übeln | das kleinste ausgewählt, man paßte lange. Schiller 333a [Piccol. I, 2] ꝛc.

Merkt auf, ihr Himmel, ich will reden! 5. Mos. 32, 1. Merke auf, Hiob, und höre mir zu! Hiob 33, 31. Laß nun, mein

Gott, deine Augen offen sein und deine Ohren aufmerken auf
das Gebet. 2. Chron. 6, 40 2c. Mit fremden Menschen nimmt
man sich zusammen, | da merkt man auf, da sucht man seinen
Zweck | in ihrer Gunst. Goethe 13, 170 [Tasso III, 4]. Frei-
willig einsam merkest du nicht auf, | ob Undankbare schleichend
sich entfernen. 230 [Natürl. Tochter I, 1]. Als der Alte einen
Augenblick nicht aufmerkte, handhabten sie diese saubern Blätter
als Brouillons. 22, 13 [Wahrh. u. Dicht. XII]. Beim Studieren
des gedachten Werkes merkt' ich mir selbst und meinen innern
Geistesoperationen auf. Da gewahrt' ich denn 2c. 27, 370
[Annalen 1820]. Man horche nur, wenn in Gesellschaften vor-
gelesen wird, ob wohl Alles zur Klarheit kommt. Man merke
den Schauspielern auf! 32, 235 [Hör=, Schreib= u. Druckfehler].

Ein weibliches Gemüth, zum Erwarten und Abwarten ge-
wöhnt, möchte nun aus seinem Kreise herausschreiten, thätig
werden, unternehmen und auch Etwas für sein Glück thun.
Goethe 15, 138. [Wahlverw. I, 17]. Obgleich der Prinz die
ersten Vorstellungen von Anfange bis zu Ende, auf seinem Sessel
sitzend, mit der größten Gewissenhaftigkeit abwartete. 16, 208
[Lehrj. III, 8]. So warte noch ein größres Übel ab. 13, 161
[Tasso III, 2]. Viel zu umständlich wäre es, hier am Orte eine
Veränderung abzuwarten. 6, 334 [Was wir bringen, X].
Wartet ihr ab! ich handle. Schiller 543b [Tell IV, 2]. Während
daß man ... den Erfolg dieser Unterhandlungen abwartete ...,
hatte man die Mittel zu seiner Rettung versäumt. 870b
[Abfall der Niederl.: Belagerung von Antwerpen]. Da es ihnen
aber viel zu lange anstand, die völlige Durchbrechung des Dammes
abzuwarten, so 2c. 876b [ebd.]. Frankreich werde in Rußland nie etwas Anderes als einen abwartenden Rivalen finden
können. Ernst von Koburg 2, 418. Sie hatten sich einen be-
quemen Plan entworfen, in welchem Geduldigsein und Ab=
warten die Hauptartikel waren. Gentz Mallet du Pan 46.
So wartete denn Herr Stephan, nachdem er einige Minuten
lang auf der Chaussée entlang getrabt war, die Einmündung
des Feldwegs, welchen vorher die Arbeiter eingeschlagen hatten,
nicht ab, sondern trieb den Fuchs .. hart vom Wege den hier
gebuschtem Rain hinauf und ritt dann quer durch die Felder.
Soph. Junghans. Ein Räthsel XV 2c. — Warte aus, was

Gott thun will. Alexis Hosen des Herrn von Bredow 2, 2, 299.
Er ritt nach Deutschland zurück, um dort sein siebentes Jahr
noch auszuwarten. Arnim Isabella von Ägypten 50. Eine
Farce, die wir nicht auswarteten. Lessing (Guhrauer Less.
2, 274). Meine Lebhaftigkeit kann Fortunens langsamen Gang
nicht auswarten. Johannes von Müller 13, 150. Warte du
den Markt nur aus, | so wirst du sehen, daß er nicht fehl=
gegangen. Ramler's Fabellese 1, 246. Er schlich | (ohne das
Ende von einem Feste, | das Sonemon ihrem Hofe gab, | aus=
zuwarten) die Treppen hinab. Wieland 10, 252 [Gandalin VII].
Er wird die Kur nicht ganz auswarten und es wird wieder
umschlagen. Goethe an Frau von Stein 3, 308 ꝛc. — Erwarten:
auf Etwas warten als Etwas, das kommen muß, mit mehrfach
in einander greifenden Begriffsabschattungen, indem bald die
feste Hoffnung und Überzeugung des Wartenden mehr hervortritt,
bald die Gemüthsspannung und Sehnsucht desselben, bald (wie
bei ab=, auswarten) das Ausharren bis zur Zeit, wo das
Erwartete kommt. Sanders 3, 1489a, s. d., wie auch erharren
(in einem spätern Hefte).

Ableckern s. abnöthigen.
Ablegen, ableisten, leisten ꝛc.

Ablegen hat unter andern die Bedeutung: Etwas verrichten
und sich so dessen entledigen, s. Sanders 2, 77b, mit Belegen für
die Verbindungen: Rechenschaft, Rechnung, Besuche; Einem die
Beichte, ein Bekenntnis, einen Widerruf; einen Eid auf Etwas,
einen Schwur, ein Gelübde, ein Zeugnis; eine Probe, Prüfung,
ein Examen; einen Beweis wofür; Glückwünsche, Grüße ꝛc. ab=
legen. Bei einzelnen dieser Verbindungen stehen für ablegen
auch andere Zeitwörter und sind somit, freilich beschränkt auf
diese einzelnen Fälle, sinnverwandt, z. B.:

Einem Rechenschaft (von, für, wegen Etwas) ablegen,
geben, seltner: abgeben (Tieck Ges. Nov. 1, 29) s. Sanders 2,
669a, vgl. auch: Darüber legt man sich keine Rechenschaft
[ohne: ab]. Hanslick Moderne Opern 312.

Rechnung ablegen, veraltet: Einem leisten, thun ꝛc. s.
Sanders 2, 675o.

Kaum hatte sie das Haus und die Gegend erschöpft, als sie

sich verpflichtet fühlte, rings in der Nachbarschaft Besuche ab=
zulegen. Goethe 15, 173 u. o., s. Sanders 2, 77b. Ihrer Frau
Mutter meinen nachbarlichen Besuch zu machen. Pfeffel Prof.
Versuche 10, 26 2c. auch: Der Arzt macht dem Kranken einen
Besuch, s. Sanders 3, 1264c. Als jene beiden Freunde bei ihm
einen Besuch abzustatten gedachten. Goethe 22, 120 [Wahrh.
u. Dicht. XII] 2c. Wegen der Visiten und Gegenvisiten, welche
nun mit dem größten Ceremoniell abgestattet wurden. 20,
225 [V] 2c. Ich habe jetzt einige Besuche zu geben. Schiller
654b; 852b.

So seid Ihr mir, auch ungeweiht, ein Priester, | ein Bote
Gottes, der mir Friede bringt: | Euch will ich meine letzte Beichte
thun. Schiller 442b [Mar. Stuart V, 7] 2c.

Einem ein Bekenntnis ablegen, thun, machen. Sanders
1, 897c. Die beiden Eheleute machten umständlich ihre Be=
kenntnisse. Goethe 15, 19 [Wahlverw. I, 2] 2c. Ich habe noch |
ein wichtiges Bekenntnis abzulegen. | In Ihre Hände leg'
ich's ab. Schiller 294b [Karlos IV, 21] 2c., vgl.: Ein offenes
Geständnis ablegen. Einem ein Geständnis machen. Er wollte
dem Gericht ein Eingeständnis machen, daß die zur Unter=
suchung gekommene Sache aufklären werde. Osenbrüggen Nord.
Bild. 266. Die Bekenntnisse oder Widerrufe, die Berengarius
auf den Kirchenversammlungen ablegen   müssen. Lessing
8, 333. Einen Widerruf thun.

Einen Eid, Schwur, Eidschwur schwören, leisten, ab=
leisten, ablegen, thun 2c. Ein Gelübde thun, geloben,
ablegen, beschwören.

Wir legen nur ein gültig Zeugnis nieder, | daß ihres
Ehherrn ausgereckte Glieder | in Padua an heil'ger Stätte
ruhn | Ist es das erste Mal in Eurem Leben, | Daß Ihr
falsch Zeugnis abgelegt? Goethe 11, 131 [Faust I]. Du sollst
kein falsch Zeugnis reden wider deinen Nächsten. 2. Mos. 20, 16.
Sonderbar, | daß so ein böser Fleck, daß so ein Brandmal |
dem Mann ein beßres Zeugnis redet als | sein eigner Mund.
Lessing Nath. 2, 5 (V. 1248). Der Mann ist ohne Schuld
Deß kann ich Zeugnis geben. Wieland 12, 94 [Han u. Gulpen=
heh]. Sterben ist der Weg zum Leben. | Phönix kann es [= Deß]
Zeugnis geben [bezeugen, bekunden]. Fleming [Wackernagel

Lesebuch 2, 355³]. Die einer jeden Abtheilung vorausgeschickten Nachrichten geben ein Zeugnis von der einfach wohlwollenden Weise, wie ꝛc. Goethe 33, 178 [Carlyle Vorwort ꝛc.], vgl. abgeben. Seine Schriften, die durchaus von wechselseitigem Vertrauen und gleichem Bildungsgange das unverwüstlichste Zeugnis ablegen. 25, 189 [Kampagne in Frankr., Münster, Nov. 1792] ꝛc., s. Sanders 3, 1740b ꝛc. Einen Beweis für Etwas ꝛc. ablegen, geben, abgeben, liefern, beibringen ꝛc., vgl. auch: Welche Beweisthum ablegen können, daß ꝛc. Hebel 3, 274. Desto herrlichere Beweisthümer geben sie ab, den Nutzen der Beredtsamkeit darzuthun. Gottsched Redekunst 9. Eine Probe z. B. (von) seiner Kunst ablegen, geben, liefern, darlegen, bestehen ꝛc. Die Prüfung (das Examen) ablegen, bestehen, durchmachen, machen.

Ich komme, meinen Glückwunsch abzulegen. Schiller 365a [Wallenst.'s Tod I, 7]. Einem Wünsche, Glückwünsche, Gratulationen abstatten, darbringen, aussprechen, kund thun ꝛc.

Grüße ablegen (Lessing 12, 40), bestellen, bringen, ausrichten ꝛc.

Ableisten

z. B. einen Eid ꝛc. s. ablegen und ferner: Der Richter fragte ihn, ob er den vorgeschriebenen Eid mit gutem Gewissen ableisten könne, und er erwiederte: Auch unaufgefordert, aus freien Stücken will ich und kann ich diesen Eid leisten ꝛc.

Ableiten.

1) Ab-, fort-, weg- leiten, -lenken, -führen, -ziehen ꝛc.: das Objekt so leiten, lenken, führen (s. Sanders Syn. 1, 283ff.), ziehen ꝛc., daß es, sich von der Stelle, dem Wege, der Richtung, die es bisher inne gehabt, entfernend, in eine andere übergeht (s. auch fort, weg): Um die Strömung abzuleiten, gruben sie ein frisches Bette | Abgelenkt [s. u.] zum zweiten Male, ward der Fluß herbeigezogen. Platen 1, 202,3 (Das Grab im Busento). Den Blitz, den Wetterstrahl (Goethe 21, 86) ableiten. Ich leitete manchmal das Pfeifen von der Schauspielerin ab und auf mich herunter. Goethe 29, 272 [Rameau's Neffe]. Froh sieht Jeder die Gefahr, | die Alle gleich bedroht, auf Einen abgeleitet. Schiller 30a [Zerstör. von Troja, Str. 27]. Dem großen Ocean aller Gnaden, Ehrenstellen und Reichthümer nahe ge-

nug   um reichliche Ausflüsse davon auf seine Freunde ab=
leiten zu können. Wieland Horaz Briefe 1, 72. Seneka   läſſt
sich aber doch, nach vorkommenden Umständen, bald da, bald
dorthin ableiten. Goethe 39, 51 [Gesch. der Farbenl., 1. Abth.,
Nachtr.]. Ableitende Nebenwege (26, 207), Scherz (22, 211).
Alle [Völker] sind aber durch Willkür und Zufall vom rechten
Wege abgeleitet worden. 24, 179 [Moritz als Etymolog]. Ein
edles Herz, vom Wege der Natur | durch enges Schickſal abge=
leitet. 232 [Ilmenau] ꝛc. Auch: Die überſchüſſige Feuchtigkeit
ab=, weg=, fortleiten; aber auch: Leiter der Elektricität, der
Wärme ꝛc., welche die Elektricität ꝛc. fort=, d. h. weiterleiten
(fortpflanzen), ſ. z. B.: Nicht dem Deutſchen geziemt es, die
fürchterliche Bewegung | fortzuleiten. Goethe 5, 92 [Herm. u.
Doroth. IX, 306].

Sie ſuchte .   nach ihrer gewandten Weise, das Geſpräch
abzulenken   So fuhr der Graf, Charlottens Ablenken
nicht empfindend, über dieſen Gegenſtand ſich zu äußern fort.
Goethe 15, 87 [Wahlverw. I, 10]. Aber auch von dieſer Bahn
wurde er [der den Kahn Lenkende] einigermaßen abgelenkt.
106 [I, 12]. Wie oft ſchlägt man einen Weg ein und wird davon
abgeleitet [ſ. o.]! Wie oft werden wir von einem ſcharf ins
Auge gefaſsten Ziel abgelenkt! 235 [II, 10]. Eine Richtung,
die wir früh genommen, kann wohl einige Zeit abgelenkt, aber
nie ganz unterbrochen werden. 19, 264 [Unterhalt. deutſcher
Ausgew.]. Um mich als einen Mahnboten .   von meinem Vor=
ſatz abzulenken. 20, 183 [Wahrh. u. Dicht. IV]. So fühlt man
ſich   allzuſehr unterbrochen, ja abgelenkt und man läſſt
ungeduldig das Geſpräch fallen. 22, 38 [ebb. XI]. Daſs zu dieſer
Zeit ſelbſt der alten ſtrengen, rhythmiſch=kunſtreichen Tragödie
mit einer Revolution gedroht ward, die nur durch große Talente
und die Macht des Herkommens abgelenkt werden konnte.
49 [ebb.]. Und doch denkt ſich der Künſtler, indem er ſeinen
Idealen nachſtrebt, einen menſchlichen Körper, welcher durch die
mäßigſte Übung zu ſeiner größten Ausbildung gekommen iſt;
allen Begriff von Mühe, von Anſtrengung, von Ausbildung zu
einem gewiſſen Zweck und Charakter muſs er ablenken [ab=
lehnen, abweiſen ꝛc.]. 29, 400 [Diderot's Verſuch über die Malerei].
Da eine ſo bedeutende Höhe hier vorwaltet und die Spree von

ihrem Weg nach der Oder zu dadurch abgelenkt scheint. 31, 319 [Der Markgrafenstein]. Nicht des Geschicks Gewalt, des Hofes Reiz | vermochte, wenn du deinen Weg gewählt, | dich aufzuhalten oder abzulenken. 35, 264 [Tankred I, 5] ꝛc. So erleidet die [Magnet=]Nadel augenblicklich eine kräftige ablenkende Einwirkung. Karmasch u. Heeren Techn. Wörterb. 1, 688. Nachbarn, die durch Preisgebung der Bundesfürsten die Gefahr von sich abzulenken meinen. Deutsche Rundschau 15, 2, 78 ꝛc.; auch: Etwas aus seiner Richtung weg=, fortlenken.

Röhrenleitungen hergestellt, welche mit unbedeutendem Fall das sich in ihnen sammelnde überschüssige Wasser des Bodens in einen Abzugsgraben, Fluß= oder sonstigen Kanal abführen. Karmasch a. a. O. 1, 547. Alle Elektricität, welche man durch das Reiben erzeugt, wird sogleich durch den menschlichen Körper wieder abgeführt. Pouillet's Lehrb. d. Phys. v. Joh. Müller (1843) 1, 386. Sind die Wälder erst gelichtet | und die Sümpfe abgeführt. Uhland Ged. (10. Aufl. 1852) 105. Unreinigkeiten aus dem Leibe abführen ꝛc. Was für Rhabarber, Senna oder andre | Purganzen möchten wohl das britt'sche Heer | abführen? Schiller 579 b [Macbeth V, 5] ꝛc. und andre außerhalb dieser Sinnverwandtschaft liegende Anwendungen, s. Sanders 1, 513 ff., wie auch: Möchtet Ihr mich, da ich Euch nicht zu weit von dem augenblicklichen Interesse wegführen will, nur kürzlich belehren, wie es eigentlich hier mit den Verwandtschaften gemeint sei. Goethe 15, 38 [Wahlverw. I, 4] ꝛc. Wie kamt Ihr durch das Wasser, | da doch der Strom die Brücken fortgeführt [weggerissen]? Schiller 345 b [Tell IV, 3], vgl. auch: Des Windes Wehen, | der Strom entführen seewärts weiter fort | des Schiffbruchs Trümmer, welche dort geschehen. Chamisso 4, 157 [Salas y Gomez 1. Schiefertafel, Str. 19]; besonders aber auch = weiterführen, z. B.: Die Minen bis unter das Lager fortführen ꝛc.

Zieh diesen Geist von seinem Urquell ab | und führ' ihn, kannst du ihn erfassen, | auf deinem Wege mit herab. Goethe 11, 16 [Faust, Prolog im Himmel]. Nun aber ward von diesem edlen und vielfach würdigen Vorschreiten [der Procession] der Betrachter unschicklich abgezogen und weggestört durch einen Lärmen im Rücken, durch ein wunderliches, gemein heftiges Ge=

ſchrei. 26, 212 [St. Rochus=Feſt]. Die Noth der Zeiten und der jammervolle Zwiſt | der gleich nachher, Meſſina feindlich theilend, ſich | entflammt, zog unſre Augen von den Todten ab. Schiller 513b [Braut v. Meſſ., V. 2629]. Alle Verſuche des öſterreichiſchen Hofes, die letztern von der ſchwediſchen Alliance abzuziehen, verfehlten ihren Zweck. 969b [30jähr. Krieg II]. Einen von ſeinem Vorſatz, Vorhaben; von Dem, was ſeinen Sinn erfüllt, ſein Denken in Anſpruch nimmt, abziehen = ablenken. Sanders 3, 1746b mit andern außerhalb dieſer Sinnverwandtſchaft liegenden Beiſpielen, vgl. auch: So wie mich ſonſt die Wolken ſchon reizten, mit ihnen fort in fremde Länder zu ziehen [intr.], wenn ſie hoch über meinem Haupte wegzogen ꝛc. Goethe 14, 159 [Briefe a. d. Schweiz I]. Mich zieht es nach der Heimath fort [tr., hin]. Schiller 65b [Kampf mit dem Drachen, Str. 9] ꝛc.

2) (ſ. 1) Ableiten: von Etwas als dem Urſprung herleiten oder es darauf zurückführen: Ein Wort aus dem Griechiſchen ableiten, herleiten Aus dem pythagoreïſchen Lehrſatz laſſen ſich eine Menge andre ableiten oder herleiten ꝛc.; oft im Particip im Gegenſatz des Urſprünglichen [ſ. u.]. Sanders 2, 106c. Zufällig iſt es jedoch nicht, daſs Einer aus dieſer oder jener Nation, Stamm oder Familie ſein Herkommen [ſ. u.] ableite. Goethe 3, 343 [Urworte, orphiſch]. Nun wurde man immer geneigter, das Licht wegen ſeiner ungeheuern Wirkungen nicht als etwas Abgeleitetes anzuſehen, man ſchrieb ihm vielmehr eine Subſtanz zu, man ſah es als etwas Urſprüngliches, für ſich Beſtehendes, Unabhängiges, Unbedingtes an. 39, 168 [Geſch. der Farbenl., 4. Abth., Nr. 11]. Tycho de Brahe. Dieſer hatte ſich gleichfalls vergriffen, indem er das Abgeleitete für das Urſprüngliche, das Untergeordnete in ſeinem Weltſyſtem geſtellt hatte. 235 [ebb. 5. Abth., Newton]. Daher die Lebhaftigkeit und Wirkſamkeit meiner Produktionen ſich ableiten mag. 440 [ebb. 5. Abth., 2. Epoche, Konfeſſion] ꝛc. Der ſeine Abkunft [ſ. u.] von dem Königsgeſchlecht ableitete. Otto Müller Charl. Ackermann 80 ꝛc. — Es iſt oben das Supinum als eine der Hauptformen angenommen, welche man kennen muſs, um daraus einige andere herzuleiten . Ja nicht zu glauben, daß die beiden Participien Perfecti passivi und Futuri activi ſo von dem Supinum abgeleitet wären als etwa das Plusquamperfectum

vom Perfectum und daß das Supinum von allen Verbis
existiere... Die ganze Ableitung ist bloß formell, in der That
kommt das Supinum höchst selten vor Übelstand, daß
man [in dem Partic. Futuri activi] immer eine sehr viel längere
Form, die äußerlich durchaus als abgeleitet erscheint, als
Hauptform anführen müßte 2c. Zumpt Latein. Grammatik
(6. Aufl. 1828) S. 136ff., § 153. Verba primitiva (ursprüng=
liche) und derivata (abgeleitete) 2c. S. 217, § 231 2c. Eine
Hypothese hat um so mehr Anspruch auf allgemeine Annahme,
je leichter und einfacher sich alles dadurch zu Erklärende daraus
herleiten läßt. Von der Krëusa hinterließ er [Äneas] den
Askanius oder Julus, von welchem die römischen Julier ihr
Geschlecht herleiten, und von der Lavinia den Äneas Silvius
stammen nicht allein die Könige her [s. u.], die zu Alba Longa
regiert haben, sondern auch Romulus und Remus. Ramler
Mythologie (1820) S. 394, vgl.: Äneas Silvius, von welchem
Romulus und Remus abstammten. Hederich's mytholog. Lex....
verbessert v. Joh. Joach. Schwaben (1770) Sp. 103.

Mit Bezug auf diese und ähnliche Zusammensetzungen mit
ab und her beachte man: Jemand stammt von einem Ahnen
ab oder her 2c., aber nur: Eine Gewohnheit, eine Sitte, ein
Gebrauch stammt [vgl.: schreibt sich, kommt] aus der Urzeit,
von den Urvätern· her, — nicht ab. Ein Wort stammt von
einem andern (z. B. Zucht von ziehen 2c.) ab oder her; aber
gewöhnlich nur: Das Wort Philosoph stammt aus dem Grie=
chischen her (nicht: ab). Drei Worte nenn' ich euch inhalt=
schwer, | sie gehen von Munde, | doch stammen sie nicht von
außen her; | das Herz nur giebt davon Kunde. Schiller 88a
[Die Worte des Glaubens] 2c., s. Sanders 3, 1170c, wo Stellen
angegeben sind, in denen abstammen sich „minder gewöhnlich“
statt herstammen findet, z. B.: Wonnig, wonnig ist der Schmaus,
wahr das ruhmgekrönte Wort, | — von den Vätern stammt es
ab | und der Enkel pflanzt es fort — | Extra Hungariam
non est vita. Karl Beck Aus der Heimat (1852) S. 18 u. 21, —
vgl. in den dazwischen stehenden Strophen, an den entsprechenden
Stellen, von dem ruhmgekrönten Worte: Von den Vätern geht
es aus, | mit den Enkeln geht es fort S. 19. Von den Vätern
kommt es her [s. u.], | in den Enkeln lebt es fort S. 20. [Das

Wort Kopfhänger] stammt von dem selten ehrlichen schlauen Horcher ab, der den Kopf auf der Seite trägt. Lichtenberg Hogarth 1, 181. In den abstammenden Sprachen. Johannes v. Müller 10, 48. Der Mensch hat Pflichten gegen Eltern, Familie, Vaterland, gegen die Menschen überhaupt; denn diese alle haben ein Recht an ihn, zu dessen Besitz sie nur in so fern gelangen können, als er die davon abstammenden Pflichten erkennt und ausübt. Wieland 21, 181 [Krates u. Hipp. XVIII] 2c.

Von den sinnverwandten Zusammensetzungen mit kommen gilt in diesem Sinne heute gewöhnlich nur noch herkommen, z. B.: Ada gebar Jabal, von dem sind hergekommen, die in Hütten wohneten und Vieh zogen, und sein Bruder hieß Jubal, von dem sind hergekommen die Geiger und Pfeifer. 1. Mos. 4, 20 1. Das Geschlecht Esau's, von dem die Edomiter herkommen. 36, 9 2c. Die Sünde kommt her von einem Weibe. Sirach 25, 32 2c. Das entsprechende abkommen habe ich in diesem Sinne als „veraltend" bezeichnet, unter Hinweis auf Stellen aus Stumpf's Schweiz. Chron., wie: Die Rhätier aber haben hin wieder ohn Zweifel gegen den Römern ein guten Vortheil zu aller Fürderung gehabt, von wegen dafs sie auch aus Italia abkommen Bl. 302 b. Allerlei Mann, nach dem Kurzen: Alemannier, als sie auch mehr dann aus einer Landsart gewesen und abkommen sind. 304 a. So folget, dafs auch König und Fürsten erstlich von gemeinen Leuten und Bauren sind abkommen. 311 a u. o.; und so noch: Sie wird keine Erfindung dieser dunkeln und barbarischen Zeiten gewesen, sondern von Griechen und Römern abgekommen sein. Lessing 11, 349 2c., vgl. in Adelung's Wörterb. unter abkommen (I, 51): „Zu den im Hochdeutschen entweder gar nicht oder doch nur sehr wenig üblichen Bedeutungen dieses Zeitwortes, welche aber in Oberdeutschland noch sehr gewöhnlich sind, gehören vornehmlich folgende: (a) Herstammen; davon haben wir indessen die Hauptwörter: der Abkömmling und die Abkunft 2c.," — s.: Abkomme, Abkömmling u. s. w. Sanders Syn. 1, 67 ff. [Auffälligerweise sind die entsprechenden Bildungen: der Herkomme, Herkömmling nicht — oder doch jedenfalls nur sehr wenig — üblich] und (vgl. ebd. 68 ff. u. Sanders Wörterb. 1, 1053): Jemand ist von gutem Herkommen, von guter Herkunft, Abkunft 2c.

Aus einer dunkeln, dürftigen Abkunft heraus. Gottfr. Keller Grün. Heinr. 1, 185. Der seine Abkunft von dem Königsgeschlecht ableitete [s. o.] Otto Müller Charl. Ackerm. 80. Daß der Mensch nach Gütern höh'rer Abkunft ringe. Friedr. Schlegel Deutsch. Museum 4, 84. Daraus denn bald ein Jedermann | ihre hohe Abkunft errathen kann. Goethe 7, 154 (Das Neueste von Plundersweilen), wofür es in der 60bändigen Ausg. 13, 51 Ankunft heißt, s. über das in dieser Bedeutung jetzt veraltete Wort Sanders a. a. O. — „Sonst wissen sich Jungfern Ihrer Herkunft noch glücklich, wenn sie Herrschaften finden " Mein Gesicht gehört mir so wenig wie meine Herkunft. Schiller 203b [Kabale u. Liebe IV, 7]. Wir hören von einer dem Königshause sich nahenden Hochzeitfeier, und zwar des einzigen Sohnes [Phaethon], auf dessen Herkunft jedoch einiger Verdacht geworfen wird. Goethe 33, 38 [Zu Phaethon des Eurip.] u. o. Auch der eingeborne Trieb, die Herkunft und das Ende der Dinge zu erfahren, zeigte sich frühe bei dem Knaben. Wenn er fragte, wo der Wind herkomme und wo die Flamme hinkomme ꝛc. 17, 273 [Lehr. VIII, 1] ꝛc. Obgleich seine Herkunft (oder Abkunft) von einer Dienstmagd unzweifelhaft fest steht, so ist er doch väterlicherseits sicher nicht von niederem Herkommen u. Ä. m.

Ablehnen, Ablehnung s. **Abschlag.**

Ablenken s. **ableiten** 1.

Ablernen s. **abhören.**

I **Ablesen, absehen** ꝛc. s. **abhören** S. 25.

II **Ablesen, herlesen, herunterlesen, verlesen, vorlesen, lesen; vortragen; deklamieren; recitieren.**

Lesen hier in der Bedeutung: „Schriftzeichen mit dem Auge zusammenfassend in die entsprechenden Laute der Wörter umsetzen, sei es laut ausgesprochen oder bloß gedacht." Sanders 2, 113 ff., eigentlich und übertragen, mit zahlreichen Belegen (siehe a. a. O.). Daran schließen sich die Zusammensetzungen:

Ablesen, von da, wo es sich aufgezeichnet findet, z. B.: Die Wärmegrade von der Thermometerskala ꝛc. ablesen. Eine Predigt, Rede, ein Gedicht ablesen, von dem Blatt, worauf es steht, im Gegensatz zum freien Vortrage: Er bat mich nun, ihm Etwas vorzulesen [s. u.]. Aber nach den ersten Zeilen schon sagte er: ... Das nenne ich ablesen. Henriette Herz (v. Fürst) S. 99 ꝛc. Er [Schubart] las zuerst die neuesten Stücke von Goethe, Lenz, Leisewitz und die Gedichte aus den Musenalmanachen mit eingestreuten Erklärungen vor. Da er großen Beifall erhielt, so trat er als Klopstock's Rhapsode auf und der Erfolg war über Erwarten groß ... Man wiederholte den abgelesenen [richtiger: den vorgelesenen oder gehörten] Gesang zu Hause. Gust. Hauff Schubart S. 123 ꝛc.; auch z. B.: Einem Etwas vom Gesicht ꝛc. ablesen, s. unter abhören S. 25 und vgl., — wo es sich nicht sowohl um etwas von der Oberfläche her zu Entnehmendes wie um etwas durch tieferes Eindringen zu Erkennendes und zu Erforschendes handelt — in Etwas lesen, z. B.: Laß tief in dir mich lesen, | verhehl auch Dies mir nicht, | was für ein Zauberwesen | aus deiner Stimme spricht. Platen 1, 122. Welch Volk wir einst gewesen, | wird der Sohn im Blick des Vaters lesen. 6, 22. Dein Flehen | ... las ich in deinem Antlitz schon. Ramler's Fabellese 3, 37, V. 15. Hätt' er [Gott] des Tugend-haften Flehn | im Buch der Zukunft nicht gelesen. ebb. V. 34. Konnte sie wünschen, daß er in ihrer Seele lesen möchte? Goethe 14, 146 [Werther]. Und Dies alles liesest du in meinem Gesichte? Wieland 16, 177 [Peregr. Proteus IV]. Der Ausgang des Treffens schien das Schicksal jedes Zuschauers zu entscheiden. Jede Bewegung auf dem Schlachtfelde konnte man in den Gesichtern der Antwerper abgemalt lesen. Schiller 843b [Abfall der Niederl.: Bürgerl. Krieg 1566].

Etwas **herlesen**, es Hörern durch lautes Lesen in gleich-mäßigem Tone von Anfang bis zu Ende in seiner vollständigen Ausdehnung zu Gehör bringen (vgl. her Sanders 1, 742b Nr. 1e): Das Gewicht ward an der Zeigerwage ab-(nicht her-)gelesen. Unsere Väter haben es [Das, was wir wissen] ihre Väter daraus [aus dem Katechismus] herlesen hören. Lessing 10, 151 [Anti-Goeze VIII] ꝛc.

Etwas **herunterlesen**, von Anfang bis zu Ende (von oben bis unten), sei es nun laut (für Andre) oder leise (für sich): So übersetzte ich ihr [meiner Schwester] aus dem Stegreife solche homerische Stellen, an denen sie zunächst Antheil nehmen konnte. Die Clarke'sche wörtliche Übersetzung las ich deutsch, so gut es gehen wollte, herunter, mein Vortrag [s. u.] verwandelte sich

gewöhnlich in metrische Wendungen 2c. Goethe 22, 127 [Wahrh.
u. Dicht. XII]. Sie las manchmal Freundinnen, manchmal ihrem
Manne Stellen daraus [aus ihrem Tagebuch] vor [f. u.]
[Es] gereichte dem Manne zur sonderbaren Lektüre, als er einmal
zufällig über den Schreibtisch kam und, ohne Argwohn und Ab=
sicht, eine aufgeschlagene Seite des Tagebuchs herunterlas. 19,
371 [Die guten Weiber].

Verlesen: durch Lesen [lautes Ab= und Vorlesen] Etwas
den Betheiligten, Denen, für die es bestimmt ist, bekannt machen 2c.:
Das Evangelium, öffentliche Bekanntmachungen in der Kirche
verlesen. Jede im Parlament eingebrachte Bill muß dreimal
verlesen werden [vgl.: drei Lesungen durchmachen, nicht:
Verlesungen]. Beim Namensaufruf werden die Namen aller
Einzelnen verlesen 2c.; dagegen veraltet z. B.: Nachdem ich
Ewr Liebe Briefe   verlesen [statt: gelesen]. Brief Herzog
Friedrich's zu Sachsen aus Augsburg vom 5. Aug. 1518 (Luther
1, 100 b) 2c.

Einem 2c. Etwas **vorlesen**: das Vorliegende lesend vor=
tragen [f. u.] zum Hören, namentlich zum Genuß oder in Bezug
auf die ästhetische Wirkung, vgl. Lektüre, z. B.: Er war früher
wegen lebhafter, gefühlter Recitation dichterischer und red=
nerischer Arbeiten angenehm und berühmt gewesen. Nun waren
es andere Gegenstände, die ihn beschäftigten, andere Schriften,
woraus er vorlas, und eben seit einiger Zeit vorzüglich Werke
physischen, chemischen und technischen Inhalts. Eine seiner be=
sondern Eigenheiten   war die, daß es ihm unerträglich fiel,
wenn Jemand ihm beim Lesen in das Buch sah. In früherer
Zeit beim Vorlesen von Gedichten, Schauspielen, Erzählungen,
war es die natürliche Folge der lebhaften Absicht, die der Vor=
lesende so gut als der Dichter, der Schauspieler, der Erzählende
hat, zu überraschen, Pausen zu machen, Erwartungen zu erregen,
da es freilich dieser beabsichtigten Wirkung sehr zuwider ist,
wenn ihm ein Dritter wissentlich mit den Augen vorspringt .
Wenn ich Jemand vorlese, ist es dann nicht, als wenn ich ihm
mündlich Etwas vortrüge? Das Geschriebene, das Gedruckte
tritt an die Stelle meines eigenen Sinnes, meines eigenen Herzens 2c.
Goethe 15, 36, 7 [Wahlverw. I, 4]. Mit Lesen und Vorlesen
sich und die Mutter zu unterhalten. 18, 268 [Wanderj. II, 5] 2c.,

f. auch: Der Professor liest vor einem großen Auditorium Litte=
raturgeschichte, er liest dabei Stellen aus den bedeutendsten Au=
toren vor. Sanders 2, 115b mit Hinweis auf die eigenthümliche
Anwendung von lesen auf Hochschulen = Lehrvorträge über
Etwas halten, eigentlich nach einem Hefte (ablesend) dann
aber auch allgemein von freien Vorträgen, — während andrer=
seits ein solcher Lehrvortrag (ein Kolleg) doch Vorlesung, nicht
Lesung heißt ꝛc.

Hieran schließt sich zum Theil das allerdings einen weitern
Kreis umfassende **vortragen**: Hörern oder Lesern Etwas vor=
tragen: gleichsam als Nahrung des Geistes, als geistigen Genuß
(vgl. Vortrag, Ohrenschmaus ꝛc.), z. B.: Der Virtuose, der
Sänger trägt ein Tonstück; der Deklamator ein Gedicht; der
Docent eine Lehre, Wissenschaft; der Erzähler eine Begebenheit;
der Referent im Gericht den Sachverhalt, Thatbestand vor ꝛc.
Sanders 3, 1349c: Luciane   wollte nun ihr Glück im Reci=
tieren versuchen. Ihr Gedächtnis war gut, aber   ihr Vor=
trag geistlos und heftig, ohne leidenschaftlich zu sein. Sie re=
citierte Balladen, Erzählungen und, was sonst in Deklama=
torien vorzukommen pflegt. Dabei hatte sie die unglückliche
Gewohnheit angenommen, Das, was sie vortrug, mit Gesten
zu begleiten, wodurch man Das, was eigentlich episch und lyrisch
ist, auf eine unangenehme Weise mit dem Dramatischen mehr
verwirrt als verbindet. Goethe 15, 190 [Wahlverw. II, 5] ꝛc.,
vgl.: Recitieren: Etwas (aus dem Gedächtnis) vortragen
in einer die Mitte zwischen dem gewöhnlichen Lesen und dem
förmlichen Deklamieren haltenden Weise. Sanders 2, 682b.
Die Vermischung und Verwirrung des bloßen Vorlesens mit
dem Recitieren und dem noch leidenschaftlicheren Dekla=
mieren. Ders. Gespräche IX. Unter Recitation wird ein
solcher Vortrag verstanden, wie er, ohne leidenschaftliche Ton=
erhebung, doch auch nicht ganz ohne Tonveränderung, zwischen
der kalten, ruhigen und der höchst aufgeregten Sprache in der
Mitte liegt. Der Zuhörer fühle immer, daß hier von einem dritten
Objekte die Rede sei. Es wird daher gefordert, daß man auf
die zu recitierenden Stellen zwar den angemessenen Ausdruck
lege und sie mit der Empfindung und dem Gefühl vortrage,
welche das Gedicht durch seinen Inhalt dem Leser einflößt, jedoch

soll Dieses mit Mäßigung und ohne jede leidenschaftliche Selbstent=
äußerung geschehen, die bei der Deklamation erfordert wird.
Der Recitierende folgt zwar mit der Stimme den Ideen des
Dichters und dem Eindruck, der durch den sanften oder schreck=
lichen, angenehmen oder unangenehmen Gegenstand auf ihn ge=
macht wird; er legt auf das Schauerliche den schauerlichen, auf
das Zärtliche den zärtlichen, auf das Feierliche den feierlichen
Ton; aber Dieses sind bloß Folgen und Wirkungen des Ein=
drucks, welchen der Gegenstand auf den Recitierenden macht, er
ändert dadurch seinen eigenthümlichen Charakter nicht, er ver=
leugnet sein Naturell, seine Individualität nicht und ist einem
Fortepiano zu vergleichen, auf welchem ich in seiner natürlichen,
durch die Bauart erhaltenen Tone spiele . Ganz anders aber
ist es bei der Deklamation oder gesteigerten Recitation. Hier
muß ich meinen angebornen Charakter verlassen, mein Naturell
verleugnen und mich ganz in die Lage und Stimmung Desjenigen
versetzen, dessen Rolle ich deklamiere. Die Worte, welche ich
ausspreche, müssen mit Energie und dem lebendigsten Ausdruck
hervorgebracht werden, so daß ich jede leidenschaftliche Regung als
wirklich gegenwärtig mit zu empfinden scheine ꝛc. Goethe 35,
439 ff. [Regeln f. Schauspieler §§ 18—20]. Wagner: Verzeiht! ich
hör' Euch deklamieren: | Ihr last gewiß ein griechisch Trauer=
spiel. | In dieser Kunst möcht' ich 'was profitieren ꝛc. 11, 24
[Faust I]. Er nimmt so herzlichen Antheil an den Stücken, daß
er pathetische Stellen nicht eben deklamiert, aber doch affektvoll
recitiert Er liest vortrefflich, wie ich nicht wieder habe
lesen hören; Niemand hält wie er die zarte Grenzlinie zwischen
Deklamation und affektvoller Recitation. 17, 27 [Lehrj. V, 6].
Unter dem Essen trat ein junger Sklave von feinem Ansehen
und zierlich gekleidet auf und recitierte ein Stück aus der
Odyssee Das Lob, das ich seinem Lesen beilegte, gab zu
einem Gespräch über die beste Art zu recitieren Anlaß.
Wieland 5, 57 [Agathon VII, 9]. Ausdruck Um diesen in der
Gewalt zu haben, muß der Deklamator zwar innig fühlen
und durch Ton und Bewegung der Stimme zeigen, daß er von
seinem Gegenstande ergriffen sei, doch seinen Stoff beherrschen,
Ton und Bewegung nach Erfordernis modulieren können, auch
durch Mienenspiel und Gestikulation unterstützen, ohne in so=

genannte theatralische Aktion, unsinniges Schreien und Wind=
mühlenbewegungen der Arme auszuarten und, wie man allgemein
sprachgebräuchlich beim Theater in tadelndem Sinne sagt: nicht
zu viel deklamieren, — er deklamiert: er spricht (im Kon=
versationsstücke) immer im Pathos. Noch vorsichtiger und zurück=
haltender muß in dieser Beziehung der nicht aus dem Gedächtnis
Sprechende sein, der bloße Vorleser, denn das Vorlesen
unterscheidet sich von wirklicher Deklamation, — deren Zweck
ist, nächst dem Gefallen, auch zu überzeugen, zu erheben, zu
rühren, — dadurch, daß bei jenem der Ausdruck der Empfin=
dungen nur untergeordnet, unvollkommen ist. Der Vorleser
darf nur in den schwächsten Umrissen diese andeuten, da sein
Zweck einzig darauf gerichtet sein soll, den Zuhörer durch klaren
zusammenhängenden mündlichen Vortrag für das Auffassen des
Vernommenen im Allgemeinen empfänglich zu machen. Der De=
klamator bedient sich bei höherem Zwecke auch höherer Mittel 2c.
Ph. Düringer und H. Bartels Theater=Lexikon (Leipzig 1841)
Sp. 302.

Ablocken, ablockern ſ. abnöthigen.

I **Abmachen, abgleichen, abschlichten, abthun,
ausgleichen, ausmachen, ausschlichten, aus=
tragen, beend(ig)en, begleichen, beilegen, be=
reinigen, berichtigen, end(ig)en, entscheiden,
entschlichten, erledigen, ins Gleiche, in Ord=
nung bringen, ordnen, regeln, regulieren,
richtig machen, schlichten, vergleichen, ver=
tragen, zum Abschluß (zu Ende), zum Aus=
trag bringen.**

Etwas abthun, abmachen, alles in Bezug darauf zu Thuende,
zu Machende thun oder machen, so daß dafür keine weitere Thätig=
keit mehr erforderlich ist, z. B. (vgl. Sanders 3, 1319a): Das wäre
mit Geld abzuthun. Goethe 10, 212 [Die Aufgeregten IV, 9].
Geld ist eine schöne Sache, wo Etwas abgethan werden soll,
und ich wünsche nicht, in dem Andenken Ihres Hauses so ganz
abgethan zu sein. 16, 243 [Lehrj. IV, 1]. Wir haben | viel
auszureden, abzuthun. 13, 106 [Taſſo I, 2]. Das, was er mit
Andern abzuthun hatte, was bloß von ihm selbst abhing, es

war nicht geschieden. 15, 34 [Wahlverw. I, 4]. Man sollte Der=
gleichen . nicht mit Worten abthun. Sobald ich Ihnen
die Versuche selbst zeigen kann, wird Alles anschaulicher und
angenehmer werden. 44 [ebd.]. Unsere letzte Unterredung
war doch nicht vermögend gewesen, die Sache ganz bei mir ab=
zuthun. 19, 68 [Wanderj. III, 6]. Einen braven Landgeistlichen,
der ., was zu Händeln und Zwist Anlaß geben konnte, gleich
zu schlichten [s. u.] und abzuthun verstand. 22, 119 [Wahrh.
u. Dicht. XII]. Versuche sollen, weil sie vor hundert Jahren
in England angestellt worden, nunmehr als ein für allemal
abgethan, abgemacht [s. u.] und fertig erklärt und die Wieder=
holung derselben für unnütz ausgeschrien werden. 39, 281
[Gesch. der Farbenl., V. Abth., 1. Epoche] 2c. Der Streit ist ab=
gethan. Hagedorn 2, 210 [Der Hahn u. der Fuchs]. Die Rech=
nung auf eine oder die andere Weise mit ihm abzuthun.
Lessing 12, 86. Nichts mehr hiervon! Das ein= für allemal
ist abgethan. Ders. Nathan II, 4, V. 1172. Zwar hätt' ich
an meinen Karl noch Manches auf dem Herzen, | doch leicht
könnt' es an Muße mir gebrechen, Alles | persönlich mit ihm
abzuthun. Schiller 294b [Karlos IV, 24]. Wenn ihre zarte
Jugend sich verging, | mag sie's mit Gott abthun und ihrem
Herzen. 406a [Stuart I, 1]. Wär' es auch abgethan, wenn
es gethan ist, | dann wär' es gut, es würde rasch gethan. 561a
[Macbeth I, 14]. — Wär's abgethan, wenn es gethan, dann
wär's | am besten schnell gethan. Shakespeare, übersetzt von
Schlegel und Tieck (1855) 9, 462.

Etwas, das abgemacht ist, wenn es einmal gethan ist.
Danzel Lessing 38. Es könnte geschehen, daß ich Das so in Einem
hin abmachte. Benedix 1, 173. Unglaublich, was sich dabei
in einem Tage Alles abmachen läßt. Ad. Stahr Zwei Monate
in Paris 1, 35. Was ich | mit diesem König abzumachen habe,
geht euren Lehenseid Nichts an. Schiller 301b [Karlos V, 4] 2c.;
s. auch: Abrede.

Etwas erledigen: es beendigen, beseitigen, so daß es nicht
mehr, die freie Beschäftigung mit Anderen hindernd, im Wege
steht. Sanders 2, 74b: Ein Geschäft, eine Untersuchung, eine Frage,
Streitfrage, einen Streit, Streitpunkt, Streithandel 2c. erledigen.
Nicht Worte sind's, die diesen traur'gen Streit | erledigen.

Schiller 492b [Braut von Mess., V. 394]. Dadurch sind unsre Mängel nicht erledigt. Goethe 12, 15 [Faust II, 1. Akt]. Ein Sophisma das sich bis auf den heutigen Tag in der philosophischen Litteratur erhalten hat und durchaus nicht allgemein als eine erledigte Angelegenheit betrachtet wird. Rundschau 15, 2, 65 (Sigm. Exner).

Etwas ausmachen: so machen, daß ferner kein Streit darüber obwaltet und möglich ist, sei es, daß ein ausgebrochener Streit, ein obwaltender Zweifel ꝛc. beseitigt und so die Sache ins Reine gebracht wird ., sei es, daß schon von vorn herein durch festgestellte Bestimmungen jeder Zweifel gehoben ist, s. Sanders 2, 193b, mit zahlreichen Belegen, z. B. aus Schiller: Das mache mit der Gottheit aus. 71a [Verschl. Bild zu Saïs]. Das mache | mit deinem eignen Herzen aus. 268b [Karlos II, 14] ꝛc. [Da] machte er aus, daß der Herzog von Alba mit der Armee vorangehen sollte. 854a [Abfall der Niederl., Alba's Rüstung]. Was sich auf dem Weg der philosophischen Untersuchung darüber ausmachen läßt. 1109 [Anmuth und Würde] ꝛc. Daß Alles friedlich und rechtlich, alteidgenössisch ausgemacht werde und bleibe. Joh. Müller Schweizer. Eidgenossenschaft 11. Thl., S. 9, vgl. weiter im Particip, theils: Das Vermögen bis nach ausgemachter Sache verwalten ꝛc., — theils = worüber kein Zweifel obwalten kann, entschieden [s. u.] unstreitig, feststehend ꝛc.

Beilegen, — nach der Grundbedeutung = bei Seite legen, beseitigen: z. B.: Einen Hader, Zwist, Streit, Irrungen beilegen, s. Sanders 2, 80a mit Belegstellen, auch z. B.: Diesen verwegenen Handel im Stillen beizulegen. Goethe 10, 103 [Großkophta V, 8]. Eine Zwistigkeit wird entschieden [s. u.], wenn darin vorgeht, was Rechtens ist; beigelegt wird sie, wenn, ohne auf die Gerechtigkeit zu sehen, beide Parteien auf eine oder auf die andere Weise sich wozu verstanden haben; abgethan [s. o.] ist sie, wenn der gegenseitigen Forderung Genüge geschehen ist. Der Befriedigte, der seine Forderung gegen eine Leistung aufgiebt, ist abgefunden [s. d. unter abspeisen, befriedigen]; ausmachen [s. o.] heißt, wenn Etwas außer Zweifel gesetzt wird: Es ist ausgemacht, daß ein jeder Rechtshandel sowohl vom Richter entschieden als von guten Freunden beigelegt werden kann. Mendelssohn 4, 1, 37. Ich sehe, daß gegenwärtig bei

unſern Theologen der Streit über die Unendlichkeit der Höllen=
ſtrafen wieder rege werden will. Möchte er es doch ſo werden,
daß er endlich entſchieden und beigelegt heißen könnte!
Lessing (Ster.) 9, 3 [Von den ewigen Strafen]. Einsmals als
der Streit über die Grundriſſe nicht ſowohl beigelegt als ein=
geſchlummert war. 189 [Eine Parabel]. So war eigentlich der
Streit zwiſchen Staat und Kirche niemals wirklich geſchlichtet
[ſ. u.], ſondern nur beigelegt. Volks-Ztg. 22, 211 ꝛc., vgl. auch:
Der Prinz beantwortete den Brief und die Art, wie er es
gethan hat, läſſt keine gütliche Beilegung mehr hoffen. Schiller
750a [Geiſterſeher II, 10. Br.]. Zu Beilegung der im Orient
entſtandenen Unruhen. Wieland Horaz Briefe 1, 56 ꝛc.

Entſcheiden [ſ. o.]: in etwas Streitigem, Fraglichem eine
gültige Feſtſtellung treffen; den Ausſchlag geben: Jemand ent=
ſcheidet Etwas, über Etwas ., in einer Sache. Dieſer Um=
ſtand entſcheidet die — oder: über die — Schlacht, (über) mein
Glück ꝛc., ſ. Sanders 3, 905a (auch) für das Folgende). Nur der
perſönliche Geſchmack kann zur Vorliebe für das Eine oder das
Andre entſcheiden. Wh. Schlegel Über dramat. Kunſt ꝛc. 2, 2,
123 ꝛc. Jemand entſcheidet ſich [kommt zum feſten Urtheil
und Entſchluß] in einer, über eine Angelegenheit, für, gegen
Etwas ꝛc. Etwas entſcheidet ſich [iſt, wird entſchieden],
z. B.: Krieg oder Frieden! Noch liegen die Loſe | dunkel ver=
hüllt in der Zukunft Schoße! | Doch es wird ſich noch, eh wir
uns trennen, entſcheiden. Schiller 492a [Braut v. Meſſina,
V. 324]. Seit | das Schickſal meines Karlos ſich entſchieden.
268 [Karlos II, 15] ꝛc. Jeder, der mit lebhaften Kräften vor
unſern Augen eine Abſicht zu erreichen ſtrebt, kann, wir mögen
ſeinen Zweck loben oder tadeln, ſich unſre Theilnahme verſprechen;
ſobald aber die Sache entſchieden iſt, wenden wir unſer Auge
ſogleich von ihm weg; Alles, was geendigt [ſ. u.], was ab=
gethan [ſ. o.] daliegt, kann unſre Aufmerkſamkeit keineswegs
feſſeln. Goethe 16, 84 [Lehrj. II, 1] ꝛc. Entſchieden = ſicher,
feſt, beſtimmt ausgeprägt, ſo daß jedes Schwanken ausgeſchloſſen
iſt, ſ. o.: ausgemacht, z. B.: Dieſe Frage wird von
uns auf das entſchiedenſte mit Ja beantwortet. Goethe 39,
240 [Geſch. der Farbenl., V. Abth., 1. Epoche. Newton's Optik].
Die entſchiedenſte [vgl. ausgeſprochenſte] Verachtung, vgl.

(nicht gut): Leere Köpfe haben   die entscheidendste Verachtung für aufgeklärte Köpfe. J. G. Zimmermann Vom National-
stolze (4. Aufl. 1783) 23, ſ. ausſchlaggebend ꝛc., vgl. weiter
unten: austragen ꝛc.

Das Gleiche (ſ. Sanders 1, 594b) bedeutet u. A. auch: das
Gehörige; Das, wie es ſein ſoll und muſs ꝛc. [ſ. u.: Ordnung],
z. B.: Du warſt, mich deinem Freunde zu verſöhnen | zuerſt be-
müht. Nun bitt' ich es von dir | Thu, was du kannſt, daſs
dieſer Mann ſich finde | und Alles wieder bald im Gleichen
ſei. Goethe 13, 177 [Taſſo III, 4]. Ich habe jetzt ſo eine Menge
Zeug zu berathen und zu beſorgen, daſs ich ſelbſt damit noch
nicht ins Gleiche gekommen bin. Platen 6, 169. Gehen Sie
fort und ſuchen, die Sache durch Ihren Freund ins Gleiche
zu bringen. Goethe 20, 203 [Wahrh. u. Dicht. V] u. Ä. m.
Dazu (ſ. Sanders 1, 595): gleichen: Etwas ins Gleiche bringen.
Muſst all die garſt'gen Worte lindern | und gleich Das alles
ſo fortan, | wie du ſchon ehmals wohl gethan. Goethe 6, 68
[an Gotter], gewöhnlich in Zuſammenſetzungen: Ausgleichen:
Etwas vollſtändig ins Gleiche bringen, die Unebenheiten ꝛc.
herausbringen, fortſchaffen   Eine Differenz, Rechnung, einen
Streit, Zwiſt, Wirren ꝛc., dann auch: die Streitenden mit einander ausgleichen. Die Parteien haben ſich ausgeglichen ꝛc.
Endlich, leider nach ihrem Tode, ging ihm eine gewiſſe Mildig-
keit auf, er ſchien ſich in die Welt zu finden, an ihr ſich aus-
zugleichen, die er ſich bisher vergeblich bekämpft hatte. Goethe
18, 132 [Wanderj. I, 9]. Wir waren durch jene beſondere Weiſe
der Hausfrau gemildert, welche   ſich immer gewiſſen ideellen
Vorſtellungen hingab und, indem ſie ſolche freundlich und wohl-
wollend zu äußern verſtand, alles Scharfe, was in der Geſellſchaft hervortreten mochte, zu mildern und das Unebene aus-
zugleichen wuſste. 22, 141 [Wahrh. u. Dicht. XIII]. Die Alles
ausgleichende Ruhe Spinoza's. 220 [XIV]. Es giebt unter
den Menſchen gar vielerlei Widerſtreit, welcher aus den ver-
ſchiedenen einander entgegengeſetzten, nicht auszugleichenden
Denk- und Sinnesweiſen ſich immer aufs Neue entwickelt. 33, 49
[Altgriech. Litter.: Homer noch einmal]. Daſs jeder Theil den
ſeinigen [ſeinen Fehler] anerkennen, daſs ſie ſich nachgeben, ſich
wechſelſeitig ausgleichen ſollten. 35, 149 [Die Wette, 1. Auftr.].

Mit der Zeit wird sich Das alles wohl wieder ausgleichen und in Ordnung (s. u.) und Schick kommen ꝛc. Bereits waren alle übrigen Forderungen zwischen Zürich, Schwytz und Glaris friedenschlußmäßig ausgeglichen. Joh. (v.) Müller Schweizer. Eidgenossenschaft 11, 62. Daß beide Orte den Versuch einer Ausgleichung eingehen mußten. Die Schwierigkeiten des Vergleichs und seiner Vollziehung. 49. — Ähnlich: Eine Differenz, etwas Streitiges, die streitigen Parteien vergleichen: durch glückliche Übereinkunft den Streit beilegen [s. o.], ordnen [s. u.], ins Gleiche bringen und refl.: Die Parteien haben sich verglichen. Sanders a. a. O. Die Übrigen, die rechtlich um den Besitz stritten, sie lebten, genossen oder darbten, wie sie konten, sie starben, verdarben, verglichen sich. Goethe 22, 96 [Wahrh. u. Dicht. XII]. Was Übels geschehen ist, läßt sich vergleichen. 5, 204 [Reineke VI]. Daß Sie ein Herr sind, der die schlechten Bauersleute gütig anhört und gern vergleicht. J. G. Jacobi's Iris 1, 2, 82. Wenn erst der Boden rein ist von dem Feind, dann wollen wir's in Frieden schon vergleichen. Schiller 543b [Tell IV., 2, V. 2499]. Da der Kurfürst von Baiern die Drohung fallen ließ, sich, bei längerer Beibehaltung dieses Generals, mit den Schweden zu vergleichen. 977b [30jähr. Krieg II]. Ich denke nicht, daß es sehr schwer sein wird, euch [als Schieds=richter] zu vergleichen. Wieland 31, 422 [Lustreise ins Elysium] ꝛc., auch (in seltnerer Anwendung) z. B.: Was Wunder, | wenn Clelia den dünnen Liebeszunder | begierig hascht, den ihr Laurette reicht, sich mit der Möglichkeit der Sache bald vergleicht [aussöhnt ꝛc.] 11, 191 [Klelia u. Sinib. III]. Seitdem sich Beide so verglichen [einig geworden, die Übereinkunft geschlossen]. 12, 86 [Han u. Gulpenheh, V. 38]. Nachdem sich mein zweifelnd Herz kaum mit sich selbst verglich [einig war], | ob mich kein eitler Traum … betrogen. 181 [Idris I, 73]. Kein Andrer wußte den schlauen Epikur | so gut wie er mit Plato zu vergleichen [zu vereinigen, in Einklang zu setzen ꝛc.]. | Von jenem nahm er die Praxis, von diesem die Theorie. 15, 116 [Der neue Amadis VIII, 28]. Wenn man ihn [den Sinn] nun aber errathen hat, so versuche man doch, ob er sich wohl mit Dem, was Sueton sonst von dem Horaz erzählt, vergleichen läßt. Lessing (Ster.) 4, 191 [Rettungen des Horaz] ꝛc. — Ferner: Abgleichen völlig

gleich machen, besonders in Rechnungssachen, wo es auch aus=
gleichen, abrechnen und mit einem ausländischen Worte scon-
trieren und rescontrieren genannt wird. Adelung 1, 42. — Ferner
das von den Wörterbüchern, so weit ich sehe, zuerst in meinem
Ergänzungs=Wörterb. S. 230c in dieser Bedeutung aufgeführte
begleichen. Hier heißt es: „Ein Saldo (National-Ztg. 21, 149),
die Rechnung (34, 85), eine Differenz (86; 87), einen Konflikt
(33, 82), die montenegrinische Frage (425) 2c., die Zeche (Westermann 263, 452a), das Deficit (Auerbach Drei einzige Töchter 77)
begleichen. Der unbeglichene Bruch (Ders. Auf der Höhe
2, 104), eine unbeglichene Differenz (National-Ztg. 33, 82) 2c.
Schulden, die noch der Begleichung harren. 19, 523; Ausland
54, 15 2c." Heute sehr gewöhnlich, z. B.: Es war noch ein großer
Posten   zu begleichen. Spielhagen Was will Das werden?
3, 6. Jene unbeglichene Rechnung 7 2c.

In einzelnen Fällen entspricht dem: „ins Gleiche [s. o.]
bringen" 2c. auch einigermaßen: in Ordnung bringen 2c., siehe
Sanders 2, 481b, wo es heißt: „In Ordnung sein, z. B. auch
übertragen: Die Angelegenheit ist in Ordnung: so, wie sie sein
soll; ist abgemacht [s. o.], so dass Nichts weiter daran zu ordnen
ist. Ich muss erst die Geldangelegenheit in Ordnung bringen",
dafür auch: ordnen, vgl. regeln (Sanders 2, 694a) oder mit
fremder Endung regulieren, z. B.: Vor der Vertheilung der
Erbschaft muss der Nachlass, — vor der Abfindung der Gläu=
biger muss die Gantmasse 2c. — erst in Ordnung gebracht,
geordnet, geregelt oder reguliert werden 2c., s. u.: in Rich=
tigkeit, ins Reine bringen 2c.

An entscheiden (s. o.) schließt sich dem Sinn nach: austragen
an in der Bedeutung (s. Sanders 3, 1347c): zur endgültigen Ent=
scheidung, zum Austrag bringen (s. u.), z. B.: Ihre Händel
mit der Faust austragen. Philander v. Sittewald Gesichte
(Straßb. 1676) 1, 601. Der Streit der Mäuse unter sich ist von
so großer Wichtigkeit nicht, dass sie ihn nicht leicht von einigen
ihres Mittels austragen lassen sollten. Just. Möser Patriot.
Phantas. (1820, 4. Aufl.) 1, 303. Konflikt, welcher durch einen
richterlichen Spruch hätte ausgetragen werden können. S. Kapper
Christen u. Türken 1, 38. Gegen dieselben erbiete ich mich   .,
mich zu verantworten und auszutragen. Raumer Historisches

Taschenbuch) II, 5, 196. Diese Frage wurde   verhandelt, ohne ausgetragen zu werden. Erklärung der preuss. Staatsreg. v. 8. Okt. 1862.   Hatte Hannover noch einen besondern Formstreit mit dem Grafen von Rechberg auszutragen. Ernst v. Koburg 2, 383 ꝛc. Üblicher als dieser von Adelung, als im Hochdeutschen „völlig veraltet" bezeichnete Gebrauch des Zeitworts ist der des entsprechenden Hauptworts, s. Sanders 3, 1344 a b, woher ich das Folgende meist entlehne: Austrag: Das, wodurch eine Sache ausgetragen, d. h. ausgemacht, entschieden wird: die Entscheidung überhaupt, z. B.: Dann mußte der Ehrenhandel, wie es sich unter Kavalieren gebührte, zum Austrag gebracht werden. Fanny Lewald Die Reisegefährten (1858) 2, 340. Der Sach mit Gewehr und Waffen Austrag zu geben. Stumpf Schweizer Chron. (Zürich 1606) Bl. 379 a. Eine große politische Frage, deren Entscheidung in der ganzen Zeit vermieden wurde und die jetzt zum Austrag kommen muß. Volks-Ztg. 10, 154..., besonders: die gesetzliche, richterliche oder schiedsrichterliche Entscheidung, — mit Belegen für die gewöhnliche Wendung: Bis zu —, bis nach —, beim — Austrag der Sache, ferner z. B.: Eine Familiensache niemals zum Austrag vor das bestellte Gericht zu bringen. Auerbach Dorfgesch. (1851 ff.) 4, 94. Der Austrag der Sache auf einen anderweitigen Termin verschoben. Musäus Volksmärchen (1826) 5, 69. Frankreich hat   dieselbe Beruhigung   nur gründlicher durch den gesetzlichen Austrag zwischen entgegengesetzten gleich starken Parteien in der Charte erlangt. Görres Die heilige Allianz (Stuttg. 1822) 28. Bis zu rechtlichem Austrag der Sache. Joh. v. Müller Schweiz. Eidgenossenschaft, 11. Thl., S. 9.

Vertragen (s. Sanders 3, 1349 b, c) in der Bedeutung: Vertrag, Frieden zwischen Streitenden stiften, ihre Differenz ver-, ausgleichend, und zwar sowohl: die Personen — wie auch): ihre Differenz, Sache, ihren Streit vertragen und zuweilen: mit Einem vertragen, ohne Objekt oder mit es (einen Vertrag schließen); ferner: sich vertragen (vgl. sich aus-, versöhnen, vergleichen, s. o.), aber auch — aus der vorliegenden Sinnverwandtschaft heraustretend —: sich (so und so mit einander) vertragen, in Bezug darauf, wie Zusammenlebende oder durch näheren Umgang Verbundene sich zu einander verhalten, stellen oder sich gegenseitig stehen, — z. B.: Es hieß ja: Alles wäre vertragen und geschlichtet [s. u.]. „Ja, vertrag du mit den Pfaffen!" Goethe 35, 6 [Berlichingen, Bühnenbearb., I, 1]. Hier in Heilbronn will ich ritterliche Haft leisten bis ich mit meinen Gegnern vertragen bin. 109 [IV, 22]. War denn dieser Friede eine so glückliche Auskunft? Vertrug er so genügend die widerstreitenden Ansprüche? Ranke 7, 7. Unvertragen blieben die Streitigkeiten. 93. Von den Religionsstreiten Die Sachen wären wohl zu vertragen, wenn nur die Leut zu vertragen wären. Zinkgräf Apophthegm. 1, 104. Drum hat der edle Graf von Rochepierre, | der drin befiehlt, in dieser höchsten Noth | vertragen mit dem Feind, nach altem Brauch, | sich zu ergeben auf den zwölften Tag, | wenn binnen dieser Zeit kein Heer im Feld' | erschien, zahlreich genug, die Stadt zu retten . „Saintrailles konnte seine Stimme geben | zu solchem schimpflichen Vertrag?" Schiller 453b [Jungfr. v. Orl. I, 3]. Der Franzose hatte den Vertragenden bei Fassung der Hauptparagraphen über die Schulter gesehen, ihnen die Feder aus der Hand genommen und einen großen Strich gemacht, der hieß die Mainlinie. Auerbach Waldfried 161 [II, Kap. 10]. Die hohen vertragenden Theile [stehende Formel in Staatsverträgen]. Bist du ein rechtschaffener Kerl, so nimm ein gut Pferd, ein gut Schwert, ein gut Paar Pistolen und komm an den und den Ort, da wollen wir uns vertragen [die Bedingungen des Zweikampfs feststellen] und die Sach austragen [s. o.]. Schuppius (Frankf. 1684) 316 2c. Pack schlägt sich, Pack verträgt sich. Sich zanken und wieder vertragen 2c. Der Sekten Feindschaft, der Parteien Wuth, | was noch so wüthend ringt, sich zu zerstören, | verträgt, vergleicht [s. o.] sich, den gemeinen Feind | der Menschlichkeit, das wilde Thier zu jagen, | das mordend einbricht in die sichre Hürde, | worin der Mensch geborgen wohnt. Schiller 365a [Wallenst.'s Tod I, 6] 2c.

An das oben erwähnte: in Ordnung, ins Gleiche bringen 2c. schließt sich auch (s. Sanders 2, 751c; 752b): Etwas zu Ordnendes [s. o.], Abzumachendes [s. o.] ist richtig oder in Richtigkeit = in Ordnung, abgemacht: „Bin ich noch Etwas schuldig?" Nein, es ist Alles richtig (in Richtigkeit)... Etwas richtig machen oder in Richtigkeit bringen: Die Frau hat's eingebrockt mit dem Bruder, mag sie's mit ihm richtig machen. Kinkel Erzählungen 87 ꝛc.; ferner: Ein Geschäft ꝛc. berichtigen: in Richtigkeit, ins Reine, zum Abschluſs bringen, ordnen, z. B.: Das Geschäft war klar und bald berichtigt. Goethe 16, 99 [Lehrj. II, 3]. Wenn die Andern geschwind bezahlten ., so muſste die Mahlzeit, die Melina regelmäßig sogleich berich= tigte, jederzeit von vorn wieder durchgenommen werden. 124 [II, 5]. Der wöchentlich alle Rechnungen berichtigt und seine Bestellungen für das Nächste macht. 19, 4 [Wanderj. III, 1]. Also den Stab gebrochen über Onkel und Neffe! Unterzeichnet!... Das Wer? ist berichtigt Nun zum gleich wichtigen Wie? Schiller 164b [Fiesko III, 5]. Sie müssen vor Abend noch her= kommen, ihn [den Brief] abzuholen und Jhre [zu spielende] Rolle mit mir zu berichtigen [verabreden, fest zu stellen]. 197b [Kab. u. Liebe III, 2]. Die schwierigsten Artikel [des Heirathsvertrags] sind bereits | berichtigt und von Frankreich zugestanden. 415 [Maria Stuart II, 1]. Ich habe alles Zeitliche berichtigt | und hoffe, keines Menschen Schuldnerin, | aus dieser Welt zu scheiden. 442a [ebd. V, 7]. Einige Familienangelegenheiten mit dem Könige zu berichtigen. 811a [Abfall der Niederl., II. Buch]. Dieses Geschäft berichtigt, eilten alle Statthalter nach ihren Provinzen. 834b [ebd., IV]. Bis der Ankauf der weimarischen Truppen berichtigt war. 991b [30jähr. Krieg II] ꝛc., auch — außerhalb dieser Sinnverwandtschaft —: Den irre geleiteten Geschmack in dieser Kunst zu berichtigen. 1235a [Üb. d. Gartenkalender] ꝛc.; ferner (s. o. und Sanders 2, 716c u. 717c] z. B.: Es wird also hohe Zeit, daſs wir unsere Sache aufs Reine bringen. C. F. Bahrdt, Gesch. seines Lebens 3, 119. Bringt Dies ins Reine! Goethe 12, 26 [Faust II, 1. Akt, Mummenschanz]. Ein Etablissement für Ihren Sohn, der es vollends schon auf das Reine bringen wird. Lessing 12, 381. Meine Umstände müssen sich sehr bald wieder ins Reine bringen lassen. 315 ꝛc.; daran sich anschließend: Etwas bereinigen, — besonders in der Kanzleisprache: Sobald die Erbschaftssache bereinigt sei. Auerbach Nach 30 Jahren 2, 23. Hiermit war das Geschäft vor der Hand bereinigt. Hackländer Erlebtes 1, 279. Um mit C. Velp aufzuräumen, bereinigen wir noch ihre Äußerung über das Benehmen des Herzogs gegen den frei gewordenen Dichter [Schubart]. G. Hauff Schubart 168 2c.

Weiter (f. Sanders 3, 956 c) **schlichten** in der Bedeutung: ordnen, so dass Nichts verworren ist, z. B.: ordnend packen, schichten 2c., Struppiges, Verwirrtes 2c. und danach bildlich oft von Verwirrung, Streit, Streitigkeiten, Fehden 2c., z. B.: Wenn Jemand wider einen Menschen fündiget, so kann es der Richter schlichten. 1. Sam. 2, 25. Zudem hatten die Herren Gesandten wegen unserer Völker, so mit den Soldaten in Uneinigkeit und Schlägerei geriethen, viel Verworrenes, dass sie neben dem Herrn Gubernator immer zu richten und zu schlichten hatten. Olearius Perf. Reisebeschr. 5 b. Richtet und schlichtet, so gut ihr könnt! Wieland Lucian 6, 193. Gleich zu Anfang brachte ich meine Mutter in den Fall, dass sie zwischen meines Vaters rechtlichem Ordnungsgeist und meiner vielfachen Excentricität die Vorfälle in ein gewisses Mittel zu richten und zu schlichten beschäftigt sein mußte. Goethe 22, 66 [Wahrh. u. Dicht. XII] u. 119 [ebd., f. o. S. 51: abthun]. Dass er alle Streitigkeiten, sowohl die häuslichen als die nachbarlichen … zu stillen und zu schlichten mußte. 15, 19 [Wahlverw. I, 2]. Der Ort des Zusammentreffens [wurde] bestimmt und so für diesmal die Sache geschlichtet. 18, 21 [Wanderj. I, 2]. Der durch eine geistreiche Terminologie schon geschlichtete Streit ging wieder von vorn an. 39, 155 [Gesch. der Farbenl., 4. Abth.]. Wer den Sinn aufs Ganze hält gerichtet, | Dem ist der Streit in seiner Brust geschlichtet. Schiller 555 b [Huldig. der Künste]. Viele Fehden geschlichtet. Chamisso 4, 132. Und so nun ist geschlichtet | was ein poetisch Blut | vorwitzig angerichtet | in Hass und Eifermuth. | Gelegt ist jede Irrung | um Roland's morsches Thor; | aus Unruh und Verwirrung | ging Herrlichstes hervor. Freiligrath Sämmtl. Werke (1858) 1, 386 [Baurede für Rolandseck] 2c. Selten so in Zusammensetzungen (f. Sanders a. a. O.): Einen Streit ab= (Zinkgräf Apophthegm. 1, 314), Rechtshändel ent= (193), einen Handel aus= (Hebel 3, 330) schlichten.

Schließlich können noch für einzelne Fälle, namentlich, in so fern es sich um das Aufhören von Streitigkeiten, Zwistigkeiten, Fehden 2c. handelt, den bisher besprochenen Ausdrücken als einigermaßen sinnverwandt beigefügt werden (f. dazu meine Synon.

1, 350—354): einen Streit, Zwist, Streitigkeiten, Zwistigkeiten, die Feindseligkeiten, eine Fehde ꝛc. enden oder endigen, beend(ig)en, ihnen ein Ende machen und besonders: sie zum Abschluss bringen.

Über die Ausdrücke: Etwas ist zu Ende, vgl. (s. o.): Ein- für allemal abgethan, abgemacht und fertig. Goethe 39, 281, vorbei, vorüber, geschehen ꝛc. s. später unter fertig.

II Abmachen, ausmachen, fest setzen, fest stellen ꝛc. s. I und bestimmen (unter Abrede).

Abmahnen ꝛc. s. abrathen.

Abmerken s. abhören.

Abneigung (Abgeneigt =sein, =heit), Abschen, Antipathie, Aversion, Dégoût, Ekel, Entsetzen, Feindschaft, Gräuel, Grauen, Graus, Grausen, Hass, Schauder, Scheu, Unlust, Unneigung (Ungeneigtheit), (Unwille), Verdrossenheit, Widerstreben, Widerwille(n) ꝛc. s. Sanders Syn. 1, 598; II, 21 ff. und außerdem z. B.:

Abneigung, als Gegensatz zu Neigung (s. d., vgl. Hin=, Zuneigung), in so fern Dies das zu Etwas hinneigende Streben zu Etwas ꝛc. bezeichnet und besonders die geneigte, liebevolle wohlwollende Gesinnung gegen Jemand oder Etwas, zu dem man sich hinneigt, sich hingezogen fühlt, vgl. auch: Ein inneres, tiefes Abgeneigtsein. Gutzkow Ritter vom Geist 2, 402 ꝛc. Sie [die Spanier] haben diese rationelle Entwicklung nicht bloß dem abgesonderten Dasein auf ihrer Halbinsel zu danken . ., als vielmehr der gänzlichen Abgeneigtheit [vgl. Unlust ꝛc.], die Alten nachzuahmen. Platen 5, 7. Aus Hass [s. u.] nicht bin ich ihr entfremdet, | aus Abgeneigtheit oder aus Erkaltung. Rückert Makamen 2, 172. In der Hoffnung . . . dass die Abgeneigtheit, die seine Figur das Unglück habe mir einzuflößen, nicht unüberwindlich sein werde. Wieland 2, 73 [Don Sylvio V, 12. Kap.] ꝛc. Wofern ich nach drei Tagen, die er mir zur Bedenkzeit gebe, auf meiner Abneigung gegen ihn beharre. 77 [ebd.]. Agathon entschuldigte sich mit seiner Abneigung vor dem geschäftigen Leben. 6, 31 [Agathon III, 5. Kap.]. Wenn man die Vorsicht gebraucht, keiner Vorneigung oder Abneigung

Gehör zu geben, deren geheimen Grund man sich nicht recht
deutlich machen kann. 32, 269 [Gespräche unter vier Augen XII].
Alle dilettantischen Geburten in dieser Dichtungsart werden
nur die Neigung und Abneigung ihres Urhebers ausdrücken
Goethe 31, 434 [Über d. Dilettantismus]. Sie hatte in ihrem
Leben genug einsehen gelernt, wie hoch jede wahre Neigung zu
schätzen sei in einer Welt, wo Gleichgültigkeit und Abneigung
eigentlich recht zu Hause sind. 15, 33 [Wahlverw. I, Kap. 3].
Seine Liebe wie sein Haß waren imaginär Durch die ver=
kehrtesten Mittel suchte er [Lenz] seinen Neigungen und Ab=
neigungen Realität zu geben. 22, 186 [Wahrh. u. Dicht. XIV].
Der Verstand will sich nichts Unechtes aufbinden lassen und die
Vernunft verabscheuet es. Dieser natürliche Abscheu [s. u.] vor
dem Unechten und das Sonderungsvermögen sind nicht immer
beisammen Es [das Sonderungsvermögen] verwirft wohl
ohne Abneigung und nimmt auf ohne Liebe. Vielleicht ent=
steht dadurch eine der Absicht gemäße Gerechtigkeit. Wenn
Beides jedoch, Abscheu und Sonderungsgabe, zusammenträfe,
stünde die Kritik wohl auf der höchsten Stufe. 39, 89 [Gesch.
der Farbenl., 3. Abth.]. Die Abneigung vor Autorität wird
immer stärker. 129 [ebd., Schluß]. Sie hegten jene Ab=
neigung gegen Schwärmerei. 220 [ebd., 5. Abth., 1. Epoche].
Es ist kein Widerwille [s. u.], der erregt wird, aber es ist gar
kein Wille, keine Abneigung, aber Unneigung [das Nicht=
vorhandensein von Neigung, vgl. Gleichgültigkeit]. Goethe
an Zelter 221, vgl. (s. Sanders 2, 423a): Er behandelt mich trotz
seiner Ungeneigtheit gerecht. Seine Ungeneigtheit, mir
gefällig zu sein. Abneigung gegen das ihm Ungleichartige,
Zuneigung zu Dem, was seiner Natur ist. Herder Philos. 3, 262.
　　Abscheu und Ekel s. (wie gesagt) Sanders Syn. 1, 598;
2, 26; vgl. die Fremdwörter Aversion und Dégoût (s. Lafaye
1, 652 ff.]. — Nicht gegen den räudigen Hund kann man so viel
Ekel und Widerwillen zeigen, als sie mir offen bewies.
Tieck Victoria Accorombona 2, 265. Die man Anfangs als
Hirten verachtete und als Fremblinge mied, wurden jetzt als
Verpestete geflohen und verabscheuet. Zu der Furcht und dem
Widerwillen also, welche man in Ägypten von jeher gegen
sie gehegt, gesellte sich noch Ekel und eine tiefe zurückstoßende

Verachtung. Schiller 1014a (Sendung Moses'). Mein ent=
schiedner Widerwille gegen Alles, was nach Sophisterei schmeckte,
und gegen alle Spekulationen, die mir ins praktische Leben keinen
Einfluſs zu haben schienen ., hatte mich immer von subtilen
Nachforschungen über bloß intelligible Gegenstände entfernt.
Wieland 6, 304 [Agathon XVI, 3] ꝛc., als Bezeichnung der Em=
pfindung, wonach Einem Etwas zuwider (s. o.) ist, Sanders 3,
1607b; aber auch (s. ebd.): widerstrebende Unlust [s. u.] Dessen,
der Etwas wider seinen Willen, gezwungen und ungern thut,
z. B.: Wie beschämt gesteh' ich, daſs ich dir | mit stillem Wider=
willen diene, Göttin, | dir, meiner Retterin.   Goethe 13, 4
[Iphig. I, 1 = Wie schwer wird mir's, dir wider Willen
dienen, ewig reine Göttin.   34, 156, erster Entwurf].   Sie [die
Schmerzen] fassen meine Seele mit Gewalt, | doch tilgen sie den
Widerwillen nicht.   (Arkas): Fühlt eine schöne Seele Wider=
willen | für eine Wohlthat, die der Edle reicht?   13, 61 [IV, 2
= 34, 192].   Die protestantischen Einwohner Regensburg's, gleich
eifersüchtig auf ihren Glauben und ihre Reichsfreiheit, hatten
ihren Nacken mit Widerwillen unter das bairische Joch ge=
beugt.   Schiller 973b [Gesch. des 30jähr. Kriegs II, 4. Buch] ꝛc.;
ferner auch: gehässige Miſsstimmung, z. B.: Überall fand ich
eine Art von Abneigung [s. o.] gegen meine Bemühungen, die
sich, je gelehrter und kenntnisreicher die Männer waren, immer
mehr als unfreundlicher Widerwille zu äußern pflegte.   Goethe
39, 452 [Gesch. der Farbenl. V. Abth., 2. Epoche, Konfession].   Sie
[Iphigenie] fiel | ein blutig Opfer für der Griechen Heil. | Dies,
sagt man, hat ihr [Klytämnestra] einen Widerwillen [gegen
Agamemnon] so tief ins Herz geprägt, | daſs sie dem Werben
Ägysthens sich ergab und den Gemahl | mit Netzen des Ver=
derbens selbst umschlang.   13, 38 [Iphig. II, 2].   (Thoas:) So
geht! (Iphigenie:) Nicht so, mein König! Ohne Segen, | in
Widerwillen scheid' ich nicht von dir.   13, 88 [V, 6 = „in Un=
zufriedenheit.“   34, 209] und endlich auch zuweilen, das Gefühl
des Ungehaltenseins, der zürnenden Miſsstimmung, so: Aber der
Vater stand mit Widerwillen dagegen, | auf die Weinende
schauend, und sprach die verdrießlichen Worte.   5, 87 [Herm.
u. Doroth. IX, 188]; hier nahe sich berührend mit dem stärkern
Unwille(n), als Bezeichnung für das Gefühl des Aufgebracht=

feins 2c. (f. Sanders Syn. 1, 280 ff., auch finnverwandte Ausdrücke): Das Widerwillen Erregende ist Einem zuwider (f. o.), ver= drießlich, unangenehm; das Unwillen Erregende bringt Einen auf, außer sich, entrüstet ihn 2c.; umgekehrt findet sich auch in den andern Begriffsabschattungen von Widerwille(n) (f. o.) als ein im heutigen Gebrauch seltnerer Ausdruck Unwille(n), f. Sanders 3, 1607a, b, z. B.: Ein Jeglicher [gebe] nach seinem Willkör, nicht mit Unwillen oder aus Zwang; denn einen fröhlichen Geber hat Gott lieb. 2. Kor. 9, 7. Es [be]darf [bei der Ehe] noch großer Gnade ., daß [es] wohl gerathe, wenn es gleich . mit Luft und Liebe, freundlich angefangen wird, daß man nicht dürft, wider Gottes Recht und mit Unwillen unfreundlich anfahen Daß Eltern so thöricht sein mögen, ihre Kinder zu zwingen in ewigem Unwillen und Unluft. Luther 5, 252a 2c.; ferner von abgeneigt feindlicher Miß= stimmung, oft bei Älteren (f. a. a. O.) und noch: Daraus ent= stand nun bald Unwille, Hader und Streit; wir zogen vom Leder 2c. Goethe 19, 63 [Die neue Melusine].

Antipathie: eine natürliche, angeborne, auf bloßem Gefühl, nicht auf Gründen beruhende Abneigung, solcher Widerwille, z. B.: Wie es angeborene Antipathieen giebt, so wie gewisse Menschen die Katzen nicht leiden können, andern Dieses oder Jenes in der Seele zuwider ist, so war Merck ein Todfeind aller akademischen Bürger Seine Abneigung gegen die Studiosen war wirklich leidenschaftlicher, als es einem gesetzten Mann geziemte. Goethe 22, 129. Auch, wenn er da ist [Me= phisto], könnt' ich nimmer beten | und Das frißt mir ins Herz hinein, | Dir, Heinrich, muß es auch so sein. | „Du hast nun die Antipathie." 11, 153 [Fauft I, Marthens Garten]. Eine Antipathie gegen das weibliche Geschlecht. Wieland 17, 118 [Per. Proteus IX]. Feindseligkeiten, in welche die uralte Anti= pathie der Dorier und Jonier nur zu oft ausbricht. 22, 24 [Ariftipp, 4. Bd.] 2c.

Unluft (f. Sanders 2, 184c) bezeichnet — abgesehen von mehr mundartlichen oder veralteten Anwendungen — theils den unan= genehmen Zustand, wo man die Luft entbehrt und vermißt, vgl. später Miß= oder Unbehagen, Mißfallen, Mißvergnügen u. f. w., theils der hier behandelten Sinnverwandtschaft an=

gehörig, den Zuſtand, wo man keine Luſt zu Etwas hat, es nicht mag, ſich nur ungern und widerſtrebend dazu entſchließt: Mit Unluſt und Verdroſſenheit [ſ. u.] an die Arbeit gehen. Sie ſegnet der Prieſter am heiligen Ort. | Mit Luſt und mit Unluſt nun ziehet ſie fort: | ſie möchte vom Vater nicht ſcheiden. Goethe 1, 141 [Ballade vom vertriebenen Grafen, Str. 6] ꝛc. Nur mundartlich und veraltet, auch in dem ſtärkern Sinne von Widerwille, Ekel, ſ. Schmeller Baier. Wörterb. 2, 510 mit Be= legen, wie: Faul[e]s Obs [Obſt], welches einen böſen Geſtank und Unluſt macht. Den Miſt Jemanden zu Unluſt liegen laſſen ꝛc.

Verdroſſenheit (ſ. Sanders 1, 317a und Syn. 1, 597 ff.), das Verdroſſenſein, die Stimmung, in der man der für das zu Thuende der erforderlichen oder doch erwünſchten Freudigkeit ermangelt. Ich fühlte zum erſten Mal den Trieb, mir einen nöthigen, ſchicklichen Unterhalt zu erwerben, aus der Ver= droſſenheit, in der ich einen Tag nach dem andern kümmer= lich hingelebt hatte, mich herauszureißen. Goethe 9, 371 [Die Geſchwiſter]. Fünfhundert Schanzgräber arbeiteten ohne Unter= laſs an dieſem Werke und, um die Verdroſſenheit der Soldaten zu ermuntern, legte der Herzog ſelbſt Hand mit an. Schiller 869a [Belagerung von Antwerpen] ꝛc.

Das **Widerſtreben,** der hauptwörtliche Infinitiv des Zeit= worts — (ſ. Sanders 3, 1234b) = ein der auf Etwas geübten Wirk= ſamkeit entgegen geſetztes, ihr entgegen wirkendes Streben hervor= treten laſſen, — zeigt alſo nicht bloß eine Empfindung, Stimmung ꝛc., ſondern eine daraus hervorgehende Wirkung, thätige Äußerung: Man empfindet, hat ꝛc. (wogegen) Abneigung, Abſcheu, Ekel, Widerwillen, Unwillen, Antipathie, Unluſt, Verdroſſenheit, — aber man äußert, bekundet ꝛc. auch ein Widerſtreben dagegen ꝛc.: Zwiſchen allem Dem das liebenswürdige Kind, in ſich gekehrt, ohne Trutz, unwillig ohne Widerſtreben, geführt aber nicht geſchleppt. Goethe 18, 277 (Wanderj. II, 7). Serlo ... raubte ihr manchen Kuſs, deren jeden ſie ſich mit ernſtlichem Widerſtreben gar künſtlich abzwingen ließ. 17, 26 [Lehrj. V, 5] ꝛc.

Über die weitern einigermaßen hergehörigen Ausdrücke

Haſs und Feindſchaft ſ. Sanders Syn. 1, 362 (u. 394) und über die ſonſt noch in der Überſchrift genannten ebd. 2, 21.

Abnöth(ig)en, abzwingen, abdringen, abdrängen, abpreſſen, ablocken, abſtehlen, (ausſtehlen, ſtehlen), abgewinnen (angewinnen); aus= locken; auspreſſen, entpreſſen, erpreſſen; ent= zwingen, erzwingen; entlocken; herauslocken.

Der allgemeinſte Ausdruck iſt hier abgewinnen (ſ. d. oben beſonders mit Belegen, wie auch für abnöthigen und ab= zwingen, S. 3 ff.), ſo fern (ſ. Sanders 3, 1621 a—c) — abgeſehen von Wendungen, die außerhalb dieſer Sinnverwandtſchaft liegen — „einer Perſon oder Sache Etwas abgewinnen“ bezeichnet: von ihr mit Überwindung, Beſeitigung des Widerſtrebenden das Objekt gewinnen, dazu gelangen ꝛc., wofür früher auch das heute im Allgemeinen veraltete „Einem Etwas angewinnen“ galt, ſ. ungemein zahlreiche Belege a. a. O. Bei den übrigen Zuſammenſetzungen mit ab= tritt im Beſondern noch das Wie hervor, z. B.: Da Rouſſeau kein Mittel ſah, der Natur dieſe Veränderung abzugewinnen, ſo mußte er ſich entſchließen, ihr ſie abzunöthigen [ſ. u.]. Lessing 7, 43 ꝛc. Um nun den Ständen ihre Bewilligung abzugewinnen oder vielmehr ab= zuſtehlen [ſ. u.], bediente ſich die Regentin des Kunſtgriffs ꝛc. Schiller 824a [Abfall der Niederl.: Die Geuſen]. Meine Abſicht bei dieſem Verſuche iſt mehr als erreicht, wenn er einem andern [Theil des leſenden Publikums] das Geſtändnis ab= gewinnt [vgl. (ſ. u.) abnöthigt], daſs die Geſchichte von einer verwandten Kunſt Etwas borgen kann, ohne deſswegen nothwendig zum Roman zu werden. 774b [ebd., Vorrede, Schluſs] ꝛc.

(Einem) Etwas abnöthigen: es ihm durch Nöthigung [ſ. d.] abgewinnen (ſ. o. auch S. 3) oder abnehmen, ab= zwingen [ſ. u.]; ihn dazu nöthigen, treiben. Sanders 1, 449b, ſ.: nöthigen: in Umſtände verſetzen, ſo daſs man nicht anders kann als Etwas thun, es thun muſs, vgl.: zwingen: gewaltſam nöthigen. ebd. a, z. B.: Der Verſtand iſt hochmüthig und ein abgenöthigter Widerruf bringt ihn in Verzweiflung. Goethe 3, 287 [Sprüche in Proſa; über Naturwiſſ. II]. Die Er=

klärung   ., die du gezwungen   ausgestellt haſt   Daſs
er   eine Erklärung dir abgenöthigt und ſie auszuſtreuen,
weggegangen iſt. 9, 291 [Clavigo IV]. Leider ſind auch ſie |
gebunden und gedrängt. Sie wirken ſelten | aus freier Über=
zeugung. Sorge, Furcht | vor größerm Übel nöthiget Re=
genten | die nützlich ungerechten Thaten ab. 13, 304 5 [Natürl.
Tochter IV, 1]. Wenn gewöhnliche Menſchen, durch gemeine Ver=
legenheiten des Tages zu einem leidenſchaftlich ängſtlichen Be=
tragen aufgeregt, uns ein mitleidiges Lächeln abnöthigen.
15, 165 [Wahlverw. II, 3]. Ich weiß nicht, was mir die Ver=
wegenheit abnöthigte, ich weiß nicht, wie ich es wagen konnte.
16, 226 [Lehrj. II, 3]. Ich   bemühte mich mit einer   guten
Abſchrift [des Gedichts] und hoffte, meinem Lehrer doch auch
einigen Beifall abzunöthigen. 21, 105 [Wahrh. u. Dicht. VII].
Seit dem erſten Gnadenblick einer dem tyranniſchen Überwinder
abgenöthigten Gunſt. 33, 327 [Auswärtige Litter.] ꝛc. „Was
haben Sie beſchloſſen, zu thun, wenn er Ihnen Achtung ver=
weigert?“   Sie ihm abzunöthigen. Schiller 312b (Menſchen=
feind 4. Sc.]. Als ein großes Ballett ihm beinahe wider Willen
einen flüchtigen Blick abnöthigte. Wieland 9, 284 [Daniſchm.
41. Kap.] ꝛc. Ich laſſe mir keinen Frieden abpochen oder
abnöthigen. Zinkgräf Apophthegm. 2, 82, auch (veraltet): Ab=
genöthete Gegenwehr. 1, 323.

Jemand oder Etwas zwingt Einem Etwas ab: (ſ. o.,
S. 4): nimmt, erhält, gewinnt es mit zwingender Gewalt von
ihm, erzwingt [ſ. u.] es von ihm. Sanders 3, 1813a ff.,
z. B.: ſ. zu den S. 4 u. 5 ſchon mitgetheilten Belegſtellen ferner
noch: Was ſie [Natur] deinem Geiſt nicht offenbaren mag, | Das
zwingſt du ihr nicht ab mit Hebeln und mit Schrauben. Goethe
11, 30 [Fauſt I]. Die dunkeln, heftigen, unbeſtimmten An=
klänge [in meinen, der Schauſpielerin, Worten] rühren euch,
zwingen euch Bewunderung ab. 16, 335 [Lehrj. IV, 20].
Serlo   faßte ſie mit Heftigkeit und raubte ihr manchen Kuſs,
deren jeden ſie ſich mit ernſtlichem Widerſtreben gar künſtlich
abzwingen ließ. 17, 26 [V, 5]. Orpheus ſollte . endlich
gar dem Hades eine Verſtorbene wieder abzwingen. 30, 476.
[Zu Philoſtrat's Gemälden]. Wir können uns die Art von Ver=
ehrung, die das Unbedingte in der Erſcheinung immer ab=

zwingt nicht versagen; aber wohlthuend ist er uns so wenig als seine Genossen. 33, 309 [Volkslieder der Serben].

Ähnlich das seltnere: Einem Etwas entzwingen, dies von ihm heraus=, ihm abzwingen. Sanders 3, 1813b, wo die Vor= silbe ent=, (s. d., vgl. Sanders Progr. eines neuen Wörterb. 67) darauf hinweist, dass bei dem Abgewinnen durch zwingende Ge= walt ein noch stärkeres Widerstreben zu überwinden ist, z. B.: Der Ritter, dem der lang verhaltne Drang | zur Marter wird, dem jede bittre Zähre, | die seine Grausamkeit Amandens Aug' entzwang, | auf seinem Herzen brennt, er seufzt ꝛc. Wieland 20, 181 [Oberon VII, 12]. Die Ungebärden entzwingt mir | der Scherer, der mich zerzaust. Goethe 4, 36 [Westöstl. Divan, Buch der Liebe]. Hagedorn, der sanften Klang | zuerst dem rohen Spiel entzwang. Voss Gedichte 4, 155.

Ferner: Etwas erzwingen: Etwas durch Zwang oder mit zwingender Gewalt erreichen, erhalten, gewinnen. Sanders 3, 1813c, für die vorliegende Sinnverwandtschaft namentlich in der Verbindung: Etwas von Einem erzwingen, wobei doch immer noch mehr das durch Zwang Erreichte ins Auge gefasst ist, als — wie bei: „Einem Etwas ab= oder entzwingen" — der auf die im Dativ genannte Person ausgeübte Zwang, z. B.: Mit Thränen, Seufzen, Händeringen | dacht' ich das Ende jener Pest | vom Herrn des Himmels zu erzwingen. Goethe 11, 44 [Faust I, Vor dem Thor]. In der Hoffnung, nur noch eine zärt= liche Äußerung, eine Reue oder sonst irgend ein Zeichen der Liebe und Freundschaft von ihr zu erzwingen. 19, 247 [Unterhalt. deutscher Ausgew.] ꝛc. Selten mit dem Dativ (statt von): Zwar ist die Welt in den zärtlichen Augen des Weisen ein Anblick, | der ihm Thränen erzwingt. Wieland 26, 93 [Briefe von Verstorbenen, 7. Br.], wie umgekehrt (s. o.): Gelang es dem jungen Prinzen ..., von dem Herzog in einem Rausche von Freude seine [Tasso's] Freiheit abzuzwingen. Heinse in J. G. Jacobi's Iris I, 327, wo sprachüblich entweder das von zu streichen oder das Schlusswort in erzwingen zu ändern wäre.

Hieran schließt sich: Einem Etwas ab=, aus=, entpressen, es von ihm erpressen (s. Sanders 2, 588), wobei das Zwingende ein Pressen ist, d. i. eigentlich ein enges Umschließen mit

ſtarkem, andauerndem Druck, z. B.: Sie erklärte bei mehreren
Gelegenheiten laut, daſs die Verbundenen ihre Furcht gemiſs=
braucht und daſs sie sich durch einen Vertrag, den man ihr durch
Drohungen „abgepreſst" [„ausgepreſst". Ausg. in 12 Bdn.
(1860) 8, 271], nicht für gebunden halte. Schiller 840b [Abfall
der Niederl., 4. Buch: Bürgerl. Krieg (1566)]. Da floſſen ihre
Thränen; nicht das eigne Schickſal, | der fremde Jammer preſste
sie ihr ab. 440b [Mar. Stuart V, 1]. Der Tod. | preſste
diesen Augen heiße Thränen, | diesen Lippen tiefe Seufzer ab.
Karoline Rudolphi Neue Gedichte 127. Dieser unbillige Menſch
würde mir es [das Geld] mit Gewalt abgepreſst haben.
Rabener Satiren (1755) 3, 61. Hat man den Bürgern wohl ein
Mehres abgepreſst | als, was die Billigkeit zur Nothdurft reichen
läſst? Weichmann Poesie der Niederſachſen (1725) 1, 37. Wie
die Töne des Poſthorns ihn verwirrt und wie jetzt dieselben
Töne des Poſthorns ihm das Geſtändnis abpreſsten. Auer-
bach Gevattersmann S. 351. Die Angſt des Todes preſst | ihm
ein Geſtändnis aus. Schiller 304a [Don Karlos V, 8]. Beider
Namen weiß ich, | doch keine Marter preſst sie von mir aus.
598a [Turandot IV, 1]. Tortur, die ihr ohne Zweifel das Ge=
ſtändnis der Wahrheit ausgepreſst haben würde. Wieland
16, 62 [Per. Proteus, I. Abſchn.]. Sich durch irgend eine Marter
ein Geheimnis auspreſſen laſſen. Ders. Lucian 4, 369. Die
erſte Verſicherung von Gegenliebe, die Sie mir auspreſsten.
Lessing (Ster.) 2, 30 [Sara Sampſon II, 3]. Jede seiner Thränen,
die ich ihm auspreſste 49 [III, 3] ꝛc. — Das widerrufe! ſonſt
entpreſſen | wir bald dir einen andern Ton. Lenau Savonarola
223. Er dacht', ihm zu entpreſſen großen Schatz. Gries
Bojardo 3, 1, 30 ꝛc. — Durch die Drohung Geld von ihm zu
erpreſſen. Fichte 8, 41. Der Majeſtätsbrief, den die Stände
von diesem Kaiſer erpreſsten Im Majeſtätsbriefe, welchen
die Böhmen von Rudolf II. erpreſst hatten. Schiller 896a
[30jähr. Krieg I]. Wuth und Verzweiflung werden mir das
ſchwarze Geheimnis seiner Mordthaten erpreſſen. 197b [Kab.
u. Liebe III, 4] ꝛc.

Ferner (ſ. Sanders 1, 318a): Einem Etwas **abdringen**, z. B.:
Es war kein Großmuth, es war die Ehrfurcht, die ein muthiges
und beharrliches Volk den Siegern abgedrungen; es war die

Furcht, die ihnen ein trotziges und drohendes Volk aufgedrungen
[s. o.] Börne Franzosenfr. 81. Seine Höhlen … dringt er meist
den Dächsen ab. Brockes Jrd. Vergn. 9, 255. Sieh! jene feier=
liche Scene, | Freund, sie ist deines Herzens werth. | Sie drang
die wonnevollste Thräne, | die je mein Aug vergoß, mir ab.
Pfeffel Poet. Versuche 3, 157. Du hättest dich aus keinem andern
Grunde | der abgedrungnen Unterschrift geweigert? Schiller
356a [Piccol. V, 1]. Die Waare wird ihm abgedrungen.
Merck Br. 1, I, VIII ꝛc.; daneben (minder gewöhnlich, s. Sanders
1, 312b): Die Thräne, die ihr dem Auge des Unschuldigen ab=
drängt. Klinger 6, 312. Dieses alles drängt mir den Ent=
schluß ab. Goethe.

Eine andere Art des Abgewinnens liegt in den Ausdrücken:
Einem Etwas ab=, entlocken, es ihm (oder aus, von) ihm
aus= oder herauslocken, — in so fern locken (s. Sanders 2,
152b ff. u. Syn. I, 553) die Bedeutung hat: durch schmeichelnden
Reiz kommen machen oder es zu bewirken suchen, — also hier:
durch schmeichlerische Einwirkung Einem Etwas abgewinnen, es
von ihm erlangen, aus ihm herausbekommen ꝛc., z. B.: Was
unser Fleiß und unsre List und Klugheit | den Männern und den
Weibern abgelockt, | Das konnten wir mit frohem Muth ver=
zehren. Goethe 8, 25 [Claudine I]. So lockte man mir noch
am letzten Tage | mein einzig Eigenthum, mir mein Gedicht | mit
glatten Worten ab und hielt es fest. 13, 221/2 [Tasso V, 5].
Sie war so leidenschaftlich, so außer sich, daß sie mir ein herz=
liches Mitleid ablockte [hier unabsichtlich = abgewann]. 17,
243 [Lehrj. VII, 8]. Es soll mir Keiner von euch ein Vertrauen
ablocken; aber fordern will ich künftig von euch, befehlen will
ich. 19, 223 [Unterhalt. deutscher Ausgew.]. Dem Aas eines
faulenden Hundes versteht Nisami eine sittliche Betrachtung ab=
zulocken, die uns in Erstaunen setzt und erbaut. 4, 205 [Noten
zum westöstl. Div. XXII]. Daß jetzt die Großen anfangen, der
Gehirn= und Rückenmarksdörre ihres zerstörten welken Geistes
durch den türkischen Metallreiz des Opiums wenigstens die
Zuckungen eines momentanen Lebens abzulocken. Jean Paul
Fata . in Nürnberg (1798) 1, 67. Sie wußte mir auf ihre
eigene feine Art unvermerkt Fragen abzulocken, deren Beant=
wortung ihr Gelegenheit gab, sich in eine umständliche Er=

zählung . . . einzulassen. Wieland 17, 64 (Per. Proteus, VII. Ab=
schnitt). Sein [des Dichters] Geist, des Proteus Ebenbild, ist
tausendfach gelaunet, | er lockt der Sprache Zierden ab, dass
alle Welt erstaunet. Platen 4, 38 [Verhängn. Gabel, 2. Akt, Para=
base] ꝛc. Daneben (mundartlich): Mir mein Geheimnis abzu=
locken. Gotter Schauspiele (1795) 248, vgl.: Romanisten . . .,
die ein Sprichwort von uns . . . gemacht . . . Man soll den
deutschen Narren das Gold ablecfern, wie man kann. Luther
1, 264a; 420b ꝛc. — Ferner: Welche Klugheit hätte denn wohl
das schöne Bekenntnis | dieser Guten entlockt? Goethe 5, 88
[Herm. u. Doroth. IX, V. 209]. Die auf dem väterlichen Schoße
spielte | und Küsse gab und Küsse dir entlockte. Schiller 229b
[Iphig. in Aulis]. Das holde Frühjahr . . . entlockt' uns deinen
Namen, wie es den Bäumen die Blüthen entlockt. Hölderlin
Hyper. 234. [Die Erde] so schön nicht, | dass sie euch billig der
höhern Bestimmung der Geister entlockte. Wieland 26, 96
[Briefe v. Verstorb. VII]. Der Nebenbuhlerin . . ., | die ihr so
viel Verehrer entlockt. 8 [I]. Vom bethörenden Weine besieget, |
der ... | manches Wort auch entlockt, das mehr wohl frommte
verschwiegen. Voss Odyss. 14, 466 u. o. Ferner: Mann mit den
traurigen Worten! sprach Fingal, was suchst du mir Thränen
auszulocken? J. G. Jacobi's Iris 7, 568. Der munterste Jüng=
ling ... krönt den Dichter, der die boshafte Geschicklichkeit besitzt,
ihm Thränen auszulocken. Mendelssohn Philos. Schriften 1, 63
[8. Brief, Schluss]. Von unsern Wächtern | hab' ich bisher gar
Vieles ausgelockt. Goethe 13, 32 [Iphig. II, 1 = 34, 174]. Die
Sonne lockt der Blüthe Knospen aus. Gerh. Tersteegen (Wackernagel Deutsch. Lesebuch 2, 610¹⁰) ꝛc. Lockt ihm keine Wendung
des Gesprächs | heraus, warum er die Verwirrung angelegt?
Schlegel Hamlet III, 1. Alle diese Fertigkeiten, Kunsttriebe, Er=
fahrungen, alle diese Schöpfungen der Vernunft sind im Raume
von wenigen Jahrtausenden in dem Menschen eingepflanzt und
entwickelt worden; alle diese Wunder der Kunst, diese Riesen=
werke des Fleißes sind aus ihm herausgerufen worden. Was
weckte jene zum Leben? was lockte diese heraus? Schiller
1005a [Was heißt . . . Universalgesch.?].

Schließlich: Einem Etwas abstehlen (s. Sanders 3, 1197b),
es ihm durch — oder: wie durch — Diebstahl abgewinnen, ab=

nehmen ꝛc., wo — bei der Übertragung — theils der Begriff des Unrechtmäßigen, Unehrlichen ꝛc., theils aber auch nur der des Heimlichen, Unvermerkten, Gewandten beſonders hervortritt, z. B.: Der Arz(e)t iſt ein Dieb, | hat mir 5 Thaler abgeſtohl[e]n. Hans Sachs (Wackernagel Leſebuch 2, 89 [11]). Das an den Galgen geſchlagene, von dem Kaſtellan dem Galgen abge= ſtohlene... Bild. Börne 1, 346. Das Geheimnis habe ich nicht ausgeſchwatzt, ſondern es iſt mir abgeſtohlen worden. Lessing 12, 47. Sie meinen, daſs die Unterſchrift von neulich, | die ab= geſtohlne, ſie zu Nichts verpflichte. Schiller 370a [Wallenſt.'s Tod II, 5, ſ. o.: die abgedrungne] ꝛc. Den Ständen ihre Be= willigung abzugewinnen [ſ. o.] oder vielmehr abzuſtehlen. 824a [Abfall der Niederlande: Die Geuſen] ꝛc. Die Kunſt, den Schatten ihr [der Natur] nachahmend abzuſtehlen, | wies euch das Bild, das auf der Woge ſchwamm. 23b [Die Künſtler V. 127]. Blind für jede Schönheit, die der Maler der Natur abſtahl. Tieck 8, 272 ꝛc. Liebkoſungen, die ſein getäuſchter Sinn | nicht mir beſtimmt, ihm heimlich abzuſtehlen. Wieland 12, 310 [Idris u. Zenide V, 33]. Er glaubte, in dieſer Hebe Reize zu ſehen, welche man nur von der Natur abſtehlen könne. 6, 205 [Aga= thon XIV, 2] ꝛc. Den Schreiber, der jene nur allzutreuen Ge= mälde einer unſittlichen Welt abſtahl. Thümmel 7, 88 ꝛc. Einem das Herz und Vertrauen abſtehlen. Hebel 3, 340 ꝛc., vgl. hier auch bloß: Einem das Herz ſtehlen (wie: es ihm abgewinnen, vgl. Herzensdieb), z. B.: Ich will ihm Mutter ſein, ſein Lied ſtahl mir das Herz. Kinkel Gedichte 17. Mit einer herzſteh= lenden Anmuth. Wieland 19, 333 [Die Liebe ohne Leidenſch.] ꝛc. und minder gewöhnlich: Das Lorle todt? Und   ihr habt mir immer Grüße von ihr ausgerichtet und mir mein Herz aus= geſtohlen. Auerbach Nach 30 Jahren 1, 219 ꝛc.

Abpaſſen, ablauſchen, abwarten ꝛc. ſ. ablauern.
Abrahmen, abſahnen, entrahmen, entſahnen.

Über die zu Grunde liegenden Hauptwörter Rahm und Sahne, ſ. Sanders Syn. 1, 586 ff. und über die Vorſilben Ders. Programm 67b, wonach die Zuſammenſetzungen mit ab= mehr nur eine oberflächliche, die mit ent= eine innerliche vollſtändige Trennung ausdrücken. Abrahmen, abſahnen heißt eigentlich

nur: die auf der stehenden Milch sich oben ansetzende Fettigkeit
(den Rahm, die Sahne) abnehmen; beim Entrahmen, Ent=
sahnen kann man auch auf eine stärkere Absonderung und Aus=
scheidung des Fettes aus der Milch einwirken: Der allgemeinst
übliche Ausdruck ist abrahmen: Die Milch abrahmen. San=
ders 2, 634c mit vielen Belegen; auch z. B.: Eine abgerahmte
Milch oder, wie es in Schwaben heißt: eine abgenommene
Milch. Auerbach Gevattersmann 337 rc.; ferner z. B.: Da hatt'
ich im Milchschranke einen schönen Topf saure Milch … Görge …
rahmte mir den Topf ab und machte sich ein Frühstück zurecht.
Goethe 10, 145. In das Kübel | abzurahmen der zehn groß=
eutrigen Kühe Bescherung. Voss Gedichte 2, 35. Man fertigt über=
fetten Käse, wenn der fetten Milch noch Rahm zugesetzt wird,
fetten, wozu gute unabgerahmte Milch, halbfetten, wozu die
Milch halb abgerahmt, und magern Käse, wozu ganz abge=
rahmte Milch genommen wird. Brockhaus Konvers.=Lex. (12. Aufl.)
9, 29; 10, 411 rc.; aber auch z. B.: Die sogenannte Morgenmilch
war völlig abgesahnt, die Mittagsmilch zum Theil abgesahnt
und nur die Abendmilch war gute frische Vollmilch. National-
Ztg. 41, 595. Halbmilch: solche, welche durch Mischen von
voller Milch mit entsahnter Milch oder durch anderweites
Entrahmen ohne künstliche Mittel gewonnen wird. ebd. 40, 383.

**Abrathen, abreden, abmahnen; (entrathen), miß=
rathen, widerrathen, (abwiderrathen); aus=
reden; rathen, mahnen, ermahnen** (Etwas
nicht zu thun); **warnen** (Etwas zu thun oder es
nicht zu thun; davor), **verwarnen; stimmen**
(gegen Etwas).

Die unzusammengesetzten Wörter rathen, mahnen, stim=
men können in der hier zur Rede stehenden Sinnverwandtschaft
nur durch einen Zusatz treten, wie er in der Überschrift an=
gedeutet ist.

Von diesen Wörtern bezeichnet rathen — so weit es über=
haupt hierher gehört — (s. Sanders 2, 648b, Nr. 2): Einem einen
Rath geben, d. h. ihm in Betreff des von ihm unter den ob=
waltenden Verhältnissen zweckmäßigerweise zu Thuenden unsre
Ansicht und Meinung kund geben, ihm sagen, was er nach unserer

Ansicht und Meinung zu thun habe. In so fern es sich dabei darum handelt, eine für das zu Thuende vorgeschlagene Ansicht ab= oder zurückzuweisen, in so fern also sich der Rathende dagegen ausspricht und erklärt, heißt es nun: Ich rathe dir, es nicht zu thun (es zu unterlassen, davon abzulassen, abzustehen ꝛc.) oder: ich rathe es dir — oder: dir (vereinzelt auch: dich) davon — ab; ferner: ich missrathe, widerrathe es dir (veraltet auch: ich widerrathe es dir ab, ich entrathe es dir). Belege hierzu s. Sanders 2, 649—651a und z. B. (mit Übergehung des Veralteten): Er räth ihm ab, sich weiter mit dem Theater abzugeben. Lessing 11, 242 ꝛc.; auch mit nicht persönl. Subjekt: Heute kommt Etwas, das mir die Reise anräth, morgen ein Umstand, der sie abräth. Goethe 23, 257 [Ital. Reise 16. März 1787]. Ihn drängt zurathende Scham hier, | dort abrathende Liebe. Voss Ovid's Verwandl. 1, 50. Diese Gefühle rathen um so lauter, dringender von einer rechtswidrigen Handlung ab. Feuerbach Krit. Peinl. 3, 141 ꝛc.; mehr vereinzelt: Beide haben ihn [statt: ihm] davon abgerathen. Ernst v. Koburg 1, 375 ꝛc. — Sie missrieth mir, den Beiden das köstliche Kleinod zu geben. Goethe 5, 248 [Reineke X]. Hast du vergessen, was für Männer dir den Umgang, die Verbindung mit Marien missriethen. 9, 284 [Clavigo IV]. Palamed..., | der, boshaft angeklagt, weil er den Krieg missrathen, | sein Leben durch der Griechen Spruch verlor. Schiller 29b [Zerstör. Troja's, Str. 14]. Eben darum will ich selbst missrathen haben, dieses mein Schauspiel auf der Bühne zu wagen. 102b [Die Räuber, Vorr.] ꝛc. — Sie giebt mir Besseres als den schönsten Rath, sie widerrathet mir, was ich zu viel, zu rauh, was ich Unschickliches gesagt. Börne 2, 183 [Der Janustempel]. Sie fürchtete ., daß ich ihr auf alle mögliche Weise die Verbindung mit einem Manne, der ihr nicht hätte gefallen sollen, widerrathen würde. Goethe 17, 128 [Lehrj. VI]. Da man uns diese Reise doch vergebens widerräth. Simrock Nibelungen, Str. 348d ꝛc.

An **abrathen** zunächst schließt sich **abreden** (s. Sanders 2, 687b), im Gegensatz zu **zureden**: Einem Etwas — oder: ihn davon — abreden = ihn durch Reden davon abbringen oder abzubringen suchen, z. B.: Ich will (dir) nicht zu= und nicht abreden. Den König Milan von seinen Scheidungsabsichten

abzureden   Man rieth ihm von der formellen Scheidung
ab [ſ. o.] National-Ztg. 41, 396 ꝛc., vgl. auch (ſ. Sanders 2, 688a)
das allgemeinere: Einem Etwas ausreden = aus dem Sinn
reden (Gegenſatz: einreden), hier in die Sinnverwandtſchaft
eintretend, ſo weit es ſich um etwas Auszuführendes, einen ge=
faſsten Vorſatz ꝛc. handelt, z. B.: Bis dahin will ich mein ſein
und, hätteſt du tauſend Zungen, du ſollteſt mir meinen Vorſatz
nicht ausreden. Goethe 16, 2 [Lehrj. I, 1]. Es gelang ihm . . .,
mir das neue Projekt, worauf ſich meine Phantaſie geworfen hatte,
gänzlich auszureden. Wieland 17, 91 [Peregr. Proteus VIII] ꝛc.

Das einfache **mahnen** (ſ. o., vgl. Sanders 2, 207b ff.) —,
ähnlich wie das zuſammengeſetzte ermahnen — bedeutet: lebhaft
und eindringlich an Etwas, das man thun ſoll, zu thun ver=
pflichtet iſt, erinnern, — hier in Verbindung wie: Jemand
mahnen, ermahnen, Etwas nicht zu thun, (es zu unter=
laſſen ꝛc.) und in der Zuſammenſetzung: ihn abmahnen, durch
Mahnungen, Ermahnungen, Erinnerungen davon abzuhalten
ſuchen: Du würdeſt wohl thun, deinen Schwager von ſeinem
rebelliſchen Vorhaben abzumahnen. Goethe 9, 103 [Berli=
chingen IV]. Die Jeremiaden, mit denen uns Gellert in ſeinem
Praktikum von der Poeſie abzumahnen pflegte. 21, 49 [Wahrh.
u. Dicht. VI]. Er hatte mich wiederholt vom Kartenſpiel ab=
gemahnt   Indem ſie die Abmahnung meines Vaters nur
von dem Miſsbrauch erklärte. 161 [VIII]. Sie [die drei Könige]
werden im Traum von der Rückreiſe zu Herodes abgemahnt.
32, 264. Wohl hab' ich mein Bedenken ihm geäußert, | hab
bringend, hab mit Ernſt ihn abgemahnt. Schiller 357b
[Piccol. V, 1].

Jemand **warnen** (ſ. Sanders 3, 1486a ff.): ſeine Aufmerk=
ſamkeit auf Etwas lenken, in ſo fern er ſich in Acht zu nehmen,
vor Schaden zu hüten hat, z. B.: vor einer Perſon oder Sache
— und mit abhängigen Sätzen, theils ohne Verneinung, theils —
gemäß der Sinnverwandtſchaft mit rathen (ſ. o.) — mit der
allerdings überſchüſſigen und entbehrlichen Verneinung, z. B.:
Die, wenn ich ſinnend mich dem Böſen hingegeben, | einzig mich
ſtrafen kann und einzig mir vergeben, | die treu mich warnet
vor und tröſtet nach dem Fall. Freiligrath Sämmtl. Werke 5,
350. Sachſen und Baiern, wo er Rath verlangt hatte, alle

seine Mitkurfürsten   warnten ihn vor dem Abgrunde, in den er sich stürzte. Schiller 901b [30jähr. Krieg, I. Buch]. Doch warn' ich dich, dem Glück zu trauen. 57a [Ring des Polykr., Str. 5, vgl.: doch rath ich warnend dir, dem Glück nicht zu trauen]. Als Habert einhergesprengt kam und sie warnte [vgl.: ihnen warnend rieth], ja nicht in Corney zu übernachten. 1091a [Vieilleville]. Doch von geheimer Furcht gewarnt, dass [vgl. damit] nicht | der Bruder hinterlistig mich erwürge [vgl.: dass der Bruder mich hinterlistig erwürgen könnte], | hab' ich die Straßen mit entblößtem Schwert | durchzogen. 239a [Eurip., Phönicierinnen] 2c. Doch, auch indem ich Dieses niederschreibe, schon warnt [vgl. mahnt] mich Was, dass ich dabei nicht bleibe. Goethe 11, 52 [Fauft I, Studierzimmer]. Die Sorge nenn' ich edel, die mich warnt [vgl. mahnt], | den König, der mein zweiter Vater ward, | nicht tückisch zu betrügen, zu berauben. 13, 67 [Jphig. IV, 4]. Mignon sah Beide an, als wenn sie warnen wollte, sich nicht zu verrathen [vgl.: davor warnen wollte, sich zu verrathen]. 17, 251 [Lehrj. VII]. Ernstlich warnte der Bote, sich nicht [vgl.: warnte der Bote (davor), sich] hinein zu verlieren. 18, 45 [Wanderj. I, 4]. Ob er gleich von Einigen gewarnt war, dass er meinem Bruder Nichts sagen solle [vgl.: (davor) gewarnt war, dass er meinem Bruder Etwas sage — oder: ihm Etwas zu sagen]. 28, 107 [Cellini I, 10]. Er versicherte seinen Kameraden, der Hahn sei bezaubert, und warnte sie, ja Nichts mit ihm zu thun zu haben. Wieland 29, 187 [Über Rousseau's „Ursprüngl. Zustand" IX]. Schon Jördens hat gewarnt, diesen Frankfurter Rechtsgelehrten, nicht mit . dem Rechtsgelehrten aus Straßburg zu verwechseln. 35, 177 [Vermischte Schriften: Fihard]. Wir hätten dich schon längst gewarnt, dich nicht mit einem Eisblock einzulassen. Paul Heyse Neue Novellen 6, 163. Ein Weib, das mich vielleicht gewarnt haben würde, gewissen Veilchenaugen nicht zu trauen. Ders. Im Paradies 2, 28. Ich konnte dagegen nur warnen, dass man sich nicht zu sicher auf Österreich verlassen möge. Ernst v. Koburg 2, 381 u. A. m.

    Daran sich anschließend, auch zuweilen die Zusammensetzung verwarnen = suchen, unter Hinweis auf die drohenden Folgen eines Thuns, Jemand eindringend mahnend, dazu zu bewegen,

daß er es nicht thue; davon ablasse: Einen vor dem Meineid
verwarnen ꝛc. Wenn Hinze der Kater, den ich mit Ehren
empfangen, | nach Vermögen bewirthet, sich nicht vom Stehlen
enthalten, | in die Wohnung des Pfaffen, so sehr ich ihn treulich
verwarnte, | sich bei Nacht geschlichen und dort was Übels er-
fahren: | hab' ich Strafe verdient, weil jener thöricht gehandelt?
Goethe 5, 165 [Reineke IV, V. 43] ꝛc. Man hatte ihn nur ver-
warnt, das römische Gebiet bei Todesstrafe niemals [vgl.
jemals] wieder zu betreten. Tieck Victoria Accorombona 2, 123.

Das schließlich in der Überschrift noch genannte stimmen,
das mit dem Zusatz: „gegen (oder wider) Etwas" einigermaßen
in diese Sinnverwandtschaft tritt, hat hier (s. Sanders 3, 1218b
Nr. 4 u. 1219a Nr. 4) im Allgemeinen die Bedeutung: votieren,
sein Votum d. h. bei Berathungen, Beschlüssen ꝛc. seine Stimme
als den Ausspruch, wofür man sich entscheidet, abgeben, s.: Die
Oberstatthalterin . . . läßt neue Sitzungen halten, hört dafür und
dawider stimmen und tritt zuletzt immer derjenigen Meinung
bei, die für sie die allermißlichste ist. Schiller 816a [Abfall der
Niederl., II. Buch: Geschärfte Religionsedikte ꝛc.] und so z. B.
auch: In dem Familienrath stimmten alle jüngern Mitglieder
für den Verkauf des Gutes: so verlockend erschien ihnen der ge-
botene Preis; nur der alte Graf stimmte dagegen und wider-
rieth den Verkauf. Ich muß, sagte er, nicht bloß, weil mein
Herz an dem alten Besitzthum unserer Ahnen hängt, von dem
Verkauf abreden und abrathen, sondern auch, wenn ich mit
euch bloß auf den Geldeswerth sehe, dringend davon abmahnen,
weil das Gut, wenn es — wie vorauszusehen — in einer nicht
fernen Zukunft von der Eisenbahn berührt wird, den dreifachen
und vierfachen Werth bekommen wird, u. Ä. m.

**Abrede, abreden, Abredung, verabreden, Ver-
abredung; bereden, Beredung; unterreden,
Unterredung; ausreden; durchreden; absprechen, Absprache; besprechen, Besprechung;
Rücksprache; durchsprechen, Durchsprechung;
fest setzen, fest stellen, Festsetzung, Feststellung;
bestimmen, Bestimmung; bedingen, ausbedingen, einbedingen, Bedingung (Geding);**

übereinkommen, das Übereinkommen, (ab=
kommen), Abkommen, Übereinkunft, Ab=
kunft, Übereinkommnis, Abkommnis, (Ver=
kommnis); Vertrag; Kontrakt; stipulieren,
Stipulation; Konvention; Kompromiſs;
Pakt; Accord; abmachen, Abmachung.

Abrede (ſ. Sanders 2, 684a) iſt hier „ein durch gemeinſchaft=
liche Beſprechung und Berathung feſtgeſtellter Beſchluſs", z. B.:
Gemeiniglich führen dergleichen Innungsabſchiede den Namen
von Sprachen und Abreden. Möser Osnabr. Geſchichte 1, 20.
Marinelli: Während des Handgemenges, in das beide Theile
zum Scheine gerathen, ſoll mein Bedienter Emilien ergreifen, als
ob er ſie retten wolle, und durch den Thiergarten in das Schloſs
bringen. So iſt die Abrede. Lessing Ster. 2, 313 [Emilia
Galotti III, 1]. Orſina: Appiani iſt todt. Odoardo: Todt? todt?
— Ha, Frau, Das iſt wider die Abrede. Sie wollten mich um
den Verſtand bringen: und Sie brechen mir das Herz. 344 [IV, 1].
Die Sache ſah einer Abrede zu ähnlich, um für einen Zufall
gehalten zu werden. Wieland 6, 228 [Agathon XIV, 5]. Mit
dem Gevatter Maurer, mit dem Vetter Zimmermann iſt ſchon
Abrede [wegen des Baues] genommen worden. Goethe 6, 321
[Was wir bringen. 3. Auftr.]. Er tadelte bitter Charlotten und
den Hauptmann, daſs ſie bei dem Geſchäft gegen die erſte Ab=
rede handelten, und doch hatte er in die zweite Abrede ge=
willigt. Goethe 15, 111 [Wahlverw. I, 13]. Eduard ordnete
Alles und nahm Abrede mit dem Kammerdiener, der die
Luſterſcheinungen zu beſorgen hatte. 119 [I, 15]. Erſter Jäger:
Kommt, laſst uns Alle für Einen ſtehn! | Zweiter Jäger: Ja,
laſst uns Abrede nehmen! hört. Schiller 329b [Wallenſt.'s Lager
11. Auftr.]; 521a [Tell I, 3] ꝛc.

Dazu (ſ. Sanders 2, 687): abreden = eine Abrede über
Etwas treffen: Ein abgeredetes Spiel; abgeredete Karte,
Sache; abgeredetermaßen ꝛc. Ritter: Die Geiſterscene? Nichte:
War Betrug. Ritter: Die Erſcheinungen? Nichte: Abgeredet.
Goethe 10, 78 [Großkophta IV, 6]. Haſt du dem Könige das
kluge Wort | vermelden laſſen, das wir abgeredet? 13, 64
[Iphigenie IV, 4 = 34, 194]. Wir halten ſein wunderliches Be=

tragen für abgeredet mit dem Oheim. 18, 79 [Wanderj. I, 6].
Marinelli: Sie waren so glücklich, sie noch in der Kirche zu
sprechen. Was haben Sie mit ihr abgeredet? Lessing 2, 312
[Em. Galotti III, 1]. Sie schienen es abgeredet zu haben, mich
durch ausschweifende Lobsprüche in Verlegenheit zu setzen. Wieland
2, 64 [Don Sylvio V, 12]. Die feierlichen [Handlungen], wozu
man sich ordentlicherweise in eine gewisse mit sich selbst
abgeredete Verfassung zu setzen pflegt. 4, 159 [Agathon IV, 7].
Nach einem gemeinschaftlich abgeredeten Plane. 5, 83 [VIII, 2].
Alle Maßregeln, wie sie sich gegen ihn betragen sollte, wurden
in dem Kabinett der Königin abgeredet. 6, 74 [XII, 5]. Königin:
Ich wünschte doch zu wissen, Herzog Alba, | was Ihres Königs
Frau mit Ihnen | oder mit Ihnen, Priester, abzureden hätte,
das ihr Gemahl nicht wissen darf? Schiller 291a [Don Karlos
IV, 14] 2c. — Dazu auch das Hauptwort: Unter Ihren Augen
werden von unsern Ältesten alle Händel beigelegt und alle ge-
meinschaftlichen Abredungen genommen. Wieland 7, 79 [Goldn.
Spiegel V]. Damit so weniger der Verdacht der Abredung,
der eine gar zu sichtliche Übereinstimmung erwecken würde, auf
sie fallen könnte. Lessing 10, 53 [Duplik II], wofür allgemein
üblicher Verabredung gilt, wie es denn auch bei Lessing
wenige Zeilen weiter heißt: Nun da ist sie ja wieder, die voll-
kommene Übereinstimmung, die der heilige Geist vermeiden wollte,
weil sie so sehr nach Verabredung schmeckt. Der ganze Unterschied
wäre ja nur, daß die Evangelisten in diesem Falle ihre Verabredung meisterlich zu verstecken gewußt 2c. und so z. B. auch:
Zeichen der Verabredung durch die Art des Gebrauches beinahe in natürliche und an sich bedeutende Zeichen umzuschaffen.
Wilh. Schlegel in den Horen (1795) 11, 88. Weitere Einzel-
verabredungen. Reichspost (1879) S. 60 2c. Seitdem war's
nicht Verabredung, aber schweigendes, stilles Übereinkommen [s. u.]. L. Mühlbach im Bazar 18, 162a 2c., vgl. das
Zeitwort verabreden, nicht bloß (wie abreden) zielend, z. B.:
Wie kein vernünftiger Mensch mit seinen Freunden eine zweite,
dritte Zusammenkunft verabredet und anberaumt, ohne zu
wissen, wann und wo die erste geschehen soll. Lessing 10, 114
[Duplik, 9. Widerspr.]. Willkürlich verabredete Zeichen. Engel
4, 300. Auch sollen sie im Tod ihm gleich voran. | Verabredt

ift ſchon Alles. Schiller 391a [Wallenſt.'s Tod IV, 6] u. o.,
ſondern auch rückbezüglich (wie abreden nicht üblich iſt): Sich
mit Jemand verabreden —, Etwas (gemeinſam) zu thun, —
ſich irgend wo zu treffen ꝛc.

Daran ſchließt ſich — freilich in allgemeinerem Sinne —:
Etwas bereden, ſich (mit Jemand) darüber bereden = darüber
reden: es zum Gegenſtande der Unterredung [ſ. u.] machen, z. B.:
Was man nun auch in ſolchen Zuſtänden beſprechen [ſ. u.]
mochte, ſo war doch nicht zu unterlaſſen, das hundertmal Be=
ſprochene, die Vorzüge dieſes Himmels, dieſes Waſſers, dieſer
Erde, unter dem Einfluſs einer gewaltigen Sonne, eines milderen
Mondes nochmals zu bereden. Goethe 18, 291 [Wanderj. II, 7] ꝛc.
Nur, in ſo fern es ſich dabei um zu faſſende Beſchlüſſe, Feſt=
ſtellungen, Abmachungen ꝛc. handelt, tritt bereden hier in die
zu beſprechende Sinnverwandtſchaft, z. B.: Einen Plan, Beſchluſs,
die zu ergreifenden Maßregeln ꝛc. mit Jemand — bereden oder:
ſich mit ihm darüber bereden: Beſchließet einen Rath und werde
Nichts daraus! Beredet euch und es beſtehe nicht! Jeſaj. 8, 10
= Faſſet Anſchlag, er wird geſtört; verabredet Reden, es
kommt nicht zu Stande. Zunz, ebd. Sie beredeten ſich
mit einander, was ſie ihm thun wollten. Luk. 6, 11 = Sie be=
ſprachen [ſ. u.] ſich unter einander, was doch wider Jeſum zu
machen ſei. van Ess ebd. Anſtatt ſich mit ihm über die nöthigen
Maßregeln zu bereden. Schiller 770b [Über Don Karlos, 10. Br.]
Wie man den Feind befehdet, | das große Freiheitswerk, | be=
ſchloſſen und beredet | ward es in Königsberg. Max Schenken=
dorff Die deutſchen Städte, Str. 27 ꝛc. Die Freude war dem
Erſtaunen gleich, an Beredung und Berathung war nicht zu
denken. Goethe 22, 409 [Wahrh. u. Dicht. XX].

Noch allgemeiner in Bezug auf die Gegenſtände, worüber
man redet oder redend ſich in gegenſeitiger Mittheilung ergeht,
iſt die Zuſammenſetzung: ſich mit Jemand unterreden (von,
über Etwas) ꝛc., vgl. z. B. auch: ſich unterhalten: „Du haſt dich
ja ſo lange und lebhaft mit deinem künftigen Schwiegervater
unterredet. Was habt ihr denn über die Mitgift deiner Braut
mit einander abgeredet?" Nichts; als ich in unſerer Unter=
redung dieſen Punkt berührte, lenkte er in ſeiner Unterhaltung
gleich davon ab, kam vom Hundertſten aufs Tauſendſte und ſo

ist es denn zu einer Verabredung über alles die Hochzeit Be=
treffende und ganz besonders zu einer Abrede und Feststellung
über die Mitgift gar nicht gekommen ꝛc. „Glücklich, wer den
Fehlschluß von seinen Wünschen auf seine Kräfte bald gewahr
wird." Werner widersprach; die Unterredung ward lebhaft ꝛc.
Goethe 16, 91 [Lehrj. II, 2]. Man denke sich Wilhelm's Zustand,
als er von dieser Unterredung nach Hause kam. 132 [II, 8].

Andere Zusammensetzungen von reden, die in seltnerer An=
wendung in die vorliegende Sinnverwandtschaft einschlagen, z. B.:
Er kommt von Rom und holt mich ab. Wir haben | viel aus=
zureden, abzuthun [s. d.], Entschlüsse sind zu fassen ꝛc. Goethe
13, 106 [Tasso I, 2] = ausführlich besprechen ꝛc.; ähnlich: Nach=
her hab' ich Verschiednes durchgeredet und untersucht. Ders.
an Frau v. Stein 1, 334 = allseitig besprochen ꝛc.

Den Zusammensetzungen von reden mit den zugehörigen
Hauptwörtern schließen sich einige von sprechen nebst zugehö=
rigen Hauptwörtern an (s. Sanders 3, 1147 ff.), so namentlich:
Bei dieser Gelegenheit wollen wir's mit einander absprechen,
was wir denn eigentlich für eine Reise machen wollen. Claudius
4, 16. So war es abgesprochen in aller Heimlichkeit. Simrock
Die Basler Uhr ꝛc. Absprache nehmen mit Einem. Keller
Grün. Heinr. 4, 156; Immermann Münchh. 4, 52. Absprache
über Etwas. Otto Müller Stadtschulze von Frankf. 1, 174 ꝛc.
Ferner: Etwas besprechen, allgemein = darüber sprechen; im
Besondern aber auch: Am 29. August sollte ich zu einem schon
besprochenen Gastmahl auf den Posthof eingeladen werden.
Goethe 27, 354 [Annalen 1819]. Dahin mag Jeder zehn ver=
traute Männer | mitbringen, die herzeinig sind mit uns. | So
können wir gemeinsam das Gemeine | besprechen und mit Gott
es frisch beschließen. Schiller 524b [Tell I, 4] ꝛc. Da besprach
sich Festus mit dem Rath. Apostelgesch. 25, 12 ꝛc. Alsobald
fuhr ich zu und besprach mich nicht darüber mit Fleisch und
Blut. Galat. 1, 16 [Ging ich nicht mit Fleisch und Blut zu
Rathe. van Ess ebd.] So besprachen sich die Abassiden.
Platen 4, 280 [Abass. I, V. 157]. Zu hören, wie in seinem Ka=
binette | der arme Mann sich mit sich selbst besprach. Wieland
10, 96 [Kombabus]. Erkiesen Sie Zwei oder Drei aus Ihrem
Mittel, mit denen ich mich diesen Abend auf meinem Garten=

hause näher von der Sache besprechen kann. 14, 151 [Abber.
V, 4] ꝛc. Gleich das erste Besprechen des Prinzen mit den
Häuptern der verschiedenen Religionsparteien, die er einzeln zu
sich kommen ließ und befragte, belehrte ihn ꝛc. Schiller 828 a
[Abfall der Niederl. III: Öffentl. Predigten] ꝛc. Ein Briefchen...,
worin mir Psyche meldete, daß ich sie in der folgenden Nacht
unfehlbar an diesem Platze antreffen würde; sie verspare es auf
diese Besprechung, mir zu sagen, durch was für Zufälle sie...
verhindert worden, mich zu sehen. Wieland 5, 49 [Agathon VII, 8].
Eine Vorbesprechung über die Wahlen. Volks-Ztg. 11, 216
u. Ä. m. — Rücksprache: eine auf einen danach zu fassenden
Entschluß rückwirkende Besprechung: Vor der festen Verab=
redung der Zahlungsfrist muß ich erst mit meinem Kassen=
verwalter Rücksprache nehmen ꝛc. Nachdem er selbst darin
geforscht und mit mir darüber Rücksprache genommen. Men=
delssohn Gesamm. Schr. 7, XXIII. Auch pflegte er mit Nie=
manden über die abzufassende Formel die geringste Rücksprache.
Lessing 8, 410 ꝛc. — Ferner auch: Während ihres letzten Aufent=
halts bei Charlotten hatte sie mit dieser Alles umständlich
durchgesprochen, was sich auf Eduarden und Ottilien bezog.
Goethe 15, 216 [Wahlverw. II, 7]. Daß man einen Vorsatz nicht
sicherer abstumpfen kann, als wenn man ihn öfters durchspricht.
13 [I, 2]. Nachdem viele Angelegenheiten des Tages durchge=
sprochen waren. 22, 122 [Wahrh. u. Dicht. XII]; 239; 353.
Obgleich diese Angelegenheit in Deutschland lang genug durch=
gesprochen und durchgefochten worden. 33, 225 [Graf Car=
magnola]; 259. Da die Sache so tausendmal durchgesprochen
und durchgestritten worden. 39, 252 [Geschichte der Farbenl.,
V. Abth., 1. Epoche: Gegner Newton's] ꝛc., auch (seltner) als
untrennbare Zusammensetzung: Die Fragen mit Louis Napoleon
zu durchsprechen. Ernst v. Koburg 2, 277. Ich durchsprach
viele philosophische Fragen. Wolfg. Menzel Denkw. 123; Falk
Goethe 36. Wir durchsprachen die Gegenstände des Tages.
Varnhagen v. Ense Tageb. 6, 116 ꝛc. Durchsprechung 1, 357.

Bei den nun folgenden sinnverwandten Ausdrücken wird
nicht mehr auf das Reden und Sprechen der unter einander
Etwas Ausmachenden gesehen, sondern nur auf das Abschließende,
für sie Geltende und Bindende des Ausgemachten.

Das *fest* in *fest setzen*, *fest stellen* 2c. bezieht sich hier auf
das (von den Unterhandelnden) in dem Ausgemachten als sicher,
unerschütterlich und unumstößlich Anerkannte, z. B.: Der Preis
ist von den beeidigten Sachverständigen auf 100 Thaler fest gesetzt oder fest gestellt und von dieser Festsetzung oder Feststellung kann Nichts abgelassen werden. Nach Feststellung
des Heirathsgutes. Musäus Physiogn. Reisen 2, 174 2c. That-
sachen werden durch eine Untersuchung *fest gestellt*, nicht *fest
gesetzt*, z. B.: Als Todesursache wurde von den Ärzten ein
Schlagfluß fest gestellt 2c. Wir finden 1666 Newton mit
prismatischen Versuchen beschäftigt, wobei er seine Farben-
theorie *fest setzt*. Goethe 39, 236 [Gesch. der Farbenl., V. Abtheil.,
1. Epoche].

Bestimmen (s. Sanders 3, 1219) hier = entschieden fest stellen,
namentlich auch von Anordnungen, Verfügungen, die über Etwas
getroffen sind, — auch hier allgemein, ohne Bezug auf voran-
gegangne Unterhandlungen; z. B.: Gott, das Schicksal hat es
einmal so *bestimmt* 2c.; aber natürlich z. B. auch: Es bleibt
bei Dem, was wir bei unserer Verabredung (fest gesetzt
und) *bestimmt* haben, bei den (Festsetzungen und) Bestimmungen unserer Abrede 2c.

Bedingen bezeichnet hier (s. Sanders 1, 300b): das zu Lei-
stende durch bindende Besprechung, Kontrakt, Accord 2c. fest setzen,
ausmachen, vgl. — verstärkt — (sich) Etwas *ausbedingen*,
als etwas noch besonders und ausdrücklich Zugestandnes und
Vorbehaltnes — und ferner: Etwas *einbedingen*, als etwas
in das Festgesetzte mit Eingeschloßnes, z. B.: Er *bedingte* sich
noch ein Unterhändlergeld. Auerbach Dorfgesch. 1, 152. Da
nun dieses Unternehmen groß und kühn war, so wußten sie sich
zugleich von der Landesherrschaft viele Vortheile zu *bedingen*.
Goethe 40, 211 2 [Ausflug nach Zinnwalde]. Er tritt bei seinen
Lebzeiten die Güter uns und unsern Kindern ab; das Jahr-
gehalt, das er sich *ausbedingt*, ist freilich stark. 18, 202 [Der
Mann von 50 Jahren]. Ich kann hierzu einen mir bekannten
Feldchirurgus vorschlagen, der jetzt um leidliche *Bedingung* zu
haben ist. 15, 35 [Wahlverw. I, 4]. Ein Kaufmann war's, dem
Magierkönig | wenig hold, weil für die Waaren dieser | über-
mäßigen Zoll *bedungen* hatte. Platen 4, 297 [Abass. II, B. 289].

Ich habe eine Villa gemiethet Küchengeräth, Tischzeug und eine Barke mit zwei Rudern ist einbedungen. 7, 125 [Brief vom 13. Juni 1828]. Verdungen hatte ich mich um Lohn, den ich bedang. Rückert Makam. 2, 189. Denn so bedangen wir: dort wieder zu erscheinen. Ders. Rostem und Suhrab 92b ꝛc. Der König bekommt, was er sich ausbedung. Herder Relig. 7, 63. Der Friede hatte doch einigermaßen auch für den Unterthan gesorgt, indem er ihm das Recht ausbedung, das Land, in welchem seine Religion unterdrückt war, unangefochten zu verlassen. Schiller 883b [30jähr. Krieg, I. Buch]. Es ward beschlossen, den Geist des Verstorbenen zu citieren, wobei ich mir nur 14 Tage ausbedingte. 728b [Geisterseher]. S. ferner später (unter eignem Titelkopf): Beding, Bedingnis, Bedingung, Geding ꝛc.

Übereinkommen (s. Sanders 1, 978c; Ders. Zeitschr. I, 16 ff.) bezeichnet hier: Etwas mit Jemand, — sich darüber mit ihm verständigend — vereinbaren, z. B.: [So] kamen sie zu einer Vorausbezahlung von 500 Thalern überein. Gutzkow Ritter vom Geist 4, 331. Sie sind übereingekommen, Das zu thun ꝛc. Dazu: ein Übereinkommen, ein(e) Übereinkommnis (siehe Sanders 1, 981a mit Belegen), eine Übereinkunft (ebd. 1053b mit Belegen), vgl. — mit dem hinzutretenden Begriff, daß durch das Übereinkommen früher vorhandene Differenzen oder Streitpunkte zum Abschluß gebracht, abgethan [s. abmachen ꝛc.], beseitigt und ausgeglichen sind — ein Abkommen, ein(e) Abkommnis, eine Abkunft, s. hierüber Sanders 1, 975b, Nr. 7: (veraltet) Mit Einem abkommen, gewöhnlich: ein Abkommen mit ihm treffen ꝛc. und Ders. Syn. I, 70 — auch die Belege —, wozu dann auch noch das schweizerische Verkommnis (= Übereinkommnis, Vertrag) tritt, z. B.: Sollte in dieser Beziehung nach Verlauf von etwa acht Tagen nicht Alles dem Abkommen gemäß geregelt sein. National-Ztg. 42, 325. Die Abkommen. 34, 538. Frankreich sucht kein Sonder-Abkommen mit Rußland. 41, 7 ꝛc. Da sie [die Franzosen] aber fanden, wie schwer, ja wie unmöglich öfters Dieses sei, so trafen sie mit den tyrannischen Regeln [der drei dramatischen Einheiten], welchen sie ihren völligen Gehorsam aufzukündigen nicht Muth genug hatten, ein Abkommen. Lessing Dramat., 46. Stück, vgl. ebd. (im Anfang des 46. Stücks): „Ein Anderes ist es, sich mit den Regeln abfinden [s. d. unter abspeisen], ein Anderes, sie wirklich beobachten. Jenes thun die Franzosen, Dieses scheinen nur die Alten verstanden zu haben" ꝛc. und — in Bezug auf den veralteten oder wenigstens nur noch mundartlichen Gebrauche des bloßen Zeitworts abkommen —, z. B.: Abkom[m]en mit oder bei Einem und Etwas: sich mit ihm darüber abfinden. Schmeller Baier. Wörterb. 2, 297 ꝛc., — s. ferner Sanders und z. B.: Alle Freundschaft, deren die meisten von ihnen fähig sind, wiewohl im Grunde nichts Besseres als eine stillschweigende Übereinkommnis, einander so lange gewogen zu sein, als es dem einen oder dem andern Theile gelegen sein werde. Wieland 5, 224 [Agathon IX, 2] ꝛc. Es würde eine Abkunft in Deutschland im Gegensatz gegen Österreich haben erfolgen müssen. Ranke Hardenberg 1, 322. Daß keine Abkunft, die den englischen Interessen entgegenliefe, geschlossen würde. 4, 57; 68; 72; 86; 88 ꝛc. Eine geheime Abkunft zu treffen. Ders. Ursprung des 7jähr. Kriegs 10 u. o. Entschlüpfte Klemens der Bundes=Abkunft mit dem Kaiser. Deutsche Rundschau 2, 5, 209 ꝛc. — Zwei Seelen sollen sich in einen Leib, zwei Leiber in eine Seele schicken und, indem eine solche Übereinkunft sich einleitet, so ꝛc. Goethe 3, 345 [Urworte, orphisch]. Ob gleich wir durch eine stillschweigende Übereinkunft Beide dafür sorgten. 19, 64 [Die neue Melusine]; 29, 273. Zwar keine Scheidung, aber eine stille Übereinkunft, sich abzusondern. 19, 363 [Die gut. Weiber]. Daß die Freunde mit glücklicher Übereinkunft von diesem Feste alle herkömmlichen Verzierungsphrasen abgelehnt. 22, 306 [Wahrh. u. Dicht. XVII]. Rafael schnitt alle Bande der Übereinkunft und der [öffentlichen] Meinung entzwei. Schiller 752b [Philosoph. Briefe, Nr. 2]. Der Angriff hört auf, weil man seinen Feind nicht mehr findet. Beide Kriegsheere scheiden mit stillschweigender Übereinkunft aus einander. 965a [30jähr. Krieg, II]. Gewisse angenommene Übereinkünfte. Novellenschatz 15, 76 (Varnh. v. Ense) ꝛc. In einer Zusatz=Übereinkunft, durch welche die vertragsmäßige Grundlage erweitert wird. Thronrede Kaiser Wilhelm's II. (1888). — Ferner schweizerisch: die, das Verkommnis (Sanders 1, 981a), z. B.: Der Eintritt eines Partikularen in fremde Kriegsdienste ist Nichts anders als eine

Verkommnis, vermittelst welcher dieser einem fremden Fürsten
verspricht, ihm   wider seine Feinde behilflich zu sein, s. Mendelssohn Gesammelte Schriften 4, 2, 223. Die Verkommnis
beschworen. Joh. v. Müller 24, 309; 305 ꝛc. Trotz des Ver-
kommnisses. Gottfr. Keller Grün. Heinr. 2, 374. Machten sie
ein „Verkomnus" mit Herrn Hansen   ., daß ꝛc. Stumpf
Schweiz. Chron. 317b; 228a; b; 386b; 529b; 648b u. o.

Abmachen (s. d. I) und dazu z. B.: Die Abmachungen
blieben nur auf dem Papiere. National-Ztg. 30, 121.

Vertrag (s. Sanders 3, 1344c) bezeichnet hier eine Übereinkunft zwischen zwei zu einem gewissen Zweck verbundenen Personen oder Parteien mit Feststellung der gegenseitigen Verbind-
lichkeiten und Rechte — und: die Urkunde darüber, z. B.: Weil
die Parteien, müde, sich zu kränken, | in unserm Bund auch ihren
Frieden sehen. | Solch ein Vertrag empört, wie solch ein Zwist.
Goethe 35, 269 [Tankred II, 1[. Der Religionsfriede   Immer
war es noch kein Friede zwischen zwei gleichgeachteten Mächten,
bloß ein Vertrag zwischen dem Herrn und einem unüberwun-
denen Rebellen. Schiller 883a [30jähr. Krieg I]. Der Herr
Prokurator setzte einen Ehevertrag auf. Wieland 1, 63 [Don
Sylvio II, 1]. Kauf-, Mieths-, Pacht-Verträge (oder -Kon-
trakte, s. u.); Verlags-Vertrag zwischen Schriftsteller und
Buchhändler ꝛc.; Staats-, z. B.: Friedens- ꝛc., Freund-
schafts-, Handels- und Schiffahrts-Vertrag.

Für die hergehörigen Fremdwörter (nach der Reihenfolge
des Abece) schließlich noch einige Beispiele: Accord, namentlich
zwischen Arbeitgebern und Arbeitnehmern, zwischen Zahlenden
und dafür Leistenden: Accord- oder (bergmännisch ꝛc.) Geding-
arbeit ꝛc. — Kompromiß (u., m.): eine unter gegenseitigen Zu-
geständnissen als Ausgleich vereinbarte Übereinkunft: Kompro-
misse der Parteien ꝛc. — Kontrakt: Vertrag (s. o.), zwischen
Privatpersonen. — Konvention: Übereinkunft (s. o.), entweder
durch Herkommen festgesetzt (vgl. konventionell = herkömm-
lich) — oder namentlich zwischen Staaten ꝛc. geschlossener Vertrag: Militär-, Münz-, Schiffahrts-Konvention ꝛc. —
Pakt: ein bindender Vertrag (s. o.), z. B.: Die Hölle selbst hat
ihre Rechte? | Das find' ich gut, da ließe sich ein Pakt, | und
sicher wohl, mit euch, ihr Herren, schließen. Goethe 11, 58

[Faust I: Studierzimmer]. — Stipulationen, stipulieren: vertragsmäßig bindende Feststellungen und Bedingungen; sie aufstellen und fest stellen: Die einzelnen Stipulationen des Kontrakts [Vertragsbedingungen] 2c.

Abrüsten, entwaffnen, desarmieren, demobilisieren.

Der allgemeinste Ausdruck ist hier das zielende, rückbezügliche und zuweilen auch ziellose entwaffnen, s. Sanders 3, 1449a: machen, daß das Objekt ohne Waffen ist, die Waffen von ihm entfernen, wegschaffen, sie ihm abnehmen 2c., eigentlich und übertragen, wobei das Objekt eine einzelne Person oder eine Kriegsmacht und die Entfernung der Waffen eine verschiedenartige sein kann: Der Knappe half dem Ritter sich entwaffnen oder: beim Entwaffnen, entwaffnete ihn. Der Gegner entwaffnete den Ritter 2c. Götz: Schnallt mir den Harnisch auf und gebt mir mein Wamms   (zu Weislingen): Kommt, entwaffnet Euch. Wo sind Eure Kleider? Goethe 9, 21 = 35, 21 [Götz v. Berlich. I, 8] = Wollt Ihr Euch nicht entwaffnen? 34, 19. [Er] beginnt dann Stück vor Stück | sich zu entwaffnen, nimmt die Haube ab | und schnallt den Harnisch von den Schultern und | den schwarzen Schild 2c. Wieland 11, 45 [Geron der Adlige]. Dürst' ich doch einmal entwaffnet | furchtlos schlafen diese Nacht! Geibel 8, 212. Unterdessen hatte der baierische Kommandant von Regensburg, in Erwartung eines nahen Entsatzes, die besten Anstalten zur Vertheidigung getroffen, die katholischen Bauern wehrhaft gemacht [vgl.: bewaffnet], die protestantischen Bürger hingegen entwaffnet [vgl.: wehrlos gemacht] und aufs sorgfältigste bewacht, daß sie nichts Gefährliches gegen die Garnison unternehmen konnten. Schiller 973b [30jähr. Krieg, IV. Buch]. Warf er [Cäsar] das Schwert von sich, er war verloren, | wie ich es wär', wenn ich [mich, mein Heer 2c.] entwaffnete. 368b [Wallenst.'s Tod II, 2]. Da ich sah, daß er [Friedr. d. Gr.] nicht entwaffnete, fährt Rousseau fort, fürchtete ich, er würde seinen Vortheil schlecht verstehen. Das Datum   beweist aber, daß   er Friedrich zum Niederlegen der Waffen aufforderte am Tage nach der Schlacht bei Freiberg. Du Bois-Reymond Friedr. II. und Jean

Jacques Rousseau, S. 6 2c. Eures Haders Ursprung steigt hinauf | in unverständiger Kindheit frühe Zeit: | sein Alter ist's, was ihn entwaffnen sollte. Schiller 492b [Braut v. Mess. V. 409]. Dann, Mutter, wenn ein Todtenmal den Mörder | zugleich mit dem Gemordeten umschließt, | dann wird der Fluch entwaffnet sein. 514a [V. 2721 2c.] Sie [Helena] entzückt, indem sie Verderben bringt, das Alter, wie die Jugend, entwaffnet den rachgierigen Gemahl. Goethe 31, 137 [Polygnot's Gemälde]. Symphonien, welche die Seele in ein bezaubertes Vergessen ihrer selbst versenkten und, nachdem sie alle ihre edlern Kräfte entwaffnet hatten, die erregte und willige Sinnlichkeit der ganzen Gewalt der von allen Seiten eindringenden Wollust auslieferten. Wieland 4, 59 [Agathon II, 3]. [Sie] warf mir einen Blick zu, der einen Teufel hätte entwaffnen müssen und gegen den gleichwohl mein barbarisches Herz aushielt. 33, 67 [Über eine Anekdote aus Rousseau's Leben].

Abrüsten galt früher nur in andern Bedeutungen, s. Sanders 2, 821c, namentlich von der Entfernung eines Baugerüstes, z. B.: Der prächtige Bau steht längst vollständig abgerüstet und äußerlich fertig. Feuilleton-Ztg. 1, 18, 2a. Die Votivkirche ist jetzt so weit abgerüstet. National-Ztg. 36, 339 2c. In der vorliegenden Sinnverwandtschaft ist der sehr glücklich gewählte Ausdruck ziemlich neuen Ursprungs, s. mein Fremdwörterb. 1, XIII, wo es heißt: Wie leicht und schnell sich die Schärfe des Ungewöhnlichen bei neugeprägten Wörtern auf diese Weise abschleift, weiß man durch die Ausdrücke abrüsten und Abrüstung, die namentlich durch die Zeitungen von 1866 für desarmieren und Desarmierung [und — wie ich hätte hinzufügen können oder sollen: für demobilisieren und Demobilisierung] in Aufnahme gekommen sind. Abrüsten (wie das Fremdwort demobilisieren) bezieht sich immer nur auf eine zum Krieg gerüstete (mobil gemachte oder in Kriegsbereitschaft, auf den Kriegsfuß gesetzte) Macht und bedeutet so viel wie: sie durch Verringerung der Truppenzahl 2c. auf den Friedensfuß (herab-)setzen, s. Sanders Ergänz.-Wörterb. 432c, z. B.: Rüsten und abrüsten. National-Ztg. 19, 190. Die unmittelbar nach der hier versprochenen Abrüstung begonnene Aufrüstung in Venetien. 194. Er habe nicht von Abrüstung

gesprochen …, er habe vielmehr gesagt, daß eine Aufrüstung
sich nicht weiter empfehle und daß, wenn Deutschland jetzt weiter
aufrüste, die Folge davon sein würde, daß die andern Staaten
gleichfalls weiter rüsten. 39, 691; 40, 8 ꝛc. Österreich be=
nutzte die Gelegenheit, um hierauf abzurüsten. Ernst v. Koburg 2, 270.

Die Fremdwörter desarmieren und demobilisieren sind,
wie man sieht, im Deutschen vollkommen überflüssig und ent=
behrlich.

Absage, absagen f. **Abschlag.**
Absahnen f. **abrahmen.**
Abschattung f. **Abänderung.**
Abschen f. **Abneigung.**
**Abschießen, verschießen; abblassen, ausblassen,
erblassen, verblassen, abbleichen, ausbleichen,
erbleichen, verbleichen, blaß, bleich werden;
erfalben, verfalben.**

Diese Zeitwörter bezeichnen von Farben: an Frische, Glanz
und Intensität (Kraft und Stärke) des Eindrucks aufs Auge ver=
lieren; schwächer, minder hervortreten und so unscheinbar werden ꝛc.,
zum Theil auch zielend als faktitiv (das Bewirken bezeichnend).
Vgl. für die Zusammensetzungen von blassen und bleichen
die zu Grund liegenden Eigenschaftswörter bei Sanders 1, 152b ꝛc.:
Bleich, das meist einen höhern Grad von blaß bezeichnet,
unterscheidet sich dadurch, daß es eigentlich Das bezeichnet, was
seine natürliche Farbe verloren hat und in farbenloses Weiß
übergegangen ist, vgl.: die Bleiche, als Anstalt, Stoffe (z. B.:
Leinwand, Wachs ꝛc.) zu bleichen ꝛc. und ferner z. B.: Die
Stirne war nicht mehr glatt und die Locken wurden bleich.
Fr. Schlegel Lucinde 259, wo nicht blaß stehen könnte, weil in
den vom Alter gebleichten Locken die ursprüngliche Farbe ver=
schwunden ist, vgl.: Die Farbe der abgeschnittenen Locke wird
mit der Zeit blasser u. s. w. Für die Verbindung aber dieser
Eigenschaftswörter mit werden und die entsprechenden Zeit=
wörter mit der Vorsilbe er= f. meine Synon. I 668 9, wo als
Unterschied hervorgehoben ist, daß bei den Zeitwörtern mit er=
der Übergang in den genannten Zustand als ein von innen

heraus erfolgender, auf innerlicher Wirkung beruhender erſcheint,
und wo es — bei der Beſprechung des Unterſchiedes zwiſchen
roth werden und erröthen — dann u. A. heißt: Er ſah auf
ſeinen Ring | mit den zwiefarbigen Steinen, den er dort empfing. |
Er ſahe, daſs der eine da nicht erröthet ſei | und, daſs ſie
treu ihn meine, erkannt er wohl dabei. | Er ſahe durch die
Thränen den andern an und faſt | wollte dabei ihm wähnen, als
ob dieſer ſei erblaſst. Rückert 3, 498, vgl.: Dieſes Ringes
Steine haben ſolche Kraft: | wenn an der Farben Scheine ſie
werden wandelhaft, | der ein' hier, wie er blaſſet [blaſs
wird], wiſſe, dann bin ich todt;] untreu bin ich geworden,
wenn der andre da wird roth. 495 ꝛc. Aber Jeder fühlt
ſofort, daſs dieſe Anwendungen ungewöhnlich (oder dichteriſch)
ſind, und ſo beſtätigen ſie denn grade das für den gewöhn=
lichen Sprachgebrauch Geſagte   So wird man z. B. in der
gewöhnlichen Proſa ſagen: Die meiſten Farben von Zeugſtoffen
werden in der Wäſche oder durch die Einwirkung von Licht
und Sonne blaſs, nicht: ſie erblaſſen. Dieſe Tinte iſt zuerſt
ſehr ſchwarz, aber ſie wird leicht und bald blaſs ꝛc.; dagegen:
Vor Schreck ꝛc., vor etwas Überſtrahlendem ſowohl erblaſſen,
erbleichen, als: blaſs, bleich werden.

Von den weitern Zuſammenſetzungen aber: **ab=**, **aus=**, und
ver=blaſſen oder **=bleichen** bezeichnen (ſ. Sanders Syn. I, 3 ff.)
die mit ab= mehr nur eine die Oberfläche berührende Abnahme
der Farbe, die mit aus= eine tiefer eindringende und ſtärkere,
und die mit ver= mehr ein vollſtändiges Verſchwinden, einen voll=
ſtändigen Verluſt der Farbe, vgl. über ver=, ähnlich wie er=
(ſ. o.) blaſſen und =bleichen, in Bezug auf die mit dem Tode
eintretende Bläſſe des Antlitzes, als ſinnverwandt mit ſterben.
Sanders Syn. I, 632 und im Übrigen z. B.: Der Schmetterlings=
ſtaub ... abgeblaſst. Immermann Münchh. 4, 199. Abgeblaſste
Wappen. Prutz Muſikantenth. 2, 367. Die Farben der Haut
ſind abgeblaſst. Rückert Nal und Damaj. 175. Blaſſeſt
ab wie Tod. Schubart 2, 91. Olivenfarbne [Käfer] blaſſen.
ins reine oder bläuliche Schwarz ab. Tſchudi Thierleben der
Alpenw. 286 ꝛc. — Die Stickerei ſcheint mir ſehr ausgeblaſst.
Prutz Muſikantenth. 3, 15. Die ausgeblaſste Schrift durch
chemiſche Mittel wieder auffriſchen. Einem ausgeblaſsten

bei ihm aus perſönlicher Eitelkeit aufgefriſchten altdeutſchen
Enthuſiasmus. Gutzkow Börne 278 ꝛc.; auch faktitiv: Die
Sonne blaſſt das Band aus ꝛc. — Das Abendroth erblaſſte
zur Dämmrung. Gessner 1, 52. Der Purpur, der im Weſten
funkelt, | erblaſſet in ein falbes Grau. Haller 96. Vor ihrem
reinen Licht erblaſſt der falſche Schein. 73 ꝛc. — Die tauſend
verblaſsten und wieder in altem Farbenglanz auftauchenden
Kindheitserinnerungen. Herrig's Archiv 16, 274 ꝛc. und faktitiv:
Bei dem einen [Schmetterling] verdüſtert und verblaſst ſie
[die Alpenzone] die rothgelbe Farbe. Fr. v. Tschudi Thierleben
der Alpenw. 283. Thränen, die meine Schrift verblaſſen.
Bettina v. Arnim Goethe's Briefw. mit einem Kinde 1, 170;
auch, als ein ſtärkeres Erblaſſen (ſ. o.) in Bezug auf das Ver=
ſchwinden der Farbe aus dem Geſicht bei heftigen Gemüths=
bewegungen, z. B.: Daſs ſie verzagt den Kopf hängen und nach
der Mörder Farb' verblaſſen müſſen. Luther (Jen. Ausg.)
8, 250b. Kennedy (auf Maria zueilend, welche zittert und hin=
zuſinken droht): Wie wird Euch, theure Lady? Ihr verblaſst.
Schiller 426a [Maria Stuart III, 2]; 189b [Kabale und Liebe
II, 2] ꝛc. — Der Rock war durch Regen und Sonnenſchein ab=
gebleicht. Hackländer Stillfried 2, 191. Daſs die friſche Ge=
ſichtsfarbe abbleichte. Musäus Volksmärch. 2, 17. Mit halb zer=
riſſenen und abgebleichten Flügeln. Fr. v. Tschudi Thierl. der
Alpenw. 579. Mit abgebleichten Haaren. Voss Ged. 3, 221 ꝛc. und
faktitiv: Faſt beſorge ich, Freund Ariſtipp, irgend eine gefällige
Epheſerin habe das Bild unſerer edlen Freundin in deinem
Kopf ein wenig abgebleicht. Wieland 22, 336 [Ariſtipp LIX]. —
Da die Kolorite der Gemälde von der Luft noch nicht ſo aus=
gebleicht waren. Lessing 11, 214 ꝛc. und tr.: Damit die Sonne
ihn nicht ausbleicht. Bettina v. Arnim Briefw. mit einem
Kinde 1, 17 ꝛc. — Die ſilbernen Sternlein am Himmel er=
bleichten. Musäus Volksmärch. 1, 23. Die Roſen ihrer Wangen
erbleichten. 3, 86. Ein angenehm Gemiſch von Bergen, Fels
und Seeen | fällt nach und nach erbleicht, doch deutlich ins
Geſicht. Haller 41 [Die Alpen, V. 332]. Blumen, die immer im
Schatten ſtehen, erbleichen. Heine Salon 1, 316. Nun das
ſüße Bild erblichen, | bin ich gänzlich nachtumhüllt. Ders.
Reiſebild. 1, 5 ꝛc. — Dort ſoll verwelken dieſe Himmelsblume, |

die Farbe dieser Wange dort verbleichen. Goethe 13, 303 [Natürl. Tochter IV, 1]. Zugleich ließ man die armen verbleichten Waisenkinder aus ihren Mauern ins Freie. 20, 26 [Wahrh. u. Dicht. I]. Bellotti.. Dieser, marktschreierisch, rühmte sich eines besondern Geheimnisses, womit er das verblichene Bild [Leonardo's Abendmahl] ins Leben zu rufen sich untersange. 31, 63. Verblichen und verweht sind längst die Träume. Heine Buch der Lieder 5 2c.

Die im Allgemeinen nur wenig üblichen Zeitwörter erfalben und verfalben bezeichnen den Übergang in eine fahle oder falbe, d. i. unentschiedne, stumpfe und matte Farbe, namentlich in ein erd- oder aschfarbnes Grau oder in das Gelb welker Blätter 2c. (s. Sanders 1, 387b, c), z. B.: Verfalben Jean Paul 11, 78. Das Laub an meinem Lebensbaume verfalbet sich nach und nach und welkt. Bürger 311a [Macbeth V, 2 = Mein Frühling | sank bald ins Welken hin, in gelbes Laub. Schiller 579a].

Zur Erklärung der Grundwörter für ab= und verschießen in Bezug auf Farben und Gefärbtes wäre etwa zu vergleichen: Seines Gesichtes Farben | schossen wechselnd auf [entstanden in plötzlicher Bewegung aufsteigend] und starben. Rückert Makamen 1, 170 und dazu als Gegensatz von der Abnahme des Farbenglanzes und der Farbenfrische beim Eintritt des Alters: Die Farben schießen ab und aus den schönsten Zügen | macht Zeit und Alter Nichts als Runzeln und Verdruß. J. Chr. Günther Gedichte (4. Aufl. 1746) S. 445 2c., am üblichsten im Particip, z. B.: Ich will Nichts von der Verwandlung des „prächtigen goldgestickten" Bandes in ein „armes kleines, abgeschossenes" Band couleur de rose et d'argent sagen. Wieland 33, 68 [s: ein kleines schon abgetragenes rosenfarbenes Band mit Silber. S. 66. — Über eine Anekdote aus Rousseau's Leben]. Wenigstens sehe ich kein besser Mittel, wie unsre ziemlich abgeschossenen [Druckf.: abgeschlossenen] poetischen Farben wieder aufgefrischt werden könnten. 35, 71 [Über Seb. Brant 2c.]. Ohn' ihn [den Instinkt der Liebe] erblickte vielleicht Adonis an Cytheren | nur abgeschoßnen Reiz und Rosen im Verblühn. 3, 182 [Der verklagte Amor III] und andre Belege von Auerbach: Gottfr. Keller bei Sanders 3, 921a. Streng genommen gilt (s. o.) abschießen schon, wenn Glanz und Frische der Farben auch nur abnimmt, verringert wird, verſchießen, wenn ſie (mehr oder minder) verſchwindet; doch man ſieht, wie nahe Beides an einander grenzt und in einander übergeht. Heute dürfte verſchießen der üblichere Ausdruck ſein, ſ. z. B.: Derwiſch: Das Ehrenkleid, das Saladin mir gab, | eh' es verſchoſſen iſt, eh' es zu Lumpen | geworden, wie ſie einen Derwiſch kleiden, | hängt's in Jeruſalem am Nagel. Leſſing Nathan I, 3, V. 447. Der ſchon etwas verſchoſſene Einband. Hauff 2, 24. In einem ver= ſchoſſenen Hofkleid. 340. Fahne, die in der Sommergluth bis zur Unkenntlichkeit verſchoſs. Nord und Süd. 22, 233 ꝛc., auch z. B.: Die Verſchoſſenheit [des Sopha=Überzugs]. Theod. Mundt Robespierre 9, 55 ꝛc.

Abſchlag, abſchlägiger (abſchläglicher) Beſcheid, abſchlagen, Abſchlagung; ablehnen, Ableh= nung; Abſage, abſagen; Abweis, abweiſen, Abweiſung; ausſchlagen, Ausſchlagung; Korb (Kiepe); Refus, refuſieren; Repuls; verſagen, Verſagung; verſchmähen, Ver= ſchmähung; verweigern, weigern, Verweige= rung, Weigerung; zurückweiſen, Zurückwei= ſung, Rückweiſung, Rückweis.

Das Gemeinſame der Zeitwörter iſt: zu Etwas Nein ſagen, es nicht wollen ꝛc., aber theils: a. etwas Gewünſchtes, Erbetnes nicht bewilligend, — theils: b. etwas Angebotnes nicht an= nehmen.

Etwas **ablehnen** (von ſich, ſ. Sanders 2, 86 a, b), allgemein: es als etwas nicht zu Berückſichtigendes von ſich ab, bei Seite lehnen oder ſchieben ꝛc. Vgl.: Alles [ihm Vorgeworfne] wuſst' er [Reineke als etwas ihn nicht Treffendes, für ihn gar nicht Vor= handnes] bei Seite zu lehnen und Alles zu ſtellen. Goethe 5, 167 [Reineke IV, V. 83]. Zeit und Bekanntſchaft heißen dich viel= leicht | die Gabe wärmer fordern, die du jetzt | ſo kalt bei Seite lehnſt und faſt verſchmähſt [ſ. u.] 13, 140 [Taſſo II, 3]. Uns ziemt jedoch, dieſe Betrachtung noch an die Seite zu lehnen und zu bemerken, was ꝛc. 22, 48 [Wahrh. u. Dicht. XI) — und: Ich finde mich ſo wenig im Stande, die geiſtigen Wirkungen jenes Abenteuers abzulehnen als jenen unglückweiſſagenden

Kuß zu vermeiden. 15 [ebd.]. Verschlingen die Bedürfnisse des Tags den Menschen so ganz, daß er jede schöne Forderung von sich ablehnen soll. 19 [ebd.]. Wir fassen daher den umgekehrten Entschluß, die französische Sprache gänzlich abzulehnen und uns mehr als bisher mit Gewalt und Ernst der Muttersprache zu widmen. 40 [ebd.]. Alles Vornehme ist eigentlich ablehnend; und ablehnend ward auch die französische Kritik, verneinend, herunterziehend, mißredend. 44 [ebd.]. Wer mich nach meinen Werken für liebenswürdig hielt, fand sich sehr getäuscht, wenn er an einen starren, ablehnenden Menschen anstieß. 202 [XIV]. Religiöse Gespräche hatte ich bisher sachte abgelehnt. 215 [ebd.]. Parierend, ablehnend sind Ihre Briefe! Indem ich aufstehe, Ihnen entgegenzutreten, so weisen Sie mich wieder auf den Sessel zurück [s. u.]. 19, 14 [Wanderj. III, 2]. Es ist nicht billig, nachdem Ihr meine Fragen so einsilbig abgelehnt habt, Euch mit solcher Lebhaftigkeit nach meinen Geheimnissen zu erkundigen. 325 [Märchen] u. v. ä., s. Sanders, z. B. auch: Etwas höflich, dankend, mit Dank, fein 2c., entschieden, rund, mit dürren Worten ablehnen. Dazu: Gänzliche Ablehnung seines Lobs wäre Beleidigung. Lessing 12, 372. Die Landleute von Grüningen   sandten Boten .   nach Schwytz, aufs ernstliche zu bitten, daß ihnen vergönnt werde, Schwytzer zu bleiben   Die von Schwytz führten zu Ablehnung der Hauptsache den Willen der Eidgenossen an. Joh. v. Müller Schweizer. Eidgenossensch. 11, 56. Die Ablehnung der Vertrauensmännerausschüsse war schon sehr bedenklich. National-Ztg. 42, 331 u. o.

Ablehnen kann man Etwas mit Anerkennung z. B. für den guten Willen des Anbietenden, mit Dank, freundlich, höflich, sanft 2c.; wer Etwas ab= (vgl.: von der Hand, von sich) weist, lehnt es nicht, sondern stößt es gleichsam von sich als Etwas, das er entschieden nicht wolle 2c. und noch abstoßender und entschiedner verfährt der Zurückweisende, der Das, was er nicht will, nicht bloß von sich weg (bei Seite 2c.), sondern zurück, d. h. dahin, von wo es ausgegangen, weist, z. B.: Gott weiß, wie sehr ich mich gefreut, | im Innersten gefreut, daß Ihr so rund | Das alles ohne viel Bedenken von | Euch wiest, was einem Ritter nicht geziemt. Lessing Nath. 4, 1, V. 2401 2c.

Hans | geht oft zu ſeiner Braut, hält als ihr künft'ger
Mann, | auf Abſchlag oft um Liebkoſungen an, | wird aber alle=
zeit von Lieſen | nicht allzufreundlich abgewieſen. Ramler's
Fabelleſe 1, 39. Stolz, ihn heiß zu ſehen, | macht ſie die Spröde,
thut ſie fremd und kühl, | weiſt ab ſein Werben ꝛc. Freiligrath
3, 24 [Venus u. Adonis, Str. 52]. Wenn er kommt, weiſ' ihn
ab! Ich bin krank, habe Kopfweh, ich ſchlafe. — Weiſ' ihn
ab! Goethe 9, 56 [Berlich. II]. So giebt es auch in unſerer
chemiſchen Welt Mittelglieder, Dasjenige zu verbinden, was ſich
einander abweiſt. 15, 41 [Wahlverw. I, 4]. Der Lebende ſoll
das Recht behalten, Fremde und Mißwollende auch von der
Seite ſeiner geliebten Ruhenden abzuweiſen und zu entfernen.
154 [II, 1] ꝛc. Alle Beſchwerden   wurden von beiden Theilen
mit Heftigkeit verhandelt, einige mit Liſt abgewieſen oder
ſcheinbar gehoben, andere durch Machtſprüche zurückgeſchlagen.
Schiller 796a [Abfall der Niederl.: Margar. v. Parma ꝛc.]. Iſt
ſie durch Heinrich's letzten Willen nicht | ſtillſchweigend abge=
wieſen? 418b [Maria Stuart II, 3]. Damit du nicht in den
Vorhöfen und Vorkammern abgewieſen wirſt. Wieland 9, 273
[Daniſchm. XLVII]. Ob der Mann | ſie aus Verachtung also
abgewieſen. 11, 128 [Geron der Adlige], vgl.: Immer hing
ihr Herz | an Geron noch, wiewohl er ihre Liebe ſo zurückge=
wieſen [ſ. u.]. 130. Einen Fürſten nicht zu beleidigen, wenn
ihr ſein dem Apollo bereits öffentlich gewidmetes Geſchenk ab=
weiſen wolltet. Ders. Lucian 6, 320 ꝛc. — Ein langes Geſicht
machen bei Abweiſung des Verlangten. Kant Anthrop. 280.
Auch laß dich Abſchlagung [ſ. u.] nicht grämen | und Ab=
weiſung nicht lähmen. Rückert Makamen 2, 229 ꝛc. Um die
Abweiſung, die ſie erfahren, nicht noch einmal in dem Geſicht
der Unglücklichen zu leſen. Spielhagen Der neue Pharao IV, 6.
Er litt ſchmerzlich durch ihren Abweis [den Korb (ſ. u.), den
ſie ihm gegeben]. National-Ztg. 17, 331 ꝛc. — Ein ſowohl den
Autor als die Intendanz angreifender Aufſatz war in das Mode=
Journal projektiert, aber ernſt und kräftig zurückgewieſen.
Goethe 27, 104 [Annal. 1802]. So würde er [der König]   die
Schuldigen [von dem freien Auszuge] zurückgewieſen oder ge=
fangen genommen haben. 25, 256 [Belager. v. Mainz]. Sprachlos,
Trank und Speiſe zurückweiſend, ſtarb er am dritten Tage.

Platen 5, 167 2c.; auch zuweilen mit Hinzufügung des Wohin, z. B.: Goethe 19, 14 [ſ. o.: ablehnen]. Jemand (ab- und) in ſeine Grenzen, Schranken zurückweiſen 2c. — Die ſchroffe Zurückweiſung. National-Ztg. 17, 543 (Gneist) u. o., auch: zuweilen: Rückweiſung und: Erduldet ſie | von ihnen gleichen Rückweis. Herder 11, 175.

In ſo fern ſchlagen auf etwas heftig Raſches und Ungeſtümes in der Bewegung hindeutet (ſ. Sanders 3, 936 c, vgl. 940 c), bezeichnet „Etwas ausſchlagen“: das zur Annahme Angebotene oder ſich Darbietende entſchieden und ungeſtüm von ſich oder ab-, zurückweiſen (ſ. o.), heftig und ungeſtüm erklären oder zu erkennen geben, daſs man es nicht wolle, ſo (a. a. O.): Ein Anerbieten; einen Antrag; die Werbung, die Hand eines Freiers, den Freier; ein angebotenes Geſchenk, Amt 2c. ausſchlagen, rund(weg) ausſchlagen 2c. Aber nicht ausſchlagen die ſchreckenvolle Vermählung | kann ſie und nicht vollziehn. Voss Odyſſ. 1, 250 [= Aber die Hochzeit nicht, die entſetzliche, kann ſie verweigern (ſ. u.) 2c. Wiedasch ebd.]. Was man von der Minute ausgeſchlagen, | giebt keine Ewigkeit zurück. Schiller 21 a [Reſign., Schluſs]. Er brachte mir die Antwort, daſs Aruja alle ſeine Anträge ausgeſchlagen. Wieland 9, 240 [Daniſchm. XLIV] 2c. Daſs er durch die Ausſchlagung eines ſo billigen Vergleichs ſich ſelbſt in die größte Gefahr ſetzen würde. 6, 137 [Agathon XII, 12] 2c., doch auch z. B.: Mit dieſen Sophiſtereien... beſchäftigte er ſich oft in ſeinem einſamen verdrießlichſten Stunden, wenn er irgend aus Mangel des baren Geldes eine Luſtpartie oder eine andere angenehme Geſellſchaft ausſchlagen muſste. Goethe 19, 291 [Unterhalt. deutſcher Ausgew.], als heftiger Ausdruck der verdrießlichen Stimmung = ablehnen [ſ. o.], ſich verſagen [ſ. u.] 2c.

Daran ſchließt ſich — nur nicht [ſ. o.] in Bezug auf etwas Angebotnes, ſondern auf etwas Erbetnes 2c.: es (Einem) abſchlagen (ſ. Sanders 3, 939 a) = entſchieden und in heftig raſcher Weiſe erklären oder zu erkennen geben, daſs man es nicht wolle, nicht bewillige, nicht gewähre 2c., z. B.: (Einem) ein Begehren, eine Bitte, Einladung, geforderte Genugthuung, ein Geſuch, ein Tänzchen, einen Wunſch abſchlagen 2c. Man wollte ſich einen Durchzug erbitten, die klügeren Edomiter ſchlugen ihn rund

ab. Goethe 4, 274, vgl.: Die Edomiter schlagen den Durchzug
rein ab. 276 [Anm. zum Westöstl. Div. XLIV]. Mein Wunsch . . .
Du hast ihn nicht erhört, doch abgeschlagen | hast du ihn auch
nicht. Platen 2, 101 [Sonett 21]. „Der gläserne Pantoffel" [die
Aufführung des Stücks] ist von fünf Bühnen abgeschlagen [vgl.
abgelehnt ꝛc., in so fern der Dichter sein Stück „angeboten"]
worden. 6, 196 [Briefe v. 7. Mai 1821] ꝛc. Nur vereinzelt, wie
versagen [s. u.], z. B. in Bezug auf etwas nicht ausdrücklich
Erbetnes: Die Wald= oder Nachtmenschen ., denen das
Verhängnis die Sprache abgeschlagen. J. Paul 41, 62 [Ästhet.] ꝛc.
und mit rückbezügl. Dativ: Ich schlage mir das Fest Ihres
Besuch's noch ab. 8, 53 [Hesperus] ꝛc. — Die Abschlagung
s. o.: Abweisung; oft: Er hat auf seine Eingabe, sein Gesuch,
seine Bittvorstellung ꝛc. Abschlag — oder abschlägigen (auch:
abschläglichen) Bescheid ꝛc. bekommen, ist abschlägig, ab=
schläglich beschieden worden, s. Sanders 3, 933b; 946a und z. B.:
Die Unserige[n] hatten eben damals ein festes Rattennest be=
rennet und auffordern lassen, aber eine „abschlägige" Antwort
bekommen. Simplician. Schriften herausg. v. Heinr. Kurz 1,
283[1]. Ich bekam ziemlich „abschläglige" Antwort. ebd.
333[31] ꝛc. Er ließ sie bitten, sie schlug es ab Sie schickte
den Bedienten mit einer abschlägigen Antwort weg. Goethe 19,
241 [Unterhalt. deutscher Ausgew.]. Er blieb bei seiner abschläg=
lichen Antwort. 323 [Märchen]; 24, 6 [Jtal. Reise, Brief an
Herder 22. Mai 1787] ꝛc. Als er seine Sammlung nicht
vorzeigen wollte, ob sie ihn gleich so freundlich darum ersuchte.
Es war ihr dieses abschlägige Betragen immer in der Seele
geblieben Was ein Mädchen wie Ottilie verlangen kann,
sollte ein Jüngling wie der Architekt nicht versagen [s. u.] 15,
202 [Wahlverw. II, 6]. Ich hatte schon die abschlägige Ant=
wort meines Regiments in der Tasche. Platen 6, 163 [Brief
vom 15. März 1823]. Die abschlägigen Antworten [von den
Bühnen]. 187 [Brief v. Fugger 25. Januar 1824] ꝛc.

Versagen (s. o. und Sanders 3, 840b) bezeichnet hier: etwas
Begehrtes, Gewünschtes oder Begehrens=, Wünschenswerthes nicht
gewähren, die Nichtgewährung erklären oder kund thun ꝛc., z. B.:
Du hast dem Hungrigen dein Brot versaget. Hiob 22, 7 [Dem
Hungrigen weigertest du Brot. Zunz ebd., s. u.]. Habe ich

den Dürftigen ihre Begierde verſagt? 31, 16. [Verſagte ich
dem Begehren des Armen? Zunz]. „Schöne Frau, Ihr wolltet
Euch nicht weigern, zu meinem Herrn zu Ehren zu kommen“…
Wie darf ich es meinen Herrn verſagen? Judith 12, 13/4. Es
bleibt bei dem Entſchluſs, | dergleichen Bitten zu verſagen. | Ich
habe, was ich Ihm anitzt verwe[i]gern muſs, | ſchon Seinem
Vater abgeſchlagen. Hagedorn 2, 164. Was eine Gottheit Dieſem
frei gewährt | und Jenem ſtreng verſagt, ein ſolches Gut |
erreicht nicht Jeder, wie er will und mag. Goethe 13, 143 [Taſſo
II, 3]. Die wahre Freundſchaft zeigt ſich im Verſagen | zur
rechten Zeit und es gewährt die Liebe | gar oft ein ſchädlich
Gut, wenn ſie den Willen | des Fordernden mehr als ſein Glück
bedenkt. 197 [IV, 4]. Man ſpricht vergebens viel, um zu ver=
ſagen. | Der Andre hört von Allem nur das Nein. 20 [Iphig.
I, 3]. Verſage nicht noch weigere, | o gieb! Rückert Makamen
1, 87. Verſagt iſt mir der Prieſter meiner Kirche. | Des Sakra=
mentes heil’ge Himmelsſpeiſe | verſchmäh [ſ. u.] ich aus den
Händen falſcher Prieſter. Schiller 442a [Maria Stuart V, 7].
Maria (zu Melvil): Ihr, werther Sir, und meine treue Hanna |
ſollt mich auf dieſem letzten Gang begleiten. | Mylord, verſagt
mir dieſe Wohlthat nicht! Burleigh: Ich habe dazu keine Voll=
macht. Maria: Wie? | Die kleine Bitte könntet Ihr mir wei=
gern? 444b [ebd. 9]. Wir leiden   unter den Folgen dieſes Miſs=
geſchicks, das den größten Genien unſerer Nation die Palme des
entſcheidenden Sieges verſagte [vgl.: verweigerte, nicht zu
Theil werden ließ, vorenthielt, entzog, raubte ꝛc.]. Ad. Stahr
Weimar u. Jena 2, 38 ꝛc. Jemand verſagt Einem eine Bitte,
Gefälligkeit, einen Dienſt ꝛc., auch, gleichſam mit mehr oder
minder belebt gedachtem Subjekt — wie die andern Ausdrücke
nicht üblich ſind —: Die Füße, Kniee, die Zunge ꝛc. verſagt
[dem ſie in Anſpruch Nehmenden] den Dienſt; Etwas verſagt
die [von ihm geforderte] Wirkung, auch z. B.: Um meine Füße
feſt und feſter, wirret ſich | der Zauberknäul, daſs ſie gefeſſelt
mir die Flucht | verſagen. Schiller 464a [Jungfr. v. Orl. I, 6]
und ſo von etwas Einen im Stich Laſſenden auch nicht ſelten
ohne das Objekt, z. B.: Wer ſich rüſten will, muſs eine Kraft |
im Buſen fühlen, die ihm nie verſagt. | Ach ſie verſagt mir
eben jetzt! In Glück | verläſſt ſie mich ꝛc. Goethe 13, 113 [Taſſo

I, 3]. Hier will ich her, wenn mir der Augen Licht | wenn mir
der Füße Kraft zuletzt verſagt, | auf dich gelehnt wallfahrten.
256 [Natürl. Tochter I, 6]. Meine Kniee, mein Verſtand wollten
mir verſagen. 19, 133 [Wanderj. III, 13]. Allen Leuten ver=
ſagt das Wort im Munde. 9, 286 [Clavigo IV]. Ich flieh ins
dunkelſte Gebüſche hin, | durchs Gehege zu dringen, | über die
Planken zu ſpringen. | Mir verſagt Klettern und Sprung. 272
[Lili's Park]. Die Lüge kehrt, | ein losgedrückter Pfeil, von
einem Gotte | gewendet und verſagend, ſich zurück | und trifft
den Schützen. 13, 57 [Iphig. IV, 1]. Der Bund verſagte jedes
Mal, wenn ſeine Mitwirkung für mehr als Ehrenſachen in An=
ſpruch genommen wurde. Ernſt v. Koburg II, 426 ꝛc. und
auch in nicht gehobner Sprache: Das Gewehr, der Schuſs ver=
ſagt = geht nicht los ꝛc., vgl. auch im Seeweſen: Sollte der
Vorwärtslauf des Schiffes aufhören, ehe es den Wind gerade
von vorn bekommt, ſo iſt es ſicher, daſs es die Wendung ver=
ſagt oder, wie man ſagt, verkehrt abfällt, d. h. wieder abfällt
ſtatt durch den Wind zu drehen. Bobrik Nautiſches Wörterb.
735 b ꝛc. — Weiter unterſcheidet ſich verſagen von den übrigen
Zeitwörtern dadurch, daſs man nicht nur Andern, ſondern auch
ſich ſelbſt Etwas verſagt, vgl.: darauf Verzicht leiſtet oder
verzichtet, entſagend (mit Selbſtüberwindung) ſich deſſen
begiebt ꝛc., z. B.: Ich wünſchte . daſs wir gar nicht nöthig
hätten, uns Etwas zu verſagen Alle Bäume hängen voller
Früchte und wir ſollen nur immer drunter weggehen, uns an
dem Schatten begnügen und auf die ſchönſten Genüſſe Verzicht
thun. Goethe 19, 305 [Unterhalt. deutſcher Ausgew.]. Seine ganze
Erziehung beſtand gewiſſermaßen darin, daſs ſeine Kinder ſich
gleichſam aus dem Stegreife Etwas muſsten verſagen können.
309 [ebd.]. Sich Etwas zu verſagen, war Eduard nicht ge=
wohnt. 15, 12 [Wahlverw. I, 2], — wie veraltet auch abſagen
gebraucht wurde, z. B.: Die vollen Bäuche, die ihnen [= ſich]
kein Gelüſt abſagen. Geiler Parad. 45 a, ſ. o. abſchlagen.
Jean Paul 8, 53 ꝛc. — Dazu: Die Verſagung einer Bitte, Gabe,
Gefälligkeit ꝛc.

Abſagen (ſ. Sanders 2, 838 b) findet ſich in der heutigen
Sprache auch ſonſt nur noch ſelten im Sinne wie: Einem Etwas
abſchlagen [ſ. o.]: ihm Das, worum er uns anſpricht, was er

von uns erwartet, nicht leiſten, z. B.: Allerdings war Änneli ...
gut und konnte Niemandem Etwas abſagen. Jerem. Gotthelf
Geld und Geiſt 8. Wir werden dir den Rath nicht abſchlagen |
und die That nicht abſagen. Rückert Makamen 2, 214 2c.; zu=
meiſt aber hat es außerhalb dieſer Sinnverwandtſchaft liegende
Bedeutungen, z. B.: Einem Einladenden den Beſuch, das Hin=
kommen abſagen 2c. bedeutet heute gewöhnlich nicht: es ihm
abſchlagen, es ablehnen 2c., ſondern: die bereits gemachte
Zuſage zurücknehmen 2c., ferner z. B.: Einem die Gemeinſchaft
ab= oder aufſagen, aufkündigen, kündigen (ſ. d. ſpäter)
u. Ä. m. Dazu: Abſagung und Abſage.

Weigern (veraltet wegern und widern), namentlich hier:
Etwas Einem, — in der gewöhnlichen Rede üblicher: es ihm
verweigern (ſ. Sanders 3, 1530 b, c) = der Geſinnung, wonach
man Etwas nicht will, es von ſich oder zurückweiſt, Ausdruck
geben; es ihm nicht gewähren (ſ. o.: verſagen) 2c., z. B.: Wer
Barmherzigkeit ſeinem Nächſten „wegert“. Hiob 6, 14 [= Dem,
der ſeinem Freunde Liebe verſagt. Zunz ebd.]. Hiob hat ge=
ſagt: ich bin gerecht und Gott „wegert“ mir mein Recht. 34, 5.
Von jeder Gabe, jeder Tugend ſchenkt | ihr die Natur den aller=
ſchönſten Theil, | wenn das Geſetz ihr andre Rechte weigert.
Goethe 13, 303 [Natürl. Tochter IV, 1] 2c. Man ſpuckt auf einen
kleinen Schelm, aber man kann einem großen Verbrecher eine
Art Achtung nicht verweigern. 29, 277 (Rameau's Neffe). Er
weigerte mir Hektor's Leichnam nicht. Schiller 34 b [Zerſtör.
v. Troja, Str. 95]. Was ihm die Charis | neidiſch geweigert,
erringt nimmer der ſtrebende Muth. 86 a [D. Glück]. Wär noch
ein Wunſch zurücke, den der Himmel | dem liebſten ſeiner Söhne
weigerte? 243 a [Don Karlos I, 1]. Ich fordre dieſes Amt für
mich. Es iſt | die erſte Bitte, die ich an ihn wage. | Er kann
ſie mir nicht weigern. 253 a [I, 7]. Ich bitte noch um eine
zweite Gunſt; | Unmenſchlichkeit allein kann mir ſie weigern.
407 a [Maria Stuart I, 2]. Eurer Tapferkeit | kann er den wohl=
verdienten Preis nicht weigern. 466 b [Jungfr. v. Orl. III, 1].
Wir uns abtrotzen laſſen durch Gewalt, | was wir der Güte
weigerten? 530 a [Tell II, 2]. Unglücklicher! wohl kannte dich
dein Ohm, | da er dir Land und Leute weigerte. 550 b [V, 2];
444 b [ſ. o. verſagen]. Es iſt der Wille meiner Königin, | daſs

Euch nichts Billiges verweigert werde. 444a [Maria Stuart V, 8]. Der Zorn | der Himmlischen verweigert uns die Winde. 218a [Jphig. in Aulis II, 2]. Er wollte ertrotzen, was ihm verweigert war. 706b [Verbrecher aus verlorn. Ehre]. Die Stände beschlossen —, die Steuer zu verweigern, die Verweigerung der Steuer, die Steuerverweigerung ꝛc.; dagegen ohne objektiven Genitiv ꝛc. z. B.: [Sie] wollten Anfangs eine Weigerung, welche sie einem bloßen Übermaß von Bescheidenheit zurechneten, um so weniger gelten lassen... Als aber jene Einwendens ungeachtet auf ihrer Weigerung so ernsthaft beharrten ꝛc. Wieland 19, 153 [Das Hexameron]. Der Held mit seinem Werben bei ihr nur Weigerung fand. Simrock Nibelungen 1193 ꝛc.

Verschmähen (s. Sanders 3, 970a, b) bezeichnet hier: mit Geringschätzung und Verachtung zurückweisen ꝛc., z. B.: Er wendet sich zum Gebet der Verlassenen und verschmähet ihr Gebet nicht. Psalm 102, 18. So nehmet meine Gaben ., verschmähet nicht mein Gut. Simrock Nibel. 309. Farbe her! Dein Meisterwille | schafft ein sichtliches Gedicht; | doch, bescheiden in der Fülle, | du verschmähst die Worte nicht. Goethe 6, 74 [An Tischbein]. Vielleicht verschmähen Sie unser Frühstück nicht. 332 [Was wir bringen X]. Die bunte Seide waltete vor, doch war auch das Gold nicht verschmäht. 18, 228 [Wanderj. II, 4]. Warum beobachtet er nicht, was sie sich zueignet und was sie verschmäht. 29, 428 [Diderot's Versuch über die Malerei]. 13, 140 [s. S. 93 unter ab-, bei Seite lehnen]. Das königliche Blut, das Eure Adern | durchrinnt, verschmäht so niedrige Vermischung. Schiller 466b [Jungfr. v. Orl. III, 1). Die Macht verführte mich, ich hab' es nicht | verheimlicht und verborgen, falschen Schein | hab ich verschmäht mit königlichem Freimuth. 428b [Maria Stuart III, 4]. So verächtlich begann dieser Staat, daß selbst die Habsucht fremder Könige ihre Blüthe verschmähte. 776a [Abfall der Niederl., Einleit.]. Frankreich konnte großmüthig jeden Antheil an der Beute verschmähen, weil es durch Österreich's Untergang sich selbst wenigstens zweifach gewann. 893b [30jähr. Krieg, I. Buch] ꝛc. Sich so verschmäht | von Dem zu finden, den man hochzuschätzen | sich so gezwungen fühlt! ꝛc. Lessing Nathan I, 2, V. 129. Die Ver-

ſchmähung des Dargebotenen, Dargereichten, einer Gabe, eines
Geſchenkes.

Zu den mit den Zeitwörtern zuſammenhängenden Haupt=
wörtern tritt dann noch einigermaßen Korb, ſ. Sanders 1, 995a,
wo es — unter Fortlaſſung der meiſten Belegſtellen — heißt:
Korb gilt ſprichwörtlich für den abſchlägigen, zurückweiſenden
Beſcheid, den Jemand auf ſeinen Antrag, zunächſt und zumeiſt
der um die Hand oder die Liebe eines Frauenzimmers Werbende,
erhält, ob vielleicht mit Anſpielung auf das aus dem 16. Jahrh.
ſtammende Volkslied vom „Schreiber im Korbe“? (ſ. Uhland
Alte .. Volkslieder 745), vgl.: Einen Freier durch den Korb
fallen laſſen (Chriſt. Weiſe), jetzt gewöhnlich: Einem den — oder
einen (z. B. ſchnippiſchen Goethe) — Korb geben. Einen mit einem
(oder: dem) Korbe fort=, zurückſchicken. Fertigt flink ihn ab |
mit wohlgeflochtnen Körben. Voss. Jemand bekommt, kriegt,
holt ſich einen (oder: den) Korb. „Ich habe nun das Jawort“
Und ich den Korb. Sealsfield. Es iſt allerdings ein eigenthümliches
Heimgehen oder Heimreiten mit einem Korbe auf dem Rücken,
ſei derſelbe nun ein grober oder ein feiner, ſei er von den Eltern
geflochten oder des Mädchens ſelbſteigenen Händen. Gotthelf.
Lehnte den Antrag man ab [ſ. o.], ſo war auch ein Korb nicht
verdrießlich | Jetzt iſt aber Das alles . | aus der Mode
gekommen und Jeder freit für ſich ſelber. | Nehme denn Jeglicher
auch den Korb mit eigenen Händen, | der ihm etwa beſchert
iſt ꝛc. Goethe 5, 63 [Herm. u. Doroth. VI, V. 267 ff.]. Dem
Herrn das Körbchen auf die feinſte Weiſe beizubringen. Heinse.
Ich zwinge meine Tochter nicht   Stecken Sie den Korb ein!
Schiller 183a [Kabale u. Liebe I, 2]   Der mir ſo unerwartet
in der Geſtalt eines Körbchenmachers [Vereitlers meiner Liebes=
anträge] wieder in den Wurf kommen mußte. Wieland 9, 260
[Daniſchm. XLVI]. Einen Korb [abſchlägige Antwort auf unſere
Einladung] nehmen wir nicht. Gutzkow Ritter vom Geiſt 1,
430 ꝛc. Vgl. niederdeutſch: Matz heſſt de Kiepe kregen [ge=
kriegt]. Lauremberg. „Körbe und Kiepen ſind gut in der
Haushaltung“, tröſtet ein deutſches Sprichwort. Jahn Volks=
thum 421 (ſ. Sanders 1, 905b).

Schließlich ſeien nur ganz kurz erwähnt die im Deutſchen

vollkommen entbehrlichen Fremdwörter: der Refus, Repuls; refüsieren.

Abschlägig; abschläglich. — Abschlags-, Stück-, Theil-, Tilgungs-, Termins- oder Terminal-, Fristzahlung. — Stück, Theil. — stückweise, theilweise.

Altmeister Adelung sagt in seinem Wörterbuch:

„**Abschlägig** adject. possessivum, von dem Hauptworte Abschlag, was einen Abschlag, d. i. Verneinung, in sich fasset. Es ist größtentheils nur in der Redensart üblich: Einem eine abschlägige Antwort geben oder ertheilen; eine abschlägige Antwort bekommen, erhalten, davon tragen. Man verwechselt dieses Beiwort sehr oft, obgleich irrig, mit dem folgenden und sagt dafür: eine abschlägliche Antwort.

Abschläglich adj. et adv., von dem Zeitworte abschlagen, was abgeschlagen, d. i. abgerechnet werden soll: Eine abschlägliche Bezahlung, d. i. die auf Abschlag geschieht. Einen abschläglich bezahlen.“

Ganz ähnlich lautet es in Campe's Wörterbuch, nur daß hier richtig abschlägig auch als Adverb (oder Umstandswort) aufgeführt ist, mit dem Belege aus Wiarda: Der Richter muß die Frau abschlägig bescheiden.

In Grimm's Wörterbuch ist auffällig unter abschläglich nur gesagt: „gleichviel mit dem vorigen“ [abschlägig] und die Bedeutung, in Bezug auf Zahlungen = auf Abschlag ganz unerwähnt geblieben, während er doch unter Abschlagszahlung die Erklärung setzt: Zahlung auf Abschlag, abschlägige. Der alte Frisch (2, 192a) führt überhaupt nur die Form abschlägig auf, in der Verbindung: abschlägige Antwort, repulsa.

Die von Adelung und Campe aufgestellte Unterscheidung zwischen abschlägig und abschläglich scheint auch mir empfehlenswerth; aber sie kann nicht als eine von dem Gebrauch bei unsern besten Schriftstellern unbedingt anerkannte und vollständig durchgeführte bezeichnet werden, s. Beispiele oben (unter Abschlag) für abschlägliche [statt: abschlägige] Antwort nnd weitere in meinem Wörterbuche 3, 946a, wo es unter abschläglich heißt: „1. s. abschlägig. — 2. auf Abschlag (s. d. 5c):

Abſchläglich iſt der Sold entrichtet. Goethe 12, 58 [Fauſt II, 1. Akt, Luſtgarten]. Abſchlägliche [ſelten: abſchlägige] Zah=lung." In der angezogenen Stelle aber, unter Abſchlag 5c heißt es: Auf Abſchlag (oder abſchläglich) Etwas zahlen ꝛc., nicht das Ganze, ſondern vorläufig nur einen in Abrechnung zu bringenden Theil, oft übertragen. Lessing 12, 457; Ramler Fabelleſe 1, 38.

Statt Zahlung auf Abſchlag oder abſchlägliche Zah=lung findet ſich auch als ein einziges Wort ſehr häufig die Zu=ſammenſetzung: Abſchlagszahlung, z. B. (ſ. Sanders 3, 1696c ff.): Als eine Abſchlagszahlung auf das volle römiſche Bürger=recht. Mommsen Röm. Geſchichte (Leipzig 1854) 3, 4 ꝛc. Sinn=verwandt ſind auch die Ausdrücke: Stück=, Theil= und Tilgungs=zahlung, z. B.: Den Kredit hatte ich wohl, dieſes bedeutende Kunſtwerk anzuſchaffen, Rega ſchien ſogar auf Stückzahlung eingehen zu wollen. Goethe 24, 293 [Ital. Reiſe: Bericht, Apr. 1788] ꝛc. Die Vollzahlung der Aktie geſetzlich zu fordern und Theilzahlungen gar nicht zuzulaſſen. National-Ztg. 37, 188 ꝛc. Die Mittel zur Verzinſung und allmählichen Tilgung werden eben durch den von den Ablöſungspflichtigen entrichteten höhern Zins gewonnen, indem der Überſchuſs zur Amortiſation der Rentenbriefe benutzt und dem Pflichtigen als ſucceſſive Tilgungs=zahlung zu Gute gerechnet wird. Ein Neujahrsgruss aus Meklen=burg (1853) 96 ꝛc. Während durch eine Abſchlagszahlung die Schuld nur verringert wird, tritt bei den übrigen Ausdrücken, namentlich entſchieden bei dem zuletzt genannten, der Begriff hinzu, daſs durch die fortgeſetzten — in der Regel in Bezug auf die Höhe der Summe und auf die inne zu haltenden Friſten planmäßig feſtgeſetzten — einzelnen Zahlungen die geſammte Schuld allmählich ganz getilgt werden ſoll, vgl. auch — mit beſonderer Hervorhebung der Zahlungsfriſten —: Termins=, Terminal= oder deutſch: Friſtzahlung. Bei Stück= und Theilzahlung dagegen tritt hauptſächlich der Begriff hervor, daſs die Zahlung nicht mit einem Mal und im Ganzen, ſondern eben ſtück= und theilweiſe erfolgt. Hierbei beachte man den Unterſchied zwiſchen Stück und Theil, ſtück= und theilweiſe, in ſo fern Stück ein doch mehr oder minder für ſich wieder ein Ganzes bildender Theil iſt, z. B.: „Ich kenne ſeine Lebens=

geſchichte nur theilweiſe" [nicht die ganze]. Ich aber kenne ſie
vollſtändig, obgleich er ſie auch mir nicht vollſtändig mit einem
Mal, ſondern nur ſtückweiſe, wie es eben jedes Mal die Ge=
legenheit ergab, erzählt hat u. Ä. m. Danach dürfte man die
Stückzahlung etwa als eine größere, bedeutendere Theil=
zahlung erklären, die ſchon einigermaßen wieder in ſich für ein
Ganzes angeſehen werden könnte; doch iſt dieſer Unterſchied,
wie man ſieht, ein ſchwankender und oft verſchwindender. Nun
noch einige Belegſtellen: Abſchlagszahlung (Stückzahlung,
solutio particularis) nennt man die nur theilweiſe Zahlung
einer einheitlichen fälligen Schuld. Im Allgemeinen iſt der
Gläubiger nicht verpflichtet, eine Abſchlagszahlung anzu=
nehmen; doch beſtehen mehrfach Ausnahmen, in denen das
Geſetz eine theilweiſe Zahlung anzunehmen dem Gläubiger
vorſchreibt. So im Handelsrechte, wo Theillieferung und
Theilzahlung Hand in Hand gehen ꝛc. Brockhaus Konverſ.=
Lexikon (12. Aufl.) 1, 106. Abſchlagszahlung (Stückzahlung,
Theilzahlung): die zur theilweiſen Tilgung einer Schuld ge=
leiſtete Zahlung. Meyer's Hand=Lexikon des Allgem. Wiſſens
(3. Aufl.) 6b. Der Inhaber des Wechſels darf eine ihm ange=
botene Theilzahlung ſelbſt dann nicht zurückweiſen, wenn die
Annahme auf den ganzen Betrag der verſchriebenen Summe
erfolgt iſt Hat der Wechſelſchuldner eine Theilzahlung ge=
leiſtet, ſo kann derſelbe nur verlangen, daß die Zahlung auf
den Wechſel abgeſchrieben werde. Bundes-Geſetzblatt des
Nordd. Bundes (1869) S. 390 [Deutſche Wechſelordn. Art. 38 9].

    Abſchlichten ſ. abmachen S. 60.

    Abſchluſs, zum Abſchluſs bringen ꝛc., ſ. abmachen
S. 59; 61.

    Abſchöpfen; ausſchöpfen; entſchöpfen; erſchöpfen.
    Abſchöpfen und ausſchöpfen (ſ. Sanders 3, 1001, — auch
für die andern Zuſammenſetzungen —, vgl. meine Synon. I,
3 ff., Nr. 1 u. 2) bezeichnen zunächſt: durch Schöpfen Etwas weg=
nehmen, fortſchaffen; und dabei bezieht ſich die Vorſilbe ab= auf
ein Wegnehmen an der Oberfläche, während die Thätigkeit des
Ausſchöpfenden in die Tiefe und bis auf den Grund zu dringen
ſtrebt; dann aber tritt für beide Zuſammenſetzungen auch eine
ſogenannte Metonymie oder Gedankenvertauſchung ein, indem

als Objekt an die Stelle Deſſen, was durch Schöpfen weggenom=
men wird, Dasjenige geſetzt wird, wovon dies weggenommen
wird, z. B. (ſ. für die hier meiſt weggelaſsnen Belegſtellen mein
Wörterbuch a. a. O.): Etwas von der Oberfläche oder oben,
das beſte Fett, den Rahm, die oberſten Spitzen oder den Rahm,
die Blüthe abſchöpfen und — mit geändertem Objekt: Die
Milch abſchöpfen = abrahmen. Bis ſie an der Quelle der
Gewalt ſitzen. Dann ſchöpfen ſie dieſe Quelle raſch ab. Gutzkow
Ritter vom Geiſt 1, 221. Lebe, wer's kann, ein Leben der Zer=
knirſchung | mit ſtrengen Bußkaſteiungen allmählich ' abſchöpfend
eine ew'ge Schuld. Schiller 514b [Braut v. Meſſ., V. 2746], ſie
um ein Weniges abnehmen machend, verringernd ꝛc. — Ferner:
Das Waſſer ausſchöpfen (aus dem Kahn), den Wein (aus
dem Faſs) ꝛc. — und mit vertauſchtem Objekt: Den Kahn, das
Faſs, den Brunnen ausſchöpfen = leer ſchöpfen ꝛc. Solch[e]s
erzähle ich darum, auf daſs, ſo du meine Bücher leſen wirſt,
dich zu erinnern wiſſeſt, daſs ich auch Einer   bin   nicht
von Denen, die aus Nichts flugs die höchſten und gelehrteſten
Doktor[e]n [ge]worden   ſo ſie doch in der Wahrheit Nichts
ſind, Nichts thun oder ausrichten, dazu unverſucht und uner=
fahren ſind, und doch, wenn ſie nur einmal die Schrift anſehen,
derſelben Geiſt ganz „ausſchepfen". Luther 1, 3a. Jener
Blumenflor von Liebesliedern   die durchgängig volksmäßig
ein ganzes Herz bis zum Grund ausſchöpfen und ihm durch
Leid und Luſt, in Schwellen und Entleeren, in Erhebung und
Niederſteigen durch alle die feinſten Schattierungen ſeiner Lebens=
bewegung folgen. Jak. Görres Einleitung zu den altdeutſchen
Volks= und Meiſterliedern. Das Intereſſe bis auf den letzten
Tropfen ausſchöpfen. Schiller Briefe an Goethe 1, 164 ꝛc. Da=
gegen veraltet: Bruder Claus   Er war ein Mann, gerads
und geſtaltigs Leibs, doch dürr, mager und „außgeſchöpfft",
allein von Haut, Adern und Gebein zuſammen geſchmuckt. Stumpff
Schweiz. Chron. 525b, wie: Bruder Niclaus, der was dürrs,
magers, ausgeſchöpfts Leibs. Seb. Frank Chron. 311a, ſ. u.:
erſchöpft (und — außer dürr, mager — auch entkräftet,
ausgemergelt, hager ꝛc.).

Entſchöpfen: dem im Dativ Genannten ſchöpfend das Objekt
entnehmen, z. B.: den Fäſſern Wein, dem Krug Nektar, dem

Quell Trinkwasser, dem Meer einige Tropfen entschöpfen. Wasser, | das die Pumpen nicht dem Boden [des Schiffs] zu entschöpfen | gnügten. A. W. Schlegel Span. Theater. 2, 21. Tiefem Sinn entschöpfte Worte. Wh. Humboldt 4, 383 2c.

Erschöpfen selten statt des Grundworts, z. B. eigentlich: Dieser erschöpft [statt: schöpft] sich | wieder getrübete Fluth. J. H. Voss Horaz Sat. 1, 1, V. 60 2c. und übertragen z. B. bei Luther: Daß du anstatt des Verdrießes, so du von ihnen „erschepffest" [= daraus schöpfest 2c.], übest diese Luft und Wohlgefallen in göttlichem Willen 1, 529a. Darum heißt Das der Christen Kunst und Weisheit, daß man in [= aus] Heulen und Klagen könnte tröstliche und fröhliche Gedanken des Lebens „erschepffen" [schöpfen]. 6, 80b 2c., heute gewöhnlich aber, wie ausschöpfen (s. o.), leer schöpfen 2c., die aber auch gelten, wo es sich um Etwas handelt, das man als schädlich fortzuschaffen wünscht, während erschöpfen nur von Etwas gilt, dessen Fülle erfreulich ist, vgl. z. B.: Das Wasser ausschöpfen (aus dem Kahn), den Kahn ausschöpfen, nicht: erschöpfen, dagegen dies — nicht bloß, wie ausschöpfen — eigentlich, sondern namentlich auch (wo jenes ungewöhnlich) übertragen, z. B. (s. a. a. O.): Einen Brunnen, eine goldne Ader erschöpfen 2c. Die kostbare Politik ., Portugal's Eroberung und der prächtige Bau von Escurial erschöpften endlich seine so unermeßlich scheinenden Schätze. Schiller 776a [Abfall der Niederl., Einleit.] 2c. Jemandes Kraft oder ihn erschöpfen: ihn ganz matt und kraftlos machen (s. o.: ausschöpfen). Ein Thema 2c. erschöpfen, so vollständig behandeln, daß Nichts mehr darüber zu sagen bleibt 2c., z. B.: Von Allem mußte geschöpft, Alles, wenn es auch nicht zu erschöpfen war, oberflächlich gekostet werden. Goethe 37, 321 [Gesch. der Farbenl., V. Abth., 1. Epoche: Voltaire] 2c. Erschöpfende Darstellung, Behandlung 2c.; ferner auch rückbezüglich (wie die übrigen Zusammensetzungen nicht vorkommen): Die Natur schöpft aus ewigen Meeren und erschöpft sich nicht. Jean Paul 22, 147 [Titan]. In eben dem Maße, wie sich die spanische Macht erschöpfte, gewann die Republik frisches Leben. Schiller 776b [Abfall der Niederl., Einleit.] 2c. Die beste Lunge erschöpft sich, auch sogar eine weibliche. Lessing Emilia Galotti III, 6 2c.

Vgl. auch als adjektiviſches Particip (eigenſchaftswörtliches Mittel=
wort, — unüblich ſo von den andern Zuſammenſetzungen): Es
ſtellt ſich der erſchöpfte Hirſch und zeigt | der Meute ſein ge=
fürchtetes Geweih. Schiller 523b [Tell I, 4, V. 647] u. o., auch
im Gegenſatz: Aus ihrem ſchönen Munde floß | ſein un=
erſchöpftes Lob. 67b [Gang nach dem Eiſenh.] Sie trinken
Leben | aus einem unerſchöpften Born. 73b [Parabeln 3] ꝛc.,
vgl. auch (ſ. Sanders Syn. 1, 203, Nr. 17 und Wörterb. 3, 1001a)
neben unerſchöpflich ꝛc. auch: In der unerſchöpfbaren
Natur iſt Alles einzig und einzeln. Herder Relig. 7, 68. Dank
ſei den unerſchöpfbar'n Feen. Wieland 12, 47 [Pervonte] ꝛc.
Unerſchöpfbarkeit als wie ein Unnachlaſſen der Kraft [beim
Rheinfall]. Goethe 26, 122 ꝛc., ſeltner: Aus dem unausſchöpf=
lichen Urborn. Kosegarten Poeſ. 1, 18. Ein Spiegel | un=
ausſchöpflicher Kraft. Ders. (Schiller's Horen II, 7, 80) ꝛc.,
auch unverneint: Erinnerung an die Erſchöpfbarkeit [der
Fälle]. Rundſchau 15, 2, 61.

Abſehen (ſ. Sanders 3, 1062).

1) Einem Etwas abſehen ſ. abhören S. 25 ꝛc.

2) Von Etwas abſehen = das Auge abwenden, namentlich
übertragen: davon abſtrahieren, es nicht mit in Betracht, Er=
wägung ziehen ꝛc. (ſ.: es aus der oder außer Acht, aus
den oder außer Augen laſſen, ſetzen), vgl. namentlich auch
hinwegſehen: Wovon man abſieht, Das hat man im Auge
gehabt, daran hat das Auge gehaftet, aber man zieht, wendet
es davon ab, weil man es außer Acht laſſen will, es für das
Ergebnis nicht mit in Anſchlag, in Rechnung bringen will; wenn
man dagegen über Etwas hinwegſieht, ſo kann Das zu=
weilen auch etwas unwillkürlich, unabſichtlich Überſehenes (ſ. b.),
ſein, was der Blick gar nicht getroffen: Wenn ich auch von
allem Andern abſehe oder abſehen will, auch: abgeſehen
von allem Andern ꝛc., ſo würde mein Vater nie ſeine Ein=
willigung dazu geben ꝛc. Abgeſehen [davon = außerdem],
daſs die meiſten ſchon nach Dresden ſind verkauft. Platen 4, 110
[Romant. Ödip. II]. Nürnberg, wo ich ohne allen Umgang,
ohne litterariſche Hilfsmittel ſein würde, wäre für mich ein gar
zu melancholiſcher Aufenthalt, abgeſehen des [ſtatt von dem ꝛc.]

ungeheuren Abſtands der Paradieſe Neapel's und der Sand=
wüſte von Nürnberg. 7, 228 [Brief vom 12. Aug. 1831] ꝛc.:
ſeltner: Auch über die Grundſätze der jüdiſchen Grammatif und
Auslegungskunſt, die von der chriſtlichen ſo verſchieden iſt, hin=
weggeſehen; hinweggeſehen darüber, daſs bei einer Sprache,
die ehmals ohne Vokalen geſchrieben ward, es dem Gegner an
Ausflüchten nie fehlen werde, iſt es ausgemacht, daſs dieſe Vor=
herſagungen   einen immer geiſtigern Sinn erhalten haben.
Herder Phil. 10, 103. Was wäre aber die Kunſt, was hätte ſie,
hinwegeſehen vom Sinnlichen, Erweckendes und Anziehendes
für unſern denkenden Geiſt, wenn es nicht dieſe dem Naturſtoff,
den ſie bearbeitet, eingeprägte Spur der lebendig wirkenden, um=
formenden Menſchheit wäre? Forster Anſichten vom Nieder=
rhein 1, 79.

3) Es auf Etwas abſehen ꝛc.; das Abſehen, ſ. Abſicht.

**Abſicht, Abſehen, Augenmerk, Augenziel, End=
ziel, Endzweck, Entſchluſs (Beſchluſs), Grund,
Intention, Merkziel, Plan, Projekt, Richt=
punkt, Vorhaben, Vornehmen, Vorſatz, Wille,
Ziel, Zielpunkt, Zweck.**

In meinem Wörterb. 3, 1026 b heißt es unter abſehen,
mit Fortlaſſung der meiſten Belegſtellen, in Nr. 3: Den Bogen
ſpannen und ſein Ziel [ſ. u.] | ſo abſehn als der ſchießen will.
Opitz Pſalm 7, es in Auge faſſen; und ſo metonymiſch: ein
Werkzeug, namentlich ein Geſchütz mittels des Viſiers (ſ. d.
unter Korn) richten   heute gewöhnlich nur übertragen, in
der Fügung: Es abſehen (ſ. anlegen, anſehen), namentlich:
auf Einen oder Etwas, auch: wohin und mit Infinitiv und
„zu"   und dann weiter in 4 der ſubſtantiviſche Infinitiv,
zunächſt die Vorrichtung, ein Inſtrument nach einem beſtimmten
Punkt hin zu richten   So lange wir uns mit den Abſehen
begnügen mußten, wie ſie bei den älteren Inſtrumenten [Fern=
röhren] angebracht waren. Littrow Wunder des Himmels (1842)
S. 683. Stutzer mit   Meſſingblende über dem Abſehen.
Fr. v. Tschudi Thierleben der Alpenw. 380 ꝛc. und danach über=
tragen: Das, worauf man ſein Auge richtet (ſ. Augenmerk) ꝛc.:
Sein (das, ein) Abſehen auf Etwas richten, haben, nehmen ꝛc.

Unſer Abſehen und Wunſch geht dahin. Etwas zum Ab=
ſehen haben, vgl. das heute üblichere Abſicht [ſ. u.], z. B.: Das
Hauptabſehen dieſer weitläuftigen Schrift war, mein Talent
und das ſeinige neben einander zu ſtellen. Goethe 22, 189 [Wahrh.
u. Dicht. XIV]. Ein andrer Zweck [ſ. u.] iſt oft an wahrer Liebe
Statt, | ein Abſehn bringet weit, das Gott zum Fürwort hat.
Haller 113 [Die verdorbnen Sitten]. Die Einfalt .. | herrſcht in
dem rauhen Sinn, den nie die Liſt betrogen, | kein Großer ab=
geſchreckt, kein Abſehn umgebogen. 108 [ebd]. Den muthigen
Entwurf zu Reußen's neuer Macht, | den Peter's Geiſt hervor=
gebracht, | hat gütiger die Vorſicht angeblicket, | Sie hat, ſein
wichtiges Bemühn, | ſein großes Abſehn zu vollziehn, | ihm edle
Folger nachgeſchickt. L. H. Nicolai (1778) 1, 140 ꝛc., auch in der
Mehrzahl: Mit liſt'gen Abſehn unterbricht | geraume Zeit der
Jüngling dieſe Stille nicht. 6, 17. Bald aus Andacht, bald aus
andern Abſehen. Olearius Der perſian. Baumgart. (1696) 40a.
     Abſicht (ſ. Sanders 3, 1092b, c) = das Abſehen (ſ. o.),
z. B. veraltend: Diopter, Viſier, namentlich aber: das auf Er=
reichung eines Zwecks [ſ. u.] gerichtete Streben: Mit (ohne) Ab=
ſicht = (un)abſichtlich. In der Abſicht [oder: um] zu ꝛc. In
dieſer Abſicht. In guter Abſicht. Das geſchah gegen oder
wider meine Abſicht. Abſichten auf Etwas oder Jemand,
z. B. auf ein Mädchen haben. Seine Abſicht auf Etwas
richten. Jemandes Abſichten merken, fördern ꝛc., vereiteln,
durchkreuzen, zerſtören ꝛc. Um nun die weitere Abſicht, ja
den Plan im Allgemeinen und ſomit auch den Zweck des Ge=
dichtes zu bekennen, eröffne ich, daß der Leſer durch eine Art
von ideellem Montſerrat geführt werden ſollte. Goethe
2, 361 [Über d. Fragment: die Geheimniſſe]. Jeder, der mit
lebhaften Kräften vor unſern Augen eine Abſicht zu erreichen
ſtrebt, kann, wir mögen ſeinen Zweck loben oder tadeln, ſich
unſere Theilnahme verſprechen. 16, 84 [Lehrj. II, 1]. Wenn ſie
auch | die Abſicht hat, den Freunden wohlzuthun, | ſo fühlt
man Abſicht und man iſt verſtimmt. 13, 131 [Taſſo II, 1].
Gleich ſieht er Abſicht, ſieht Verrätherei | und Tücke. 105 [I, 2].
Kluge Leute merkten die Abſicht [des Freiwerbers]; der kluge
Geſandte | merkte den Willen [die Geſinnung der Brauteltern]
gar bald und konnte ſich weiter erklären. 5, 63 [Herm. u. Doroth.

VI, 265] ꝛc., vgl. auch: Die neuern Maler machen offenbar das
Mittel zur Abſicht [ſtatt: zum Zweck, ſ. d. unten]. Lessing
11, 139. Die Handlung [des Dramas] muß außer der Ab=
ſicht, welche der Dichter damit verbindet, auch eine innere, ihr
ſelbſt zukommende Abſicht haben. Lessing 5, 379, heutigem
Gebrauch gemäßer (ſ. Danzel Leſſing 430): einen innern Zweck
[ſ. d.] ꝛc., vgl.: Nun zerbrecht mir das Gebäude, | ſeine Ab=
ſicht [ſeinen Zweck oder: meine Abſicht] hat's erfüllt. Schiller
79b [Glocke, V. 335] ꝛc. Auch Zuſammenſetzungen, z. B.: End=
abſicht dieſer weiſen Einrichtung. Mendelssohn 4, 1, 74. Nun=
mehr, da man die Nebenabſichten in Hauptabſichten ver=
wandelt hat, verfehlen die Künſte ihres wahren Endzwecks
[ſ. u.] 75. Die Veranlaſſung des gegenwärtigen Blattes   Der
Endzweck desſelben ſoll den guten Abſichten entſprechen,
welche man den Männern, die ſich dieſer Verwaltung unter=
ziehen wollen, nicht anders als beimeſſen kann   Freilich giebt
es   .Leute, die   bei jedem guten Unternehmen Nichts als
Nebenabſichten erblicken. Lessing Ankünd. bei Dramaturgie
u. ä. m.

Über die Verbindung: in Abſicht, ſinnverwandt mit: in
Anſehung, in Hinſicht, in Rückſicht, in Betracht, An=
betracht ꝛc., hinſichtlich rückſichtlich ꝛc. ſ. Hinſicht.

Das Augenmerk (ſ. Sanders 2, 294a,b, mit Fortlaſſung der
meiſten Belegſtellen): Das, worauf man als Merkzeichen für das
Ziel das Auge richtet, was man ſo ins Auge faßt ꝛc., eigent=
lich und übertragen: Etwas iſt, bleibt Jemandes Augenmerk,
ſein ganzes, erſtes, letztes, vorzügliches, vornehmſtes, hauptſäch=
liches Augenmerk. Etwas ſein Augenmerk ſein laſſen. Kein
höheres Augenmerk haben. Etwas zum Augenmerk haben,
nehmen, behalten. Sein Augenmerk auf Etwas haben, richten,
ſtellen ꝛc. Dies iſt der Zweck, das Mal, Schießblatt und
Ziel, darnach alle gute[n] katholiſche[n] Chriſten ihre Pfeil und
Augenmerk richten müſſen. Fischart Bienkorb 50b. Pope
war, wo nicht ſein [Schloſſer's] Muſter, doch ſein Augenmerk.
Goethe 21, 63 [Wahrh. u. Dicht. VII]. Daß wir nicht unſer
Augenmerk aus dem Geſicht verlieren. Lessing 13, 54 ꝛc.
[Daneben auch männlich (ſ. u.): Dieſes Talent   würde jedoch
nur ein vorübergehendes Vergnügen gewähren, wenn ich es nicht

zum Beſten des gemeinen Weſens, das noch immer der vorzüg=
lichſte Augenmerk jedes guten Bürgers ſein muſs, anzuwenden
gelernt hätte. Thümmel 2, 65 2c.; ferner (veraltet): Was der
Spanier Aug=Gemerk. Weidner Apophthegm. 145 2c. Dann
Nichts iſt, drauf nicht Der, von welchem Alles hanget, | mit
ſeiner Gegenwart und Augenmerkung langet. Opitz 4, 298 2c.].
Auch Zuſammenſetzungen, z. B.: Iſt die Begebenheit oder Situation
das Hauptaugenmerk des Dichters, ſo braucht er ſich nur in
ſo fern in die Leidenſchaft und Charakterſchilderung einzulaſſen,
als er jene durch dieſe herbeiführt. Iſt hingegen die Leiden=
ſchaft ſein Hauptzweck, [ſ. u.], ſo iſt ihm oft die unſchein=
barſte Handlung ſchon genug, wenn ſie jene nur ins Spiel
ſetzt. Iſt endlich der Charakter ſein vorzüglicheres Augen=
merk, ſo iſt er in der Wahl und Verknüpfung der Begeben=
heiten noch viel weniger gebunden. Schiller 1237a [Über
Goethes Egm.]. Entfaltete er privatim das Gehirn ſelbſt vor
unſern Augen, wodurch denn meine Theilnahme ſich ſteigerte.
Denn das Gehirn bleibt immer der Grund und das Haupt=
augenmerk, da es ſich nicht nach der Hirnſchale, ſondern dieſe
nach jenem zu richten hat. Goethe 27, 173 [Annalen 1805] 2c.,
auch (ſ. o.) männlich: Wir verfolgten unſern Weg und, da der
Übergang aus einer Fluſsregion in die andere immer der
Hauptaugenmerk mein, des Geognoſten, war, ſo fielen mir
die Sandſteinhöhen auf, die nun, ſtatt nach der Elbe, nach der
Weſer hindeuteten. 178 [ebb.] 2c. Sein Nebenaugenmerk.
Goethe an Lavater 165 2c.

Ziel (ſ. Sanders 3, 1759, woher ich hier nur eine geringe
Auswahl der Belegſtellen entlehne) hat die Grundbedeutung: das
Ende und bezeichnet ſo auch — in der vorliegenden Sinnver=
wandtſchaft — einen Punkt, den man als Endpunkt zu erreichen
ſtrebt oder ſtreben muſs, worauf das Augenmerk gerichtet iſt,
ſo z. B.: das Ziel einer Fortbewegung, Wanderung, Fahrt,
eines Wandrers, beim Wettlauf 2c.; ferner: das Ziel eines
Schützen (das man ſchießend 2c. zu treffen ſtrebt) und übertragen
und verallgemeint = Das, wohin Etwas — oder wonach man
ſtrebt, was man zu erreichen ſtrebt, ſich vorgeſetzt hat 2c., z. B.:
Meine Lehre iſt das Ziel, von Gott geſteckt, zu dem Alles muſs
ſchießen; doch wird der Zweck [ſ. u.] von ihnen Allen unge=

troffen bleiben ꝛc. Luther 6, 315b. Ob ich mit Hilf Apollinis
den Zweck und das rechte Ziel mög treffen. Schaidenreiſſer
Odyſſ. (Augsb. 1538) 91a = Jetzo ein anderes Ziel, das noch
kein Schütze getroffen | wähl' ich mir, ob ich es treff' und Ruhm
mir gewähret Apollon. Voss Odyſſ. 22, 7. Ein Ziel will ich dir
[dem Pfeil] geben, das bis jetzt | der frommen Bitte undurch-
bringlich war. Schiller 544b [Tell IV, 3, V. 2599]. Wer ſich des
Kindes Haupt zum Ziele ſetzte, | Der kann auch treffen in das
Herz des Feindes. ebb. a [V. 2575]. Ich vergleiche die Seele
eines wohlgearteten Menſchen mit einem Zweck von einem ſehr
zarten Stoffe, nach welchem die Philoſophen als eben ſo viele
Bogenſchützen ſchießen … Darum ſchießen doch nicht alle gut
nach dem Ziele. Wieland Luc. 1, 50. Nicht kamen ſie [die
Pfeile] zum Zweck, die doch vom Ziel nicht irrten. Rückert
Roſtem und Suhrab 89b ꝛc.; ferner z. B.: So kann ſich die
Welt auf eine goldne Zeit freuen, wie die Geſchichte noch keine
aufzuweiſen hat. Ich hatte zu dieſem Ziele mitgewirkt. Wieland 18, 218 [Agathodämon, V. Buch, Schluſs]. Was iſt der Arbeit
Ziel und Preis? Schiller 336b [Piccol. I, 4]. Ihm [Joh. Heinr.
Voß] war das glückliche Los beſchieden, daſs er den alten Sprachen
und Litteraturen ſeine Jugend widmete, ſie zum Geſchäft ſeines
Lebens erkor. Nicht zerſtückeltes buchſtäbliches Wiſſen war ſein
Ziel, ſondern er drang bis zum Anſchauen, bis zum unmittel-
baren Ergreifen der Vergangenheit in ihren wahreſten Verhält-
niſſen. Goethe 32, 126 [Anzeige von Voſſens Gedichten] ꝛc. Einen
ſolchen Umgang [in den ſieben Hauptkirchen Rom's] nun voll-
führen auch einheimiſche fromme Seelen in der Karwoche …
Da man aber zu dem geiſtlichen Vortheil, welchen die Seelen
durch den damit verknüpften Ablaſs erwerben und genießen, noch
einen leiblichen Genuſs hinzugethan, ſo wird in ſolcher Hinſicht
Ziel und Zweck noch reizender. 24, 268 [Ital. Reiſe, Rom,
22. März 1788]. In gleicher Freiheit nach beſtimmten Zwecken
[mit meinem Operntext] zu wirken, war meine Abſicht und ich
wüſste ſelbſt nicht zu ſagen, in wie fern ich mich meinem Ziel
genähert habe. 151 [ebb. Nov. 1777]. Wenn er [Wieland] auch
nicht gerade immer einen praktiſchen Zweck ſuchte, ein praktiſches
Ziel hatte er doch immer nah oder fern vor Augen. 27, 442
[Zum Andenken Wieland's]. Wir waren mehr den Würmern

gleich), die am Blatte zehren, unwiſſend, daſs der Schmetterling
mit ſeinem Flügelpaar Zweck und Ziel dieſes Raupenfraßes.
F. Gust. Kühne [Monatbl. z. Allgem. Ztg. 1845, 360a]. Ein ſolcher
Menſch thut Nichts ohne Ziel und Zweck. Spielhagen In Reih
und Glied 3, 216. Was er [Gott] ihm vorgenommen | und was
er haben will, | Das muſs doch endlich kommen | zu ſeinem
Zweck und Ziel. Paul Gerhard [Befiehl du deine Wege,
Str. 5] ꝛc. — Auch in Zuſammenſetzungen z. B.: Das war der
einzige Gedanke und das alleinige Augenziel Dianens. Feod.
Wehl Allerweltsgeſch. (1861) 113 ꝛc. [ſ. Augenmerk, Merk-
ziel] ꝛc. Verbildung..., wenn man das Bildungsziel in der
Übereinſtimmung mit falſchen Muſterbildern ſucht. Brockhaus
Konverſ.-Lex. (12. Aufl.) 3, 424. Während Deutſchland mit lang-
ſamen Schritten ſeinem Endziele langſam entgegengeht. H. B.
Oppenheim Jahrb. 1, 237 ꝛc. Daſs Spanien immer ein Haupt-
ziel ihrer [der karthagiſchen] Schiffahrt. Heeren Jdeen 2, 188.
Die Knaben... Sie wurden zur Ausbildung des Körpers und
ſeiner Kraft, zur Gewandtheit im Gebrauch der Waffen, zu Ge-
horſam, Tapferkeit, Ehrliebe, Enthaltſamkeit, Ausdauer und
Schlauheit angeleitet; denn Dies war das Hauptziel der ſparta-
niſchen Jugenderziehung. Schlosser's Weltgeſch., von Kriegk
1, 284 ꝛc. Als Merkziel Gutzkow Zaubrer v. Rom 2, 7 [ſiehe
Augen-Ziel, -Merk]. [Hamlet,] der Bildung Muſter, das
Merkziel der Betrachter. Schlegel Hamlet 3, 1. Einziges Ge-
danken- und Sehnſuchtsziel. Gutzkow Söhne Peſtal. 1, 37.
Dies Sehnſuchtsziel aller frommen Seelen. Westermann's
Jlluſtr. Monatshefte 321, 315a. Das lebendige Jneinandergreifen
dieſer Thätigkeiten und Beſchäftigungen bildet das Geſammtwerk
der Kultur, deſſen Steigen eine immer vollſtändigere Erreichung
moraliſcher Strebeziele ermöglicht. Brockhaus' Konverſ.-Lex.
(12. Aufl.) 3, 424 ꝛc. Vgl. auch: Er ſelbſt hat ſich geſteckt den
hohen Zielpunkt. Knebel 1, 41. Das heilige Grab Abraham's
zu erobern und ſich dadurch einen Ziel-, Stütz- und Mittelpunkt für das ganze Unternehmen zu verſchaffen. Goethe 4,
273 [Anm. zum Weſtöſtl. Div., Altteſtamentliches] ꝛc., ähnlich:
Als Richtpunkt, wohin wir unſern Lauf bei einer nur zu oft
durch Stürme unterbrochenen Fahrt zu richten haben. 27, 421
[Zum Andenken der Fürſtin Anna Amalia] ꝛc.

Zweck (ſ. Sanders 3, 1804 c, 5, woher ich gleichfalls, wie bei Ziel [ſ. o], nur einzelne Belege auswähle) hat die Grundbedeutung eines kurzen Dinges mit ſpitzem Ende, z. B. = Pflock und ſo inſonderheit: der Pflock in der Mitte der Schießſcheibe als Schützenziel; dann das Schützenziel und verallgemeint das zu erreichende Ziel überhaupt; Das, worauf man als auf ein zu Erreichendes ſein Augenmerk, ſein Abſehn, ſeine Abſicht richtet, Das, warum und wozu Etwas geſchieht, namentlich auch mit Rückſicht auf die zur Erreichung des Beabſichtigten und Erſtrebten aufgewendeten Mittel, z. B.: zu der unter Abſicht angeführten Stelle aus Leſſing 5, 379 —: Es kann auch heute noch kaum etwas Deutlicheres geben, wenn man nur ſtatt des Ausdrucks Abſichten, der bei uns eine ganz ſubjektive Bedeutung angenommen hat, Zwecke und insbeſondere ſtatt Abſichten der Handlungen und der Leidenſchaften innere Zwecke derſelben ſetzt. Danzel Leſſing 430 ꝛc.; ferner (ſ. auch Sanders 2, 316 c): Wer den Zweck will, muſs auch die Mittel wollen. Der Jeſuitengrundſatz, daſs der Zweck die Mittel heiligt, ꝛc. und —: Wie beklag' ich es tief, daſs dieſe treffliche Seele, | werth, mit zum Zwecke zu gehn | mich nur als Mittel begreift. Goethe 1, 311 [Jahrz. III, 64]. Die Menſchen werden an ſich und Andern irre, weil ſie die Mittel als Zwecke behandeln. 3, 152 [Spr. in Proſa I]. Ich verehre den Menſchen, der deutlich weiß, was er will, unabläſſig vorſchreitet, die Mittel zu ſeinem Zwecke kennt und ſie zu ergreifen und zu brauchen weiß; in wie fern ſein Zweck groß oder klein ſei, Lob oder Tadel verdiene, Das kommt bei mir erſt nachher in Betrachtung. 17, 153 [Lehrj. VI]. Daſs die Menſchen wohl über die Zwecke einig werden, viel ſeltener aber über die Mittel, dahin zu gelangen. 19, 124 [Wanderj. III, 12]. Sein Schwiegervater, ihm gleich an Liſt, geſinnt wie er, um dieſes Mittel zum Zweck für rechtmäßig zu halten, betrügt ihn [Jakob]. 20, 165 [Wahrh. u. Dicht. IV]. Zu einem großen Zwecke wurden unzulängliche Mittel angewendet. 22, 94 [ebd. XII]. Indem ... Dasjenige, was nur Hilfsmittel ſein ſollte, mich nunmehr als Zweck anreizte. 39, 458 [Geſch. der Farbenl., Konfeſſion des Verfs.]. Wo das Mittel zum Zweck wird. 40, 479 [Üb. Mathem. III]. Die Güter des Geiſtes ſind [beim Knaben] geiſtiges Mittel zu thieriſchem Zweck... Das Gefühl

ſeiner Kraftäußerung … flößt ihm [dem Mann] Neigung zu dem
Gegenſtand ein, der bisher nur Mittel war; der erſte Zweck
iſt vergeſſen. Aufklärung und Ideenbereicherung decken ihm zu=
letzt die ganze Würde geiſtiger Vergnügungen auf, — das Mittel
iſt höchſter Zweck [ge]worden. Schiller 690b [Zuſammenh. der
thier. Natur, § 10]. Man wird über die Kühnheit des Zwecks
erſtaunen, den die Bosheit zu entwerfen und zu verfolgen im
Stande iſt; man wird über die Mittel erſtaunen, die ſie aufzu=
bieten vermag, um ſich dieſes Zwecks zu verſichern. 716a
[Geiſterſ. I, Anf.]. Die Inkonſequenz der mehrſten Menſchen …,
den Zweck zu begehren und die Mittel zu haſſen. 970b [30jähr.
Krieg IV]. Darſtellung des Leidens — als bloßen Leidens — iſt
niemals Zweck der Kunſt; aber als Mittel zu ihrem Zweck iſt
ſie derſelben äußerſt wichtig. Der letzte [ſ. u.: End=]Zweck der
Kunſt iſt die Darſtellung des Überſinnlichen ꝛc. 1125a [Üb. d.
Pathetiſche, Anf.]. Daſs Das, was er für den Zweck hielt, bloß
ein Mittel zu dem wahren Zweck ſeines Ordens ſei. Wieland
17, 53 [Peregr. Proteus VII]. Ich weiß nur von einer Theo=
kratie, gegen welche keine Einwendung zu machen iſt, … in deren
Plan Alles, was iſt und lebt, eingeflochten iſt, Alles von unbe=
kannten Urſachen zu unbekannten Zwecken in ewiger Bewegung
erhalten wird, Alles zugleich Mittel und Zweck, Urſache und
Wirkung iſt und der erſte Beweger von Allem ewig unſichtbar
hinter der Scene bleibt. 88 [ebd. VIII]. Wer den Zweck will,
will die Mittel. 22, 252 [Ariſtipp XXXIX] = 31, 23 [Üb. d.
franz. Revol., zw. Walther u. Adelſtan] ꝛc.; ferner, außerhalb der
Verbindung mit Mittel, z. B.: Zu welchem Zweck? = wozu,
vgl.: Kind, lerne, was du kannſt, und frage nicht, wozu | einſt
das Gelernte dient; für jetzo lerne du. | Das iſt der Vorzug, den
die Jugend hat im Lernen, | daſs ihr das Was ſteht nah und
das Wozu im Fernen. | Dem Alter nach und nach muſs dieſer
Muth verrauchen, | zu lernen ohne Zweck, wozu es ſei zu
brauchen. Rückert Weish. des Brahm. (V Buch, Nr. 66). Als
Bruchſtück erſcheint ihm jetzt Alles, was er thut; er ſieht keinen
Zweck ſeines Wirkens und doch kann er Zweckloſigkeit nicht
ertragen. Schiller 1003a [Was heißt … Univerſalgeſchichte?]. Den
Zufall giebt die Vorſehung. — Zum Zwecke | muſs ihn der
Menſch geſtalten. 277a [Karlos III, 9]. Im engern Kreis ver=

engert ſich der Sinn, | es wächſt der Menſch mit ſeinen größern Zwecken. 318b [Wallenſt., Prolog]. Trau Niemand hier als mir. Ich ſah es gleich, | ſie haben einen Zweck. 348b [Piccol. III, 5] ꝛc. Zweck ſein ſelbſt [ſ. u.: Selbſtzweck] iſt jegliches Thier. Goethe 2, 294 [Metamorph. der Thiere]. Er [Lenz] hatte einen entſchiedenen Hang zur Intrige, und zwar zur Intrige an ſich, ohne daſs er eigentliche Zwecke, verſtändige, ſelbſtiſche, er= reichbare Zwecke dabei gehabt hätte. 22, 186 [Wahr. u. Dicht. XIV] ꝛc. Indem die ganze Thätigkeit meines Geiſtes wieder auf den großen Zweck gerichtet wurde, der   nicht aufhörte   ., das Ziel [ſ. o.] meiner ewigen Sehnſucht zu ſein. Wieland 16, 183 [Peregr. Proteus, IV. Abſchn.]. Den endlichen [ſ. u. End=] Zweck des Beginnens ſorglich verhehlen. Bürger 248b [Dido V. 321 = Nicht den Zweck der Rüſtung offenbaren. Schiller 41a, Dido Str. 54]. Es iſt demnach auch hier letzter Zweck keineswegs das Wiſſen, ſondern vielmehr die Kunſt, das Wiſſen zu gebrauchen. Fichte 8, 100 ꝛc. Zahlreiche Zuſammenſetzungen z. B.: Ihrer Aller Hinſtreben durch ſo unzählige mittlere Zwecke hindurch zu einem einzigen letzten und großen Endzweck. J. J. Engel 4, 6. Man muſs ſo viel Leidenſchaft haben, wie Sie, … um Alles zu ſeinem Endzweck zu nutzen. Goethe 17, 27 [Lehrj. V, 6]. Shakeſpeare führt die ankommenden Schauſpieler zu einem doppelten Endzweck herein. 28 [ebd.] u. o. Eine Reihe von Bewegungen, die auf einen Endzweck abzielen, heißt eine Hand= lung. Lessing 11, 144. Die ſchönen Künſte   haben die Ab= ſicht [ſ. o.] zu gefallen. Der Virtuoſe muſs alſo alle Mittel anwenden, die ihn zu dieſem Ziele [ſ. o.] leiten. Wenn wir nun die Bemühung zu gefallen gar zu deutlich merken und alſo mehr die Übereinſtimmung der Mittel zum Endzweck als ihre natürliche Verbindung unter einander wahrnehmen, ſo ſagen wir, es ſei zu ſehr gekünſtelt. Hat aber der Künſtler ſeine Mittel, außer ihrer Übereinſtimmung zur Abſicht, auch unter ſich der= geſtalt verbunden, daſs ſie ungezwungen aus einander fließen…, ſo ſagen wir…: es iſt Alles Natur in ſeinen Arbeiten. Mendels- ſohn 4, 2, 213; 4, 1, 75 [ſ. o. S. 111: Hauptabſicht ꝛc.]. Nicht meine Thaten, | der Beifall, den ſie finden an dem Thron, | ſoll meiner Thaten Endzweck ſein. Schiller 277b [Karlos III, 10] ꝛc., auch: Daſs er den großen und letzten Hauptendzweck ſeines Werkes

nie aus den Augen verliert, indem ſelbſt die Zwiſchenſpiele,
Epiſoden und Abſchweifungen unverſehens zu wirklichen Theilen
des Ganzen werden. Wieland 34, 12 [Bunkliade] 2c. — Außer
mehreren nicht unbedeutenden Nebenzwecken, welche Plato in
ſeinen vorzüglichſten Werken mit dem Hauptzwecke zu ver=
binden gewohnt iſt, ſcheint mir ſeine vornehmſte Abſicht [ſ. o.]
in dem gegenwärtigen dahin zu gehen 2c.   Dieſem großen
Zwecke zufolge zerfällt dieſer Dialog in zwei Haupttheile. 24,
51 [Ariſtipp III, 5] u. o. Allerdings ſind in Gottes Reiche alle
Mittel auch Zweck und dem Menſchen muſs ſein Erdenleben
ein genau erforſchter Mittelzweck werden. Herder Relig. 9,
470 und als Gegenſatz: Die Romantik behauptete zunächſt den
Selbſtzweck und die Göttlichkeit der Kunſt, die man zum Mittel
für Endliches, zur Unterhaltung und Belehrung herabſetzen wollte.
M. Carriere Achim v. Arnim (1841) 3. Daſs das wahre Gedicht
ſeinen Zweck in ſich ſelbſt haben, als ſolches Selbſtzweck ſein
müſſe. Danzel Leſſing 428. Wie alle gelehrten Unterſuchungen
nicht Selbſtzweck, ſondern Mittel zum Zweck wären. F. Lewald Wandlungen 1, 363. Eine phyſiſche Möglichkeit ſcheint ge=
geben, das Geſetz auf den Thron zu ſtellen, die Menſchen endlich
als Selbſtzweck zu ehren 2c. Schiller 1154a (Äſthet. Erziehung,
Brief 5] 2c.

Den bisher beſprochnen Ausdrücken gemeinſam iſt das
Wohin in der Richtung des Willens, Strebens und dadurch
unterſcheiden ſie ſich von Grund (ſ. Sanders 1, 634c) in der
Bedeutung: Das, worauf das Sein oder das Warum von Etwas
beruht, ſich ſtützt, woraus es hervorgeht 2c., welches ſinnverwandt
erſcheinen kann, ſo weit es ſich eben um den Grund, warum
man Etwas will, beſtimmter um einen Bewegungsgrund
(oder dem heutigen Gebrauch gemäßer: Beweggrund) handelt,
wie ſich in dieſer Beziehung auch die Ausdrücke wozu? und
warum? berühren; aber darin liegt auch in ſolchen Fällen der
Unterſchied: Wozu [= zu welchem Ende, Zweck 2c.] haſt du
Das gethan? = was war dabei das Ziel deines Strebens?
dein Augenmerk? worauf war dein Thun gerichtet? 2c. —
dagegen: Warum haſt du es gethan? = aus welchem Grunde
(Beweggrunde) [iſt dein Thun hervorgegangen]? — vgl.: Was
hat dich dazu veranlaſst? was war der Anlaſs, die Veran=

laſſung zu deinem Thun? ꝛc., ſ. Weiteres unter Grund, wie
z. B.: Die Freiheit handelt zwar allezeit aus Gründen: aber
nicht allezeit aus Abſichten. Lessing ꝛc.

Wille (ſ. d. ſpäter unter eignem Titelkopf und Sanders 3,
1605 ff.) hat allgemeinern Sinn; ſinnverwandt mit Abſicht ꝛc.
erſcheint es nur in Fällen, wo Jemandes Thun und Handeln
durch das eigne Wollen, nicht durch das eines Andern beſtimmt
und geleitet wird, vgl. z. B.: Mit meinem Willen ſoll er keinen
Fuß mehr in das vermaledeite Haus ſetzen. Lessing 1, 510
[Minna von Barnh. I, 1], vgl.: mit meiner Einwilligung, Bewilligung, Zuſtimmung ꝛc., aber nicht: mit meiner Abſicht ꝛc.;
dagegen z. B.: Mit Willen = mit Fleiß, gefliſſentlich, abſichtlich, mit Abſicht ꝛc., aber auch hier tritt bei Abſicht be-
ſtimmt die Richtung auf das als Ziel Gewollte, auf den im
Auge gehabten (als Augenmerk dienenden) Zweck hervor,
dagegen bei Wille mehr das Hervorgehen des Gethanen aus
der vorſätzlichen, freien Selbſtbeſtimmung des Thuenden, nicht
z. B. aus dem Walten eines Zufalls, z. B.: Gebautes einzureißen,
rath' ich, gnügt's nicht mehr; | mit Willen thät' ich's; Zufall
aber bleibt verhaſſt. Goethe 10, 305 [Pandora] ꝛc., vgl. auch
hier nah angrenzend und doch aus der Sinnverwandtſchaft
heraustretend — mit Willen = freiwillig, aus freien Stücken,
ungezwungen ꝛc.; vgl. ferner z. B.: Wenn du auch die Abſicht
haſt, dieſen Zweck zu erreichen: der bloße Wille thut es nicht,
wenn du nicht für die nöthigen Mittel ſorgſt, um an dein Ziel
zu gelangen ꝛc.; ferner Goethe 5, 63 (ſ. o. S. 110: Abſicht).

Mit Abſicht (ſ. o.) berührt ſich Vorſatz. ſ. Sanders 3, 864c,
wo es heißt: Vorſatz: Das, was Jemand zu thun ſich vorſetzt,
vornimmt, und: der deßhalb gefaſste Entſchluſs (ſ. d., vgl.
Vornehmen, Vorhaben ꝛc.): Einen Vorſatz faſſen, haben,
hegen. Des Vorſatzes ſein. Seinen Vorſatz ausführen, —
aufgeben, ändern. Bei ſeinem Vorſatz bleiben, beharren. Seinem
Vorſatz getreu. Von ſeinem Vorſatz abgehen, abweichen, ſich
abwendig machen laſſen. Das (zu thun) war mein Vorſatz.
Das habe ich mit (oder: ohne) Vorſatz gethan ꝛc. Sein Entſchluſs, ſich zu entfernen war nun ſein feſter Vorſatz.
Goethe 17, 355 [Lehrj. VIII, 7]. Wilhelm verließ völlig beruhigt
ſeine Geliebte, mit dem feſten Vorſatze, ſein Vorhaben un-

verzüglich ins Werk zu setzen. 16, 69 [ebb. I, 15]. Wird nicht
dieses schöne Vorhaben vielleicht ein bloßer schöner Vorsatz
bleiben? Lessing 2, 78 2c., s. sich anschließende Belege für Vor=
satz 2c. weiter unten — vgl. (s. Sanders 1, 651a, b): Vor=
haben. etwas erst Zukünftiges, Bevorstehendes, Auszuführen=
des vor sich haben, sich damit beschäftigen, es im Sinn haben .,
als substantivischer Infinitiv: Das, was man vorhat, ins Werk
zu setzen beabsichtigt 2c.; ferner (s. ebb. 2, 419b): Sich Etwas
vornehmen, vorsetzen, es zu thun beschließen Der substan=
tivische Infinitiv das Vorgenommene [was man sich vor=
genommen] Zuerst solle man untersuchen und einsehen, was
denn eigentlich der Dichter sich vorgesetzt, sodann scharf be=
urtheilen, ob dieses Vornehmen auch vernünftig und zu billigen
sei, um endlich zu entscheiden, ob er diesem Vorsatz auch wirk=
lich nachgekommen. Solchen Forderungen gemäß haben wir uns
den deutlichsten Begriff von Herrn Manzoni's Absichten zu
verschaffen gesucht; wir haben dieselben löblich, natur= und kunst=
gemäß gefunden und uns zuletzt, nach genauer Prüfung über=
zeugt, daß er sein Vorhaben meisterhaft ausgeführt. Goethe 33,
224 [Ital. Litter.] 2c., s. Sanders 3, 1087c: Sich einen Zweck .,
ein Ziel vorsetzen. Sich Etwas vorsetzen: fest vornehmen
und z. B.: Daß ich mir oft habe vorgesetzt, zu euch zu kommen.
Röm. 1, 13 = Daß ich mir oft vorgenommen habe 2c. van Ess
ebb. Sittah: Mach sie nicht erröthen. | Saladin: Das hab' ich
allerdings mir vorgesetzt. Lessing Nathan V, 7 (V. 3677),
vgl. — in steigernder Stufenfolge in Bezug auf die Einwirkung
des Subjekts zur Verwirklichung des von ihm gern Gesehenen —:
Ich wünsche (oder habe den Wunsch), sie erröthen zu machen.
Ich will sie erröthen machen oder: habe den Willen —, ich
beabsichtige oder: habe die Absicht, — ich habe mir vor=
gesetzt oder: den Vorsatz —, sie erröthen zu machen 2c. Hier
will ich zunächst zu den obigen Belegstellen für Vorsatz noch
die folgenden fügen: Bis dahin will ich mein sein und, hättest
du tausend Zungen, du solltest mir meinen Vorsatz nicht aus=
reden. Goethe 16, 2 [Lehrj. I, 1]. Ich kann nicht inkonsequent
finden, wenn Jemand seinem Charakter treu bleibt. Wenn sie
[Philine] sich Etwas vornimmt [s. u.] oder Jemanden Etwas
verspricht, so geschieht es nur unter der stillschweigenden Be=

dingung, daſs es ihr auch bequem ſein werde, den Vorſatz aus=
zuführen oder ihr Verſprechen zu halten. 113 [II, 4]. Am tiefſten
verwundete ihn der Gedanke, daſs ſein redlicher Vorſatz, ſein
männlicher Entſchluſs [ſ. u.], ſein befolgter Plan, das Ge=
ſchehene wieder gut zu machen   gerade zum Gegentheil aus=
gelegt werden ſollte. 19, 303 [Unterh. deutſch. Ausgew.]. Das
alles gab mir ein ſolches Attachement an dieſen Plan [zu der
Tragödie Nauſikaa], an dieſen Vorſatz, daſs ich darüber meinen
Aufenthalt zu Palermo   verträumte. 23, 379 [Ital. Reiſe:
Aus der Erinnerung, Mai 1787] ꝛc. Sie ſehen und der Ent=
ſchluſs, ſie wieder aus | den Augen nie zu laſſen — Was Ent=
ſchluſs? | Entſchluſs iſt Vorſatz, That: und ich, ich litt, |
ich litt(e) bloß ꝛc. Lessing Nathan III, 9, V. 2123. Wie? Da
noch Alles lag in weiter Ferne, | da hatteſt du Entſchluſs
und Muth — und jetzt, | da aus dem Traume Wahrheit werden
will, | da fängſt du an zu zagen? | Nur in Entwürfen
biſt du tapfer, feig | in Thaten? Gut! Gieb deinen Feinden
Recht! | Da eben iſt es, wo ſie dich erwarten. | Den Vorſatz
glauben ſie dir gern | Doch an die Möglichkeit der That
glaubt Keiner ꝛc. Schiller 365a (Wallenſt.'s Tod I, 7) ꝛc.

In den vorſtehenden, zunächſt für Vorſatz gegebenen Beleg=
ſtellen iſt mehrfach als ein ſinnverwandter Ausdruck auch Ent=
ſchluſs vorgekommen und daran möchte ich — wenn auch haupt=
ſächlich, um bei ſpäterer Gelegenheit darauf zurückweiſen zu
können, — hier gleich Das anreihen, was ich über dieſen Aus=
druck im Vergleich zu dem ſich damit zuweilen ſehr nahe be=
rührenden Beſchluſs in Zolling's „Gegenwart" Bd. 29, S. 73ff.
in einer Beſprechung von Karl Abel's ſo äußerſt anregenden
„Sprachwiſſenſchaftlichen Abhandlungen" geſagt. Dort heißt es:

Gegen Das, was Abel weiter über die Verwiſchung des
Unterſchiedes zwiſchen den beiden Ausdrücken: „Beſchluſs" und
„Entſchluſs" ausſagt und folgert, hätte ich ſachlich nicht viel
und jedenfalls nichts ſehr Bedeutendes einzuwenden, ſondern
nur Einzelnes zu ergänzen und zu berichtigen. So hätte ich
von meinem Standpunkt des deutſchen Wörterbuchſchreibers aus
es gern hervorgehoben geſehen, daſs von den Hauptwörtern:
„Beſchluſs" und „Entſchluſs" das erſtere einem thätigen, das zweite
einem rückbezüglichen Zeitwort entſpricht: Man beſchließt —

Etwas — und: Man entſchließt ſich — zu Etwas. Damit
hängt es zuſammen, daß bei dem Beſchluſs das hauptſächlich
ins Auge gefaßte Ziel Dasjenige iſt, was geſchehen ſoll, dagegen
bei dem Entſchluſs das eigene Ich des ſich Entſchließenden,
ſein Wille in Bezug auf Das, was dieſen beſtimmend oder ihm
entgegenwirkend ins Gewicht fällt. Man beſchließt auch Etwas,
das Andere thun ſollen oder: Man faſſt Beſchlüſſe über das
von Anderen zu Thuende, — aber man entſchließt ſich zu
Etwas, das man ſelbſt thun will, man faſſt den Entſchluſs,
es zu thun ꝛc.

Abel ſagt nun, wir haben im Deutſchen in „Ent=“ und
„Beſchluſs“ zwei Wörter, die etwa den engliſchen resolution
und determination entſprechen; „aber“, fährt er fort,

„das Übel iſt, daß wir ſie im Gebrauch neuerdings nicht
mehr recht aus einander halten, weil der wichtige Unterſchied,
welcher ſie trennt, ſich in unſerm Bewuſſtſein zu verwiſchen be=
gonnen hat. Früher, wenn man von Entſchlüſſen ſprach, waren
es heiße und große Entſchlüſſe. Nach heutigem Sprachge=
brauch dagegen entſchließen wir uns eben ſo oft, einen kleinen
Ausflug zu machen, als wir es beſchließen, entſchließen wir
uns etwa eben ſo leicht, unſern Schuhmacher zu wechſeln, als
wir es beſchließen. Und doch würden wir, wenn wir genauer
ſprächen, und wenn die Würde Deſſen, was ein Entſchluſs iſt,
uns hinreichend gegenwärtig wäre, ſolche Kleinigkeiten höchſtens
beſchließen, uns aber nimmer dazu entſchließen. Aber wir ſind
es müde geworden, in dieſem und in manchem ähnlichen Punkte
Unterſcheidungen zu machen und legen deſshalb in unſerer Um=
gangsſprache dem ſchweren Entſchluſs nicht mehr durchweg
den Adel bei, der ihn über den leichten Beſchluſs erhebt. Es
muſs wohl ſein, daß unſer heutiges in beſtimmten Geleiſen ein=
tönig verlaufendes, von denſelben weltlichen Beweggründen be=
wegtes Leben nicht mehr genug Entſchlüſſe erzeugt, um Das,
was ſie von bloßen Beſchlüſſen trennt, im allgemeinen Bewuſſt=
ſein lebendig zu erhalten. So iſt denn der Begriff ‚Entſchluſs‘
allmählich in den ‚Beſchluſs‘ hinabgetaumelt, ohne daß der
Beſchluſs von der Überlegenheit des ehemaligen Entſchluſſes
erhoben worden wäre. Es iſt nunmehr faſt Alles Beſchluſs ge=

worden, ein Vorſatz, der Einen nicht beſonders erregt, der aber auch nichts Beſonderes bezweckt.“

Ich habe ſchon oben angedeutet, daß ich den Unterſchied zwiſchen Be= und Entſchluſs ein wenig anders faſſe. Ich will meine Auffaſſung an einem der von Abel gewählten Beiſpiele erklären: Jemand iſt mit ſeinem Schuhmacher unzufrieden, er glaubt, von einem anderen beſſer bedient zu werden, er wechſelt deßhalb den Schuhmacher. Hier genügt die Angabe der That= ſache, ohne daß von einem Be= oder Entſchluſs die Rede zu ſein braucht. Freilich kann es auch heißen: Er beſchließt, den Schuhmacher zu wechſeln; aber dann erſcheint der in Rede Stehende als ein Mann, der auch etwas Andern ſo geringfügig Erſcheinendes, wie der Wechſel eines für ihn Arbeitenden nicht ohne Überlegung und Erwägung des Für und Wider vollzieht. Heißt es aber: Er entſchließt ſich, den Schuhmacher zu wechſeln, ſo miſcht ſich ein Zug des Gemüths ein, daß es ihm Über= windung koſtet, einen Mann, bei dem er bisher hat arbeiten laſſen, abzuſchaffen und daß er ſich nur widerſtrebend durch triftige Gründe dazu beſtimmen läſſt. Und dieſer Unterſchied galt, glaube ich, früher eben ſo wie heute.

„Um das Rhinoceros zu ſehn
(Erzählte mir mein Freund), beſchloſs ich auszugehn.
Ich ging vors Thor mit meinem halben Gulden“ ꝛc.

Es hätte füglich genügt, wenn der Erzählende geſagt hätte: Um das Rhinoceros zu ſehen, ging ich mit meinem halben Gulden vors Thor; aber Gellert’s Freund war eben ein bedächtiger Mann, der nicht ſo leicht einen Gang antrat, welcher ihm einen halben Gulden koſtete, — wenigſtens nicht, ohne vorher zu über= legen, ob das Sehen des ſeltenen Thieres auch wohl den Gang und das Geld lohnen werde. Hätte der Dichter ſeinen Freund ſagen laſſen: Ich entſchloſs mich, auszugehen, ſo würde darin die Andeutung gelegen haben, daß der Freund ein wenig mit ſich ſelbſt gekämpft, ob er nicht lieber zu Hauſe bleiben und ſeinen halben Gulden ſparen als ſeine Neugier befriedigen ſolle.

Weiteres über Beſchluſs, Entſchluſs ꝛc., wie geſagt, an einer ſpätern Stelle; eben ſo über die oben bei der Beſprechung von Vorſatz, Vorhaben, Vornehmen als einigermaßen ſinn=

verwandt mehrfach vorgekommenen Ausdrücke Entwurf und Plan, woran ſich auch das Fremdwort Projekt ſchließt.

Nur ganz kurz ſei endlich noch das meines Erachtens im Deutſchen vollſtändig überflüſſige und entbehrliche Fremdwort Intention erwähnt, das ſich freilich z. B. auch bei Goethe findet: Wodurch er [der Schauſpieler] verführt wird, die Rolle in eine fremde Art und Weiſe, gegen die offenbare Intention [= Abſicht, vgl. Anſicht, Auffaſſung ꝛc.] des Dichters hinüberzuziehen. 35, 429 [Tieck's Dramaturg. Blätter] u. Ä. m.

Abſprache, abſprechen ſ. Abrede. S. 81.

Abſpüren ſ. abhören. S. 24.

Abſtammen ſ. ableiten 2. S. 43'4.

Abſtatten, z. B. Beſuche, (Glück=)Wünſche ꝛc. ſ. ab=legen. S. 38 u. 39.

Abſtehlen ſ. abhören S. 2; abnöthigen. S. 72.

Abthun ſ. abmachen. S. 50 ff.

Abwarten ſ. ablauern. S. 32/3; 36.

Abwehren ſ. abhalten. S. 18.

Abweis, abweiſen, Abweiſung ſ. Abſchlag. S. 94; 95.

Abwerfen, ſich ſ. Zwieſpalt.

Abwiderrathen ſ. abrathen. S. 74.

Abziehen ſ. ableiten. S. 39; 41; 42.

Abzwingen ſ. abnöthigen. S. 3—5; 66 ff.

Accord ſ. Abrede. S. 86.

Acht, außer Acht laſſen ſ. abſehen 2. S. 108.

Adel, adelig ſ. edel.

Allda, alldort, allhier, allwo ſ. da.

All=Gewalt, =Kraft, =Macht ſ. Macht.

And(e)rerſeits, anderntheils ſ. halb.

Anfrage, anfragen ſ. Frage.

Angewinnen ſ. abnöthigen. S. 66.

Anhalten ſ. abhalten. S. 16.

Anhelfen ſ. beiſpringen. S. 136/7.

Anhier ſ. da.

Anhören ſ. abhören. S. 26.

Ankommen, auf Etwas ſ. abhängen. S. 19; 20.

Ankunft ſ. ableiten 2. S. 45.

Ausschlaggebend ſ. abmachen. S. 54.

Ausschlichten ſ. abmachen. S. 60.

Ausschöpfen ſ. abſchöpfen. S. 105/6.

Aussehen ſ. Gebärde.

Aussprechen, z. B. Glückwünſche ꝛc., ſ. ablegen. S. 39.

Ausstehlen ſ. abnöthigen. S. 72.

Austrag (zum Austrag bringen), **austragen** ſ. ab= machen. S. 56.

Auswarten ſ. ablauern. S. 36/7.

Außer Acht laſſen, außer Augen laſſen, ſetzen ꝛc. ſ. abſehen 2. S. 108.

Averſion ſ. Abneigung. S. 62.

Bahn=Brecher, =Weiſer, =Zeiger ſ. Wegweiſer.

Bearmen ſ. umarmen.

Bedachtlos ſ. voreilig.

Beding, Bedingen, Bedingnis, Bedingung ſ. Ab= rede. S. 83 4.

Beend(ig)en ſ. abmachen. S. 61.

Beförderlich ſein, befördern ſ. beiſpringen.

Begleichen, Begleichung ſ. abmachen. S. 56.

Behälſen ſ. umarmen.

Behelfen ſ. beiſpringen. S. 137 8.

Behilflich ſein ſ. beiſpringen. S. 142.

Behindern ſ. abhalten. S. 17.

Beibringen, einen Beweiß ꝛc. ſ. ablegen. S. 39.

Beihelfen ſ. beiſpringen. S. 138.

I **Beilegen** ꝛc. ſ. abmachen. S. 52/3; 55.

II **Beilegen, zulegen; beimeſſen, zumeſſen; auf die Rechnung, aufs Konto ſetzen, ſchreiben; zuſchreiben; zurechnen, anrechnen, beirechnen; in den Sack, in die Schuhe ſchieben; in die Schuhe ſchütten, gießen; zuſchieben; die Schuld wovon auf Jemand oder Etwas ſchieben, zurück= ſchieben, legen, wälzen ꝛc.; Schuld geben; zur Laſt legen; verantwortlich machen; gut, zu Gute ſchreiben; zu Gute halten.**

Über beilegen in dieser Sinnverwandtschaft heißt es in meinem Wörterbuch 2, 80a: Einem — oder: einem Gegenstande — Etwas beilegen: von ihm aussagen, daß es ihm zukomme, es ihm zuschreiben (vgl. beimessen) und dazu als Beispiele: Wir legen allen Körpern gewisse Eigenschaften bei. Die Alten legten dem Liebesgott Flügel bei. Einer Nachricht keinen Werth beilegen. Diese Schrift wird fälschlich dem Aristoteles beigelegt. Einem die größten Lobsprüche beilegen, — wozu ich hier nur noch wenige Belege füge: Die Maxime, welche die Araber dem Aristoteles beilegen. Lessing (Guhrauer Lessing, II. Beilage S. 18). Herr Lessing, lautet sein [Klotzens] neuester Zuruf ., wird mir erlauben, der Behauptung eben den Werth beizulegen, den seine zwei andern Sätze haben Ders. Ster. 5, 275 [Wie die Alten den Tod gebildet]. Um die krummen Füße bloß und allein dem Schlafe beilegen zu können. 288 [ebd.]. Ein junger Sklave recitierte ein Stück aus der Odyssee Das Lob, das ich seinem Leser beilegte, gab zu einem Gespräch Anlaß. Wieland 5, 57 [Agathon VII, 9].

Minder gewöhnlich in diesem Sinne, wenigstens in der heutigen Sprache, ist die Zusammensetzung zulegen, s. Sanders 3, 82b, wo es heißt: Einem — und öfter: sich — Etwas zulegen, wohl zuvörderst: eine Frau .; dann allgemein: sich ein Pferd, einen Garten, einen neuen Rock zulegen: anschaffen, zu eigen machen .; minder gewöhnlich: Ihm [Pilatus] stand also das Begnadigungsrecht so wenig als dem [römischen] Kaiser zu, weil er sonst nach seinen Gesinnungen darüber an letztern berichtet habe würde. Und so bleibt Nichts übrig, als dem versammleten [jüdischen] Volke diesen Theil des Majestätsrechts zuzulegen. Möser Phantas. 4, 141 = zuzueignen, zuzuschreiben ꝛc. und statt beilegen (s. d.): Dem Einen habe sie fremde Bücher . zugelegt und zugeeignet. Fischart Bienkorb 34a. Hat ihm der große Haufe den Namen Kanon zugelegt. Wieland Lucian 1, 328.

Beimessen (s. Sanders 2, 299b): Einem Etwas: ermessend oder urtheilend es ihm zuschreiben, beilegen, zumessen: Einem, seinen Worten (Goethe 18, 205) Glauben beimessen. Einem, sich, einem Umstande die Schuld von Etwas beimessen. Einer

Ohnmacht nahe, die ich mehr ihrer dürftigen, entnervenden Diät
als meiner Physiognomie beimesse.   Jean Paul Fata
vor   Nürnb. 2, 110.   Der Alte misst sich den Tod seines
Sohnes bei.   Schiller 114a [Räuber II, 1].   Dass man die Schuld
seiner seltsamen Aufführung unmöglich seinen Geschäften bei=
messen konnte.   Wieland 6, 61 [Agathon XII, 3].   Schon seit
geraumer Zeit hatte sie mich mit vorzüglicher Gütigkeit an=
gesehen, welche ich einer mütterlichen Gesinnung beimaß.   5, 22
[VII, 4] ferner z. B. auch: Es wird sich leicht errathen lassen,
dass die neue Verwaltung des hiesigen Theaters die Veranlassung
des gegenwärtigen Blattes ist, der Endzweck desselben soll den
guten Absichten entsprechen, welche man den Männern, die sich
dieser Verwaltung unterziehen wollen, nicht anders als bei=
messen kann.   Lessing Ster. 7, 3 [Dramaturg., Ankündigung].

Zumessen (s. Sanders 2, 300a, b): Einem Etwas, — heute
gewöhnlich: es ihm messend, im bestimmten Maße als sein Theil
geben, reichen 2c., eigentlich und übertragen; dagegen „veraltend"
(wie zu= neben beilegen) in der vorliegenden Sinnverwandt=
schaft, z. B.: Ich bin nicht flüchtig worden von dem Text, wie
mir Dr. Martin böslich zumisset.   Luther 1, 156a (Eck) = Schuld
giebt.   Wie Herzog Georg aus eitel altem verstockten Hass und
Neid solche ungegründete Schuld der Aufruhr mir zumisset
wider sein selbs Gewissen.   6, 9a 2c.   Darum werdet Ihr Euch
derselben Auflage und Zumessung [= An=, Beschuldigung]
Euer Nothdurft nach, auf dass Eure Unschuld vermarkt [ver=
merkt wird] durch Euer Schreiben zu verantworten haben.   6a
[Kurfürst v. Sachsen] 2c.

Etwas auf Jemandes — oder z. B. auch: auf eines Um=
stands 2c. — Rechnung (oder mit dem Fremdwort: Konto)
setzen, schreiben (s. Sanders 2, 672a), zunächst kaufmännisch,
in so fern Der (oder Das), dessen Konto (Rechnung) belastet
wird, die Schuld damit auf sich nimmt oder tragen soll, ent=
sprechend (s. ebb. 670b): Einem Etwas anrechnen, eigentlich
und übertragen, mit Bezug auf das „Wie hoch?" oder Wie? —
vgl. (s. ebb. 671b) übertragen und ohne solche Bezeichnung:
Einem Etwas zurechnen: es ihm auf die Rechnung setzen als
etwas ihm Zukommendes, wofür ihm entweder der Ruhm ge=
bührt oder er die Verantwortung trägt, z. B.: (eigentlich): Einem

das Pfund drei Schilling zu theuer anrechnen und übertragen —
mit Bezug auf das „Wie hoch?" —: Sie schienen mir ihre
Gunst theuer anrechnen zu wollen. Goethe 19, 62 [Die neue
Melusine]. Daß sie auch nachher, als ihr im Garten die Wahl
eines andern Gesellschafters frei stand, sich mit einem Fremden
begnügte . ., mußte ich ihr schon höher anrechnen. Thümmel
5, 60. In so ferne man ihm die negativen Tugenden, die eine
nothwendige Folge seiner Lebensart, seines Standes und seiner
Neigung zum spekulativen Leben waren, für voll anrechnete,
so konnte er allerdings für weiser und besser gelten als irgend
einer seiner Mitabderiten. Wieland 14, 144. [Abderiten V, 4] ꝛc.,
ferner mit Bezug auf das Wie? —: Einem oder sich Etwas als
Verdienst (Ders. 5, 196), als eine Tugend (Ders. Horaz Briefe
1, 9), zum Verdienst (ebd. 9; Ders. 9, 239), zur Sünde (Ders.
Lucian 4, 37) anrechnen. Du rechnest dir theils fremdes Verdienst zu, theils Manches als Verdienst an, was keins ist ꝛc.
Hätte die christliche Religion kein [andres] Verdienst, so
wär's anzurechnen [als solches anzuerkennen]. Herder Relig.
13, 202 ꝛc.; — Einem oder sich fremdes Verdienst zurechnen =
zuschreiben, beilegen, beirechnen [s. u.]. Vom Meineid spricht er
[der Alkoran] frei im Kapitel Elmin: Den Meineid zwar wird
euch Gott nicht „zurechen", sondern viel mehr, daß ihr ihn
nicht anruft ꝛc. Luther 8, 27 b. Geist meines Vaters, zürne
nicht, wenn ich | die Hand, die dich getödtet, freundlich fasse. |
Ihr Todesgötter, rechnet mir's nicht zu, | daß ich mein schreck-
lich Rachgelübde breche. Schiller 469a [Jungfr. v. Orl. III, 4].
Ist's möglich? Da du so weit bist gegangen, | da man das
Schlimmste weiß, da dir die That | schon als begangen zu-
gerechnet wird, | willst du zurückziehn und die Frucht verlieren?
365a [Wallenst.'s Tod I, 7]. Schwaches, zu einer ewigen Kindheit verurtheiltes Seelchen, laß dich Nichts gereuen, was du
jemals gethan oder gesprochen hast! denn du kannst Nichts
sprechen noch thun, was dir zugerechnet werden könnte. Wieland 27, 313 [Göttergespr. Nr. 2]. Ich muß dir allerdings die
Schuld davon zurechnen; aber ich kann sie dir, weil du in
guter Absicht gehandelt, nicht sehr hoch [s. o.] anrechnen.
Wenn Jemand bei Begehung einer strafbaren Handlung das
Vorhandensein von Thatumständen nicht kannte, welche zum ge-

setzlichen Thatbestande gehören, so sind ihm diese Umstände nicht
zuzurechnen. Strafgesetzbuch § 59. Eine erlittene Unter=
suchungshaft kann bei Fällung des Urtheils auf die erkannte
Strafe ganz oder theilweise angerechnet werden. ebd. § 60 2c.
Eine vorsichtige Duldung bei moralischer Zurechnung
wer sich ohne Sünde fühlt, der hebe den ersten Stein auf!
Goethe 21, 86 [Wahrh. u. Dicht. VII]. Anziehungen und Ab=
stoßungen ., die in ihrer Gesammtwirkung ihn [den Staats=
mann] auf eine Weise von seiner Bahn ablenken, die sich schwer
berechnen läßt, in der Zurechnung ihm aber nicht vergessen
werden darf. Görres Die heilige Allianz 2c. 100/1. Diese
Götter befreien sie von der Zurechnung [Verantwortung]
Dessen, was sie sündigen. Wieland Lucian 1, 242. Die volle
Zurechnung zur Schuld trifft meist nur den bestimmten
und festen Vorsatz, den muthwillig, durch keine fremde Schuld
gereizten, mit festem und gefährlichem Vorsatze, d. h. mit Be=
wusstsein des Unrechts handelnden Thäter. Brockhaus' Konver=
sations=Lex. (12. Aufl.) 15, 867.

Beirechnen statt zurechnen (nach Ähnlichkeit von bei=
legen, beimessen) ist selten und nicht empfehlenswerth, s.
Sanders 2, 670 c, wo als Beispiel angegeben ist: Ich rechne
diese Wirkung der Badereise bei statt: ich rechne oder schreibe
sie ihr zu (etwa: als eine Beigabe, Nebenwirkung 2c.).

Dem kaufmännischen: Etwas auf die Rechnung Jemandes
oder eines Umstandes 2c. schreiben — schließt sich auch an: es
ihm zuschreiben (s. Sanders 3, 1010 b), z. B.: Man schreibt
dem Wasser je nach seinen Beimischungen schädliche oder heil=
same Wirkungen zu. Ich schreibe diese Anerkennung nicht
sowohl meinem Verdienste wie der Nachsicht der Leser zu. Es ist dabei
darauf angesehen, Alles dem Lichte zuzuschieben, [s. u.], ihm
Alles zuzuschreiben, um nachher Alles von ihm zu fordern.
Goethe 39, 168 [Gesch. der Farbenl. IV. Abth.]. Antonio: Wenn du
glauben könntest, daß ich nicht | das Mögliche gethan, ihn zu
versöhnen, | so würd' ich ganz untröstlich sein Alfons:
Da sei nur immer ruhig, | ich schreib' es dir auf keine Weise
zu. 13, 204. [Tasso V, 1]. Vermuthlich dachte sie, daß dieser
Kaltsinn — mehr meiner Unwissenheit in solchen Dingen als
einer wirklichen Unempfindlichkeit zuzuschreiben sei. Wieland

2, 60 [Don Sylvio V, 11]. Vielleicht ist es nicht bloß meinem Unvermögen zuzuschreiben. Fr. Nicolai Möser 8. Wenn er fähig wäre, Andern dieselben Rechte gegen sich zuzuschreiben, die er sich gegen Andere zuschreibt. Fichte 8, 6 2c.

Dazu auch, in beschränkterem Sinne (s. Sanders 3, 1009a; 1, 644a): Einem Etwas gut oder: zu Gute schreiben, als Gut- haben in den Rechnungsbüchern verzeichnen; es ihm als Etwas, das ihm zu Gute kommt, zum Vortheil, Nutzen 2c. gereicht, an- rechnen (s. o.), z. B.: Sodann aber werden wir ihm zugestehen, dass er mancherlei Anmaßungen dadurch zu mildern weiß, dass er … sie auf die Geliebte bezieht … Herz und Geist des Lesers wird ihm Dieses zu Gute schreiben. Goethe 4, 264 [Noten zum westöstl. Divan Nr. 42]. Die drei Küsse … sind richtig bezahlt worden … So musst' ich mich … schon auch zum vierten be- quemen, den du mir gut zu schreiben nicht vergessen wirst. Wieland 21, 224 [Krates u. Hipparch XXXIV].

Daran schließt sich: Einem 2c. Etwas zu Gute halten: es als Etwas halten oder ansehen, das man in billiger oder nach- sichtiger Erwägung der Umstände zu seiner Entschuldigung be- rücksichtigen, in Anschlag bringen, dem man Rechnung tragen muss: Ich will eine solche Äußerung seiner Dummheit zu Gute halten, sie damit entschuldigen. Halte es meiner Jugend und meiner Unerfahrenheit zu Gute, wenn ich dir in deinen tief- sinnigen Erörterungen nicht so schnell folgen kann. Den Un- glücklichen muss man Manches zu Gute halten 2c.

Umgekehrt: Einem Etwas zur Last legen (s. Sanders 2, 39a): ihn tadeln, ihm Vorwürfe machen, wegen einer Schuld, die er trägt, wegen Etwas, das zu seinen Ungunsten, gegen ihn spricht, wodurch seine Rechnung belastet, beschwert wird, z. B.: Man legte mir sonderlich die Bekanntschaft mit gewissen Leuten, in die ich zufälligerweise gekommen war, zur Last. Lessing 12, 6 [Brief an seine Mutter 23. Jan. 1749]. Er entschuldigt, was ihm sonst noch zur Last gelegt werden möchte. Joh. v. Müller 10, 80. Auch die Freiheiten, die sich Béranger manchmal mit der Sprache erlaubt, rechnet er ihm zum Vorwurf an [s. o.], nicht ahnend, dass man ihm gerade das Gegentheil zur Last legen könnte. Moritz Hartmann Bilder u. Büsten 76 2c.

Ähnlich: Einem Etwas Schuld geben, ihm Etwas als eine

Schuld, als etwas Tadelns= oder Strafenswerthes vorwerfen, ihm die Schuld davon beimessen, zuschreiben ꝛc., s. Sanders 3, 1019b, z. B.: Gegen ihn [Klotz] brauche ich, was er mir Schuld giebt [vorwirft, wessen er mich beschuldigt], nur schlechtweg zu verneinen. Lessing 5, 310 [Wie die Alten den Tod gebildet] u. v.; auch: Verführung und Beschwerden | verderbten mein [Günther's] Génie; gieb alle Schuld der Zeit, | den Sitten unsrer Welt, des Vaters Strengigkeit | Daß dich nicht gleicher Trieb in gleiche Noth gebracht | ist Auferziehung Schuld [= Das dankst du der Erziehung] ꝛc. Cronegk 2, 133.

Verbindungen wie: die Schuld (wovon) auf Einen oder auch: auf Etwas, auf einen Umstand ꝛc. legen, schieben, wälzen, werfen ꝛc. drücken — mit den sich aus den verschiednen Zeitwörtern ergebenden Unterschieden — aus, daß man Jemand oder sich selbst möglichst von der Schuld entlasten und sie dem im Dativ Genannten zur Last legen (s. o.) oder sie ihm aufbürden (s. d. und die sinnverwandten Ausdrücke, wie auflade n ꝛc.) will, vgl. z. B. auch: So wurd' er von Wuth gegen uns Beide entzündet und schob seine Schuld auf uns zurück und machte uns Beide dieser Verbrechen schuldig [beschuldigte uns derselben], die er selbst an mir begehen wollte. J. G. Jacobi's Iris 1, 1, 33 (Heinse) ꝛc.

Daran schließt sich das allgemeinere: Einem ꝛc. Etwas zuschieben, z. B. auch: einen Vortheil = ihm einen solchen möglichst geschickt und unvermerkt zukommen lassen (vgl. zuschanzen, zuspielen, in die Hände spielen ꝛc.), aber auch — vgl. die vorangehenden Ausdrücke — Einem eine Last, etwas Lästiges, eine Verpflichtung, einen Eid ꝛc., die Schuld zuschieben, z. B.: Einen ihm zugeschobenen, zurückgeschobenen oder auferlegten Eid. Strafgesetzbuch § 153. Sie mußten, wie er dachte, und um seinetwillen getraute sich Niemand, dem Kirchspiel bei Einquartierungen oder Fuhren ein Mehrers zuzuschieben, als die Ordnung erforderte. Just. Möser Patriot. Phantas. 1, 161; Goethe 39, 168 [s. o. S. 130: zuschreiben]. Um seinen Bruder und sich von der Schuld zu entlasten, suchte er seinem Vetter den größten Theil der Schuld zuzuschieben ꝛc.

Bei den Redensarten: Einem Etwas **in den Sack schieben,** in die Schuhe schieben, gießen, schütten handelt es sich

immer um etwas Rügens= oder Strafenswerthes, wovon man
den Verdacht auf einen Unschuldigen lenken will, zumeist, um
einen Andern oder sich davon zu entlasten, doch z. B. auch (eigent=
lich): Nach der biblischen Erzählung ließ Joseph seinen silbernen
Becher dem Benjamin in den Sack schieben, um diesen als
Dieb erscheinen zu lassen und dadurch die Gesinnung seiner
übrigen Brüder auf die Probe zu stellen 2c.

Endlich: Einen (für Etwas) **verantwortlich machen** (siehe
Sanders 1, 37a) = ihn für etwas als rügens= oder strafenswerth
Erscheinendes, auch wenn er es nicht selbst begangen hat, doch
dafür zur Verantwortung ziehen als einen dafür Haftenden oder
Haftbaren, der für die Folgen und Wirkungen des Begangenen
zu stehen und die Buße und Strafe dafür auf sich zu nehmen
und zu tragen hat, z. B. auch: Wenn ich auch bei der Zu=
messung der Buße der für die Schuld deines Mündels alle
mildernden Umstände anrechnen und zu Gute schreiben und
den der Erziehung durch seinen verstorbenen Vater zur Last
zu legenden Leichtsinn des jungen Menschen dir nicht Schuld
geben will: dafür, daß du einen so anerkanntermaßen leicht=
sinnigen Jüngling nicht sorgfältiger überwacht und strenger ge=
halten hast, muß ich dich als seinen Vormund, und zwar dich
ganz allein, doch verantwortlich machen u. Ä. m.

Beilegung s. abmachen. S. 53.
Beimessen s. II Beilegen. S. 127,8.
Beirechnen s. II Beilegen. S. 130.
**Beispringen, zuspringen; beistehen; zur Seite
stehen; helfen und Zusammensetzungen; (be)=
hilflich, beiständig sein 2c.; unterstützen; nutzen,
nützen, nützlich sein; frommen; fördern, (be)=
förderlich sein, befördern; beitragen; dienen;
dienlich, diensam, dienstlich sein 2c.; taugen;
tauglich (taugsam) sein; vortheilen.**

Helfen ist hier mit der allgemeinste Ausdruck, s. Sanders 1,
735c: Helfen. durch Ein= oder Mitwirken auf ein Ziel
hin dies zu Stande bringen oder befördern; Nutzen bringen
(nützen, frommen, fördern, dienen, heilsam sein 2c.) und beitragen
zu Etwas, unterstützen 2c. Aus dem Weitern dort nach sprach=

lehrigen Beziehungen Geordneten möge hier das Folgende seine
Stelle finden: Jemand — oder: Etwas — hilft, hilft Einem,
bei Älteren und namentlich noch mundartlich: Einen. Im Allgemeinen darf der Dativ heute als Regel gelten, außer wo
helfen durch eine beigefügte Präposition oder in Zusammensetzungen (s. u.) ein Verhältnis der Bewegung anzeigt, wo denn
der Dativ der Person das Behilflichsein, damit man an ein Ziel
gelange, der Accusativ den Erfolg, daß man dorthin gelangt,
ausdrückt: Wer mir irgend wohin hilft, leistet mir Beistand,
damit ich dorthin komme; wer mich dorthin hilft, Der schafft
mich hin, vgl. z. B. auch: Dieser Arzt hat durch seine Behandlung, — auch: Die ärztliche Behandlung hat — meinem Freunde
in seiner Krankheit geholfen; dagegen: Der Arzt, die ärztliche
Behandlung hat meinem Freunde — oder: meinen Freund —
ins Grab geholfen, je nachdem man ausdrücken will, daß die
ärztliche Behandlung zu dem Tode bloß beigetragen, mitgewirkt — oder: ihn gradezu bewirkt hat, vgl. in dem letzten
Sinne: Der Arzt, die ärztliche Behandlung hat meinen Freund
ins Grab gebracht 2c.; man beachte auch sonst bei den neben
helfen stehenden Präpositionen, ob sie ein Verhältnis der Ruhe
oder der Bewegung bezeichnen, s. o.: in seiner Krankheit — und:
ins Grab, ferner z. B.: Jemand hilft mir bei einer Arbeit:
die ich habe, damit ich sie schneller beende, — verschieden: Er
hilft mir zu einer Arbeit: wirkt darauf ein, daß ich sie erhalte,
verschafft sie mir. Die Menschen müssen einander im Leben
helfen. Sokrates hat in diesem Sinne — Kindern von sehr un-
gleicher Art ins Leben geholfen. Wieland 23, 218 [Aristipp. II,
29]. Christus helfe uns in sein Reich! Luther 6, 351b. Hilf
mir in die Waffen! Herder Cid 63. Ich versprach, dir an
[= bei] der Arbeit zu helfen. Goethe 15, 9 [Wahlverw. 1, 1].
Hilf mir an mein [= zu meinem] Pferd! Schlegel Shakespeare
6, 8. Einem auf die Beine, Sprünge, Fährte, — aus der
Pfütze, Patsche, Noth, Gefahr, aus dem Wunder, aus Fessel und
Bann, — hinter die Geheimnisse, Schliche 2c., — nach Hause
(oder heim), — über den Fluß, Berg, über eine Schwierigkeit
[fort, weg], — von einer Last, Frau (Wieland 19, 308, — zu
einer Stelle, zu seinem Vermögen, zu seinem Recht, mit Etwas
zu Stande, zurecht helfen. Diese einzige Unze Gehirn hätte

dem Pavian noch vollends zum Menschen geholfen. Schiller
201b [Kabale u. Liebe IV, 3]. Das hilft dir zu Nichts ꝛc. Be=
sonders beachte man — wodurch sich helfen von den meisten
der sinnverwandten Ausdrücke wesentlich unterscheidet — die Ver=
bindung mit dem rückbezüglichen Fürwort: Hilf dir selbst, so
hilft dir Gott (Sprichwort). Gott werde ihm helfen, wenn er
sich selbst hälfe. Goethe 29, 6 7 [Cellini IV, 1]. Diese Unbe=
quemlichkeit hielt mich vom Schlaf ab, bis ich mir durch zu=
sammengestellte Stühle zu helfen suchte. 14, 237 [Briefe aus
der Schweiz, 13. Nov. 1779]. Es ist das erste Mal, dass wir
neuen Gatten in Noth und Verwirrung sind, woraus wir uns
nicht zu helfen wissen. 15, 18 [Wahlverw. I, 2]. Sie war nie
so reich und nie so arm gewesen. Das Gefühl von Beidem
wechselte augenblicklich mit einander ab, ja durchkreuzte sich aufs
innigste, so dass sie sich nicht anders zu helfen wusste, als
dass sie immer wieder das Nächste mit Antheil, ja mit Leiden=
schaft ergriff. 231 [II, 9]. Man sollte erst später auf den Ge=
danken kommen, dass man solche verlassene Kreaturen [die Waisen=
kinder], die sich einst durch die Welt durch zu helfen [oder:
durchzuhelfen, s. u.] genöthigt sind, früh mit der Welt in Ver=
bindung bringen... müsse. 20, 26 [Wahrh. u. Dicht. I]. Es geht
schon, man muss sich nur zu helfen wissen. So kann ich mir
nicht helfen, ich kann sie nicht anders verstehen. Lessing 13,
152 (Heyne). Dass man sich in einer Druckerei gar nicht helfen
kann, wenn... ein solches Papier ausgeht. 161 (F. Nicolai). Ich
kann mir nicht helfen [ich weiß mir keinen andern Rath, Aus=
weg, — es bleibt mir Nichts übrig, — ich kann nicht umhin,
zu gestehen], Sie haben Unrecht ꝛc.; auch zuweilen mit sachlichem
Subjekt: Glücklicherweise hilft sich hier die Sache von selbst
[sie macht sich von selbst, ohne fremde Hilfe oder Einwirkung zu
bedürfen], da meine Bemühungen, mein Zureden fruchtlos ge=
blieben wären. Goethe 15, 147 [Wahlverw. I, 18] ꝛc. — Schließ=
lich sei noch erwähnt: Einem Etwas thun helfen = ihn bei
seinem Thun unterstützen, durch Mitwirkung ihm beistehen oder
ihn fördern, z. B.: Erinnerst du dich . , welche Abenteuer ich
dir recht freundschaftlich und uneigennützig [habe] bestehen helfen.
ebd. 96 [I, 11]. Helft uns doch erst die Bamberger ausprügeln.
9, 8 [Berlich. I, 1]. Auch ich habe mich dieses Unternehmens,

das nunmehr zu einer männlichen Stärke gereift iſt, als es noch
ein Kind war, liebreich angenommen, ich habe es nähren, ſchützen,
erziehen helfen. 27, 415 [Rede bei Eröffnung des neuen Berg=
baues zu Ilmenau] ꝛc. Die den arginuſiſchen Sieg [hatten] mit
erfechten helfen. Lessing 6, 329. Ich kenne nur eine Tragödie,
an der die Liebe ſelbſt [hat] arbeiten helfen und Das iſt Romeo
und Julie. 7, 67. Sie hat ihn [ſtatt des heute üblichen: ihm]
ſein Ziel erreichen helfen. 222 ꝛc. Helft ſeiner | Allwiſſenheit
das ſchwere Räthſel löſen. Schiller 301b [Karlos V, 4]. Helft
den gemeinen Feind mir niederhalten, | das ſchöne Grenzland
kann Euch nicht entgehn. 364a [Wallenſt.'s Tod I, 5]. Philipp's
widriges Schickſal wollte, daß alle Schätze, die er zum Unter=
gang der Provinzen verſchwendete, ſie ſelbſt noch bereichern
halfen. 777a [Abfall der Niederl., Einleit.] u. Ä. m., ſ. Sanders
a. a. O. (auch über die hier beim bloßen Infinitiv minder gute
Nebenform des Particips geholfen ſtatt helfen). Zuweilen
auch der Infinitiv mit zu, z. B.: Wer kann der Raupe, die
am Zweige kriecht, | von ihrem künft'gen Futter ſprechen? | und
wer der Puppe, die am Bogen liegt, | die zarte Schale helfen
durchzubrechen? Goethe 2, 32. [Ilmenau]. Die loſe Sklavin
hilft des Weiſen Lüſternheit | durch liſtige Geſchäftigkeit | mit
jedem Augenblick lebhafter anzuſachen. Wieland 3, 39 [Mu=
ſarion II] u. ä. m. — Ich habe dabei auf einen leiſen und feinen
Unterſchied hingewieſen, der für die Sinnverwandtſchaft vielleicht
mehr beobachtet werden könnte und ſollte, als er es ſchon wirk=
lich wird. Der bloße Infinitiv, habe ich geſagt, legt den Hauptton
auf die Unterſtützung bei einem Thun und auf das Gemeinſame
dabei, der Infinitiv mit zu auf den Erfolg und die erreichte
Wirkung, ſo auch mit ſachlichem Subjekt: Dies Mittel hilft
[vgl. dient], die Langeweile zu vertreiben = es hat den heil=
ſamen Erfolg, vertreibt ſie; es hilft ſie vertreiben = trägt
(mit andern Mitteln) dazu bei.

An helfen ſchließen ſich nun Zuſammenſetzungen mit Vor=
ſilben, z. B. zu erklären durch einen zu ergänzenden Infinitiv:
Einem die Handſchuhe ab=, den Rock an=, die Stiefel aus=
[ziehen], den Mantel um=[nehmen], vom Pferde herab=, her=
unter=, aufs Pferd hinauf=[ſteigen], aus dem Gefängnis, der
Verlegenheit, Patſche heraus=, ins Haus hinein=[kommen]

helfen u. Ä. m.; ferner z. B.: abhelfen: Einem von Etwas,
einer Last, einer bösen Frau ꝛc. abhelfen = ihm durch Fortschaffen, Beseitigen des Genannten helfen und heute zumeist mit
einer auf Gedankenverbindung beruhenden Vertauschung, z. B.:
Einer Krankheit, einem Übelstand abhelfen (s. d. oben S. 22,
sie beseitigen und so dem daran oder darunter Leidenden helfen,
s. — so auch für das Folgende — nebst Belegstellen — Sanders
1, 736 c ff.

Anhelfen, s. o., auch: Einem (oder Einen Adelung) = ihm
an oder zu Etwas kommen helfen (vgl. unterhelfen): Von
dem Manne, der Riedel'n anhilft [zu seiner Beförderung behilflich ist], möchte ich mich nicht gern empfohlen oder angebracht
wissen. Lessing 12, 368. Wie kommt Plato dazu, dass er den
abgezogenen Begriffen Selbständigkeit und wirkliches Dasein
außer uns giebt? Die Natur hat ihm schwerlich dazu ange-
holfen [ihn darauf gebracht]. Wieland 24, 215 [Aristipp II, 11] ꝛc.

Aufhelfen (s. o.): aufkommen (oder empor-)helfen:
Einem Gefallnen, Kranken, sich aufhelfen. Nicht ist's genug,
dem Schwachen aufzuhelfen, man muss ihm auch forthelfen.
Voss Shakesp. 3, 475. Die Hoffnung, seinem Vaterlande aufzuhelfen. Möser Patriot. Phantas. 1, 37 ꝛc., auch (s. o., vgl.
durchhelfen, forthelfen ꝛc.) mit Accus. oder zielend statt des
Dativs, wobei man dann weniger auf den geleisteten Beistand
als auf die Wirkung des Aufrichtens sieht: Kann man ein Exem-
pel aufweisen, dass ein einziger Krämer auch nur einen einzigen
Handwerker unter seinen Mitbürgern durch seine Anleitung und
Einsicht aufgeholfen habe? ebb. 23. Weil die Wahrscheinlichkeit
dadurch mehr aufgeholfen, als verletzt wird. Lessing 4, 202.
Goethe hat dazu einen Abguss über seinem Gesichte machen lassen;
er that es ., um einen armen jungen Bildhauer aufzuhelfen.
Ad. Stahr Weimar und Jena 2, 268 ꝛc.; auch: Einem die Last
aufhelfen = auf die Schulter bringen helfen ꝛc.

Aushelfen: Einem aus der Noth, oft biblisch statt des
Grundworts, z. B. Psalm 22, 5 u. 9 (auch bei Mendelssohn, z. B.
auch 37, 40, — helfen bei Luther). Errette mich durch deine
Gerechtigkeit, hilf mir aus, neige deine Ohren zu mir und
hilf mir. 71, 2 u. o., wie z. B. auch: Wellend [wollen] sye denn
arbeiten vnd thuon als du gethon hast, so hilfft jn [ihnen]

Gott auch vß. Wackernagels Leseb. 3, 69[33] (aus Keisersberg's Postille) ꝛc., heute gewöhnlich aber nur: aus augenblicklicher Verlegenheit ꝛc., wo das Vorhandene nicht ausreicht, helfen: Wenn Sie mit Ihrem Vorrath nicht ausreichen (zu kurz kommen), so kann ich Ihnen aushelfen ꝛc.

Behelfen, — in der heutigen Schriftsprache gewöhnlich nur rückbezüglich: Sich behelfen (womit): sich so einrichten, daß man mit dem eigentlich nicht Ausreichenden sich durchhilft, damit einigermaßen (oder zur Noth, als Nothbehelf) auskommt, damit fürlieb nehmend und es daran bewenden lassend: Sich zu behelfen wissen: nicht leicht in Verlegenheit gerathen ꝛc. So ist der eigentlich reife Mann immer zwischen beiden [Jugend und Alter] geklemmt und wird sich auf eine wunderliche Weise behelfen und durchhelfen [s. u.] müssen. Goethe 3, 246 [Sprüche in Prosa VII]. Wir haben uns lange genug elend beholfen. 10, 24 [Großkophta II, 2]. Hätten Sie, meine Freundin, deren höchstes Bedürfnis war, mit Ihrer innern sittlichen Natur ins Reine zu kommen, anstatt der großen und kühnen Aufopferungen Sich zwischen Ihrer Familie, einem Bräutigam, vielleicht einem Gemahl nur so hinbeholfen, Sie würden, in einem ewigen Widerspruch mit Sich selbst, niemals einen zufriedenen Augenblick genossen haben. 17, 153 [Lehrj. V, 1 ꝛc.]. Die Kirchen selber liegen voll Soldaten. | Auch auf dem Rathhaus, seh' ich, habt ihr euch | schon ziemlich eingerichtet. — Nun, nun! der Soldat | behilft und schickt sich, wie er kann. Schiller 331a [Piccol. I, 1], Wenn so ein Musje „Von" sich da und dort und dort hier schon herumbeholfen hat [bei seinen Liebschaften]. 181a b [Kab. u. Liebe I, 1].

Beihelfen: helfend Beistand leisten und (auch von Sachen): zu Etwas helfend, unterstützend, fördernd mit beitragen, z. B.: Als Präsidenten   den Grafen Kaspar Sternberg .., dessen Thätigkeit hier, leitend und vortragend, das Ganze ausgezeichnet fördern [s. u.] hilft [s. o.]. Sodann folgt ein Verwaltungs= ausschuß von acht Mitgliedern, hierauf die Abtheilung der wirkenden Mitglieder, der Ehrenmitglieder und einer besondern Klasse beihelfender Mitglieder, welche meistens zugleich als sammelnd bezeichnet sind. Goethe 32, 396 7 [Monatsschr. des Museums in Böhmen]. Die Wöchnerin   die beihelfenden

Weiber. 30, 444 [Philoſtrat's Gemälde IV], vgl.: die Geburts=
helferin und ihre Gehilfinnen, die Wärterinnen ꝛc. Auch das
Koſtüm ward beſſer beobachtet, wozu Eckhof's thätige
Mitwirkung das Meiſte beihalf. J. F. Schütze Hamb. Theater=
geſchichte 281. Prätorius, der zur Verſchlimmerung des Ge=
ſchmacks und der Sitten nicht wenig beihalf [beitrug, ironiſch].
153. Daſs die Erbſchaft. dem Kardinal nicht wenig bei=
geholfen habe, den Palaſt ſo großartig ... zu geſtalten. Schücking
(National-Ztg. 34, 260) ꝛc.

Durchhelfen: Einem oder ſich (mit Etwas) = durchkommen
helfen, z. B.: Goethe 3, 246 (ſ. o. behelfen); 20, 26 (ſ. o. helfen).
„Ich will Ihnen ſchon rathen, ſchon durchhelfen.“ Hier iſt
kein Rath, keine Hilfe. 10, 39 [Großkophta II, 6]. Wie ich mir
in ſolchen Fällen, die ich doch nicht gelernt, mit mehr oder
weniger Bequemlichkeit durchgeholfen. 20, 106 [Wahrh. und
Dicht. III]. Ich habe Nichts verbrochen und, wenn ich es hätte,
ſo würde man mir durchzuhelfen wiſſen. 257 [ebb. V]; auch,
mit einer Begriffsabſchattung, ſ. o., vgl. aufhelfen, mit Accuſ.
ſtatt Dativ: Ich habe mich eben ſo durchgeholfen. Ders. an
Frau von Stein. 2, 327. Was würden Sie von einem ſolchen
Erzähler wohl denken? Würden Sie ihn auch durchhelfen
wollen, wie Sie den Matthäus durchzuhelfen ſuchen? Lessing
10, 117 [Duplik, X. Widerſpr.]. Er weiß, daſs ſeine Kraft ihn
überall durchhilft. Burmeister Geolog. Bild. 1, 270 ꝛc.

Einhelfen: Einem wohin, z. B. ins Geleiſe, — ſo daſs er
ohne Stockung und Aufenthalt fortfahren kann, — namentlich
übertragen: einem Sprechenden, Vortragenden ꝛc. Nun erzählt
die Geſellſchaft, dem Wunſch gefällig, jene anmuthige Legende,
und zwar um die Wette, Kinder und Eltern ſich einander ein=
helfend. Goethe 26, 217 [Rochus=Feſt], vgl.: Unſer Souffleur ...
Ich glaube nicht, daſs es einen vollkommnern Einhelfer giebt.
17, 26 [Lehrj. V, 6].

Empor= (ſ. o. auf=)**helfen,** z. B.: Ihr helfet aus dem
Staube | dem Unglücksſohn empor. Alxinger Doolin S. 143
[V, 21]. Sein brünſtiges Gebet hielt ihm ihr Bildnis vor | und
dieſes half ſogleich der beſſern Seel' empor. Wieland 12, 170
[Iris I, 39].

Forthelfen: Einem (zuweilen auch: Einen, ſ. o., vgl. auf=,

durch=, hinweghelfen 2c.), sich: fortkommen helfen 2c., z. B.:
Hier stock' ich schon! Wer hilft mir weiter fort? Goethe
11, 51 [Faust I, Studierzimmer], vgl. auch bloß: weiter — oder:
fort. „Ich bin beschwerlich, gnädige Frau." Adelheid: Ihr
legt's falsch aus: ich wollte Euch forthelfen; denn Ihr wollt
fort. 9, 54. „Verwünscht! Er ist entwischt." Ihr habt ihm
fortgeholfen. | Ihr sollt uns büßen. Schiller 518 b [Tell I, 1] 2c.;
Voss Shakesp. 3, 475 (s. aufhelfen S. 137); auch: Meine Kunst hat
mich wider Erwarten fortgeholfen. Tieck 16, 352. Wie un=
verdrossen, mich in Sprachen fortzuhelfen. Heinr. Voss an
J. Paul 90, s. auch Grimm's Wörterb. 4, 19, wo die von Grimm
in Klammern hinzugefügten Zusätze vielleicht zulässig, aber jeden=
falls nicht nothwendig sind: Ein alter Herr, der seine Freude
am Verkehr der Menschen hatte, (dem) Handel und Wandel,
wo er nur vermochte, forthalf. Heinr. v. Kleist 3, 8. An sie ...
schlossen sich   Mann und Weib, Alt und Jung, wer sich regen
konnte oder (dem) von Hilfreichen fortgeholfen ward, geleitet
von den Veteranenkohorten der geringern Klassen. Niebuhr 2,
402, s. hinweghelfen 2c.

Einem (daneben: Einen, s. o.), sich her=, hin= 2c. helfen,
z. B.: Der dir den Muth dazu gab, wird dich [vgl.: dir] euch
glücklich durch Sturm und Wind hin= und herhelfen. Claudius
4, 71. Furchsame und weiche Herzen, die gerne Trost hätten
und sich gerne wollten bekehren und doch nirgend Trost und
Rath finden können, bis so lange ihnen Gott [h]eraus hilft
und [sie] mit seinem Wort tröstet. Luther 5, 531 a. Der Gänse=
kopf   verwickelt sich in [Reden von] „Bündeln und Prinzessen",
bis er nicht mehr heraus sich helfen kann. Wieland 12, 12
[Pervonte I]. So hilft er [Cardanus] sich auch an einigen be=
deutenden Punkten, die er gewahr wird, mehr vorbei als drüber
hinaus. Goethe 39, 111 [Gesch. der Farbenl., III. Abth., Nr. 9].
So viel weiß ich, daß ich auf meinem Weg gewiß in den
Himmel komme, und ich hoffe, daß er [Gott] Andern auch auf
den ihrigen hineinhelfen wird. 14, 241 [Br. des Pastors 2c.].
Um den [vgl.: dem] des Originals unkundigen Leser einiger=
maßen wieder in den homerischen Ton hineinzuhelfen, wenn
ihn hier und da die Übersetzung unumgänglicherweise sollte
herausgestimmt haben. Bürger 185 a. Dieses Wohlwollen hat

mich [vgl. mir] über alle Schwierigkeiten hinweggeholfen.
National-Ztg. 35, 51 u. Ä. m.

Einem los= [zu kommen] helfen, s. u. S. 144: beistehen.

Mithelfen: mitwirkend, gemeinschaftlich mit andern Per=
sonen oder Sachen helfen.

Nachhelfen: von hinten nachschiebend helfen; übertragen:
durch Hilfe oder Beistand fördern (vgl. Vorschub leisten ꝛc.), z. B.:
Sie hatte manchmal ein Wörtchen mit eingesprochen und über
Dieses und Jenes, wenn wir in unsern Einrichtungen stockten,
nachgeholfen. Goethe 20, 209 [Wahrh. u. Dicht. V]. Wie in
beiden Abtheilungen dieses wichtigen Werkes der geschichtliche
Vortrag mit dem Lehrvortrag dergestalt innig verknüpft ist, dass
eines dem andern auf= [s. o.] und nachhilft. 39, 64 [Gesch.
der Farbenl., II. Abth.]. Bald spornte ihn [den ersten Menschen]
die Noth, der Natur seinen Arm zu leihen und ihrer freiwilligen
Ergiebigkeit durch Kunst nachzuhelfen. Schiller 1010a [Über
die erste Menschengesellschaft: Verschied. Lebensweise]. Wenn er
im Bilde irgend ein Versehen oder einen Fehler wahrnähme,
überall als Freund zu bessern und nachzuhelfen. Wackenroder
(Kurz Litter. Gesch. 3, 592a) ꝛc.

Überhelfen Einem: ihm über Etwas, namentlich im Wege
Stehendes, Hinderndes, Verlegenheiten Bereitendes ꝛc. hinüber,
hinweg (kommen) helfen, eigentlich und übertragen: Wenn ein
Reicher nicht recht gethan hat, so sind Viele, die ihm über=
helfen. Sir. 13, 26. Und wenn er [Jung Stilling] in freund=
licher Mittheilung unerschöpflich war, so stockte gleich Alles bei
ihm, wenn er Widerspruch erlitt. Ich half ihm in solchen
Fällen gewöhnlich über, wofür er mich mit aufrichtiger Neigung
belohnte. Goethe 21, 192 [Wahrh. u. Dicht. IX]. Schön ist's von
Ihnen nicht   ., daß Sie dem hergelaufenen jungen Ding gegen
eine rechtschaffene Frau überhelfen. Gartenlaube 29, 139a ꝛc.
(Veraltet als untrennbare Zusammensetzung ‿ ‿ ⏑ ‿, als zielen=
des Zeitwort: [Moses] sahe Einen Unrecht leiden, da überhalf
er und rächte Den, dem Leid geschahe, und erschlug den Ägypter.
Apostelgesch. 7, 24, vgl.: Da er hier Jemand Unrecht leiden sah,
vertheidigte er ihn, schaffte dem Gekränkten Rache und er=
schlug ꝛc. van Ess oder: da nahm er sich dessen an, stand ihm
bei ꝛc.).

Zuweilen auch: **unterhelfen** Einem = ihm unterkommen helfen, z. B. zu einem Unterkommen verhelfen, z. B.: Wenn er Stillingen mit Empfehlungsschreiben an beide Männer abschicken würde, so könnte es nicht fehlen, sie würden ihm unterhelfen. Stilling 2, 132.

Verhelfen Einem zu Etwas: ihm dazu kommen, gelangen, es erreichen helfen, ihm den Besitz, Genuß 2c. des Genannten verschaffen, z. B.: Es schreibt der Kanzler, er vollziehe nur | den eignen Einfall des verstorbnen Königs, | indem er mir zur böhm'schen Kron' verhelfe. Schiller 363a [Wallenst.'s Tod I, 5]. Verhelft mir zu Brot! Chamisso 3, 226 u. o. (Der von Adelung 4, 1448 mit Unrecht statt des Dativs der Person geforderte Accusativ findet sich z. B. auch bei Lessing 1, 233: Ich will Sie zu seiner Bekanntschaft verhelfen.)

Einem **vorbei=, weg=, weiterhelfen,** s. o.: hinaus=, hinweg=, forthelfen.

Wiederhelfen: eine Hilfsleistung durch Hilfe vergelten: Hilfst du mir, so werde ich dir bei Gelegenheit wiederhelfen.

Schließlich noch das heute seltne **zuhelfen** = helfen, zu Hilfe kommen, z. B. von Personen: Weil nach und nach immer mehr Mädchen zuhalfen, [sich helfend betheiligten]. Mörike Mozart 49 2c. und von Sachen: Auf einem großen Theater, das dem Schauspieler gar zu wenig zuhilft. Zelter an Goethe 2, 392, vgl.: zu Hilfe, zu Statten kommt, ihn wenig fördert, unterstützt, sich ihm wenig vortheilhaft (günstig) erweist.

Weiter reihet sich an helfen z. B. **hilflich** und in der heutigen Sprache gewöhnlich: **behilflich** — sein, sich erweisen, sich erzeigen 2c., z. B.: Daß sie Fleiß haben, ihre Unterthanen wohl zu regieren, lieblich mit ihnen handeln und Alles thun, daß sie ihnen nützlich und „hülfflich" seien. Luther 1, 251a. Daß Ihr den obgemeldten Ständen und Oberkeiten, gleich uns selbs, in Solchem „hülfflich", beiständig, gehorsam und gegenwärtig seiet. 462a (Kaiserl. Edikt); 2, 431a (mit der Abweichung: willfährtig statt gegenwärtig). Daß E. W. [Eure Würde, der Bürgermeister] wollte ihm zu seinem Studio „hülfflich" sein etwa mit einem Lehen [Darlehen]. 6, 2a 2c. Ihnen gegen den Waldströmern hilflich und räthlich sein. Berlichingen 92 ff. Maria und Sant Anne | wöllen mir hilf=

lich sein | in allen meinen Dingen, | daß sie mir nit mißlingen.
Uhland Volkslieder 1, 132. Dieser würde Nichts schaffen oder
sein, | wollt ihm Jener nicht hilflich sich erweisen. Lessing
5, 166 (Logau). Einem hilfliche Hand — reichen (Ders.
Hempel 11, 2, 534), leisten (Adelung) 2c. — Daß sie . gerne
geben, behülfflich sein. 1. Timoth. 6, 18 = hilfreich (all=
gemein, vgl.: Edel sei der Mensch, | hilfreich und gut. Goethe
2, 67 2c.), gewöhnlich mit Bezug auf eine bestimmte Person:
So mancher Freund ist in der Nähe | und jeder wird behülf=
lich sein. Hagedorn 2, 58 = dir in deiner Noth helfen, bei=
stehen, zumeist mit daneben stehendem Dativ: Ein Bruder, der
dem andern behilflich ist, die sind wie eine starke Mauer.
Keisersberg Sünden des Mundes 80 b. Ich konnte der Operation
beiwohnen und einem so werthen Manne [Herder] auf mancherlei
Weise dienstlich [s. u.] und behilflich sein. Goethe 21, 233/4
[Wahr. u. Dicht. X]. Einem in allen Lagen des Lebens, bei
jeder Gelegenheit behilflich sein. Zu der Stelle verhelfen
[s. o.] kann ich dir nicht; daß ich dir bei (oder: zu) der Er=
langung gern nach Kräften behilflich sein werde, weißt du 2c.

Zur Seite stehen mit Genitiv oder von, zunächst rein ört=
lich, vgl. bei, neben Einem oder Etwas stehen; dagegen mit
dem Dativ der persönlichen Beziehung (s. meine Hauptschwier.
89 b und in Herrig's Archiv 15, 53 ff.): Einem zur Seite
stehen, um ihm, wo es für sein Thun nöthig oder wünschens=
werth ist, durch helfende, fördernde 2c. Wirksamkeit als Stütze,
Unterstützung, Beistand 2c. zu dienen. Das Subjekt ist hier nie=
mals ein rein sachliches, sondern, wenn nicht eine Person, doch
Etwas, wovon eine mehr oder minder persönliche Wirksamkeit
ausgeht: Jemand steht Einem im Kampfe, Zweikampf (als
Sekundant), vor Gericht (als Eideshelfer, als Anwalt) zur
Seite 2c. Gegen dich soll kein Verleumder sonder Strafe sich
vergehn, | wider dich kein Feind sich waffnen: ich will dir zur
Seite stehn. Ramler (Denkverse für die Präpositionen). Jo=
hanna, fürchte Nichts! | die Freunde stehen mächtig dir zur
Seite. Schiller 474 a [Jungfr. v. Orl. III, 11] 2c. Bei diesem
gewagten Unternehmen stand ihm das Andenken an seinen
Vater und die eigene ruhmvolle Vergangenheit schützend und
schirmend zur Seite 2c.

Hieran schließt sich ganz enge: Einem beistehen — verschieden von dem rein örtlichen: bei Einem (oder Etwas stehen), z. B.: Gott, Gottes Gnade ꝛc., meines Vaters Segen ꝛc. möge mir beistehen! ꝛc.   Der Herr hilft den Gerechten   Der Herr wird ihnen beistehen und wird sie erretten .   und ihnen helfen.   Psalm 37, 39 u. 40.   Laß mir deine Hand beistehen!   119, 173.   Ein treuer Freund   stehet fester bei denn ein Bruder.   Sprüche Sal. 18, 24.   Wem stehest du bei?   Dem, der keine Kraft hat?   Hilfst du Dem, der keine Stärke in Armen hat?   Hiob 26, 1 ꝛc.   Daß ich dem klaren   Text des Evangelii will mit meinem Zeugnis   wider alle   Ketzerei beigestanden und des Teufels Bosheit   ., meinen lieben Brüdern und Schwestern in Christo, nach der christlichen Liebe Pflicht, zu Dienst und Besserung, will wider(ge)standen haben.   Luther 6, 118 a ꝛc.   Vielleicht leide ich eben jetzt diese Strafe ..., weil ich gezaudert habe, mich Ihnen ganz zu zeigen, wie ich bin; Sie hätten mir beigestanden, Sie hätten mir zur rechten Zeit losgeholfen [s. o. S. 140]. Goethe 17, 400 [Lehrj. VIII, 10]. Da ich wußte, daß er im Dienste des Königs war, ging ich ihn   zu besuchen   ., weil ich hoffte, er solle mir helfen und beistehen, daß ich in den Dienst des großen Königs käm[e]. 28, 221 [Cellini II, 9] ꝛc.   Dazu nicht bloß: der Beistand, sondern auch früher häufig (s. o.: hilflich) das Eigenschaftswort beiständig, das vielleicht wieder mehr in Umlauf gesetzt werden könnte.

Den Unterschied zwischen beistehen und beispringen (s. Sanders 3, 1154 b) erhellt aus den Grundwörtern. Der Beispringende ist nicht ein, wie der Beistehende, dauernd zur Hilfe ꝛc. bereit Stehender, sondern ein im Augenblick der Noth zur Hilfe, Unterstützung, Rettung Hinzuspringender, Herbeieilender ꝛc. (vgl.: Einem unter die Arme greifen), z. B.: Der Harfner war mit nach dem Orte geeilt, einen Wundarzt aufzusuchen und seinem für todt zurückgelassenen Wohlthäter beizuspringen.   Unsre drei verunglückten Abenteurer blieben indeß noch eine Zeit lang in ihrer seltsamen Lage, Niemand eilte ihnen zu Hilfe.   Goethe 16, 270 (Lehrj. IV, 5 u. 6).   Der junge Mann hatte dem Vorgang zugesehen, wie Einer, der nicht gleich die rasche Geistesgegenwart besitzt, in der richtigen Weise helfend beizuspringen ꝛc.   Deutsche Dichtung 6, 131 b

(Wh. Jensen). Zu allem Unglück war Theurung in Rom, so daß ihm seine Freunde … nicht beispringen konnten. Lessing 3, 5. Bis der glückliche Dinias sich erbitten ließ, der leidenden Schöne[n] mit Trost beizuspringen. Wieland Lucian 4, 20. Wer Leidenden | beispringen kann, wird auch mit ihnen trauern. Schiller 227a [Iphig. in Aulis IV, 3]. Seht, wer es ist, der dort vom Licht der Sonne | den unfreiwillig schweren Abschied nimmt. | Die Rüstung zeigt mir keinen schlechten Mann. | Geht, springt ihm bei, wenn ihm noch Hilfe frommt [s. u.]. 472a [Jungfr. v. Orl. III, 7]. Von Eurem Arme glaubt' ich sie beschützt, | als ich dem König beizuspringen eilte. b [ebd. 8], seltner so: Weinen möchten diese Quader, daß sie die Beine nicht haben, meinem Fiesko zuzuspringen, diese Paläste zürnen über ihren Meister, der sie so fest in die Erde zwang, daß sie meinem Fiesko nicht zuspringen können. 174b [Fiesko V, 5]. Zuweilen auch mit sachlichem (mehr oder minder personificiertem) Subjekt: Ihr Stolz sprang ihr bei [vgl.: kam ihr zu Hilfe] und sagte 2c. Gutzkow 11, 207.

Stütze (s. Sanders 3, 1263a ff) bezeichnet zunächst einen steifen und festen Körper, der etwas sich daran Lehnendes hält und trägt, so daß es nicht sinkt oder fällt; dazu: stützen, sowohl: solche Stütze abgeben, wie (faktitiv): damit versehen — und so: unterstützen, eigentlich: mit einer untergestellten Stütze versehen und so haltend und tragend vor dem Sinken und Fallen bewahren 2c., z. B.: Das Haus unterstützen. Hebel 3, 291 2c. Mit unterstütztem Haupt. Wieland 10, 68 [Aurora u. Cephalus] 2c; bildlich: Zertrümmert müssen sie vor allen Dingen werden, diese so lange bestandenen, so tief gegründeten, so künstlich zusammengefügten und mit so starken Pfeilern und Streben unterstützten Werke des Betrugs und der Ungerechtigkeit. 18, 202 [Agathodämon V] 2c. und, in der vorliegenden Sinnverwandtschaft übertragen und verallgemeint, z. B.: Ihm gründlich wieder emporzuhelfen [s. o.], dazu reichen meine Mittel nicht hin; aber ganz sinken lassen werde ich ihn nie und ich werde ihn dauernd, so weit ich es eben vermag, unterstützen 2c. Viele können Einem helfen, wenn sie ihn, Jeder nach seinen Kräften, unterstützen. Einen in seinem Unternehmen —, sein Unternehmen, — ihn mit Rath und That, mit Geld 2c. unterstützen. Beobachtungen, welche

die Hypothese unterstützen. Mit aller Geduld und Gleich=
müthigkeit, die er, von Perisadeh's Muth und Seelenstärke
unterstützt, zusammenzubringen fähig war. Wieland 9, 207
[Danischm. XL]. Die Gräben vertiefen und durch Musketiere
besetzen lassen Hinter derselben ragte eine Batterie von
sieben großen Kanonen hervor, das Musketenfeuer aus den
Gräben zu unterstützen. Schiller 963a [30jähr. Krieg III].
Daß die moralische und die ästhetische Beurtheilung, weit entfernt,
einander zu unterstützen, einander vielmehr im Wege stehen.
1132a [Üb. d. Pathetische].

Beitragen (f. Sanders 3, 1348a) hat die Bedeutung: bei=
steuern; an seinem Theile zum Zweck mitwirken — mit oder
ohne Absicht des Subjekts, z. B.: Bei einem so unermeßlichen
Unglück kann nur die Gesammtheit helfen; aber zur Linderung
der Noth kann und muß auch jeder Einzelne (das Seinige)
beitragen ꝛc. Jedermann findet es äußerst unbequem, daß er
nun zu den Interessen' und Abzahlungen auch das Seinige
beitragen soll. Goethe 26, 18 [Schweizerreise, 8. Aug. 1797].
Wenn's auch so ein Paar Geschöpfchen darum zu thun, sich zu
haben, soll man nicht Alles dazu beitragen? 34, 228 [Erwin
und Elmire]. Weil dieses Fräulein (zwar ganz ohne ihre
Schuld) | zum Knoten unsers Stücks nicht wenig beigetragen.
Wieland 11, 178 [Klelia u. Sinib. II]. Da kommt des Aufzugs
Pracht, die Feierlichkeit, der Glanz | der Sultanstochter, an der
Hand des stolzen Gatten, | kurz, jeder Umstand kommt dem
andern da zu Statten | und trägt das Seine bei, die Sache
rund und ganz | zu machen. 20, 244 [Oberon IX, 10].

Nutzen, nützen (f. Sanders 2, 456b, c) als zielloses Zeit=
wort, im Gegensatz zu schaden, in der Bedeutung: Nutzen,
Vortheil, Gewinn bringen; zum Zweck förderlich dienen ꝛc., mit
dem Hinblick auf den guten, günstigen, förderlichen Erfolg der
Wirkung, während man bei helfen besonders die beabsichtigte
oder erwartete gute ꝛc. Wirkung im Auge hat, vgl.: Die Lob=
hudeleien, womit die Parteigänger meinem Gegner haben
nützen — und ihre Angriffe gegen mich, womit sie mir haben
schaden wollen, haben ihm nicht geholfen, sie haben vielmehr
den umgekehrten Erfolg gehabt, sie haben ihm geschadet und mir
genützt. „Hat dir das vom Arzt verordnete Mittel gegen dein

übel geholfen?" Nein, es hat mir mehr geschadet als ge=
nützt, das Übel ist nur schlimmer geworden 2c., vgl. auch:
Theuer ist mir der Freund, doch auch den Feind kann ich
nützen [transit.]: | zeigt mir der Freund, was ich kann, lehrt
mich der Feind, was ich soll. Schiller 91b, wo dem Sinn nach
der Schluss des Hexameters auch lauten könnte: Doch auch der
Feind kann mir nützen 2c. Wenn du erfahren bist, sollst du
nutzen. Man erkennt Niemand an als Den, der uns nutzt
Der Bach ist dem Müller befreundet, dem er nutzt, und er
stürzt gern über die Räder; was hilft es ihm, gleichgültig durch
das Thal hinzuschleichen? Goethe 3, 163 [Sprüche in Prosa I].
Nütze Dem, der dir kann nützen, | nutze [transit.] Den, der
dich will nutzen. Rückert 6, 103. Auch, sehen wir, ist's noch
weniger unsere Sorge und Geschäfte, wozu wir, was wir tragen,
hervorbringen, wer es sammlen, wem es nutzen und vor=
theilen soll. Herder (Predigt über das Gleichnis vom mancherlei
Samenlande) 2c., s. weitere zahlreiche Belege. Sanders a. a. O. —
Dazu (s. ebd. 2, 457c) nützlich = nützend, Nutzen bringend,
frommend, fördernd, Gegensatz: schädlich (vgl. nutzbar, nutz=
haft), — oder (um den Unterschied von dem Particip nutzend 2c.
schärfer hervorzuheben): so beschaffen, dass es bei gehöriger Be=
nutzung nützen, Nutzen bringen 2c. kann, vgl.: Höre den Rath,
den die Leier tönt; | doch er nutzet nur, wenn du fähig bist. |
Das glücklichste Wort, es wird verhöhnt, | wenn der Hörer ein
Schiefohr ist. Goethe 4, 39 [Westöstl. Div., Buch der Betracht.] —
und: Das glücklichste Wort, so nützlich es dem richtigen Hörer
ist, ist dem es schief Auffassenden nicht nur nicht nützlich und
für ihn unnütz, sondern ihm gradezu schädlich 2c. Was nütz=
lich zur Besserung ist. Ephes. 4, 29. Der Mensch, dessen Kräfte
zu dem Nothwendigen und Nützlichen nicht hinreichen, mag
sich gern mit dem Unnöthigen und Unnützen beschäftigen. Goethe
24, 177 [Ital. Reise: Moritz als Etymolog]. Vielleicht [sollte]
dadurch ein ähnliches Talent zur Ausbildung gelangen, welches
sowohl Dem, der sich Dessen rühmen dürfte, ersprießlich [s. d.],
als Andern, die es für sich zu gebrauchen dürften, nützlich sein
könnte. 22, 36 [Wahrh. u. Dicht. XI]. Dass hier Lehrenden und
Lernenden Alles nützlich und förderlich [s. u.] sein müsse, in=
dem in unsern Tagen nicht mehr von Schul= und Partei=Wissen,

sondern von allgemeinen Weltansichten, auf echte Kenntnisse ge=
gründet, die Rede sei. 26, 260. [Reise am Rhein 2c.: Köln].
Daß das Nützliche nur nützlich ist, weil es uns vor Unlust
bewahrt oder eine Quelle von Vergnügen ist. Wieland 7, 76
[Goldn. Spiegel IV.] Daß sie ihnen nützlich und hilflich
[s. o.] seien. Luther, 1, 251 a.

Frommen (s. Sanders 1, 503 a): zum Nutzen, zum Heil ge=
reichen, das Heil, Wohl befördern; für Etwas förderlich und
passend sein, — meist in der 3. Person (mit Dativ, — vereinzelt
Accus.), z. B.: Was ist der Mensch? Wozu taugt [s. u.] er?
Was kann er frommen oder Schaden thun? Sirach 18, 7.
Was nützt [s. o.] sie dir, was frommt sie dir, die heuchlerische
Zunge? Mendelssohn Psalm 120, 3. Zu erreichen Das, | was
unerreichbar ist und, wär's erreichbar auch, | nicht nützt [s. o.]
noch frommt; ihr [die Schmiede] aber seid die Nützenden.
Goethe 10, 277 [Pandora]. So kennt | man euch, ihr Götter, an
gesparten, lang | und weise zubereiteten Geschenken. | Denn ihr
allein wißt, was uns frommen kann. 13, 46 [Iphig. III, 1].
Tempelherr: Ihr dürft | mir doch auch wohl vertrauen, wer
mich gern | genauer kennen möchte. Daß Ihr's selbst | nicht
seid, will ich wohl schwören. Klosterbruder: Ziemte mir's? |
und frommte mir's? Tempelherr: Wem ziemt und frommt
es denn, | daß er so neubegierig ist? Lessing Nath. 1, 5, V. 566.
Frommt's, den Schleier aufzuheben, | wo das nahe Schrecknis
droht? Schiller 61 b [Kassandra, Str. 8]. So Einer ist der
Wallenstein und, taugte [s. u.] dem Hof ein Andrer besser, der
Armee | frommt nur ein Solcher. 335 b [Piccol. I, 4]. Springt
ihm bei [s. o. S. 144], wenn ihm noch Hilfe frommt. 472 a
[Jungfr. v. Orl., III, 7].

Fördern (s. Sanders 2, 478 b) mit der Grundbedeutung: vor=
wärts schaffen — dem Ort oder der Zeit nach (vgl. beschleu=
nigen), danach übertragen: in Gang bringen; machen, daß
Einer vorwärts kommt, daß Etwas Fortgang hat, gedeiht 2c.
(Gegensatz hindern, vgl. Vorschub leisten 2c.) z. B.: För=
dere den Gerechten! [Gott]. Psalm 7, 10. Von dem Herrn wird
solches Mannes Gang gefördert. 37, 23 [„geföbert“. Mendels=
sohn]. Die Kunst kann Niemand fördern als der Meister.
Gönner fördern die Künstler, Das ist recht und gut; aber

dadurch wird nicht immer die Kunst gefördert. Goethe 3, 180 [Sprüche in Prosa II]. Als ich | dem Guten fördernd meine Hände reichte, | dem Bösen, wie dem Übel widerstritt. 13, 282 [Natürl. Tochter III, 1]. Dessen Thätigkeit hier leitend und vortragend das Ganze ausgezeichnet fördern hilft [s. o., vgl. beihelfen S. 138]. 32, 396. Nur in so fern als sie [die Schriften] auf uns gewirkt, unsere Ausbildung entweder gefördert oder auch sich derselben entgegengesetzt haben. 39, 117 [Gesch. der Farbenl.: Bacon v. Verulam]. Weil die Bösen doch zuletzt | durch jene Mittel selbst das Gute fördern müssen, | wodurch sie sich's zu hindern vorgesetzt. Wieland 11, 177 [Klelia u. Sinib. II] u. Ä. m. — Daran schließt sich die Zusammensetzung: befördern — Etwas: in raschern Gang bringen, beschleunigen, dem Ziel näher bringen, — Etwas wohin: es hinschaffen (expedieren), — Einen: ihn vorrücken lassen, in eine höhere Stelle bringen ꝛc., z. B.: Der Major wollte einen Abschiedsbesuch machen und sodann seiner Verbindung mit Hilarien entgegen gehen; der Sohn sollte die seinige befördern und beschleunigen, wie es möglich wäre. Der schönen Wittwe machte unser Major einen Morgenbesuch, um Abschied zu nehmen und, wenn es möglich wäre, die Absicht seines Sohnes mit Schicklichkeit zu fördern [s. o.]. Goethe 18, 227 [Wanderj. II, 3 4]. So trieb es mich wechselsweise, meine Genesung zu befördern und zu verhindern. 21, 1 [Wahrh. u. Dicht. VI]. Die jene Erfindungen und Offenbarungen der Natur durch Versuche zu höheren Beobachtungen, Axiomen und Aphorismen erheben und befördern. 39, 229 [Gesch. der Farbenl. V., 1. Epoche, 8. Abth.]. Ich möchte es machen, wie der gescheite Arzt (nur umgekehrt). Nicht der Natur durch einen Querstrich den Weg verrannt, sondern sie in ihrem eigenen Gange befördert. Schiller 112b [Räuber II, 1]. Der Sieg bei Dreux, weit entfernt, ihre Wünsche zu befördern, hatte ihr einen Herrn in ihm [dem Herzog v. Guise] gegeben. 1060a [Unruhen in Frankr.].

Dazu [s. o., vgl. behilflich, nützlich ꝛc. u. Sanders 1, 477c]: förderlich = fördernd, vorwärts schaffend; geneigt, Einen (Etwas) zu fördern, dienstwillig ꝛc. (Gegensatz: hinderlich, gegnerisch, entgegenwirkend ꝛc.), z. B.: Damit Ihr seht, daß ich Eurer Pein | will förderlich und dienstlich [s. u.] sein.

Goethe 11, 113 [Fauſt I, Straße]. Nicht   wehte diesmal ein
förderlicher friſcher Nordoſt, ſondern leider von der Gegen=
ſeite ein lauer Südweſt, der allerhinderlichſte. 23, 278 [Ital.
Reiſe, 29. März 1787]. Da man ſich nun von proteſtantiſcher
Seite dergeſtalt förderlich erwieſen [bei dem St. Rochusfeſt].
26, 208 [Rochusfeſt]; 260 (ſ. o. S. 147: nützlich) ꝛc. Wodurch ich dir
vielleicht in deiner Angelegenheit förderlich ſein kann. Wie=
land 9, 273 [Daniſchm. XLVII] ꝛc. Daneben (heute minder üblich):
Dem Gedächtnis hinderlich oder beförderlich. Kant Anthrop. V.
Wiewohl ſeine Grundſätze, ohne das Laſter eigentlich zu begün=
ſtigen, von einer Seite der Tugend nicht ſehr beförderlich ſind.
Wieland 4, 15 [Ariſtipp I, Einleit.]. Bei dieſem an ſich ſehr
wenig bedeutenden, aber ihren Abſichten ſehr beförderlichen
Ereignis. 19, 183 [Hexameron I]. Eine ſolche Verbeſſerung des
Kirchenweſens,   da ſie der Religion   beförderlich war.
Schiller 801 a [Abfall der Niederl. II: Kardin. Granvella]. Der
Umſtand..., daß dieſe Begebenheiten wirklich erfolgten, kann...
unſer Vergnügen vermehren, aber mit einem fremdartigen Zuſatz,
der dem poetiſchen Eindruck vielmehr nachtheilig als beförder=
lich iſt. 1132 b [Üb. d. Pathetiſche]. So kann ich dir Ungetreuem
vielleicht beförderlich ſein. Tieck Novellen 1, 117 ꝛc.

Dienen (ſ. Sanders 1, 293 c ff. u. Synon. 1, 294/5), ausgehend
von der Grundbedeutung: Sklave, Einem unterworfen ſein ꝛc.,
in der vorliegenden Sinnverwandtſchaft, — nicht bloß von Per=
ſonen, ſondern auch von Sachen: als (zu) Etwas — gebraucht
werden, — ſich brauchen, verwenden laſſen, deſſen Stelle erſetzen;
Mittel zu einem Zweck, dazu nützlich, förderlich, paſſend ſein,
zu Etwas gereichen, ausſchlagen ꝛc., z. B.: Laſſet uns Dem nach=
ſtreben, was zum Friede[n] dienet und was zur Beſſerung unter
einander dienet. Röm. 14, 19 (vgl.: Was alſo Eintracht und
gegenſeitige Erbauung fördert [ſ. o.], danach laſſet uns ſtreben.
van Ess ebb.). Ihre Frucht wird zur Speiſe dienen und ihre
Blätter zur Arzenei. Heſek. 47, 12 ꝛc. Es dient ſehr in ſeinen
Kram. Goethe 2, 120 [Hans Sachſens poet. Sendung] u. o.
Hängend ihn an einen Eiſenhaken, | der den Keſſel ſonſt zu tragen
diente. Platen 4, 291 [Abaſſiden II]. An heil'ger Stätte iſt ſie
aufbewahrt, | ſie [die Armbruſt] wird hinfort zu keiner Jagd
mehr dienen. Schiller 550 b [Tell V, 2]. Er dient ihm als

(oder: zum) Spion. Das muß mir zur (als) Entschuldigung
dienen, obgleich es eigentlich nur eine Ausrede ist. Was aber
nicht zur Definition taugt [s. u.], kann aber darum doch als
Gleichnis dienen. Unsere Zeit (1881, 1, 286, Gg. v. d. Gabe-
lentz) 2c.

Dazu (s. Sanders 1, 295 c ff., auch fürs Folgende, vgl. oben:
nützlich 2c.) dienlich = zu einem Zwecke dienend oder (genauer):
geeignet, dazu zu dienen, dazu passend, dazu zweckmäßig gebraucht
(verwendet) werden könnend 2c., z. B.: Nützt ein solches Wissen
auch nicht viel, um die Übel zu vermeiden, so ist es doch sehr
dienlich, daß wir uns in die Zustände finden, sie ertragen, ja
sie überwinden lernen. Goethe 20, 77 [Wahrh. u. Dicht. II]. Wir
traten vor ein kleines zur Wohnung nicht übel dienliches Haus.
21, 255 [ebd. X]. Alsdann erblickt man neben einander, was sich
in Rom zerstreut befindet, welches zur Vergleichung unschätzbar
dienlich ist. 23, 181 [Ital. Reise, Rom, 25. Dez. 1786] 2c. Aber
die Barren der Wahrheit, von Reichen an Geist in großen Werken
niedergelegt, sind nicht dienlich, um die kleinen täglichen Bedürfnisse der Unbemittelten damit zu vergelten. Diese Brauch-
barkeit hat nur das ausgemünzte Wissen. Börne 2, 106 2c.
Ganz ähnlich ist das stärkere diensam = seiner Beschaffenheit
nach ganz besonders dienlich, in hohem Grade geeignet für den
Zweck (s. u.: taugsam), z. B.: Welche das Unglück hatte, die
Kaltsinnigkeit ihres Gemahls lebhafter zu empfinden, als es für
ihre Ruhe diensam war. Wieland 6, 74 [Agathon XII, 5].
Gewiß wäre Manches zu sammeln, was doch künftigen Censoren
diensam wäre. Jean Paul 39, 141. Muß ich dies Körbchen
hier voll Kraut und Blumen lesen, | voll Pflanzen gift'ger
Art und diensam zum Genesen. Schlegel Romeo und Julie
II, 3 2c. Andrerseits aber verbindet im Kanzleistil diensam
den Begriff von dienlich (s. o.) = geeignet, zweckmäßig, zweck-
entsprechend 2c. mit dem von dienstlich (s. u.) im Sinne von
amtlich also etwa = von Amts wegen, von der betreffenden
Behörde als geeignetes, zweckentsprechendes Mittel ausgewählt 2c.,
z. B.: Napoléon . . . sendete ihn [v. Reinhard] nach Jassi, wo
er von den Russen aufgehoben, durch manche Länderstrecken mit
den Seinigen geführt, endlich auf diensame Vorstellungen wieder
losgegeben wurde. Goethe 27, 237 [Annalen 1807]. Man unter-

nahm, die ältern Statuten der neuen Zeit gemäß einzurichten und auch ich. hatte das Meinige durch dienſame Vorſchläge beigetragen. 344 [ebd. 1818] ꝛc.

Das erwähnte **dienſtlich**, früher auch — wofür Grimm's Wörterb. 2, 1129 Belege bietet — wie dienlich (nützlich, förder= lich ꝛc.) von Sachen, gilt heute (ſ. Sanders 1, 297a, b) gewöhnlich nur noch in Bezug auf Perſonen, und zwar ſinnverwandt mit amtlich (ſ. o., Gegenſatz: privat, außerdienſtlich ꝛc.), aber auch (ſich der vorliegenden Sinnverwandtſchaft mehr oder minder nähernd) = hilfreich, förderlich, dienſt= bereit, =willig, =befliſſen, =ergeben ꝛc., zumal in der Sprache der dienſtlich mit einander verkehrenden Behörden und dann auch die Ergebenheit einzelner Perſonen bezeichnend, namentlich in Höflichkeitswen= dungen, z. B.: Klärchen: Biſt du gut mit ihr [der Regentin]? Eg= mont: Es ſieht einmal ſo aus. Wir ſind einander freundlich und dienſtlich. Goethe 9, 193 [Egmont III]. Daſs ich Eurer Pein | will förderlich [ſ. S. 149] und dienſtlich ſein. 11, 113. Von den Edelſten, ' den Beſten ſind dir Zwölfe zugewählt, die immer dienſt= lich deiner warten ſollen. 13, 395 [Elpenor II, 2]. Sie wünſchte, für Charlotten, für das Kind, für Eduarden ſich auch noch ferner auf das dienſtlichſte zu bemühen. 15, 225 [Wahlverw. II, 8], vgl.: Daſs er die fürſorgliche Dienſtlichkeit, die ſie dem Ab= weſenden geleiſtet, dankbar gegenwärtig bemerken werde. 231 [ebd. 9]. Einem ſo werthen Manne... dienſtlich und behilf= lich [ſ. S. 143]. 21, 233 [Wahrh. u. Dicht. X]. Indem es in unſern Landen herkömmlich ſei, daſs man den ſämmtlichen Damen der Geſellſchaft, einer wie der andern, mit und nach der andern ſich dienſtlich und höflich erweiſe. 24, 134 [Ital. Reiſe, Bericht, Okt. 1787]. Widerſpenſtige Vaſallen müſſen auf die eine und die andere Weiſe zur Dienſtlichkeit [zum dienſtergebnen Ge= horſam ꝛc.] gebracht werden. 32, 387 8 [Monatsſchr. des Muſeums in Böhmen]. Treu und dienſtlich ſeines Freundes Harme, | folgt' auch er der Griechen Heldenzug. Schiller 216b [Iphig. in Aulis I, Chorgeſ., 3. Antiſtr.]. Aber mit dem Weibe, das die Mutter Eurer Kinder ſein ſoll, wollt' ich dienſtlich gebeten haben, ein wenig behutſam umzugehen. Wieland 9, 19 [Daniſchm. IV]. Sollte dieſes Buch einem ſchwachen Bruder in die Hände fallen, ſo erſuche ich ihn hiermit

dienſtlichen Fleißes [mit ergebenſter Gefliſſenheit]   das
Buch   wegzulegen. 21, 272 [Roxrox ꝛc. XIII].

Taugen (ſ. Sanders 3, 1292 c ff.): zu oder für Etwas oder auch:
zu dem, für den nicht weiter bezeichneten Zweck geeignet, brauch=
bar, nützlich, gut ſein ꝛc., z. B.: Eine Perſon oder Sache taugt,
taugt nicht oder Nichts; taugt zu, für Etwas. Etwas taugt (vgl.:
dient, paſſt) in Jemandes (oder: ihm in den) Kram ꝛc. Jemand
taugt (nicht) — ins Feld zu ziehen, ins Feld, als Soldat, zum
Soldaten, zum Heere, für den Kriegsdienſt ꝛc. Die wahre Tugend
iſt, daſs Jeder jede Friſt | Das tüchtig thut, wozu er taugt und
tüchtig iſt. Rückert Weish. des Brahm. 3, 232 [Buch VIII, 45].
Es taugt nun freilich Nichts, | wenn Fürſten Geier unter Äſern
ſind. | Doch, ſind ſie Äſer unter Geiern, taugt's | noch zehnmal
weniger. Leſſing Nathan I, 3, V. 418. Ich bin gewiſs, daſs
der erfahrne Kenner, | in Menſchenſeelen, ſeinem Stoff, geübt,
beim erſten Blicke wird geleſen haben, | was ich ihm taugen
kann. Schiller 277 b [Don Karlos III, 10]. Taugte dem Hof
ein Andrer beſſer, dem Armen, frommt [ſ. S. 148] nur ein Solcher.
335 b. Was   nicht zur Definition taugt, kann   doch als
Gleichnis dienen [S. 150]: dagegen dem heutigen Gebrauch zu=
wider, ſtatt dienen von Etwas, das nicht nur zu einem Zweck
ſich verwenden läſst, ſondern wirklich dazu verwendet iſt, ihn
erfüllt, z. B.: Daſs es dieſen Sylphis niemal an keinem Licht
nicht mangelte. Man ſahe ſie [die Sonne] in dieſem Abgrund
ſo heiter wie auf dem Erdboden leuchten, alſo daſs ſie auch
einen Schatten warf, ſo daſs ihnen, den Sylphis, die See wie
Taglöcher oder Fenſter taugten, durch welche ſie Beides, Helle
und Wärme empfingen. Simplician. Schriften. herausg. v. H.
Kurz 2, 79[7]. Darauf erzählte der Obriſter viel Bubenſtücklein,
die ich begangen,   alſo daſs man die ganze Mahlzeit nur von
mir zu reden hatte, welches alles zur Verwunderung und Ge=
lächter taugte [diente, gereichte] 1, 403[31] ꝛc.; dagegen zuweilen
auch: Der Mann, der nicht Muſik hat in ihm ſelbſt, | taugt
zu Verrath, zu Meuterei und Tücke. Schlegel Kaufmann von
Venedig V, 1 = er iſt dazu geeignet; man kann, ſeinem Weſen
nach, Verrath ꝛc. von ihm erwarten.

Dazu: **tauglich** = taugend, für den Zweck zur Verwendung
geeignet, brauchbar, verwendbar ꝛc., z. B.: Die tauglichſten

Personen zu den öffentlichen Ehrenstellen und Ämtern zu be=
fördern. Wieland 7, 112 [Goldn. Spiegel ¡VII]. Jede einseitige
Maxime muß, wenn sie auch zu gewissen Zwecken tauglich ge=
funden wird, sich zu andern unzulänglich, ja schädlich erzeigen.
Goethe 39, 230 [Gesch. der Farbenl. V, 1. Epoche, Nr. 8] 2c., mit
der Fortbildung: Tauglichkeit 101 2c. Eben dieser war es,
der sich Rechte über mich anmaßte, ohne zu den Pflichten, die
von diesen Rechten unzertrennlich sind, die mindeste Tauglich=
keit zu haben. Wieland 2, 152 [Don Sylvio VI, 2]. Aus diesen
Homileten wählte ich, nachdem ich mich von ihrer Tauglich=
keit genugsam überzeugt hatte, diejenigen, die 2c. 18, 199 [Agatho=
dämon V] 2c., vgl. auch: Taugbar, taugsam, wie hochdeutsch
tauglich, dienlich. Schmeller Baierisches Wörterb. 1, 437 und,
für das letztere, auch in der Schriftsprache nicht ganz unübliche
(s. o. diensam): Ob ich zum Ehekrüppel taugsam bin. Holtei
Eselfresser 2, 244 2c. Wir wollen also aufrichtig zu Werke gehen
und die Tugend bloß für die Taugsamkeit oder die innere
Güte eines jedweden Dinges nehmen. Möser Patriot. Phantas.
1, 114. Gegen meine Taugsamkeit. Nettelbeck 1, 245 2c.

Beiständig sein, beistehen; beitragen s. beispringen.
Belauern, belauschen s. ablauern. S. 33 u. 34.
Beneiden, Beneider s. Abgunst. S. 12; 13.
Bereden, Beredung s. Abrede. S. 80.
Bereinigen, berichtigen s. abmachen. S. 59.
Beruhen, worauf s. abhängen, wovon. S. 20.
Berühmt s. rühmlich.
Bescheid (abschlägiger) s. Abschlag. S. 97.
Beschwören, ein Gelübde 2c. s. ablegen. S. 38.
Beseitigen s. abhelfen. S. 22.
Besicht s. Probe.
Besitzen s. haben.
Besprechen, Besprechung s. Abrede. S. 81; 82.
Bessern s. nachbessern.
Bestehen, eine Probe 2c. s. ablegen. S. 39.
Bestellen, Grüße 2c. s. ablegen. S. 39.
Bestimmen, Bestimmung s. Abrede. S. 83.
Bett, =Wäsche, =Werk, =Zeug, **Bettung** s. Lager.

Bevor s. ehe.

Blaß, bleich werden s. abschießen. S. 89; 90.

Bleirecht s. scheitelrecht.

Blicken lassen s. zeigen.

(Das) Bodenlose s. Abgrund. S. 6; 7.

Bote s. Wegweiser.

Bringen, z. B. Grüße ꝛc. s. ablegen S. 39; ferner:
zum Abschluß, zum Austrag, zu Ende, ins Gleiche ꝛc.
s. abmachen. S. 54 ff.

Bruch s. Zwiespalt.

**Brücke. Steg. Brückensteg, Brückenplanke; Lauf-
planke, Leger.**

Brücke (s. Sanders 1, 225 c) ist ein erhöhter schmaler, zwei
— durch etwas Dazwischenliegendes — getrennte Punkte ver-
bindender Weg, gewöhnlich die beiden Ufer eines Gewässers ver-
bindend, auch über Klüfte und Abgründe führend, aus Holz,
Stein, Metall, in verschiedener, theils roher, theils kunstvoller
Form angelegt und gebaut ꝛc., z. B.: Eine Brücke über den
Fluß legen, bauen, schlagen ꝛc.; sie sperren, abbrechen ꝛc.
Hängende (s. Hänge-), fliegende (s. Gier-), bewegliche Brücke ꝛc.
Des Landes Heerstrom wuchs und schwoll. | Hoch rollten die
Wogen entlang ihr Gleis | und rollten gewaltige Felsen Eis. |
Auf Pfeilern und auf Bogen schwer | aus Quaderstein von unten
auf | lag eine Brücke drüber her. Bürger 36a [Lied vom braven
Mann], vgl. Bogen-, Pfeiler-Brücke und viele Zusammen-
setzungen. Unter diesen Gesprächen sahen sie von ferne den
majestätischen Bogen der Brücke, der von einem Ufer zum
andern hinüber reichte, im Glanz der Sonne auf das wunder-
barste schimmern Die Schlange war es, die sich jeden Mittag
über den Fluß hinüber bäumte und in Gestalt einer kühnen
Brücke da stand ꝛc. Goethe 19, 326/7 (Das Märchen). Berge
lagen mir im Wege, | Ströme hemmten meinen Fuß. | Über
Schlünde baut' ich Stege [s. u.], | Brücken durch den wilden
Fluß. Schiller 48a (Der Pilgrim) ꝛc.; auch z. B.: Der Frost
macht die Flüsse zu Brücken [überschreitbar]. Lichtwer 264 ꝛc.;
übertragen: Schaffhausen Die Stadt selbst liegt wie eine
Brücke zwischen Deutschland und der Schweiz. Goethe 26, 126

[Schweizerreise 18. Sept. 1797]. Des Weisen Hand | führt ihn gefällig auf die Brücke | des Geisterreichs. Die Scheidewand | der Körperwelt zieht sich zurücke. Ramler's Fabellese 1, 101. Freund hinterm Rück | ist eine feste Brück. Sprichwort (bei Schottel 1113b), — sicher über Verlegenheiten, Noth ꝛc. führend.

Steg (s. Sanders 3, 1192a, b) bedeutet ursprünglich, wie Steig, einen schmalen Fußweg und so dann auch, in der vorliegenden Sinnverwandtschaft: eine schmale Bretterbrücke, die natürlich auch als Brücke bezeichnet werden kann, während umgekehrt für andere Brücken die Bezeichnung Steg unstatthaft ist, vgl. z. B.: Über den hohen Bogen einer Brücke können nur Fuß=gänger hinüberschreiten und es ist uns versprochen, dass Pferde und Wagen und Reisende aller Art zu gleicher Zeit über die Brücke herüber und hinüber wandern sollen. Goethe 19, 331 [Das Märchen] ꝛc., nicht Steg, — dagegen: Bis er ans Wasser, dann über einen Steg an den Ort kam, wo sich der Pfad nach den neuen Anlagen in zwei Arme theilte. 15, 4 [Wahlverw. I, 1]. Das Wasser war sehr breit und tief und darüber ging ein langer schmaler Steg ohne Geländer. Des Morgens war ein starker Reif gefallen und ich befand mich vor allen Andern an der Brücke . . . So kam ich glücklich über die Brücke ꝛc. 27, 223 [Cellini II, 9]. Nicht eine Brücke, sondern ein Steg ohne Ge=länder. Nettelbeck 3, 7. Da braust der wilde Schächen | hervor aus seiner Schlucht | und Fels und Tanne brechen | von seiner jähen Flucht. | Er hat den Steg begraben, | der ob der Stäube hing, | hat weggespült den Knaben, | der auf dem Stege ging. | Und eben schritt ein Andrer | zur Brücke, da sie brach. Uhland 448 [Tell's Tod] ꝛc. Bestimmt auch in der Zusammensetzung, z. B.: Von dem Brückenstege, es war mehr ein Steg, als eine eigentliche Brücke. Spielhagen Was will Das werden? 2, 292 ꝛc.; s. auch (seemännisch): Leger: das mit dem einen Ende auf dem Dollbord des Bootes mit dem andern auf dem Ufer liegende Brett, worauf man aus dem Boote ans Land steigt, „Steg" Sanders 2, 77a. Steg oder Legger [lies: Leger]. Bobrik Nautisches Wörterbuch S. 661a u. 463a, auch: Lauf=planke [s. u.]: s. Steg S. 460a.

Planke (s. Sanders 2, 556c, aus latein. planca. franz. planche) bezeichnet allgemein ein starkes Brett, eine Bohle, z. B. zur Be=

kleidung des Schiffs 2c., auch im Besondern, hier in der Sinn=
verwandtschaft: als Brückensteg (s. o.), z. B.: Ach, falle nicht!
war plötzlich mein Gedanke, | als sie, bestimmt durch ihren Pfad,
die allzuschmale Brückenplanke | quer über einen Bach betrat.
Bürger 105a 2c., s. o. Laufplanke und vgl.: Über die Schiffe
hinweg wurden große Mastbäume gelegt, welche von einem zum
andern reichten und, mit Planken überdeckt, eine ordentliche
Straße bildeten, auch, wie die Staketen, mit einem Geländer
eingefaßt waren. Diese Schiffbrücke, davon beide Staketen nur
eine Fortsetzung ausmachten, hatte mit dieser zusammengenommen,
eine Länge von zweitausendvierhundert Schritten ... Die Brücke 2c.
Schiller 871a [Abfall der Niederl., Belagerung von Antwerpen].

Brücken=Planke, =Steg s. Brücke.

Cicerone s. Wegweiser.

**Da; dort (dorten); hier (hic); allda, allhier, all=
dort(en); daselbst, dortselbst, hic(r)selbst, [wo,
allwo, woselbst]; dahier; anhier; eben da,
eben daselbst, eben dort.**

Da (s. Sanders 1, 256b ff. u. Synon. I 146 ff. u. 292 ff.) gehört
in die zu besprechende Sinnverwandtschaft nur als hinzeigendes
Umstandswort des Ortes, nicht als bezügliches (sinnverwandt
wo 2c., s. u.) und ferner nicht als Bindewort (s. Sanders Syn.
1, 292 ff. 2c.) In der vorliegenden Sinnverwandtschaft ist da
(s. ebd. 146) das allgemeinste Ortsadverb, es bezeichnet so die
Existenz im Raum ganz allgemein [= an irgend einem Orte]:
Alles, was existiert, ist als solches da (in der Welt), hat ein
Dasein 2c., z. B. auch: So er spricht, so geschieht's, so er gebeut,
so steht's da. Psalm 33, 9 2c.; dann aber auch an einem bestimmten
Ort, — an dem Ort, welchen man im Auge hat, — sich findend,
wie individualisiert mit Bezugnahme auf den Standort des Spre=
chenden: hier = an diesem Ort, d. i. an dem des Sprechenden, —
und: dort = an jenem Ort, d. i. an einem von dem Ort des
Sprechenden entfernten. Hieraus (habe ich a. a. O. weiter ge=
sagt) erhellt, dass da theils den individualisierten Ortsadver=
bien gleich stehen, theils ihnen gegenübergestellt werden kann,

vgl.: Er wollte um 3 Uhr hier sein und ist noch nicht da [= hier]. Er ist früh weggegangen, er wird also wohl schon da sein = dort, am Ziel seines Weges. Führe ich gen Himmel, so bist du da; bettete ich mir in die Hölle, so bist du auch da. Psalm 139, 8, beide Mal: an dem genannten Ort, das erste Mal: im Himmel; das zweite Mal: in der Hölle, — s. auch die unmittelbar sich anschließenden Verse: Nähme ich Flügel der Morgenröthe und bliebe am äußersten Meer, so würde mich doch deine Hand daselbst („daselbs") [s. u.] führen und deine Rechte mich halten 2c. u. vgl.: Stieg' ich die Himmel hinauf: so bist du da; und, bettete ich mir die Unterwelt, so fänd' ich dich. Schwäng' ich der Morgenröthe Flügel, am Äußersten des Meers zu ruhn: sie würd' auch dort mich leiten, deine Hand; auch dort ergriff' mich deine Rechte. Mendelssohn ebd. — und: Wenn ich in den Himmel steige, dort bist du; und, mach' ich die Unterwelt zum Lager, bist du da. Schwänge ich des Morgenrothes Flügel, ruhete im Äußersten des Meeres: auch dort würde deine Hand mich führen und mich fassen deine Rechte. Zunz ebd. u. Ä. m. Dagegen, den andern Ortsbestimmungen gegenübergestellt: Wir sind noch hier und wähnen uns da [an einem von den „hier" verschiedenen Ort. Chamisso 3, 228 [Vetter Anselmo]. Mephistopheles: Falsch Gebild und Wort | verändern Sinn und Ort! | Seid hier und dort! Goethe 11, 96 [Auerbachs Keller]. (Schnaps:) So fangt die Revolution in Eurem Dorfe an. (Märten:) In unserm Dorfe? Hier in unserm Dorfe? (Schnaps:) Freilich! (Märten:) Behüt' uns Gott! (Schnaps:) Ei! wo denn? (Märten:) Eh! was weiß ich? Da oder dort! Überall! Nur nicht hier! 10, 123 [Der Bürgergeneral I, 6]. Wandelbar wie Regenbogen | setzt sie [die Hoffnung] den Fuß bald da, bald dort, bald hier. 242 [Epimenides' Erwachen I, 14] 2c. Vgl. auch die häufige Zusammenstellung: hier (oder hie) und da = an einigen, an verschiedenen, an vereinzelten Stellen; daneben auch: Wie doch hie und da sein [des Baues] Gemäuer weichen, da und dort in wüste Ruinen zusammenstürzen mußte. Goethe 19, 387 [Novelle]: Umherzuschauen bestellt, dort Himmelsraum | und Erdenbreite scharf zu überspähn, | was etwa da und dort sich melden mag. 12, 192 [Faust II, Helena]. Wenn dir der Fuß so leicht | über die Erde schleicht, | dort und da wieder hin | Glieder um Glied

sich ziehn. 214 [ebb.] 2c.; auch: So war er doch durchaus un=
stät und wurde es noch mehr durch seine Lage, da die ganze
Erfahrungsmasse auf ihn eindrang und er, um ihr gewachsen zu
sein, seine Kräfte bald da hin, bald dort hin wenden mußte.
39, 233 [Gesch. der Farbenl. V., 1. Epoche, Nr. 10]. Reizend die
Kampfbegier | war sie nicht hier noch dort, war sie bald
dort, bald hier. Rückert Rostem und Suhrab 28a 2c. S. ferner:
da und da (seltner: dort und dort) = an dem und dem Ort,
d. h. an einem — entweder, weil er bekannt ist, oder, weil man
ihn nicht nennen will oder kann — unbezeichnet bleibenden Ort,
wofür aber die Verbindung hier und hier nicht üblich ist. — In
Bezug auf einen bestimmten Ort kann es, je nach dem Standpunkt
des Sprechenden, heißen: hier, wo 2c.; dort, wo 2c. und da,
wo 2c.; aber, wo [oder: da, wo] es sich um die Ortsbestimmung im
Allgemeinen handelt (also = überall, wo — oder: an irgend einem
— oder: an jedem Ort, wo) sind die bestimmt hinweisenden Orts=
adverbien hier und dort unstatthaft, hier kann es nur da, wo
heißen oder auch (mit Weglassung des da) bloß: wo; auch in
umgekehrter Reihenfolge der Sätze: wo   ., da, z. B.: Wo man
singt, da laß dich ruhig nieder 2c. Geflügeltes Wort nach einem
Gedicht von Seume, worin aber das nachfolgende da fehlt: Wo
man singet, laß dich ruhig nieder, | ohne Furcht, was man im
Lande glaubt; | wo man singet, wird kein Mensch beraubt:
Bösewichter haben keine Lieder, s. Zeuschner Citatenschatz 433—435
mit vielen hergehörigen Belegstellen, z. B.: — als Parodie des
geflügelten Worts: Wo man raucht, da kannst du lange harren,
böse Menschen haben nie Cigarren. Dav. Kalisch 2c. ferner:
Wo aber ein Aas ist, da sammeln sich die Adler. Matth. 24, 28.
Wo euer Schatz ist, ist auch euer Herz. 6, 24, (wofür es bei
van Ess heißt: Wo euer Schatz ist, da wird auch euer Herz
sein); ferner: Denn, wo das Strenge mit dem Zarten, | wo
Starkes sich und Mildes paarten, | da giebt es einen guten Klang.
Schiller Glocke V. 88. Wo rohe Kräfte sinnlos walten, | da
kann sich kein Gebild gestalten; | wenn sich die Völker selbst be=
frein, | da kann die Wohlfahrt nicht gedeihn. V. 350 u. A. m.,
vgl. dagegen (s. o.) mit Hinweis auf eine bestimmte Örtlichkeit
z. B. dem Satz mit wo vorangehend und folgend: Dort, wo
der schwarze Tannenwald steht, dort rieselt ein Bach aus Stau=

den hervor: Gessner 2c., vgl. auch), ebenfalls auf eine bestimmte Ört=
lichkeit (hier das Jenseits) hinzeigend, bloßes wo; dort, wo
und darauf zurückweisend: dorten (s. u.) und dort. Ob ich
den Verlorenen gefunden? | Glaube mir, ich bin mit ihm vereint, |
wo sich nicht mehr trennt, was sich verbunden, | dort, wo keine
Thräne wird geweint | dorten wirst auch du uns wiederfinden, |
wenn dein Lieben unsern Lieben gleicht. | Dort ist auch der Vater
frei von Sünden, | den der blut'ge Mord nicht mehr erreicht.
Schiller 84b [Thekla, eine Geisterstimme]. Man beachte dabei,
daß hier das erste — auch im Folgenden festgehaltene — dort
nicht Thekla's dauerndem jetzigem Aufenthalt entspricht, sondern
ihrem früheren, zu welchem der Dichter sie wohl, als zu dem Aufent=
halt des Angeredeten, gleichsam herniedergeschwebt aufgefaßt
wissen will. Als von einer Geisterstimme, aus dem Himmel (aus
dem Jenseits) gesprochen, könnte es z. B. in der letzten Strophe
auch heißen: Hier, da wirst auch du uns wiederfinden |
Hier ist auch der Vater frei von Sünden 2c., wo man auch das
unmittelbar hinter hier stehende da beachte, das — als die all=
gemeinste Ortsbezeichnung — sich ähnlich auch an ein dort
anschließen kann, z. B.: Dort, da werden wir uns wiederfinden,
vgl. auch ein zweimaliges da: Da, da werden wir uns wieder=
finden 2c. (s. o.) — Die einen bestimmten Ort bezeichnenden Um=
standswörter hier und da finden [sich auch häufig als Haupt=
wörter: das Hier, das Dort; aber so ist — eben seiner größeren
Allgemeinheit wegen — da nicht üblich, vgl.: Hier und Dort
sind Brüder zwar. Logau (Lessing 5, 266). Im lebend'gen Treiben |
sind wir ein Hier, ein Dort. | Das Eine liebt zu bleiben, | das
Andre möchte fort. Goethe 3, 56 [Zahme Xenien II, Nr. 3].
Das Irdische wird dorten [s. u.] himmlisch unvergänglich sein...
Ach, der Himmel über mir | will die Erde nie berühren | und
das Dort ist niemals hier. Schiller 48a [Der Pilgrim]. So=
bald das Dort nun Hier wurde, hatte es auch alle Reize ver=
loren. K. Ph. Moritz Ant. Reiser 4, 150. Zur Erde zwingt es
ihn [das Wort den Himmel] hernieder | und macht zum Hier
das schöne Dort. Platen 1, 183. O wie süß ein Duft von oben |
meinen Geist umwittert! | Wie ein Blick in jene Kläre | mir das
Hier verbittert! Daumer Hafis (1846) 60, Nr. CII u. Ä. m.

Nach dem Gesagten brauche ich über hier (s. Sanders 1, 758c ff.)

und **dort** (ebb. 309c) nur noch Weniges, namentlich die Form Betreffendes, zu bemerken: Die Nebenform hie ist außer in der Verbindung: hie und da (s. o.) und etwa in dem alterthümlichen Parteiruf, wie: Hie Welf, hie Waiblingen! 2c. im Allgemeinen veraltet und findet sich nur noch vereinzelt bei Dichtern (s. a. a. O.) Der oben angeführten Stelle aus Schiller's Gedicht „Thekla" mit dort(en) statt hier möchte ich hier namentlich Verse aus Goethe's Jphig. III, 2 mit hier gegenüberstellen, das der sich in der Unterwelt wähnende Orest gebraucht: Jst keine Feindschaft hier mehr unter euch? V. 1277. Euch grüßt Orest Mit Fluch beladen, stieg er herab. | Doch leichter trägt sich hier jede Bürde. V. 1285. Dich, Atreus, ehr' ich, auch dich, Thyesten; | wir sind hier Alle der Feindschaft los. V. 1288 u. Ä. m. Dann erwähne ich noch mehrere auf einander folgende hier statt hier..., dort. . ., da 2c., erklärt dadurch, dass der die Gemälde Be=schauende umherwandelnd den Standpunkt wechselt: Was aber die Aufmerksamkeit des Wandrers am meisten erregte, waren farbige, auf die Wand gemalte Bilder Die Gemälde stellten die Geschichte des heiligen Joseph vor. Hier sah man ihn mit seiner Zimmerarbeit beschäftigt. Hier begegnete er Marien Hier wird er getraut; es folgt der englische Gruß. Hier sitzt er mißmuthig zwischen angefangener Arbeit 2c. Goethe 19, 10 u. 11 [Wanderj. I, 1] u. Ä. m.

Hier findet sich auch übertragen, so zunächst = an dieser Stelle (eines Buchs, des Gesprächs 2c.), wie ähnlich auch: da und seltner dort, z. B.: Geschrieben steht: „Jm Anfang war das Wort." | Hier stock' ich schon. Goethe 11, 51 [Faust I, Studierzimmer, vgl.: Da stock' ich schon]. Der Geliebte singt ihr das Schlummerlied wieder Das Lied steht hier nicht so gut wie zum ersten Male. Herder Relig. 7, 25 [vgl.: wie dort = an der frühern Stelle]. Herr, fuhr er fort, Herr, meine beste Kuh, | sechs Scheffel Haber noch dazu. | (Hier wieherte das Pferd vor Freuden). Gellert 1, 42 [der Proceß]. „So flog ich Tag und Nacht, die Seele meines Lebens | zu suchen, durch die Welt und suchte lang vergebens." | Hier war Zerbin [= So weit war er in seiner Erzählung gekommen], als Lila schicklich fand, | sich unbemerkt von Tische wegzuschleichen 2c. Wieland 12, 236'7. [Jbris u. Zenide III, 29 u. 30]. „Wir lieben

uns, mein Herz ist sein und seines mein." | Hier schien sich
Astramond so heftig zu betrüben, | als dräng' in jedem Wort
ein Dolch in ihn hinein. 247 [ebd. 61] u. Ä. m.; ferner auch =
in dieser Sache, in diesem Punkt, Fall, in diesen Verhältnissen,
in dieser Beziehung ꝛc., z. B.: Hier [vgl. da, auch: dort] hast
du Unrecht, im Übrigen aber muſs ich dir Recht geben. Hier
[da] bleibt Einem nun Nichts weiter übrig als das Vertrauen
auf Gottes Hilfe. „Ich will mir's noch bedenken". Hier
[da] ist Nichts zu bedenken ꝛc., auch (minder gewöhnlich): Ich
wollte, ich sähe kein schönes Gesicht wieder, das ich vor 15 bis
20 Jahren gesehen; mit ihm aber eben so lange zusammenleben
will, ich, weil es hier [= in diesem Falle, dann] unter dem
Schutz der Allmählichkeit weniger scheinbaren Verlust erleidet.
Jean Paul Briefe an Heinr. Voß 113 ꝛc. In allen diesen Fällen
der Übertragungen sind die Zusammensetzungen (s. u.) allhier
und hie(r)selbst unüblich und noch weniger kommen so: allda
und alldort, daselbst und dortselbst vor.

Zu dort finden sich als verlängerte zweisilbige Formen z. B.
bei Opitz ꝛc. das in der heutigen Schriftsprache veraltete dorte
und noch heute üblich, sowohl in der ungebundenen Rede, wie
namentlich bei Dichtern auch um |des Versmaßes willen, dorten,
s. o. und z. B.: Dorten zeigt sich das Meer und das Land und
die Inseln der Ferne. Goethe 5, 113 [Achilleïs V. 454], (vgl.:
Dort ist das herrliche Mal des einzigen großeu Peliden. 115,
V. 508). Dorten, | am Flusse wartete er lange. 6, 62 [An Ma-
dem. Oeser, — Reim: an den Orten]. Ich glaube .... nicht den
Worten. | Worte, ja Worte habt Ihr genug. | Liebe und lieble
dorten nur, dorten! 8, 100 [Erwin und Elmire] u. ö. Wan-
derer, kommst du nach Sparta, verkündige dorten, du habest |
uns hier liegen gesehn. Schiller 76 [Spazierg. V. 97]; 48a (s. o.
S. 160). Dorten standen Henkersknechte, | dorten stand der
rothe Meister. Heine Romanzero 134. Dorten durch der Brücke
Bogen | eilt die Mosel in den Rhein, | dorten ragt die Kastor-
kirche, | dort der Ehrenbreitenstein. Freiligrath Sämmtl. Werke
1, 444 [Bei Koblenz].

An diese Ortsadverbien schließen sich mit einer größern
Klangfülle und deßhalb nachdrücklicher und gewichtiger Verlängerungen, sowohl mit vorgesetztem all wie mit nachgesetztem

=ſelbſt. Sie ſtehen namentlich, wenn auf einen ſchon genannten oder doch wenigſtens bereits ins Auge gefaßten Ort nachdrück= licher hingewieſen wird. Unüblich aber ſind dieſe Verlängerungen ſämmtlich in den oben erwähnten Verbindungen wie hie(r) und da; da und dort ꝛc., auch: da und da, ferner auch in den oben erwähnten Übertragungen (ſ. S. 161) und in der hauptwörtlichen Verwendung: das Hier, das Dort. Im Übrigen führe ich zunächſt in Bezug auf die Zuſammenſetzungen mit all= das Fol= gende an: Altmeiſter Adelung ſagt:

Allda ein bezeichnendes Nebenwort des Ortes für da, da= ſelbſt: Er beſuchte ſeine Freunde, die er allda hatte. Ich will dich allda ſuchen und ſprechen. Dieſes Nebenwort wird noch am beſten gebraucht, wenn ſich eine Periode mit da ſchließen ſollte, da es denn dem Ausdrucke mehr Ründe und Stärke giebt als jenes: Vielleicht erwarten dich Verleumdung und Undank am Ende deiner Laufbahn; aber die Ehre iſt auch allda. In den meiſten übrigen Fällen macht es die Rede nur ſchleppend. Al thar kommt ſchon bei dem Otfried vor. — Dann etwas weiterhin: Alldort und alldorten: ein Nebenwort des Ortes für dort, welches nebſt dem davon gemachten Beiworte alldortig gleich= falls in Oberdeutſchland zu Hauſe iſt, — und ferner: Allhier: ein Nebenwort des Ortes für hier. All dient hier bloß zur Verlängerung des Wortes, welche der Numerus der Rede zu= weilen nothwendig macht und welche andere Oberdeutſche durch ihr dahier [ſ. u.] zu bewerkſtelligen ſuchen. Allhieſig das Beiwort für hieſig iſt mit dieſer Verlängerung unnöthig, weil das einfache ſchon zweiſilbig iſt. — Nach Campe's Wörterbuch ſteht allda für da, daſelbſt in der höhern Schreibweiſe; all= dort für dort, wenn man einen Nachdruck darauf legen will; allhier für hier, nachdrücklicher als dieſes. — In Grimm's Wörterb. heißt es unter allda: Dieſe wohllautende den Orts= begriff verſtärkende Partikel wird heute als ſteif gemieden und ſcheidet ſich doch ſo bequem von dem bloßen da, wie ibidem von ibi [? —, ſ. u. S. 167: eben da], — weiter unter alldort: ver= ſtärktes dort, analog dem allda und da — und ſchließlich: allhie adv. hierſelbſt .; allhier daſſelbe Erſt verdrängte allhier das allhie, dann hier das allhier, doch bleiben beide bequem und zuläſſig. — Auf die oben angegebnen Fälle,

in denen die Verlängerungen mit all= nicht üblich sind, ist —
so weit ich sehe, zuerst in meinem Wörterb. 1, 309c hingewiesen
worden. Hier folgen nun einige (leicht zu mehrende) Beleg=
stellen, auch — nach meinem Wörterb. — mit Berücksichtigung
der Betonung, die in der Regel auf der zweiten Silbe ruht (‿ —),
doch auch mehr ausnahmsweise auf der ersten (— ‿), z. B.:
Isaak . schlug sein Gezelt auf im Grunde Gerar und wohnet[e]
allda. 1. Mos. 26, 17 (= und wohnte dort. Zunz = und be=
setzte sich daselbst. Mendelssohn.) Sein Herr legt[e] ihn
ins Gefängnis und er lag allda im Gefängnis. 39, 20
[= Also war er daselbst in dem Gefängnisse. Mendelssohn =
und er war dort im Kerker. Zunz] 2c. Fleuch in Ägyptenland
und bleib allda. Matth. 2, 13 [= Fliehe nach Ägypten; da=
selbst bleibe. van Ess] 2c. Häufig bemerkt man Das an den
röthlichen, blauen und gelben | Teppichen, welche gespannt hoch
über das weite Theater | wogend schweben, allda (‿ —) ver=
breitet an Masten und Balken. Goethe 39, 155 [aus Knebel's
Lucrez]. Um allda (‿ —) zu begegnen der Lamm= und Stier=
hekatombe. | Dort nun saß er. Wiedasch Odyss. 1, 25. Hörst
du vielleicht allda (‿ —) von des Vaters Leben und Rückkehr.
287 u. ö.; daneben: Allda (⏑́ —) stiegen wir aus am Gestad'
und entschöpfeten Wasser 10, 56 [nach Voss]. Allda (⏑́ —)
stiegen wir aus und zween der Tag und der Nächte | lagen wir un=
muthvoll. Voss Odyss. 10, 142 [vgl.: Drauf aussteigend da=
selbst, Wiedasch]. Allda (⏑́ —) lieget das Land und Gebiet
der kimmerischen Männer. 11, 14 (auch Wiedasch). Allda (⏑́ ⏑́)
ruhten im Neste des Sperlinges nackende Kindlein. Voss Ilias 2, 311.
Allda (— ‿) runzelt der Zar die schwarzen Brauen. Bodenstedt
1001 Tag im Orient 1, 9 (ebd. auch ‿ —) 2c. — Ferner z. B.:
Wie er ., allein in die Festung geführt, alldort schöne Reden
gehalten, Goethe 25, 22 [Kampagne in Frankr., 30. Aug. 1792].
Wir wissen nur von vieren [4 Frauen], | die alldort [‿ —, im
Paradies] schon eingetroffen|... Diese finden wir alldorten [‿ ‿ ‿].
4, 139/40 [Buch des Paradieses: Auserwählte Frauen]. Aus Kloster=
hallen | Alldort [‿ —] empfangen uns begeistet | Geschmacks=
gerüche. 6, 82 [Mystische Erwiederung]. Übermüthig sieht's nicht
aus, | hohes Dach und niedres Haus | Geistig ging zugleich
alldort (‿ —) | Schaffen, Hegen, Wachsen fort. 181 [Garten=

haus am untern Park]. — Weiter: Ich bin aus dem Lande der
Hebräer heimlich gestohlen; dazu hab' ich auch allhie Nichts
gethan, dass sie mich eingesetzt haben. 1. Mos. 40, 15 (= und
habe hier zu Lande auch Nichts begangen, dass 2c. Mendelssohn = und auch hier habe ich Nichts gethan, dass 2c. Zunz).
Sind nicht auch seine Schwestern allhie bei uns? Mark. 6, 3
[= hier bei uns. van Ess] 2c. Der Rappe scharrt, es klirrt
der Sporn, | ich darf alhier (‿ —) nicht hausen. Bürger 14a
[Lenore, Str. 16] u. o. Schüler: Ich bin allhier erst kurze
Zeit | und komme voll Ergebenheit 2c. Goethe 11, 76 [Faust I,
Studierzimmer]. Gleich fängt man wieder an | Ein neues Stück,
das letzte Stück von sieben, | so viel zu geben ist allhier der
Brauch. 184 [ebd., Walpurgisnacht]. Von Teufeln ist die Frage
nicht, | von Göttern ist allhier die Rede. 34, 329 [Klass.
Walpurgisnacht]. Selber indess verweil' ich allhier, bis von
bannen du kehrest. Voss Odyss. 16, 132 [= Selbst bleib' hier
ich indess, bis dass dorther du gekommen. — Wiedasch ebd.].
Hier war einst ein Prophet, ein Mann, so groß und ge-
waltig, | Telemos, Eurymos' Sohn, der kundigste Seher der Zu-
kunft, | welcher allhier weissagend im Volk der Kyklopen ge-
altert. 9, 510 (= Einst war hier ein Prophet, so groß als
wackrer Gesinnung, | Telemos, Eurymos' Sohn, allkundiger
Seher der Zukunft, | der wahrsagend dahier (‿ s. u.) im Ge-
schlecht der Kyklopen gealtert. Wiedasch). Dann wäre mir
größere Ruhe vielleicht noch | morgen allhier. 18, 23 (= Dann
hätt' ich vielleicht auch morgen dahier noch | größere Ruh.
Wiedasch). Doch uns schwand das neunte der rollenden Jahre
vorüber, | seit wir allhier ausharren. Voss Ilias 2, 297 =
Uns ist schon das neunte der rollenden Jahre vergangen | hier
am feindlichen Strand. Stolberg Ilias 2, 288. Mein Bleiben
ist nicht mehr allhier. Schwab 16 2c.; mit ungewöhnlicher
Betonung: Sind jetzt Gesandte allhier (‿‿ ‿) angelangt. Tieck
2, 28 2c.; auch in alterthümelnder Verlängerung am Schluss:
allhiero. Scheffel Gaudeamus 103.

Ehe ich nun von den Zusammensetzungen mit =selbst
handle, möchte ich noch von dem kurz vorher (Wiedasch Odyss.
9, 510 u. 18, 23) erwähnten dahier sprechen, s. o. Adelung unter
allhier und vgl. mein Wörterb. 1, 256a, wo es unter da, mit

der Grundbedeutung des Gegenwärtig-, Vorhandenseins in
Nr. 1 heißt: Oft enklitisch, sich an — ein folgendes oder vor-
angehendes — betontes Wort zur Vergegenwärtigung und Hervorhebung lehnend, dann immer dá [d. h. nicht mit gedehntem,
sondern mit geschärftem, kurz hervorgestoßnem a]:   So lebte
da hier in meiner Jugend ein alter Arithmetikus.   Engel 1, 88
·[Tob. Witt], vgl. dahier.   Sanders 1, 579a mit Belegstellen von
Claudius, Gleim, Langbein, mehrern von Rückert und namentlich auch von Goethe: Reineke sprach: Willkommen dahier (˘ —),
geliebtester Neffe!   5, 146 [Reineke V, 14].   Genug, ihm wird
nicht wohl dahier.   6, 33 [Zu Thaers Jubelfest].   Aufmerksam
blickt nach meinen Waaren, | es steht dahier gar Mancherlei
11, 179 [Faust I, Walpurgisnacht] ꝛc., auch (in der Prosa): Auch
ward den einquartierten Personen ganz wohl dahier.   25, 137
[Kampagne in Frankr., 29. Okt. 1792] ꝛc.   Hinzufügen will ich
hier nur noch ein Beispiel: Dahier die Burg des Kapitols und
hier | die Kaiserzimmer.   Hamerling Ahasver 5 ꝛc.

Nur sehr vereinzelt findet sich die Zusammensetzung anhier, die in keinem Wörterbuch aufgeführt ist außer in dem
meinigen mit einem Belege aus Zelter's Briefwechsel mit
Goethe 4, 346: Der Andre ist nicht anhier, — mit Hinweis
auf anher (vgl. auch anheute.   Sanders 1, 757b und Synon.
1, 491/2).

Von den Zusammensetzungen mit -selbst (veraltet -selbs,
namentlich bei Luther ꝛc.; auch -selb) als Grundwort sind —
mit den für die Zusammensetzungen mit all- als Bestimmungswort angegebnen Beschränkungen — allgemein üblich: daselbst
und hie(r)selbst (namentlich häufig in Briefaufschriften),
selten dagegen dortselbst, s. Sanders 3, 1073c; ja bei Luther ꝛc.
finden sich sogar noch, wie von dem einfachen da-, auch noch
von daselbs: die Verschmelzungen mit darauf folgenden -hin,
-her, -mit, -durch, -von und anderen Präpositionen, welche
Verschmelzungen heute eben so unüblich geworden sind, wie es
die entsprechend von allda- ꝛc. immer gewesen sind, z. B.:
Daß „daselbs hin" flöhe, wer seinen Nächsten todt schlägt
unversehens.   5. Mos. 4, 42 [= dahin Mendelssohn und Zunz]
u. o.   Er kommt herauf wie ein Leu vom stolzen Jordan her...;
ich will ihn „daselbs her" eilends laufen lassen. Jerem. 49,19 [vgl.:

ich will ihn eilend daher laufen lassen]. Du sollst durch die Wand brechen vor ihren Augen und „daselbs durch“ aus=ziehen. Hesek. 12, 5 [vgl.: dadurch]. Eine Ceder Daselbs macht er einen Gott von. Jesaj. 44, 15 [vgl.: davon]. „Da=selbs mit“ [damit] bewiesest du unsern Feinden, dass du bist der Helfer. Weish. 16, 18 2c.; ferner z. B.: Lasset uns hernieder=fahren und ihre Sprache „daselbs“ verwirren. 1. Mos. 11, 7 [= „daselbst“ bei Mendelssohn] u. o., vgl.: Zum heil'gen Land ... | Da musst' er mit dem frommen Heer | durch ein Gebirge wüst und leer. | Daselbst erhub sich große Noth | und mancher deutsche Reitersmann | hat dort den Trunk sich abgethan. Uhland 379 [Schwäb. Kunde] u. s. w. Ganz veraltete Form: daselb z. B.: Hans Sachs Tittmann 3, 212⁹⁶; Waldis Esop 4, 48²⁰; 90⁵; Wickram Rollwagenbüchlein (herausg. v. H. Kurz) S. 7¹³ 2c.; dagegen noch vereinzelt vorkommend: Daß die Sprachmeister daselbsten sich für ihn nicht schicken würden. Stilling 3, 74. Einen Zaubertrank daselbsten | trinken musst' er. Freiligrath Sämmtliche Werke 2, 224 [Hiawatha XV] 2c. — Veraltet auch als bezügliches Fürwort statt woselbst |(wie auch zuweilen da statt wo). Ephraïm muß in Assyrien, das unrein ist, essen, „daselbs“ sie dem Herrn kein Trankopfer thun können. Hosea 9, 3 4, vgl. hierzu — wenn auch nur kurz im Vorüber=gehen —: Der umfließt das ganze Land Chawilah, woselbst das Gold. Zunz (1. Mos. 2, 11) = welcher umringt das ganze Land Chawilah, allwo das Gold ist. Mendelssohn ebd.

Über das den Ortsadverbien vorgesetzte eben f. d. in meinem Wörterb. 1, 338c Nr. 6 u. 7. Liegt der Hauptton auf der ersten Silbe des vorangehenden eben, so dient dies, wie grade, genau 2c. zur Hervorhebung der Identität, des Nicht=andersseins, z. B.: Eben da, ében daselbst, ében dort [= ganz an demselben Orte] fand er auch das Andere, wie lateinisch ibidem, nicht ganz übereinstimmend mit allda (wonach — wie oben S. 163 angedeutet — das Grimm'sche Wörterbuch zu berichtigen ist), vgl.: Eben damals fand er auch das Andere = ganz zu derselben Zeit. Es ist ein seltner Glücksfall, wenn die Natur ében da, wo das Gift steckt, zugleich auch das Gegengift liefert 2c. Liegt dagegen der Hauptton auf dem hinter eben stehenden Worte, so wird hervorgehoben, daß grade das Ge=

nannte und nichts Anderes gemeint ist, z. B.: Eben dā [an
keiner andern Stelle] sitzt ja der Knoten.   Eben hīēr, eben
dórt hätte ich das Hindernis nicht gesucht.   Eben dā — oder:
eben dórt —, [vgl.: eben dāmals, als ich seiner Hilfe am
nöthigsten bedurfte,] war er abwesend u. Ä. m.

Dahier, daselbst f. da.   S. 165.
Dannen, von dannen f. fort.
Darbringen, Wünsche rc. f. ablegen.   S. 39.
Dass f. ob.
Davon, sich davon machen, davon ziehen f. fort;
    packen (sich).
Dégoût f. Abneigung.   S. 62.
Deklamieren f. ablesen II.   S. 48 ff.
Demobilisieren, desarmieren f. abrüsten.   S. 88.
Dienen; dienlich, diensam, dienstlich sein f. bei=
    springen.   S. 150 ff.
Dort, dorten f. da.   S. 157 ff.
Drehen f. abkehren.
Durchmachen, eine Probe rc. f. ablegen.   S. 29.
Durchreden, durchsprechen f. Abrede.   S. 81 u. 82.

Eben da, eben daselbst, eben dort f. da.   S. 167/8.
Edel, adelig, vornehm; Adel, Vornehmheit rc.

S. meine Synon. II, S. 7—20.   Hierzu entnehme ich als
eine den Benutzern meiner Sammlungen, wie ich glaube, will=
kommene Bestätigung und Ergänzung einem Aufsatz über Paul
Heyse von Georg Brandes das Folgende, f. Rodenberg's Rund=
schau II, 5, S. 266/7: Sie [Heyse's Gestalten] haben nicht bloß
Rasse, sondern edle Rasse, d. h. angeborenen Adel.   Ihre ge=
meinsame Eigenschaft ist, was Heyse selbst als Vornehmheit
bezeichnet.   Wie versteht er dies Wort?   Die Vornehmheit
ist bei allen seinen Charakteren die angeborene Unfähigkeit,
etwas Niedriges oder Schmutziges zu begehen, bei dem Natur=
kinde durch die einfache Güte und Gesundheit der Seele be=
dingt, bei dem Kulturmenschen mit dem bewußten Gefühl seines
Menschenwerthes, mit der Überzeugung von dem Rechte eines
vollen und kräftigen Menschenlebens versetzt, das seine Norm

und seinen Richterstuhl in sich selber hat und mehr vor Halb=
heit als vor Irrthum schaudert.

Den nenn' ich vornehm, der sich streng bescheiden
Die eigne Ehre giebt und wenig fragt,
Ob ihn die Nachbarn lästern oder neiden.
[Heyse Gesammelte Werke 3, 300.]

Es giebt nur eine wahre Vornehmheit: sich selber treu zu
bleiben. Gemeine Menschen kehren sich an Das, was die Leute
sagen, und bitten Andere um Auskunft darüber, wie sie selbst
eigentlich sein sollen. Wer Adel in sich hat, lebt und stirbt von
seinen eigenen Gnaden und ist also souverän [Ders. Kinder der
Welt II, 47]... Wer sich nur die Mühe geben mag, die Schriften
Heyse's zu durchblättern, wird entdecken, daß das kleine Wort
„vornehm“ oder ein Äquivalent dafür immer eins von den
ersten ist, die er anbringt, sobald es gilt, zu charakterisieren
oder zu preisen In den „Kindern der Welt“ bezeichnen alle
die dem Leser sympathischen Personen sich wechselsweise als
adelige Geister; Franzelius nennt Edwin und Balder als die
wahren Aristokraten der Menschheit; Edwin findet in der
höchsten Schwärmerei der Leidenschaft kein höheres Lob für
Toinette und Lea als das, daß sie das Adelsgepräge tragen,
und, als Toinette nach der Begegnung mit Lea diese als die
würdige Gattin Edwin's anerkennt, ist es wieder derselbe Aus=
druck, der sich ihr zu allererst darbietet; sie bezeichnet in ihrem
Briefe Lea als Edwin's so vornehme, kluge und holdselige
Lebensgefährtin [Heyse Kinder der Welt II, 335]. Daß du das
beste, tiefste, holdeste, abligste Menschenkind bist Das
arme, tapfere, freigeborene Herz —, es hat seinen Adel bewährt.
III, 309]. Und im neuen Roman hat Alles den Zweck, die
sogenannte „schlechte“ als die wahrhaft gute und vornehme
der [sogenannten] vornehmen Gesellschaft entgegenzustellen [Im
Paradiese III, 6 ff.]. Von den Künstlern ist keiner im gewöhn=
lichen Sinne des Wortes Aristokrat. Ihre Herkunft ist, wie die
der Helden in den „Kindern der Welt“ durchgehends äußerst
unansehnlich. Aber die Vornehmheit liegt ihnen im Blute,
sie gehören zu den Auserkorenen, die gut und richtig handeln,
nicht aus Pflichtgefühl oder durch mühsame Überwindung schlechter

Triebe, sondern aus Natur. Was Toinette irgend wo „den redlichen Willen, der Menschheit keine Schande zu machen" nennt, wird auch im neuen Roman als der natürliche Adel im Gegensatze zu der auf künstlichen Principien beruhenden Noblesse aufgestellt u. s. w.

Eh(e), eher [ehender, ehevor, ehezuvor, vorch]; früher; vorher [vorhero], vorhin; voraus; vormals; zuvor; bevor.

als Umstandswörter (Adverbien) der Zeit.

Früher, der höhere Steigerungsgrad (Komparativ von früh, dem Gegensatz zu spät, s. mein Wörterb. 1, 505c u. Synon. 1, 624ff., Nr. 5, nebst den dort verglichnen Ausdrücken) gehört hier=her nur als Adverb, nicht als Eigenschafts= oder Beiwort (Ad=jektiv), wo es sich mit vorig berührt. Aber auch als Umstands=wort steht es entweder vergleichsweise in Bezug auf einen bestimmten Zeitpunkt, sei es nun ein ausgesprochner oder ein nur gedachter, z. B.: Wir wurden wieder frei, du früher , ich später. Goethe 15, 8 [Wahlverw. I, 1]. Sterben müssen wir Alle, der Eine früher, der Andere später. Früher oder später muß er's doch erfahren. Er steht nicht früher auf, als ich; — als um 8 Uhr; — als bis ihm die Sonne in's Gesicht scheint ꝛc.; — oder sonst steht früher auch ohne andere Beziehung als die auf die Gegenwart, also allgemein = in einer Zeit, die der jetzigen vorangegangen, z. B. (s. Synon. 1, 627 und die dort verglichnen Ausdrücke): Früher kam ich oft mit ihm zusammen, jetzt nur selten; doch hoffe ich, daß wir später mit einander verkehren werden. Die früher und die jetzt lebenden Menschen. Der früher vergötterte, jetzt verfluchte und vielleicht erst in späterer Zeit gerecht zu würdigende Mann ꝛc.

Eh, ehe (s. Sanders 1, 341c), dem Begriff nach der höhere Steigerungsgrad zu bald und demgemäß auch in der häufigen Form eher (veraltend und mundartlich: ehender ꝛc.) kommt nicht (wie früher) als Eigenschaftswort vor, dagegen aber — gewöhnlich nur in der Form eh[e] mit dem eingeklammerten e oder ohne dies — auch durch Fortlassung eines als ꝛc. als Präposition (sinnverwandt: vor, z. B.: Er kann eh Sonntag ꝛc. nicht hier sein) und als Bindewort (sinnverwandt: bevor, vgl.

z. B.: Ehe denn der Bote zu ihm kam. 2. Kön. 6, 32 = Be=
vor 2c. Zunz ebb., vgl. ehe. 1. Mos. 13, 10 = bevor. Zunz
u. Mendelssohn 2c.). In diesen Anwendungen liegt das Wort
außerhalb der hier zu besprechenden Sinnverwandtschaft mit
früher (s. o.). Wie dieses steht es namentlich im Vergleich zu
Späterem, z. B.: Je ehe(r), — je lieber, je besser. Ein paar
Tage ehe(r) oder später. Er war ehe(r) da als du. Warum
bist du nicht ehe(r) gekommen? Schneid' ich ehr oder ess' ich
ehr? Hei, ich will erst essen. Grimm Märchen 128. Ich will's
Euch lehren, | daß Rain und Gras mir zugehören. | Ich will
nicht eher sachte ruhn. Gellert 1, 141 [Der Proceß] 2c., vgl.
auch mehr mundartlich (s. o.): Es ist eine lächerliche Thorheit,
ehender an die Frisur als an das Linnen zum Hembe zu ge=
benken. Möser Patriot. Phantas. 1, 131. Zuletzt, nachdem er uns
viele neue Beweise von seiner Redlichkeit gegeben, wagt er es,
Verzeihung für das Vergangene zu erwarten und zu bitten.
Ehender kann er es nicht thun, ohne sich in seinen eignen Ge=
banken zu erniedrigen. 219 u. Ä. m. Aber auch (s. o.) in der
allgemeinen Bedeutung: in der frühern, der jetzigen vorange=
gangnen Zeit, z. B.: Mit drei Schritten mess' ich dein Grab, o
du! der du ehe [vgl.: früher, ehedem, vordem 2c.] so groß
warst. Goethe 14, 138 [Werther, Übersetzung Ossian's]. Deiner
Mutter! | Eh nanntest Du mich so! Schiller 13b (Semele I).
Schmerz mehret seine Kraft. Eh [vgl. vorher, s. u.] focht ein
Held, doch itzt | straft ein erzürnt Gott. Alxinger Doolin. 123
[IV, 68]. Erbebst du vor dem Stirnfalten der Geliebten wie
eher vor den Thoren Rom's. Grabbe Hannibal 9 2c. und be=
sonders in der Verbindung: wohl (schon) eher, zur Bezeichnung,
daß das Genannte schon früher öfter vorgekommen, nicht zum
ersten Mal Statt hat, z. B.: Es hat wohl schon eher eine blinde
Henne ein Korn gefunden. Es hat doch wohl eher ein Esel
einem Propheten einen guten Rath gegeben. Wieland 1, 110
[Don Silvio III, 2]. Bin ich wohl eher um des vierten Theils
willen ausgeritten. Goethe 9, 64 [Berlich., II. Akt, Schluß] 2c.
Vgl. auch (veraltet und mundartlich) die Verstärkung: vor und
eh. Zwingli 2, 4; Schmeller Bair. Wörterb. 1, 634 (vgl. 1, 3) = vor=
her, ehevor, z. B.: Jetzt ist's noch grad wie vor und eh ebb.
und österreichisch voreh' z. B.: Da haben wir uns, wie voreh'

in die Arbeiten getheilt. Nord und Süd 17, 131 (Anzengruber).
Jetzt noch weniger als voreh' ebb. So flink wie voreh' 133.
Voreh' muß's die Mutter gerad nit für eine so große Sünd
gehalten haben. 151 2c. Gar nicht mehr zu erkennen gegen
voreh. 100, 187 (Rosegger) u. Ä. m. — Hieran schließt sich
ehe(r), wo früher wenig üblich ist, in Bezug auf Unmögliches,
Unglaubliches oder doch so Erachtetes: Ehe(r) fällt der Himmel
auf die Erde. Ich war mir ehe(r) des Himmels Einsturz ver=
muthen. „Und Orléans, sagst du, wird nicht übergehn?
(Johanna). Eh siehst du die Loire zurücke fließen. Schiller 459b
[Jungfr. v. Orl. I, 10] 2c., vgl. auch die Verbindung des Adverbs
eh(er) — im Sinne von früher, auch in Bezug auf Unglaub=
liches, mit dem Bindewort eh(e) [s. o.], z. B.: Ich habe dich
wieder und der Geist verlasse | eher die Glieder, eh' [Binde=
wort] ich dich verlasse. 499a [Braut v. Mess., V. 1140]. Doch
eher schlinge Tellus mich hinab | ., eh daß ich deine heiligen
Gesetze, | Schamhaftigkeit und meinen Eid verletze. 37b [Dido
Str. 5]. Eh mische sich der Himmel mit der Erde, | eh ich selbst
einem Gott dich überlassen werde. Wieland 12, 248 [Jdris III, 63].
Eh [Bindewort] Der mich haben soll, eh soll ein giftiger Molch |
in meine Brust die scharfen Zähne schlagen. 20, 110 [Oberon
V, 11] 2c. — und (entsprechend dem einfachen früher) z. B.: Ich
steh nicht auf, nicht eher auf, mag eher | des Sultans Antlitz
nicht erblicken, eher | den Abglanz ewiger Gerechtigkeit | und
Güte nicht in seinen Augen, nicht | auf seiner Stirn bewun=
dern..., | eh [Bindewort] er mir nicht verspricht. Lessing Nath.
V, 7, V. 3643ff. Traun! nicht weichen wir eher zum Unsrigen
oder wo anders, | ehe sie, welchem sie will, sich vermählt hat
aus den Achaiern. Voss Odyss. 2, 129ff. Eher nicht den Odysseus
im troïschen Volk zu entdecken, | eh er wieder erreicht die hur=
tigen Schiff' und Gezelte. 4, 254ff., vgl.: Doch mußt' ich geloben
mit Eidschwur, | dir Nichts eher zu sagen, bevor [= ehe] zwölf
Tage geschwunden. 747 [= Nichts vorher [s. u.] dir zu sagen,
bevor zwölf Tage vergangen. Wiedasch ebb.], vgl.: Nicht
bevor laß sinken die Sonn' und das Dunkel heraufziehn, | eh'
ich hinab von der Höhe gestürzt des Priamos Wohnung. Voss
Jlias 2, 413 4 = Laß die Sonne nicht eher sich neigen, nicht
eher die Nacht nahn, | bis ich die lodernde Burg der Darda=

niden zertrümmert. Bürger 199 b. Ehe wir nicht dahin kommen …, eher hört auch das Elend nicht auf. Gutzkow Ritter vom Geist 7, 45. Man soll nicht früher [s. o.] aufhören ehe nicht die Hände erlahmen. 58 u. o.

Daran knüpfen sich aus der vorliegenden Sinnverwandtschaft heraustretende Bedeutungen, z. B. zur Bezeichnung des Vorzuges, den man Etwas vor etwas Andrem giebt, namentlich in Bezug auf ein Äußerstes (sinnverwandt: lieber), z. B.: Eher [lieber] will ich von Haus zu Haus betteln gehn ꝛc. Sie wollten mich | zur Fürstin Mutter von Messina bringen. | Eher ins Grab! Schiller 510 a [Braut v. Mess., V. 2248] ꝛc.; ferner von Dem, wofür man, wenn man zwischen zwei Dingen wählen soll, sich entscheidet, z. B.: Du hältst sie für Polen? ich hätte sie eh [vgl.: mehr, vielmehr ꝛc.] für Russen gehalten. Du entschuldigst dich. Das hätte ich wohl eher nöthig. Er ist eher wohlhabend als arm zu nennen. Seine Vermittlung machte die Sache eher ärger als besser. Tieck Novellen 4, 65 u. o.; dann auch von dem Wahrscheinlicheren [vgl. leichter]: So läßt sich die Sache schon eh(er) hören, begreifen, reden. Das will ich eher glauben. In Paris ist Dergleichen eher möglich ꝛc. — In all diesen abgeleiteten Anwendungen sind die in der Überschrift genannten sinnverwandten andern Ausdrücke nicht anwendbar.

Vorher: so weit es zeitlich ist, (s. Sanders 1, 744 b), Gegensatz zu nachher — und, wie dies, auf der zweiten oder (bei nachdrücklicherer Hervorhebung des Nachfolgens oder Vorangehens) auch auf der ersten Silbe betont — bezeichnet, ähnlich wie früher (s. o.), das Geschehen, Statthaben entweder in einer Zeit, die der jetzigen (dem Jetzt, der Gegenwart) vorangegangen, oder aber in Bezug und in Vergleich zu der Zeit für das Geschehen von etwas Anderem, bestimmt Ausgesprochnem oder sonst doch ins Auge Gefaßtem (s. u.: zuvor). Hier sei gleich auf die sehr häufige Verbindung mit den zeitlichen Umstandswörtern kurz und lang aufmerksam gemacht, die freilich in Verbindung mit vorher oder zuvor (s. u.) oder ohne diese Wörter auch vor dem Bindewort ehe [s. o.) stehen können, aber eigenthümlicherweise so vor den Umstandswörtern eher und früher nicht üblich sind, vgl.: Kurz —, lang — vorher oder zuvor, aber nicht: eher, früher. „Das war kurz vorher, ehe [Bindewort] Vater

ſtarb." Nein, es war lange vorher 2c. Der König fühlte das
Geſpenſt des Meſſers | lang vorher (— ◡) in der Bruſt, eh
[Bindewort] ſich der Mörder | Ravaillac damit waffnete. Schiller
400a [Wallenſt.'s Tod V, 3]. Lang, ehe [Bindewort] ſich der
Mörder damit waffnete u. ſ. w.; dagegen: Kurze oder wenige
Zeit, wenig, wenige Augenblicke, nur einige Stunden
(Tage) 2c. — oder: Lange oder geraume Zeit, viel, viele
oder lange Jahre 2c. vorher oder früher (aber auch ſo ge=
wöhnlich nicht: eher); ferner z. B.: Den man zum erſten Mal in
ſeinem Leben ſieht und vorher nie und nachher immer. Hebel
3, 499 (vgl.: und niemals früher oder ſpäter). Die Vermögen=
heit   ., | die ſchlummernd warten kann, bis, durch die Zeit
erreget, | was vorher (— ◡) nur geglimmt, jetzt volle Flammen
ſchläget. Wieland 25, 24 [Natur der Dinge I] 2c., auch ſubſtanti=
viert oder hauptwörtlich (ſ. u.: zuvor). Die verlängerte drei=
ſilbige Form vorhero iſt im Allgemeinen veraltet, findet ſich aber
noch zuweilen bei Dichtern um des Versmaßes willen, z. B.:
Thal war da, wo vorhero (◡ — ◡) Gebirg, und Gebirg, wo
Thal war. Baggeſen 1, 161 2c. — Ein beachtenswerther Unter=
ſchied zwiſchen vorher und früher tritt namentlich hervor in
der Verbindung mit als, das hinter vorher immer ausſchließ=
lich zeitliches Bindewort iſt (ſinnverwandt da), ſ. Synon. 1, 292ff.,
hinter früher (ſ. o.) aber auch der höhern Vergleichungsſtufe
entſprechen kann (ſ. a. a. O., S. 672ff.), vgl. z. B.: „Vorher als
ich [= Als ich vorher] ins Zimmer trat, bemerkte ich noch
Nichts." Und früher als du ins Zimmer tratſt, konnteſt du
ja überhaupt Nichts bemerken u. Ä. m.

In Beziehung auf etwas erſt ſpäter in die Erſcheinung
Tretendes berührt ſich vorher mit dem zeitlichen voraus,
ſ. Sanders 1, 60c, wo ich angegeben, daſs in dieſem zeitlichen
voraus immer der Begriff des mit dem Frühern nothwendig
in Verbindung oder in innerem Zuſammenhang Stehenden liegt,
vgl.: Kurz, lange vorher (ſ. o.), nicht: — voraus. Er wollte
mich überraſchen, hatte aber geſchwätzig es mir vorher ſelbſt
geſagt. Ein Prophet ſagt ein künftiges Ereignis voraus [als
nothwendig eintreffend]. Etwas voraus verkünden, wiſſen,
ſehen, fühlen, ahnen (ſ. Synon. I, 95) 2c. Etwas voraus [nicht:
vorher]=ſetzen, als nothwendige Grundlage des zu Erwarten=

den rc. Des künft’gen Dienstes voraus bezahlter Sold. Wieland 11, 197 [Klelia u. Sinib. III]. Ich wollte mich auf ihr Schmollen monatlich abonnieren, indem ich ihr immer 30 Tage voraus Recht gäbe. Börne 2, 215. Nimm voraus | den lauten Dank für meine Rettung an. Goethe 13, 334 [Natürl. Tochter V, 2]. Man kann sich voraus nicht vorstellen, was entstehen soll, man probiert, es geräth, es mißräth. 15, 27 [Wahlverw. 1, 3]. Voraus das Ende vernehmen, sei mir fern. | Voraus bewehklagen ist’s. Wh. Humboldt 3, 41. Was erst, nachdem Jahrhunderte verflossen, die alternde Vernunft erfand, | lag im Symbol des Schönen und des Großen | voraus geoffenbart dem kindischen Verstand. Schiller 23a [Die Künstler, V. 45].

Vorhin (s. Sanders 1, 763c auch über die Doppelbetonung ⏑ und — ⏑, wie bei vorher, s. o.) gilt heute als Umstandswort der Zeit zumeist nur in dem Sinne = vor Kurzem; kurz oder unmittelbar vor der Zeit, in der man spricht (der Gegenwart, dem Jetzt), z. B.: Ich nehme, was ich vorhin (⏑) sprach, zurück. | Ich will nicht grausam an dir handeln. Nein, | ich denke nunmehr ganz wie du — Ein Thor, ein heißer Jünglingskopf war ich | vorhin (⏑); jetzt, da ich’s reifer überdenke, jetzt fühl’ ich’s, was Das heißt, — sein Kind erwürgen. Schiller 219b [Jphig. in Aulis II, 4]. Nur vorhin [= nur noch vor wenigen Augenblicken] schien er ja meinen Vorschlag zu billigen. Lessing 1, 229. Der alte Drache, der mit Jhnen vorhin sprach. Gutzkow Ritter vom Geist 8, 134. [Das] hätte er sogar vorhin schon in der kurzen Zeit merken können, wenn er es nicht vorher [s. o.] schon gewußt hätte. Soph. Junghans (Zur guten Stunde 2, 988) rc. — Bei Älteren findet sich freilich vorhin auch in allgemeinerem Sinne, z. B.: [Er] hieß die Stätte Beth-El, vorhin hieß sonst die Stadt Lus. 1. Mos. 28, 19 (vgl.: Nannte denselben Ort Beth-El, da vorher der Name der Stadt Lus war. Mendelssohn ebb. Es war aber vor Zeiten Lus der Name der Stadt. Zunz ebb.). Jst aber der Ochse vorhin [schon vorher, früher] stößig gewesen. 2, 21, 29. Du hast eine bessere Barmherzigkeit hernach gethan denn vorhin. Ruth 3, 10. Du hast vorhin die Erde gegründet und die Himmel sind deiner Hände Werk. Psalm 102, 26 [vgl.: Die Erde, die du vordem gegründet rc. Zunz. Der Erdball, den du ehedem gegründet. Mendelssohn] ꝛc. Ein Tag, den Abraham, | den Jakob lange Zeit vorhin (‿—) zu Herzen nahm. Opitz 1, 12 V. 108. Das vorhin (‿—) bereiſte Land | wird in Blumen umgewandt. 2, 19. Daſs die Hand Dies aus dem Wege räumet und euch mit ſo viel Luſt als vorhin (—‿) Angſt beſchenkt. Mühlpforth Hochzeitgeb. 5. Gott, du kennſt vorhin [‿—, vor=her, voraus] | Alles, was mich kränket. Sim. Dach (Gödeke Elf Bücher deutſche Dicht. 1, 335 b¹) ꝛc. und ſo nicht bloß noch: Ach, herzlich hab' ich dich geliebet, | weit mehr, als ich dir kund ge=macht, | mehr als die Welt mir Glauben giebet, | mehr, als ich ſelbſt vorhin (‿—) gedacht. Haller 181 [Trauerrede auf Mariane, Str. 11]. Die Reichsfahne wehte da, wo vorhin die Gottesfahne geſtanden. Möſer Osnabr. Geſch. 1, 227 ꝛc. und (alterthümelnd): Ein Verſtändiger weiß Das vorhin (‿—), wie er ſich halten ſoll darin. E. T. A. Hoffmann Meiſter Martin ꝛc., ſondern ſelbſt noch: Jetzt ſchimmerſt du in ſegenvollem Licht, da du vorhin (‿—) in blutroth düſterm Schein, | ein Schreckens=mond, an dieſem Himmel hingſt. Schiller 469 a [Jungfr. v. Orl. III, 4), wo freilich ſchon die heutige Bedeutung durchbricht, im Gegenſatz zu jetzt = bisher, bis noch vor ganz Kurzem, bis zu der jüngſten Zeit vor der Gegenwart. Jedenfalls iſt vorhin in der allgemeinen Bedeutung veraltet, eben ſo wie das z. B. noch in Zinkgräf's Apophthegm. 1, 84; 283 ꝛc. vorkommende zu=vorhin.

Das zeitliche zuvor (ſ. Sanders 3, 1437 a) ſteht nach heutigem Gebrauch namentlich wie vorher (ſ. o.) im Hinblick auf etwas nachher Eintretendes, ſich daran Anſchließendes, z. B.: Kurz, lang zuvor ꝛc.; auch mit nachfolgendem Bindewort ehe (oder bevor), wie: Wir müſſen den Irrthum — und oft den Unſinn — zuvor erſchöpfen, ehe wir uns zu dem ſchönen Ziele der ruhigen Weisheit hinaufarbeiten. Schiller 751 a [Vorerinnerung zu den philoſoph. Briefen] ꝛc. Vgl.: Ich will dir's nächſte Woche geben. Vorher [oder früher, eher, aber nicht: zuvor] kannſt du's nicht bekommen; zuvor muſs dein Bruder es mir zurückgegeben haben ꝛc. Freilich galt das Wort nicht immer mit ſolcher Be=ſchränkung, vgl.: Die gut alt Vettel, welche zuvor der Narr gegen dem Jungen ſtach [= welche ſchon vorher (oder ohne=dies) in den Jungen verliebt war], meint ihm aller Worten

Ernst sein. Wickram Rollwagenbüchlein von H. Kurz. S. 75[16].
Galt ihm aber gleich, welches er zuvor [= früher, vor dem
andern, zuerst] betet, den Glauben oder das Vaterunser. 166[20],
Zuvor [= früher, in früherer Zeit ꝛc.] hatte ich die ver=
kehrte Art der Welt wenig beobachtet. Simplician. Schriften
von H. Kurz. 4, 215[1] ꝛc. und selbst noch: Wir fangen sogar
in dem Augenblick an zu fürchten, er möchte Die nicht genug
lieben, Die er uns zuvor [= vorher] viel zu sehr zu lieben
schien. Lessing (Dramaturgie XXXV. Stück). Die Ereignisse,
die unserer Ankunft zuvor [= voraus] gegangen. Chamisso 1,
209 ꝛc.; aber diese Anwendungen sind, wie gesagt, heute wohl
als veraltet zu bezeichnen, vgl. dagegen z. B. als einen dem
Nachfolgenden, dem eigentlichen Inhalt eines Briefes voran=
geschickten Gruß: Unsern Gruß zuvor! Luther 1, 141a; 148a ꝛc.;
vgl. in etwas weiterer Ausführung und in veralteter Form z. B.:
Euern F. G. [fürstlichen Gnaden] seien mein Gebet und unter=
thänig[er] Dienst mit allem Gehorsam zuvorn bereit. ebd. b und
dafür auch (heute ganz veraltet, s. u.): Ew. F. G. seien meine
unterthänige[n] Dienste und armes Gebet allzeit bevor. 224b ꝛc.,
wie bevor als Umstandswort statt des heutigen zuvor sich auch
noch später finden, z. B.: Du mußt bevor darüber mit deinem
Vater rechten. Klinger 1, 16. Ich fühle in meinem Innersten, jetzt
wie bevor, daß ꝛc. 5, 133 und sogar noch: O nein, o Fremd=
ling, er stürbe bevor [Adv.], | eh [Bindewort] treulos er bräche,
was heilig er schwor. Platen 2, 326, wofür es heute (abgesehen
von der Versform) vielmehr in umgekehrter Reihenfolge heißen
würde: er stürbe eh [Adv.], bevor [Bindewort] er ꝛc., vgl.: Eh
bevor man Euch zuvorkommt, | könnt Ihr verwerthen das Ge=
schmeid. O. Roquette (Deutsche Dichtung 6, 211b) [und mund=
artlich als Bindewort auch bloßes vor, z. B.: Doch, vor du
gehst, sieh noch dazu, | daß ein paar frische Humpen Wein | der
Kurt uns aus dem Keller bringe. ebd. 172b (Angelika v. Hör-
mann) und andre Belege in meinem Ergänz.=Wörterb. 593a]; auch
als heute ganz veraltete bindewörtliche Zusammenstellung: [Er]
rieth ihm derhalben die Stadt Massiliam zu zerstören, bald im
Anfang, weil sie noch im Aufgang wäre, zuvor und ehe
[Bindew. = bevor oder ehe] sie ihm zu gewaltig wurde [würde].
Stumpf Schweizer Chron. (1606) Bl. 148b. Daß dies helve=

tisch[e] Volk   auch vor alter Zeit Mannheit, Kraft und Frei=
heit gehabt hat, zuvor und ehe kein Adel je darin entsprungen.
300b u. ö.   Wohl aber kommt zuvor wie vorher (f. o.) heute
auch hauptwörtlich vor, z. B.: So entsteht ein Hüben und Drüben,
ein Oben und Unten, ein Zuvor und Hernach, wodurch all die
Erscheinungen bedingt werden, die uns im Raum und in der
Zeit entgegentreten.   Goethe 37, XIV [Zur Farbenl., Vorwort],
vgl.: Same und Frucht unterscheidet sich durch das Vorher und
Nachher.   E. H. F. Meyer Botan. 1, 117 2c.

Über vormals u. f. w., f. (wie gesagt) Synon. 1, 626 ff., wozu
ich hier nur noch bei dieser Gelegenheit fügen will: Dann steigt
der König zu Pferde und bloß mit einem ledernen Koller und
einem Tuchrock bekleidet (eine vormals empfangene Wunde er=
laubte ihm nicht mehr, den Harnisch zu tragen) durchreitet er
die Glieder.   Schiller 963b [30jähr. Krieg, Schlacht bei Lützen] 2c.

**Ehrbar; ehrenhaft; ehrenreich; ehrenvoll; ehren=
werth; Ehrerbietung; ehrfurchtwürdig; ehr=
lich; ehrsam; ehrwürdig** f. rühmlich.

Eifersucht; eifersüchtig f. Abgunst.   S. 11; 12; 14.

Eigenrache f. Rache.

Einbedingen f. Abrede.   S. 83/4.

Einerseits, einestheils f. halb.

Einhalten; Einhalt thun f. abhalten.   S. 16; 18.

Einhelfen f. beispringen.   S. 139.

Eisenmeister f. Wächter.

Emporhelfen f. beispringen.   S. 137; 139; 141.

Endabsicht f. Absicht.   S. 111.

Ende, zu Ende bringen 2c., f. abmachen.   S. 61.

Enden, endigen f. abmachen.   S. 53; 61.

Endziel, Endzweck f. Absicht.   S. 111; 114; 116; 117.

Entgegensteuern f. abhalten.   S. 19.

Entgegenwirkend f. beispringen.   S. 149.

Entlocken f. abnöthigen.   S. 70; 71.

Entpressen f. abnöthigen.   S. 69.

Entrahmen, entsahnen f. abrahmen.   S. 73.

Entrathen f. abrathen.   S. 74.

Entscheiden, Entscheidung f. abmachen.   S. 52;
53; 57.

Entſchlichten ſ. abmachen.　S. 60.
Entſchließen, Entſchluſs ſ. Abſicht. S. 119; 121; 122.
Entſetzen ſ. Abneigung.　S. 63 ff.
Entwaffnen ſ. abrüſten.　S. 87.
Entzweiung ſ. Zwieſpalt.
Entzwingen ſ. abnöthigen.　S. 68.
Erblaſſen, erbleichen, erfalben ſ. abſchießen.　S. 90; 92.
Erkennen laſſen ſ. zeigen.
Erklären ſ. zeigen.
Erlauern, erlauſchen ſ. ablauern.　S. 33; 34.
Erledigen ſ. abmachen.　S. 51; 52.
Ermahnen ſ. abrathen.　S. 75.
Erpaſſen ſ. ablauern.　S. 35.
Erpreſſen ſ. abnöthigen.　S. 69.
Erſcheinungs-Form, -Weiſe ſ. Gebärde.　S. 191.
Erſchöpfbar, erſchöpfen ſ. abſchöpfen. S. 107; 108.
Erwarten ſ. ablauern.　S. 36.
Erzwingen ſ. abnöthigen.　S. 67; 68.

Fadenrecht ſ. ſcheitelrecht.
Farb(en)ton ſ. Abänderung.　S. 2; 3.
Fazzoletto ꝛc. ſ. Schnupftuch.
Feder-Kampf, -Krieg ſ. Zwieſpalt.
Fehde ſ. Zwieſpalt.
Feindſchaft ſ. Abneigung S. 66 und Zwieſpalt.
Feindſeligkeit ſ. Zwieſpalt.
Fertig ſ. abmachen.　S. 61.
Feſt ſetzen, Feſtſetzung; feſt ſtellen, Feſtſtellung ſ. Abrede 1.　S. 81; 83.
Förderlich ſein; fördern ſ. beiſpringen.　S. 147 bis 150.
Fort, weg.

S. über dieſe beiden (und andere ſinnverwandte) Ausdrücke meine Synon. 1, 64 ff. Auf die beiden genannten Wörter hier noch beſonders zurückzukommen, veranlaſſen mich namentlich die im 2. Jahrgang meiner Zeitſchrift für deutſche Sprache S. 127

sich findenden Äußerungen des würtembergischen Pfarrers Gustav Hauff, woraus ich Folgendes aushebe: „Eine dem Süddeutschen ganz auffallende Eigenthümlichkeit ist fort für weg." Er sagt dann weiter zu einem Satze aus der Zeitschrift: „Über Land und Meer", worin es bei der Beurtheilung eines Romanschreibers etwa heißt, das Bürgerthum komme bei ihm [= in dessen Schil= berung] nicht sehr gut fort: „Ein Schwabe ist dieser Recensent nicht; sonst hätte er gesagt: kommt nicht sehr gut weg" und im Anschluß daran heißt es: „Fortfallen, in Fortfall kommen thut einem schwäbischen Ohr weh. In den Grenz= boten 1881, 13 steht: Fortfallen ist falsch; denn fort ist = vor= wärts, nach vorn, weg = seitwärts, aus dem Wege, auf die Seite." Ergänzend füge ich hinzu, daß es in den Grenzboten auch 1887 (Jahrg. 46, III, S. 622) in der Besprechung einer Berliner Faustaufführung heißt: Die Prologe fallen weg oder vielmehr „fort", wie der gebildete Berliner jetzt sagt. Hauff aber fährt fort: „Ich habe mit dieser Äußerung bloß fest gestellt, was schwäbisch und was nicht schwäbisch, aber nicht, was richtig und was unrichtig. Auch im Fränkischen (ich wohne in Unter= franken) kommt fortfallen nicht vor. Neben fortfallen und fortkommen nenne ich noch: fortlassen = weglassen. Ich lasse einen Hund von der Leine fort und er geht nun fort, hoffentlich, um wieder zu kommen. Aber ‚eine Stelle aus einem Buche fortlassen‘ kann ich nur auffallend finden. Auch bin ich fest überzeugt, daß mit mir sich schon manche Schwaben (und Franken) an dem fort in Fällen, wo wir weg sagen, gestoßen haben. Eine synonymische Erörterung wäre der Mühe werth."

Indem ich an eine solche herangehen will, kann ich nicht umhin, aus meinen Synon. I, 64 ff. wenigstens das Folgende zu wiederholen: „Fort hat die Grundbedeutung: vorwärts, das Vorrücken bezeichnend; daher auch, rein örtlich, so fern das Vor= rückende sich von der ursprünglichen Stelle entfernt = nicht mehr an dem ursprünglichen Platz [= nicht mehr da], wie weg (s. u.). Diese Entfernung von dem ursprünglichen Platz kann auch nach einem bestimmten Ziel hin gerichtet sein, z. B.: Er wollte nach Berlin und ist, glaub' ich, auch schon fort oder weg. In engrem Sinne dann auch von Etwas, von dem man gedacht, daß es an dem Platz bleiben würde oder sollte.   Weg ent=

spricht dem rein örtlichen fort (s. o.), nur dass es nicht die Grundbedeutung des Vorwärts, des Vorrückens, sondern die des Entfernens hat, vgl.: fortgehen; fortschreiten ꝛc. (dazu: Guten Fortgang haben; Fortschritte machen ꝛc.) und weggehen ꝛc., nur von der Stelle fort — ohne jeden Gedanken an ein Vor= rücken, an ein zu erreichendes Ziel ꝛc. Vielfach können beide Ausdrücke wechseln, doch erscheint fort edler und würdevoller ꝛc.", — vgl. in Adelung's Wörterb. unter Fort 1b: „von einem Orte weg, daselbst nicht mehr gegenwärtig" und in Grimm's: „Für das privative, nicht für das positive fort lässt sich gewöhnlich auch weg setzen, z. B. für fortgehen, fortlaufen, fortnehmen, fortschleichen: weggehen, weglaufen, wegnehmen, weg= schleichen", während der alte Joh. Leonh. Frisch (1741) Bd. 1, 287c allerdings diesen Gebrauch des fort einschränkt mit den Worten: „In wenigen Verbis heißt es so viel als weg, hinweg, als: einen Diener fortjagen oder wegjagen, ejicere. expellere: fortschaffen, wegschaffen, sich fortmachen, aufugere, sich fort= packen."

Wie nah an einander in dieser örtlichen Bedeutung die beiden Wörter grenzen und wie vielfach sie mit einander wechseln können, lässt sich leicht an Beispielen nachweisen, die ich (begreif= licherweise nach dem Vorstehenden) zunächst aus schwäbischen Schriftstellern wähle. Wenn es z. B. in Schiller's Bürgschaft (Str. 9 u. 10) heißt: „Da fasst er sich Muth | und wirft sich hinein in die brausende Fluth | und theilt mit gewaltigen Armen den Strom — und ein Gott hat Erbarmen | und gewinnet das Ufer und eilet fort" u. s. w., so liegt hier in dem hervorgehobnen Schlusswort allerdings das eilende Streben — nicht bloß, sich von dem gewonnenen Ufer zu entfernen, sondern zugleich, sich dadurch dem erstrebten Ziele Syrakus zur Erlösung des Freundes zu nähern und es rechtzeitig zu erreichen; dagegen ist in den Schlussworten der Schiller'schen Ballade: „Der Ring des Poly= krates": „Fort eil' ich, nicht mit dir zu sterben. | Und sprach's und schiffte schnell sich ein" nur das eilende Streben, sich zu ent= fernen ins Auge gefasst, nicht das Vorwärtsstreben nach einem bestimmten Ziele hin, — vgl.: „Jetzt, ob sie schon sich zur ge= wohnten Zeit | noch täglich sehn, ist doch die Offenheit | der vor'gen Unschuld weg [vgl.: nicht mehr da, vorhanden ꝛc.]

Man hatte sich gesucht und scheut sich, zu verweilen | und immer findet sich ein Vorwand, wegzueilen." Wieland 11, 194 [Klelia u. Sinib. III]. Wenn bei Schiller Talbot von der Maria Stuart sagt [S. 418a = II, 3]: „Geblendet ward sie von der Laster Glanz | und fortgeführt vom Strome des Verderbens", so kann man vielleicht schwanken, ob er hierbei mehr die Entfernung von dem inne zu haltenden Standpunkt des Rechten und Heilsamen ins Auge gefaßt oder das Vorrücken und Weiterschreiten auf der Bahn des Lasters und Verderbens; aber bei den Worten Stüssi's im Wilh. Tell (IV, 3, S. 545b): „Wie kamt ihr durch das Wasser, | da doch der Strom die Brücken fortgeführt?" ist offenbar doch nur ausschließlich die Entfernung der Brücken, das Nicht-mehr-vorhanden-Sein auf ihrem Platze ins Auge gefaßt, nicht Das, wohin der vorwärts drängende Strom sie entführt und fortgerissen, — vgl. (s. u.) am Schluss desselben Auftritts S. 547a in dem Gesang der barmherzigen Brüder: „Es [fast = der Tod, s. meine Zeitschrift I, 540] stürzt ihn mitten in der Bahn, | es reißt ihn fort vom vollen Leben", und in Bürger's „Lied vom braven Mann" Str. 6 u. 7: „Von beiden Ufern riß der Fluß | die Pfeiler sammt dem Bogen fort   Zerborsten und zertrümmert schoß | ein Pfeiler nach dem andern fort" ꝛc. und ferner, entsprechend dem obigen fortführen, so fern nur die Entfernung von dem inne gehaltenen Standort, nicht die Richtung auf ein Wohin ausgedrückt wird: „Möchtet ihr mich . . ., da ich euch nicht zu weit von dem augenblicklichen Interesse wegführen will, nur kürzlich belehren, wie es eigentlich hier mit den Verwandtschaften gemeint sei." Goethe 15, 38 [Wahlverw. I, 4]. Doch wenden wir uns zu Schiller's Tell zurück! Da heißt es gleich I, 1 (S. 518b): „Sieh, wie das Schifflein auf den Wellen schwankt! | (Kuoni, am Ufer): Die Fluth geht drüber weg [vgl.: hin oder fort]   (Zweiter Reiter): Er ist entwischt. (Erster, zum Hirten und Fischer): Ihr habt ihm fortgeholfen" ꝛc., — wo man allerdings erklären kann, nicht bloß: von hier weg, sondern auch: ihr wart ihm zu seinem Weiterkommen behilflich, vgl. dagegen: „Adelheid: Ihr legt's falsch aus: ich wollte Euch forthelfen; denn Ihr wollt fort" [= weg]. Goethe 9, 54 [Berlichingen II]. Einem über alle Schwierigkeiten fort, weg, hinweg helfen ꝛc.; ferner in Schiller's Tell IV, 3 [S. 544a]:

„Mach deine Rechnung mit dem Himmel, Vogt! | Fort mußt du!" = weg von hier (ohne Hervorhebung des Wohin); eben so V, 2 [S. 551 b]: „Ihr müßt fort! Hier könnt | Ihr unentdeckt nicht bleiben" und III, 2 [S. 532 b]: „Hedwig: Der Landvogt ist jetzt dort. Bleib weg von Altdorf. | Tell: Er geht, noch heute. Hedwig: Drum laß' ihn erst fort sein" ꝛc. „Da räumten sie den Schutt weg und erhuben | manch grünbewachsen Denkmal wiederum. | Und um den Wald die wüsten Rankenwände | sammt Dorn und Distel haben fortgemußt." Freiligrath Sämmtliche Werke 1, 432. „Und wären's Ratten noch so viele | und wären Wiesel mit im Spiele, | von allen säubr' ich diesen Ort, | sie müssen mit einander fort." Goethe 1, 161 [Der Rattenfänger]. „Heirathen, Engel, ist wunderlich Wort; | ich meint', da müßt' ich gleich wieder fort." 2, 230 [Vorschlag zur Güte] ꝛc. Ferner, um zu Schiller zurückzukehren, z. B. in Wallenstein's Lager, Auftr. 5 [S. 321 b] mit Angabe des Wohin: „Fort in die Feld=schule! Marsch ihr Buben!" — aber 2 Zeilen weiter, ohne solches Wohin: „Aufwärterin kommt: Base, sie wollen fort" [die Gäste, Kunden] und letzter Auftr. [S. 330 b]: „Er hat auf Erden kein bleibend Quartier, | kann treue Lieb nicht bewahren. | Das rasche Schicksal, es treibt ihn fort." 330 b ꝛc. „(Wallenst.:) | Wo ist der Wrangel? (Terzky:) Fort ist er. (Wallenst.:) So eilig? | (Terzky:) Es war, als ob die Erd' ihn eingeschluckt. | Er war kaum von dir weg, als ich ihm nachging; | ich hatt' ihn noch zu sprechen, — doch weg war er." 368 b [Wallenst.'s Tod II, 3]. „(Gräfin:) So nimm uns mit   O führ' uns weg. Komm, Schwester, bitt' ihn auch, daß er uns fortnimmt." (s. u.) 393 b [IV, 9]. „Fortstoßend treibt mich eine dunkle Macht | von dannen." 395 b [IV, 11], vgl.: „Du fährst so fort [s. o.], mit frost'gen Eisesblicken | ihn wegzustoßen." 15 a (Semele I. Auftr.). „Dies Haus des Glanzes und der Herrlichkeit | steht nun verödet und durch alle Pforten | stürzt das erschreckte Hofgesinde fort." 404 a [Wallenst.'s Tod V, 12] ꝛc. „Fort! Hinweg! Hinweg | aus diesem Haus des Schreckens und des Todes." 445 a [Maria Stuart V, 10] ꝛc. „Welche Perle warf ich hin! | welch Glück der Himmel hab' ich weg=geschleudert!" ebd. „Klein fühl' ich mich in diesem furchtbar Großen | und, fortgeschleudert wie das Blatt vom Baume, verlier' ich mich im grenzenlosen Raume." 498 a [Braut v. Meß.

V. 994]. „Die Todtenklage ist in diesen Mauern kaum | verhallt und eine Leiche drängt die andre fort ins Grab." 513b [V. 2611], vgl.: „Ich küßte sie mit Ungestüm, sie drängte mich weg" [von sich, ohne Wohin]. Goethe 18, 226 [Wanderj. II, 3]. „Steckte den Schlüssel hinein und schob wegdrängend den Riegel." Voss Odyssee 21, 47 ꝛc.

Ich komme nun noch etwas ausführlicher auf die Stelle aus Wallenstein's Tod IV, 9 zurück. Es sind Worte der Gräfin Terzky, die von ihrem Manne gehört hat, daß Wallenstein von Eger (fort oder weg) zu gehen, die Frauen aber dort zurückzulassen denkt. „O nimm uns mit dir", fleht sie   „So nimm uns mit! O laß uns nicht zurück | in diesem Ort der traurigen Be= deutung, | O führ' uns weg! Komm, Schwester, bitt' ihn auch, | daß er uns fortnimmt! Hilf mir, liebe Nichte!" In diesen flehentlichen Worten spricht sich zunächst das sehnende Verlangen nach Entfernung aus dem als unheilbringend ange= sehnen Eger aus. Wenn es aber trotzdem hier heißt: „Bitt' ihn auch, daß er uns fortnimmt" (statt wegnimmt, vgl. kurz vorher: „O führ' uns weg," — nicht: fort), so könnte man für die Erklärung doch noch vielleicht Gewicht darauf legen, daß es sich hier um ein Mitnehmen (Mit=sich=nehmen) handelt und daß also die Flehende neben der Sehnsucht, aus Eger entfernt zu werden, doch auch als Ziel den Ort mit ins Auge faßt, wohin Wallenstein sich begeben will, vgl.: „Ja, sie kehrten heim und alles Schöne, | alles Hohe nahmen sie mit fort, | alle Farben, alle Lebenstöne, | und uns blieb nur das entseelte Wort." Schiller 22b [Die Götter Griechenland's, Schlußstrophe], worin allerdings hauptsächlich das Entschwinden, der Verlust alles Schönen und Hohen für uns beklagt wird, doch mit Hinblick auf den Pindus, wohin es mit den heimgekehrten Göttern ent= schwunden, s. auch: „Meine Kette hab' ich dir gegeben, | deine Locke nehm' ich mit mir fort." Goethe 1, 195 [Braut v. Korinth, vorletzte Strophe], vgl. dagegen: „Orest: Bin ich bestimmt, zu leben und zu handeln, | so nehm' ein Gott von meiner schweren Stirn | den Schwindel weg, der auf dem schlüpfrigen, | mit Mutterblut besprengten Pfade fort | mich zu den Todten reißt." 13, 31 [Iphig. II, 1, vgl. 34, 173 den ersten Entwurf, wo sowohl das weg, wie das fort fehlt]. Hier bezeichnet weg einfach die

Entfernung, während in fort zugleich das (begleitende) Vorrücken, Vorwärtsschreiten liegt. So unmittelbar neben einander würde man freilich nicht füglich beide Mal das fort setzen, vgl. Sanders 2, 724 5 für fort=, hinweg= und wegreißen zahlreiche Belege, woraus ich hier absichtlich nur die folgenden aus Schiller mittheile: „Es ist nicht wohlgethan, zum Führer den Verzweifelnden zu wählen. | Ihr reißt mich weg von meinem Glück. Wohlan! Der Rachegöttin weih' ich eure Seele." 387b [Wallenst.'s Tod III, 23]. „Ein Hauptstreich der Politik war es also, zu eben der Zeit, wo ein siegreicher König, unumschränkter Herr seiner Kriegs= operationen, sich gegen den Kaiser rüstete, den einzigen Feld= herrn, der ihm an Kriegserfahrung und an Ansehen gleich war, von der Spitze der kaiserlichen Armeen wegzureißen." 919a [30j. Kr. II] 2c. „Da war das Weib mir aus den Augen, schnell hinweggerissen hatte sie der Strom des Volkes." 450a [Jungfr. v. Orl., Prol. 3] 2c. „Jene gewaltigen Wetterbäche | kommen finster gerauscht und geschossen, | reißen die Brücken und reißen die Dämme | donnernd mit fort im Wogengeschwemme." 491b [Br. v. Mess. V. 247]. „Nennen Sie mir den Ordensstifter oder auch die Ordensverbrüderung selbst, die nicht unvermerkt wären fortgerissen worden, sich an fremder Freiheit zu ver= greifen." 771 [11. Br. über Karlos]. „Der Knabe ging zu jagen und es treibt und reißt ihn fort, | rastlos fort, mit blindem Wagen | an des Berges finstern Ort." 50b [Alpenjäger]. „Und unsers Heeres Losungswort | war die verlorne Schlacht. | Das riß uns wie die Windsbraut fort." 12a [Graf Eberhard] 2c., s. die schon S. 182 angeführten Stellen aus Schiller's Tell S. 547a und aus Bürger's Lied vom braven Mann. Zurückkommend aber auf weg= und fortnehmen, weiß ich nicht, ob ein schwä= bisches Ohr Anstoß nehmen würde an Wendungen, wie: Einem Etwas heimlich, diebisch, gewaltsam, mit Gewalt fort= (statt weg=) nehmen. Jedenfalls sind sie in der allgemeinen Schrift= sprache durchaus üblich, vgl. ähnlich auch bei Schiller: „Du sollst nicht stehlen. | Ja, das befolgt ihr nach dem Wort, | denn ihr tragt Alles offen fort." 325a [Wallenst.'s Lager 8. Auftr.]. „Es führt dich meilenweit von dannen | und bleibt doch stets an seinem Ort. | Es hat nicht Flügel auszuspannen | und trägt dich durch die Lüfte fort." 73b [Räthsel 2] 2c. Vgl. auch — um

zunächst bei schwäbischen Dichtern zu bleiben —: „Wollt Ihr so=
gleich mir folgen, ich bring Euch sicher fort" [= weg, von
hier, von hinnen 2c.]. Uhland 413 [Graf Eberhard I, 12] 2c.
und: „Nur läuft zuweilen dein Kopf mit deinem Herzen fort"
[= von dannen 2c.] Wieland Oberon II, 44. „Nachts liegt
eine stets von seinen knot'gen Händen | bald da, bald dort auf
ihr, aus Furcht sie schleich' ihm fort." VI, 53 2c. — Aus Schriften
von Nicht=Schwaben ist schon Manches bisher gelegentlich
angeführt, wozu ich hier noch Folgendes füge. In Goethe's
Stella (Bd. 9) kommt fort = weg (zumeist ohne Nebensinn)
ungemein häufig vor, z. B.: „Die zwei Fremden wollen fort.
(Stella:) Fort? (Bedienter:) Es hieß, sie hätten Extrapost
bestellt, weil der Postwagen hinunter schon fort ist." S. 334.
„Fernando: Doch wir wollen fort. Ich will ihr sagen, ihr be=
ständet darauf, euch zu entfernen, wolltet fort Ich will
mich von ihr losmachen, sagen, ich wollt sorgen, daß ihr
wohl fort kämt Arme Seele, ich betrüge dich mit deiner
Güte! — Wir wollen fort. Cäcilie: Fort? Nur ein vernünftig
Wort! Fernando: Fort! Laß sein! — Ja, meine Lieben, wir
wollen fort! (Cäcilie und Lucie ab.) Fernando (allein): Fort?"
343 4. „Die Alte will keine Ursache sagen, sie will fort."
345. „Daß der Herr Hauptmann mit dem Frauenzimmer fort
will von der gnädigen Frau." 349. „Seid ihr nicht fort?" 350.
„Fort! Stella!" 353 [„Ich hasse dich! — Weg! wende dich weg!"
354]. „Fort, Lucie! fort! Hilfe! Hilfe!" 361. „Nein, Lucie!
Wenn du mir wohl willst, so eile. Fort! fort! [etwa: von mir
weg, zu ihm hin]. Laß mich ruhen! Die Flügel der Liebe sind
gelähmt, sie tragen mich nicht zu ihm hin. Du bist frisch und
gesund. Die Pflicht sei thätig, wo die Liebe verstummt. Fort
zu Dem, dem du angehörst. Er ist dein Vater! Weißt du, was
das heißt? Fort!" 2c. 364. Ferner z. B.: „Nun fort, du braune
Hexe! fort! aus meinem gereinigten Hause!" 1, 170 [Der Müllerin
Reue]. „Zum tiefsten Verlies den Verwegnen fort!" [wohin?]. 142
[Ballade vom vertriebnen 2c. Grafen]. „Mit Lust und mit Unlust
nun ziehet sie fort, | sie möchte vom Vater nicht scheiden." 141
[ebd.]. „Und immer sehnt sich fort das Herz, | ich weiß nicht
recht, ob himmelwärts. | Fort aber will es hin und hin | und
möchte vor sich selber fliehn. | Und fliegt es an der Liebsten

Bruft, | da ruht's im Himmel unbewußt; | der Lebestrudel reißt
es fort | und immer hängt's an einem Ort" 2c. 4, 33 [Westöstl.
Div., Buch der Liebe]. „Ja, sie ist's! und führ' ich sie nicht als
Braut mir nach Hause | heute noch, ziehet sie fort, verschwindet
vielleicht mir auf immer." 5, 39 [Herm. u. Doroth. IV, 213], vgl.:
„Wenn er das Mädchen sieht, das einziggeliebte davon ziehn."
ebd. [V. 223.] „Wer war denn wohl im Zimmer? | Sophie? —
Pfui! — Ja, Sophie! Unwürd'ge Grille fort!" 7, 71 [Mitschuld.
II, 5]. „Mephist.: Da seid Ihr eben recht am Ort. | (Schüler:)
Aufrichtig! möchte schon wieder fort." 11, 76 [Faust I, Studier-
zimmer]. „Martha (kommend): Die Nacht bricht an. (Mephist.:)
Ja, und wir wollen fort." 139 [ebd. Garten]. „Schlaf ist Schale,
wirf sie fort!" 12, 5 [Faust II, 1. Akt]. „Er wendet sich zu den
Weibern dort, | sie schreien alle, möchten fort." 49 [ebd.]. „So
wie mich sonst die Wolken schon reizten, mit ihnen fort [wohin?]
in fremde Länder zu ziehen, wenn sie hoch über meinem Haupte
weg zogen [ohne wohin], so steh' ich jetzt oft in Gefahr, daß
sie mich von einer Felsenspitze mitnehmen [s. o.], wenn sie an
mir vorbeiziehen." 14, 159 [Br. aus der Schweiz I] u. Ä. m.;
ferner z. B.: „Drohend sprach das Furchtgerippe: | Fort, du
theurer Bacchusknecht! | fort, du hast genug gezecht." Lessing 1,
64 [Der Tod]. „Für diesmal laß' ich noch dich fort, | doch hüte
dich, vernaschtes Mäuschen" 2c. Bürger 90b. „Und, was er fort-
zutragen die Kraft hat, minder ihn freut, | als, was er liegen
muß lassen, ihn heimlich wurmt und reut." Chamisso 3, 314
[Abdallah Str. 16] und bei Kopisch in der Schlußstrophe seiner
Heinzelmännchen: „O weh! nun sind sie alle fort | und keines ist
mehr hier am Ort."

Diese Beispiele zeigen wohl hinlänglich, daß fort, obgleich
ausgehend von der Grundbedeutung vorwärts und so sinnverwandt mit weiter 2c., doch auch oft genug, wie weg, ohne
weitern Nebensinn, im Gegensatz zu da (vorhanden 2c.), die
Entfernung von dem ursprünglichen oder dem frühern Platze bezeichnet. So kann fort zumeist für weg eintreten, aber nicht
umgekehrt weg für fort, wo dies sinnverwandt ist mit weiter,
vgl. z. B. unmittelbar neben einander: „Des Windes Wehen,
der Strom entführten seewärts weiter fort | des Schiffbruchs
Trümmer." Chamisso 4, 157 [Salas y Gomez, 1. Schiefertafel

Str. 19], wofür es — abgesehen von dem Reime — auch heißen
könnte: weiter weg. Dagegen, wenn z. B. Goethe 5, 92 [Herm.
u. Doroth. IX, 305] schreibt: „Nicht dem Deutschen geziemt es, die
fürchterliche Bewegung | fortzuleiten" rc. im Sinne von: weiter
zu leiten (zu verbreiten), so wäre dafür „wegzuleiten" nicht
statthaft, vgl.: Durch den Blitzableiter, dessen Ende bis in das
Grundwasser fort= (oder weiter=) geleitet ist, wird der Blitz
von dem Gebäude ab= oder weg= oder fortgeleitet rc. In der
Stelle aus Shakespeare's Maß für Maß I, 1, die in Schlegel's
Übersetzung lautet: „Wenn die Musik der Liebe Nahrung ist,
spielt weiter," heißt es bei Voss: „Ist Liebesnahrung die Musik,
spielt fort!" —, wofür nicht weg stehen könnte, obgleich weg
in gewissen Verbindungen auch nahe an fort und weiter grenzt,
s. mein Wörterb. 3, 1513b, wo ich allerdings die Stelle aus
Wilib. Alexis' Hosen des Herrn v. Bredow 1, 1, 228: „Die Hosen
behielt er weg" (statt weiter) als eine nur höchst vereinzelt
vorkommende aufgeführt habe, dagegen als allgemein üblich Ver=
bindungen, wie: Ruhig seinen Gang weg gehen. „Er predigt
dir seinen Stiefel weg, daß es eine Art hat." Rabner 3, 38 rc.
In Einem weg rc. „Er schlief, wie man zu sagen pflegt, in
einem Zug sechs Stunden weg." Tieck Don Quixote 2, 539. „Acht
Nächte nach einander weg gewacht." Goethe 10, 169 [Die
Aufgeregten I, 6]. An einem Faden, am Schnürchen weg
u. Ä. m.

**Fort=bleiben, =bringen, =drängen, =drehen, =eilen,
=Fall, =fallen, =führen, =Gang, gehen, =helfen,
=jagen, =kehren, =kommen, =lassen, =laufen,
=leiten, =lenken, =machen, =mögen, =müssen,
=nehmen, =packen, =räumen, =reißen, =schaffen,
=schießen, =schleichen, =schleudern, =schreiten,
=Schritt, =sein, =stoßen, =stürzen, =tragen,
=treiben, =wenden, =werfen, =wollen, =ziehen**
u. ä. m. s. fort, auch: abkehren, ableiten, bei=
springen; packen (sich).

**Frage, Anfrage, Nachfrage, Streitfrage, Gefrage;
fragen, anfragen, quästionieren.**

Der Frage (s. Sanders 1, 483) steht die Antwort gegenüber;
der Ausdruck bezeichnet zunächst die Worte eines Fragenden,

die er an Jemand richtet, um Antwort zu erhalten; dann auch den Inhalt solcher Worte; den Gegenstand, um den es sich handelt, der Einen beschäftigt und der Erledigung, der Entscheidung bedarf; auch Etwas, worauf es noch einer bestimmenden, entscheidenden Antwort, einer Lösung bedarf, etwas Fragliches, Ungewisses, Unausgemachtes ꝛc. und danach auch noch in einigen besondern Anwendungen (s. auch mein Ergänz.-Wörterb. 210c).

Die **Anfrage** ist im Besondern eine Frage, die man an Jemand zur Erkundigung richtet, worauf man als Antwort eine Belehrung, einen Bescheid erwartet, wie man sich zu verhalten, wonach man sich zu richten hat ꝛc.

In der **Nachfrage** tritt das Interesse oder der Antheil hervor, welchen der Fragende an dem Stande, der Lage, dem Ergehen Desjenigen nimmt, wonach er fragend sich angelegentlich erkundigt.

Eine **Streitfrage** betrifft eine streitige Sache, über die noch gestritten werden kann oder wird, die noch erst der Entscheidung harrt, mit Inbegriff aller der Erörterungen aus den verschiednen Gesichts- und Standpunkten, wie es auch den Gegenstand des Streites oder Disputes (der Erörterung) bezeichnet.

Das **Gefrage** ist ein wiederholtes lästiges Fragen.

Dem allgemeinen Ausdruck **Frage** entspricht das Zeitwort **fragen**, wie im Besondern der **Anfrage** — **anfragen** und der **Nachfrage** — **nachfragen** mit dem Dativ, in dem Sinne: nach Etwas, nach Einem **fragen** = aus Interesse, antheilnehmend, nachforschend, sich angelegentlich danach erkundigen — und dann: darauf besondern Werth oder Gewicht legen, sich darum kümmern.

Das nur noch selten vorkommende Fremdwort **quästionieren** (s. Sanders 2, 616a) bezeichnet im Besondern: mit dringenden Fragen bestürmen.

Wenige, leicht zu mehrende Beispiele (s. a. a. O.) werden zur Bestätigung des Gesagten genügen: Bei der Prüfung alle **Fragen** (nicht: An-, Nachfragen) beantworten ꝛc. Sie haben bei mir **angefragt**, ob ich das Buch verkaufen will. Auf Ihre **Anfrage** erwiedere ich ꝛc. Der Versuch als Beweis irgend eines subjektiven Ausspruches ward verworfen; es entstand, was man schon längst **Anfrage** an die Natur genannt hat.

Und, wie denn alles Erfinden als eine weise Antwort auf eine vernünftige F r a g e angesehen werden kann, so ꝛc. Goethe 27, 276 [Annalen 1810]. Eine Anfrage beißt Niemanden. Freytag Soll und Haben 2, 101 ꝛc. „Wie gehts Ihnen?" Ich danke für gütige Nachfrage, gut. Nach einer Waare, einem Staats= papier ꝛc. ist auf der Börse große Frage oder Nachfrage ꝛc. Der Verweis, den ich dem damaligen Verleger   . zu geben genöthigt wurde, wegen der Imbecillität, mit welcher er Pasquille auf mich   abdrucken ließ und, als ich hierüber Nachfrage anstellte, nicht wußte, wovon die Rede war, war doch ohne Zweifel [vgl.: ohne F r a g e] keine Gunstbewerbung. Fichte 8, 66 ꝛc. Vergebens f r a g s t du den Gefangnen n a ch, | sie sind hinweg. Goethe 13, 79 [Iphig. V, 3], wobei das Interesse an dem Schicksal der Gefangnen ein weit angelegentlicheres ist, als wenn es hieße: du f r a g s t nach ihnen ꝛc. Da ich nun aber einen solchen Fall Niemanden zu vertrauen oder auch nur von ferne n a ch z u f r a g e n mich unterstand, so ließ ich es an einer heimlichen Betriebsamkeit nicht fehlen, um, wo möglich, der Sache etwas näher zu kommen. 20, 81 [Wahrh. u. Dicht. II]. Der Graf f r a g t e dem Stück nicht weiter n a ch, sondern war hauptsächlich mit der transparenten Dekoration beschäftigt. 16, 203 [Lehrj. III, 7]. (Präsident:) Wie lange kennt Sie der Sohn des Präsidenten? (Luise:) Diesem habe ich nie n a ch = g e f r a g t. Ferdinand von Walter besucht mich seit dem November. Schiller 183 b [Kab. u. Liebe II, 6]. Daß die Griechen in den guten Zeiten der Künste der Landschaftsmalerei eben nicht viel n a ch g e f r a g t haben, ist etwas Bekanntes. 1240 b [Über Matthisson's Gedichte]: Seine Augen f r a g e n | dem Kummer n a ch, der seinen König drückt. Wieland 20, 269 [Oberon X, 15] ꝛc. — Ob Hüon schuldlos sei, ist ihnen keine F r a g e, | sie kannten ja der Sachen wahre Lage. 322 [XII, 40]. Ihre Bescheidenheit   verwandelt in eine F r a g e, was Ihnen selbst etwas Ausgemachtes ist. 19, 156 [Hexam., Vorbericht]. (Antonio:) Wer es sei, | der Un= recht hat, ist eine weite F r a g e, | die wohl zuvörderst noch auf sich beruht. (Tasso:) Wie Das? Mich dünkt, Das ist die erste F r a g e, | wer von uns Beiden Recht und Unrecht hat. 13, 149 [Tasso II, 4]. (Leonore:) Hier ist die F r a g e nicht von einer Liebe, | die sich des Gegenstands bemeistern will ꝛc. 106 [I, 1].

Sein oder Nichtsein, Das ist hier die F r a g e. Schlegel Hamlet
III, 1 u. o. — Seine wichtigsten Gesetze kamen nach und nach
außer Übung und wurden zuletzt ein bloßer Gegenstand akade=
mischer S t r e i t f r a g e n. Wieland 8, 256 [Goldn. Spiegel II, 16].
Wir haben nach langer, sorgfältiger N a c h f r a g e Sie als den be=
rufensten Entscheider in unserer S t r e i t f r a g e erwählt und wir
erlauben uns die A n f r a g e, ob Sie das Schiedsrichteramt über=
nehmen wollen ꝛc. — Ewiges G e f r a g e! Grabbe Hannibal 7.
„Ist Jemand da gewesen?“ fragte er daheim die Frau, er jedoch
gab keine Antwort auf die F r a g e, wo er gewesen sei und wen
er gesprochen habe, ja, diese Neugierde der Frau, dieses müßige
G e f r a g e war ihm lästig. Auerbach Landolin v. Reutershofen,
S. 192 [XLII]. — Man f r a g t, guckt, man geht zu Gefallen,
man wartet, man ist ungeduldig Und nun erscheint der
Herr O Bruder, ich werde rasend, ich laufe davon, wenn
mich nun die Leute zu packen kriegen und f r a g e n und q u ä s t i o=
n i e r e n und nicht begreifen können ꝛc. Goethe 9, 286 [Kla=
vigo IV]. Ich q u ä s t i o n i e r e sie, — richtig, sie gesteht. Meissner
Sirene 40 ꝛc.

> **Fremdenführer** s. Wegweiser.
> **Frommen** s. beispringen. S. 147 8.
> **Früher** s. eher. S. 169.
> **Führen, vors Auge** s. zeigen.
> **Führer** s. Wegweiser.
> **Gebärde; Geste; Miene; — Grimasse, Miß=, Un=,
> Zerrgebärde. — Habitus, Haltung, Erschei=
> nungs=Weise, =Form; Tracht. — Physio(g)no=
> mie, Körper=, Gesichtsausdruck; Gesichts=Bil=
> dung, =Züge, Gesicht, Aussehen. — Attitüde.
> Pose.**

Die vorstehend als sinnverwandt zusammengestellten Aus=
drücke berühren sich in manchen Punkten, gehen aber in manchen
auch vielfach aus einander.

Gemäß der sehr verschiedenen Anwendungen und Bedeutungen
des Zeitwortes h a l t e n erscheint auch das Hauptwort Haltung
(s. Sanders 1, 676c) in sehr verschiednem Sinne. In die vor=
liegende Sinnverwandtschaft gehört es nur in der Bedeutung:

die Art und Weise des Sich=Haltens, und zwar auch nur in
der Beschränkung auf das Körperliche (die Körperhaltung), z. B.
(s. a. a. O.): Er erschien bei seiner geraden Haltung fast größer
als Siegbert, der sich nicht gut hielt und gern zur Erde nieder=
beugte. Gutzkow Ritter vom Geist 1, 57 2c., vgl. namentlich
aus Joh. Gg. Sulzer's Allgemeiner Theorie der schönen Künste
(2. Aufl. 1792) 2, 460: „Haltung des Körpers (Schöne Künste):
Wir verstehen hier durch dieses Wort Das, was man gemeinig=
lich durch das französische Wort maintien ausdrückt, die charak=
teristische Art, wie ein Mensch bei verschiedenen Stellungen und
Gebärden [s. u.] sich trägt oder hält. Fast alle Arten des
sittlichen Charakters können, bei jeder Art der Stellung und Ge=
bärdung, schon durch die Haltung des Körpers ausgedrückt
werden; das Auge des Kenners entdeckt darin Unschuld oder
Frechheit, Güte der Seele oder Härtigkeit des Herzens, edles oder
niedriges Wesens. Die Haltung ist gleichsam der Ton der
Stellung und der Gebärden; denn, wie einerlei Worte durch
den Ton, in dem sie gesagt werden, von ganz verschiedener Kraft
sein können, so können auch einerlei Gebärden durch die
Haltung einen verschiedenen Charakter bekommen" u. s. w.,
s. auch: „Haltung ist im Allgemeinen die zum Ganzen stimmende
Erscheinung des Einzelnen". Düringer Theater=Lex. 554 2c.

In dieser Bedeutung grenzt Haltung an das Fremdwort
Habitus, das (vgl. Sanders 1, 652 c) bedeutet: die charakteristische
oder kennzeichnende, wesentliche und beständige Art des äußern
Erscheinens, Sich=Behabens — und das so z. B. naturgeschicht=
lich nicht bloß von belebten Wesen, sondern auch von Pflanzen
gilt und deutsch durch Erscheinungs=Weise, =Form 2c. ersetzt
werden kann. Einige haben dafür auch den Ausdruck Tracht,
(s. Sanders 3, 1341 b; Ergänz.=Wörterb. 567 c) einzuführen ver=
sucht, der eigentlich „die Art, sich in Kleidern zu tragen, sich zu
kleiden bezeichnet, s. z. B.: Der Trauben=Holunder, Sambucus
racemosa Die Tracht ganz wie bei dem gemeinen. Oken
Allgemeine Naturgesch. 3, 1855. Der Papiermaulbeerbaum .
hat die Tracht eines Maulbeerbaums. Die Natur (v. Dr. Karl
Müller) 25, 355 a 2c., vgl. auch: Mordhyänen sind Erobrer,
Tiger, nur in Menschentracht [der äußern Erscheinung nach].
Minckwitz Gedichte 24 2c.

Das griechische **Physiognomie** oder (nach dem Französischen) mit Wegfall des g bezeichnet hier (s. Sanders 2, 574c und Fremdwörterb. 2, 259b ff.) das Äußere eines Individuums, in so fern der Eindruck, den es hervorbringt, zu Schlüssen auf das Wesen, den Charakter, die Individualität veranlasst, so namentlich von den Gesichtszügen einer Person; aber auch zuweilen verallgemeint, z. B.: Die Völker, deren geistige **Physiognomie** sie [die Schauspiele] darstellen. Jos. Eichendorff Gesch. des Dram. 62. Aus der Geselligkeit der Pflanzen entspringt die sogenannte **Physiognomie** des Pflanzenreiches, welche den Charakter einer Gegend vollendet. Oken Allgemeine Naturgesch. 2, 320 2c. Verdeutschungen im eigentlichen Sinne, die hier keiner eingehenden Besprechung bedürfen, sind z. B.: **Körper-** oder namentlich **Gesichtsausdruck**, ferner: **Gesichts-Bildung**, **-Züge**, auch bloß: **Züge**, **Gesicht**, ferner z. B.: Sokrates hatte das Aussehen eines Silens 2c.

Handelte es sich bei den bisher besprochenen Ausdrücken um etwas in seiner Erscheinung Dauerndes, Ständiges, so tritt bei den nun folgenden entschieden die Beziehung auf etwas Wechselndes, Veränderliches hervor:

Die **Gebärde** (s. Sanders 1, 83c), — veraltet: die **Bärde**, **Gebär**, das **Gebärd**, — eigentlich: die Art und Weise des Sich-Gebarens, Behabens, dann: die Art des Erscheinens, das Aussehen, Äußere, so fern es veränderlich ist und in den Veränderungen sich das Innere kund giebt, namentlich die Bewegungen des Körpers und zumal auch der Gesichtszüge, sinnverwandt mit **Miene** (s. u.), das im Allgemeinen auf die Gesichtszüge beschränkt ist, wie umgekehrt **Geste** (s. u.) auf die übrigen Gebärden, zumal auf die Bewegung der Hände, z. B.: Da ergrimmete Kain sehr und seine Gebärden verstellten sich. 1. Mos. 4, 5. Mit seinen freundlichen Gebärden holet er dich aus. Sir. 13. 14. Ein Vernünftiger merket den Mann an seinen Gebärden. 19, 26. Wenn sie böse wird, so verstellet sie ihre Gebärde. 25, 23. Christus. ward gleich wie ein andrer Mensch und an Gebärden als [von Ansehen wie — van Ess] ein Mensch erfunden. Philipp. 2, 7. Das Reich Gottes kommt nicht mit äußerlichen Gebärden [Kundgebungen 2c.]. Luc. 17, 20 2c. Nun hebt sich der Schenkel, nun wackelt das Bein, | Gebärden

da giebt es vertrackte. Goethe 1, 183 [Todtentanz]. Der freud'gen
Überraschung lauter Schein, | bedeutender Gebärde dringend
Streben [das Knien], | vermöchten sie die Wonne zu bezeugen? &c.
13, 244 [Natürl. Tocht. I, 5]. Ich müßte die Gabe des größten
Dichters besitzen, um dir zugleich den Ausdruck seiner Ge=
bärden, die Harmonie seiner Stimme . . darstellen zu können.
14, 19 [Werther I, 30. Mai]. So endete Solches nur mit necken=
dem Scherz, daß Eins dem Andern eine ängstliche Miene
[s. u.], eine größere Verlegenheit, eine furchtsame Gebärde wollte
abgemerkt haben. 18, 256 [Wanderj. II, 5]. Julie hatte selbst
noch ein elfenbeinernes Spielzeug bewahrt, das sie auf einem
Gemälde als Kind in der Hand hat. Sie stellte sich mit eben
der Gebärde neben das Bild. 30, 398 [Der Sammler &c.,
2. Br.]. Zerraufte sich ihr Rabenhaar | und warf sich hin zur
Erde | mit wüthiger Gebärde. Bürger Lenore, Str. 4. Und
was für ängstliche Gebärden die Henne sonst zu machen
pflegt. Danzel Lessing 171. Warf sie dem Fortgegangnen eine
drohende Gebärde nach. Tieck Accoromb. 1, 160. Muß denn
auch der edelste Mensch in der Zorngebärde, in der Ver=
zweiflung etwas Geringes und Unedles zu Stande bringen?
193 u. Ä. m., vgl. Mimik: Gebärdensprache. Düringer Theater=
Lexikon 723 (s. u.).

Miene (s. o. und Sanders 2, 305 b) = Gebärde des Gesichts
als Ausdruck des Innern und des darin Vorgehenden, z. B.:
Jene oben genannten körperlichen Zeichen, mit deren Hilfe Etwas
anschaulich gemacht werden soll, sind: 1) Blick und Miene
(Sprache des Gesichts) und 2) die Gebärde [s. o.] im engern
Sinne, d. h. alle übrigen körperlichen Wendungen, als Haltung
[s. o.], Stellung, Bewegung &c. Düringer Theater=Lex. 723. Vor=
züglich dient das Gesicht zu den Gebärden und hier heißen
die Gebärden Mienen. Engel 7, 70. Mienen sind ins Spiel
gesetzte Gesichtszüge. Kant Anthropol. 279. Miene und Ge=
bärde, Punkt für Punkt, von der Natur selbst abzukonterfeien.
Heinse Ardingh. 1, 296. (Conti:) Und mit einer Miene sagte
sie Das, von der freilich dieses ihr Bild keine Spur, keinen Ver=
dacht zeigt. (Der Prinz:) .. O! ich kenne sie, jene stolze höh=
nische Miene, die auch das Gesicht einer Grazie entstellen würde!
Ich leugne nicht, daß ein schöner Mund, der sich ein wenig

spöttisch verzieht, nicht selten um so viel schöner ist. Aber wohl gemerkt, ein wenig: die Verziehung muss nicht bis zur Gri= masse [s. u.] gehen, wie bei dieser Gräfin. Lessing Em. Galotti I, 4 2c.; besonders auch: Eine so oder so beschaffene Miene — machen, annehmen, aufsetzen, aufstecken, schneiden 2c. Gute Miene zum bösen Spiel machen. Keine Miene verziehen. Mit der trockensten Miene seine Späße vorbringen. Unter der Miene des Scherzes Einem die Wahrheit sagen u. Ä. m., vgl. auch Mienenspiel. Nur vereinzelt (nach dem Französischen) und nicht nachahmungswerth von dem Aussehen des Gesichtes, nicht als Ausdruck des im Innern Vorgehenden, z. B.: Eine Miene von Gesundheit, Wohlsein und Kraft, welche man in den Heide=Katen selten findet. Niebuhr Nachgelass. Schr. 1, 5.

Die Geste, auch zuweilen: der Gest und in ganz lateinischer Form Gestus (s. o. und Sanders 1, 580 c; Fremdwörterb. 1, 439 b) = Gebärde, Bewegung des Körpers außerhalb des Gesichtes, namentlich der Hände, z. B.: Durch ihre Gestus verderben sie [die meisten Schauspieler] vollends Alles. Sie wissen weder, wenn [= wann] sie deren dabei machen sollen, noch was für welche. Sie machen gemeiniglich zu viele und zu unbedeutende. Lessing Dramaturgie IV. Diese Gradation von bedeutenden zu male= rischen, von malerischen zu pantomimischen Gesten   Ich merke nur an, dass es unter den bedeutenden Gesten eine Art giebt, die der Schauspieler vor allen Dingen wohl zu beobachten hat und mit denen er allein der Moral Licht und Leben er= theilen kann. Es sind Dies, mit einem Worte, die individuali= sierenden Gestus   Die Zeile: „Da sie zu leichtlich glaubt, irrt muntre Jugend oft" muss in dem Tone, mit dem Gestu der väterlichen Warnung an und gegen den Olint gesprochen werden   Die Zeile hingegen: „Das Alter quält sich selbst, weil es zu wenig hofft" erfordert der Ton, das Achselzucken, mit dem wir unsere eigene[n] Schwachheiten zu gestehen pflegen, und die Hände müssen sich nothwendig gegen die Brust ziehen, um zu bemerken, dass Evander diesen Satz aus eigener Erfahrung habe 2c. V. Sie recitierte Balladen   Dabei hatte sie die unglückliche Gewohnheit angenommen, Das, was sie vortrug, mit Gesten zu begleiten, wodurch man Das, was eigentlich episch und lyrisch ist, auf eine unangenehme Weise mit den Dra=

matischen mehr verwirrt als verbindet. Goethe 15, 190 [Wahl=
verw. I, 5]. Der Kerl ist unsinnig, er macht Gestus wie beim
Sankt=Veits=Tanz. Schiller 108 b [Räuber I, 2]. Das Zusammen=
schlagen der Hände   Dieser Gest. Fr. Jacobs Vermischt. Schr.
5, 602. Durch einen Accent, einen Blick, einen Gest. Freytag
Techn. des Dram. 282. Er machte den Verfolgern eine Geste,
welche unter der Bezeichnung: „Jemanden einen Esel bohren"
bekannt ist. Spielhagen Problem. Nat. 4, 40 2c.

Grimasse (s. Sanders 1, 628 a; Fremdwörterb. 1, 460): eine
unnatürlich erscheinende, oft absichtliche Verzerrung der Gebärde;
daher auch oft Bezeichnung von etwas Unwahrem, Erheucheltem,
leerem Schein 2c.: Lessing Em. Gal. I, 4 (s. S. 194/5: Miene). Reiz
am unrechten Orte ist Affektation und G r i m a s s e. Ders. Dramat. V.
G r i m a s s e n schneiden, machen 2c., z. B.: Reformation hält ihren
Schmaus | und nahm den Pfaffen Hof und Haus, | um wieder
Pfaffen 'nein zu pflanzen, | die nur in allem Grund der Sachen |
mehr schwätzen, weniger G r i m a s s e n machen. Goethe 2, 147
[Ewiger Jude]. Diesen Ursachen muss ich die wunderbaren G r i =
m a s s e n zuschreiben, in die ich mehrere Frauenzimmer ausbrechen
sah [beim Gewitter] 14, 29 [Werther I, 16. Jun.]. „Ich sehe wohl,
dass diese G e b ä r d e n [s. o.], diese Stellungen Grüße sind, womit
man sie empfängt.   Dürfen Sie ... die Bedeutung des Stufen=
gangs wohl erklären? ..." Dies gebührt Höhern ..; so viel
aber kann ich versichern, dass es nicht leere G r i m a s s e n sind.
18, 181 [Wanderj. II 1]. Wie schöne Seelen lieben, | war immer
ein Geheimnis ihm geblieben, | so lang er [Asmodi] auch den
Amor schon gespielt. | Der Thor vermengte stets Gefühle mit
G r i m a s s e n. Wieland 11, 245 [Klelia u. Sinibald VI]. Natür=
licherweise gaben sich die erleichterten Schönen alle Mühe, den
besondern Antheil, den sie an dieser Begebenheit hatten, durch
G r i m a s s e n von Erstaunen und Ekel zu verbergen. 13, 45
[Abder. I, 5]. Indem Alles, was bei den Griechen Natur war,
bei ihnen [den französ. Bühnendichtern] zur G r i m a s s e geworden.
Platen 5, 14 [Theater als Nationalinst.] Als Verdeutschungen
des eingebürgerten Fremdwortes können, je nachdem, zuweilen
auch Miss=, Un=, Zerrgebärde dienen.

Die beiden Ausdrücke **Attitüde** (s. Sanders Fremdw. 1, 111 b)
und **Pose** (ebb. 2, 317): eine ausdrucksvolle Stellung des Körpers,

die Jemand einnimmt oder sich giebt, zugleich mit Rücksicht auf
den Eindruck, den die Stellung auf Andre macht oder zu machen
berechnet ist; das Letztere namentlich in Pose, welches daher
auch oft als berechnete Attitüde erklärt werden kann,
s. Attitude: die ruhige Stellung oder Lage lebendiger Figuren,
wodurch ein bedeutender Zustand des Lebens dargestellt werden
soll oder ein interessanter Moment, wie die ideale Form eines
menschlichen Körpers, verbunden mit Dem, was zunächst zu dem
Körper gehört, Gewänder[n] 2c. In den Darstellungen auf der
Bühne können Attituden nur dann angebracht werden, wenn
nicht Bewegung sondern Ruhe auf das Publikum wirken soll
und sie mit dem Ganzen in entsprechendem Einklang stehen.
Düringer Theater-Lex. 84. „Etwas Ander[e]s ist eine Attitude,
etwas Ander[e]s eine Handlung. Alle Attitude ist falsch und
klein; jede Handlung ist schön und wahr“ Diderot braucht das
Wort Attitude schon einige Mal und ich habe es nach der
Bedeutung übersetzt...; hier ist es aber nicht übersetzlich, denn es
führt schon einen missbilligenden Nebenbegriff bei sich. Überhaupt bedeutet Attitude in der französischen akademischen Kunst-
sprache eine Stellung, die eine Handlung oder Gesinnung ausdrückt und in so fern bedeutend ist. Weil nun aber die Stellungen akademischer Modelle Dieses, was von ihnen gefordert
wird, nicht leisten, sondern nach der Natur der Aufgabe und
Umstände gewöhnlich anmaßlich, leer, übertrieben, unzulänglich
bleiben müssen, so gebraucht Diderot das Wort Attitude hier
im missbilligenden Sinne, den wir auf kein deutsches Wort
übertragen können, wir müßten denn etwa akademische Stellung
sagen wollen, wobei wir aber um Nichts gebessert wären.
Goethe 29, 408 9 [Diderot’s Versuch über die Malerei]. — Etwas,
das die berechnete Pose des Modells verräth. Ad. Stahr Zwei
Monate in Paris 1, 271 2c., vgl.: Auf den mühsam posierten
anspruchsvollen Portraits. National-Ztg. 28, 203 2c. Und sie
posiert [stellt sich zum Gemälde], daß es eine Lust ist. Fanny
Lewald Nella 152 u. Ä. m., vgl. auch Lafaye, Dictionnaire des Synonymes (3. édit.) 2c. 372 3 über attitude und posture.

Geben, Besuche, Proben, Rechenschaft, ein Zeugnis 2c.
    s. ablegen. S. 37; 38; 39.

Geding s. Abrede. S. 84; 86.

Gefangen=, Gefängnis= Hüter, =Wächter siehe Wächter.

Gefrage f. Frage. S. 189; 190.

Gehader f. Zwiespalt.

Geisteskampf f. Zwiespalt.

Geklüft f. Abgrund. S. 9.

Geloben, ein Gelübde f. ablegen. S. 38.

Gesichts=Ausdruck, =Bildung, =Züge f. Gebärde. S. 193 ff.

Gespinstig f. teig.

Geste f. Gebärde. S. 193—195.

Gestreit f. Zwiespalt.

Gewalt f. Macht.

Gezank(e), Gezänk f. Zwiespalt.

Gleichen, ins Gleiche bringen f. abmachen. S. 54 ff.

Gleichsinnig f. synonym.

Glitschig f. teig.

Glor= =reich, =würdig f. rühmlich.

Gräuel, Grauen, Graus, Grausen f. Abneigung. S. 61 ff.

Grimasse f. Gebärde. S. 195; 196.

Grund f. Absicht. S. 118; 119.

Guide f. Wegweiser.

Gut, zu Gute schreiben f. beilegen. S. 130 ff.

Haben; inne haben; besitzen.

Der Gebrauch des Zeitworts haben (f. Sanders 1, 648 b ff.) ist ein so ausgedehnter, vielseitiger und mannigfacher, daß die in der Überschrift daneben als sinnverwandt genannten beiden Ausdrücke nur in einem sehr geringen Umfange und innerhalb eines beschränkten Kreises damit verglichen werden können. Z. B. als Hilfszeitwort zur Bildung der Zeiten der Vergangenheit bei zielenden, rückbezüglichen und vielen ziellosen Zeitwörtern gilt einzig haben; aber auch sonst steht haben (f. a. a. O.) in zahl= reichen, fast unerschöpflichen Anwendungen, in denen die beiden andern Ausdrücke durchaus unstatthaft sind. Als allgemeinste, erste Bedeutung habe ich angegeben: Ein Gegenstand hat Etwas, es ist für ihn etwas auf ihn sich Beziehendes, — wesentlich zu ihm Gehöriges, ihm Eignendes oder zu ihm in Beziehung Tre=

tendes — vorhanden. Und unter den dazu gehörigen, sich daraus entwickelnden Bedeutungen habe ich als Nr. 7 angegeben: im Besitz von Etwas sein, womit man — mehr oder minder frei — schalten und walten, worüber man als Herr verfügen kann.

Vgl. über das hier nahe angrenzende zielende besitzen Sanders 3, 1111b, woraus ich hier Folgendes hersetze: Jemand besitzt einen Platz, Stuhl ꝛc.: hat ihn sitzend inne, sitzt darauf (vgl.: Ein brütender Vogel besitzt die Eier: sitzt brütend darauf, be= brütet sie ꝛc.); verallgemeint auch: Jemand besitzt Etwas, das sich erwerben lässt (wie haben, s. o., das im Allgemeinen auch dafür stehen kann, nur dass damit weniger scharf hervorgehoben wird, dass das Objekt dem Subjekt als dem Besitzer, Eigen= thümer, Herrn mehr oder minder vollständig zur beliebigen Ver= fügung steht), so: Jemand besitzt (vgl.: hat) viel liegende, dann auch: fahrende Habe, Hab' und Gut, etwas als ein Gut zu Schätzendes, z. B.: ein Land, Haus, Gut, einen Weinberg, Garten ꝛc., viel Geld, ein großes Vermögen, eine Million ꝛc., schöne Gemälde, Bücher ꝛc., Jemandes Vertrauen, Ohr, Herz, Liebe ꝛc., einen Schatz an Etwas oder an Jemand ꝛc., s.: Der Gemahl hatte [vgl. besaß] leider nicht die glückliche Gabe, mit jungen Leuten umzugehen und sie zu leiten Seine Gattin dagegen zeigte ein aufrichtiges Interesse an mir und wusste mich, der ich zwar gesittet war, aber doch eigentlich, was man Lebensart nennt, nicht besaß, in manchen kleinen Äußerlich= keiten zurecht zu führen ꝛc. Goethe 21, 47 [Wahrh. u. Dicht. VII]. Das Publikum braucht Nichts als Empfänglichkeit und diese besitzt es. Schiller 487a [Braut v. Mess.: Über den Gebrauch des Chors] ꝛc. Der Schüler hat eine rasche Auffassungsgabe, aber er besitzt nicht die zum Erwerben gründlicher Kenntnisse unerlässliche Ausdauer und so hat er keinen Gegenstand gründ= lich inne [s. u.]; sein Wissen hat überall Lücken, — nicht: be= sitzt (weil die in dem Wissen vorhandenen Lücken jedenfalls keinen Besitz bilden). Karthago hatte damals eine mächtige Flotte an den Küsten Siciliens [zur Verfügung] und es besaß einen großen Theil dieser Insel; auch z. B.: Die Bibliothek besitzt [hat] seltene Handschriften, die Galerie einen echten Rafael ꝛc.; auch in nachdrücklicher Gegenüberstellung: Was du ererbt von deinen Vätern hast, | erwirb es, um es zu besitzen! Goethe

11, 30 [Fauſt I: Nacht]. Was dieſe [die Männer] beſitzen, müſſen wir [Frauen] erwerben und, was man erringt, behauptet man hartnäckiger als, was man ererbt hat. 19, 376 [Die guten Weiber] ꝛc. — Es ruht mein ganzes Herz | nun auf dem Bilde dieſes Jünglings! nun | bewegt ſich's nur in Hoffnung oder Furcht, | ihn zu beſitzen oder zu verlieren. 8, 15 [Claudine von Villabella, I. Aufzug]. Ferdinand! Dich zu verlieren! Doch man verliert ja nur, was man beſeſſen hat. Schiller 198a [Kabale und Liebe III, 4]. Verloren zu fühlen, was ſie beſeſſen zu haben nie vergeſſen konnte, war mehr, als eine Frauenſeele zu verſchmerzen im Stande iſt. 860a [Abfall der Niederl.: Alba's erſte Anordnungen ꝛc.] (vgl.: Ich beſaß es doch einmal ꝛc. Goethe 1, 80: An den Mond) ꝛc. und namentlich auch: Göttin Du [dein Bild] gehſt in eines Reichen Haus | und er beſitzt dich nicht, er hat dich nur, | du wohnſt bei mir Urquell der Natur, | Leben und Freude der Kreatur. Goethe 7, 254 [Künſtlers Erdenwallen I], — in ſo fern der Reiche durch den Kaufpreis freilich der Beſitzer (Eigenthümer) des Bildes geworden iſt, während die ſeinem unkünſtleriſchen Sinn verſchloſſene Anſchauung der darauf dargeſtellten Göttin dem darin ſelig verſunkenen Künſtler als etwas ſeinem Geiſte Einwohnendes unverlierbar erhalten bleibt; andrerſeits: Wer von Habſucht beſeſſen iſt [ſ. u.], beſitzt nicht, was er hat; denn er hat [nicht: beſitzt] keinen Genuſs von Dem, was er hat, weil er nur danach ſtrebt, auch Das zu beſitzen, was er noch nicht hat ꝛc.; ähnlich: Laſs Jenen nüchtern bleiben, | dem Geld und Gut den Durſt und Hunger muſs vertreiben, | der dich [den Wein] ein ganzes Jahr auf ſeinen Tiſch nicht kauft | und, wie das dumme Vieh das liebe Waſſer ſauft, | beſitzt nicht, was er hat. Andr. Tſcherning, Deutſcher Ged. Frühling (1642), S. 98 [in Grimms's Wörterb. 1, 1628]; Hagedorn 2, 200. Vgl. namentlich auch griechiſch: ὡς μηδὲν ἔχοντες καὶ πάντα κατέχοντες. 2. Kor. 6, 10, in der Überſetzung von van Ess: Nichts habend und doch Alles beſitzend, wofür es bei Luther heißt: Als die Nichts innen [= inne] haben [ſ. u.] und doch Alles haben; ferner: Die Ehr' iſt nur ein unſichtbares Weſen | und oft beſitzt ſie [die äußerliche] Der, der ſie [die innre] nicht hat. Shakespeare 9, 225 [Othello IV, 1].

Ferner heißt es aber auch: Etwas zu Erlernendes beſitzen = ſich die Herrſchaft darüber verſchafft, angeeignet haben, ſo daſs man es beherrſcht, vollſtändig inne hat [ſ. u., — nicht: hat, als zu allgemein], z. B.: Eine Sprache beſitzen. Fichte 8, 160. Strengt' ich nun alle Kräfte an, die Sprachen jener Länder wohl zu beſitzen. Iris (v. J. G. Jacobi) 8, 748 u. o. Mit beſonderer Rückſicht auf Belehrung und Nutzen Derjenigen, welche ſich nach ihm den Künſten, die er auf einen ſo hohen Grad beſaß, ergeben würden. Goethe 28, 1 [Cellini, Vorr.]. Beſäßen ſie dieſe Kenntniſſe hinlänglich, um ſie zu lehren, ſo lehrten ſie ſie nicht   Man muſs tief in eine Kunſt oder eine Wiſſenſchaft gedrungen ſein, um die Anfangsgründe wohl zu be‐ ſitzen. 29, 237 [Rameau's Neſſe]. Da lernten wir, bis wir ihn [den zu lernenden Talisman] beſaßen. Rückert Makam. 1, 96 ꝛc.

In andrer Weiſe: Der Teufel ꝛc. beſitzt Einen, — in ur‐ ſprünglicher Auffaſſung: ihn reitend und daher: ihn ganz in ſeiner Macht habend und regierend, wie der Reiter das Thier, oft (ſ. Sanders a. a. O.), z. B.: Furie! rief Wilhelm aus   ., welch ein böſer Geiſt beſitzt und treibt dich? Goethe 17, 240 [Lehrj. VII, 8] ꝛc.; ſeltner: Wen ein guter Geiſt beſeſſen, | hält ſich das Gedächtnis rein. 6, 114 [An Perſonen: In ein Stamm‐ buch], vgl. auch: Aber die ſtärkere Natur ſiegte und der Genius oder Kobold (wie Sie ihn [den Trieb zu dichten] lieber nennen wollen), der mich beſaß, wollte ſich weder in Gutem noch Böſem austreiben laſſen. Wieland 33, 272 [Sendſchr. an einen jungen Dichter I] ꝛc. Oft verallgemeint: Der Spielteufel — oder: die Spielwuth —, der Geizteufel — oder der Geiz — ꝛc. beſitzt ihn, ſeinen Geiſt, — paſſiv: er iſt davon beſeſſen und z. B.: So lang die Rache meinen Geiſt beſaß [vgl. inne hatte, be‐ herrſchte], | empfand ich nicht die Öde meiner Wohnung. Goethe 13, 12 [Iphig. I, 3]. Deine Seele iſt bis in ihre innerſten Tiefen von feindſeligen Mächten beſeſſen. 9, 129 [Berlich. V: Weiß‐ lingen's Schloſs] ꝛc. Ideen ſind keine leeren Worte   Es iſt überhaupt Nichts, was beſeſſen wird und dient, ſondern was beſitzt und herrſcht. Görres Die heilige Allianz (1822) S. 31. Er [Schröder] beſaß [ſ. u. = hatte] Stolz und Bewuſstſein: Eitelkeit beſaß ihn nicht. Meyer F. L. Schröder 1, 284. Der Menſch nicht hat die Liebe, | nein — er iſt von ihr beſeſſen. Scheffel Trompeter von Säckingen 62, vgl.: ſie hat ihn — und

z. B.: Ich habe oder mich haben weltliche Geschäfte. Chamisso 5, 188. Und hast du das Mädchen, so hat sie dich auch. Goethe, in nachdrücklicher Hervorhebung des haben (doch nicht im Passiv üblich).

Endlich heißt es auch zuweilen: Jemand oder Etwas besitzt eine Eigenschaft, — statt des hier im Allgemeinen üblichern hat, — wenn die Eigenschaft nicht als etwas sich zufällig bei dem Subjekt Findendes, sondern eben nachdrücklich als etwas diesem wesentlich Anhaftendes, In- und Beiwohnendes hervorgehoben werden soll, z. B. mit persönlichem Subjekt: Karl XII. hatte vielen Muth, aber er besaß auch einen Trotz und Starrsinn, der verdarb, was der Muth gut machte. Sie besitzt die größte Unverschämtheit und so hatte sie auch die Frechheit, alle Zeugen einfach Lügen zu strafen. Er hat kein großes Wissen, aber er besitzt eine große Redefertigkeit, durch die er die Lücken seines Wissens verdecken zu können glaubt rc., auch von Thieren, z. B.: Viele Thiere besitzen schärfere Sinne als der Mensch. Der Spürhund besitzt einen sehr feinen Geruch, eine feine Nase. Das Chamäleon besitzt die Gabe, die Farbe zu wechseln rc. und ferner mit sachlichem Subjekt: Der Magnet besitzt die Eigenschaft, Eisen anzuziehen. Kein andrer Körper besitzt eine so große Härte wie der Diamant. Vor grauen Jahren lebt ein Mann im Osten, | der einen Ring von unschätzbarem Werth | aus lieber Hand besaß [s. o.]. Der Stein war ein | Opal, der hundert schöne Farben spielte, | und hatte die geheime Kraft, vor Gott | und Menschen angenehm zu machen, wer | in dieser Zuversicht ihn trug. Lessing Nath. III, 7, V. 1, 215, vgl.: Ich höre ja, der rechte Ring | besitzt die Wunderkraft, beliebt zu machen, | vor Gott und Menschen angenehm. ebd. V. 2016. Die Metalle der Alkalien besitzen eine große Verwandtschaft zum Sauerstoff. Diese Eigenschaft besitzen alle Körper rc.

Allerdings findet sich vereinzelt auch sonst besitzen zuweilen für haben gebraucht, aber jedes nur einigermaßen feinere Ohr wird an Sätzen wie die folgenden Anstoß nehmen: Das Zimmer besaß [statt: hatte] drei Thüren. Heigel Wo? 45. Er besitzt [statt: hat, hegt] darüber keinen Zweifel, daß rc. National-Ztg. 34, 208 u. Ä. m.

Die Verbindung inne haben findet sich freilich z. B. in dem

Satze: Eine Füchsin, die neun vollständig ausgebildete Junge
inne hatte. Weidmann 20, 223a = bei sich, im Mutterleibe,
damit trächtig war; aber in der allgemeinen Schriftsprache kommt
der Ausdruck doch nur von Personen vor (s. Sanders 1, 651a,
vgl. c: Inhaber), und zwar in zwei Anwendungen, in denen
es sich sehr nahe mit besitzen (s. o.) berührt. In der ersten
Bedeutung bezeichnet: Etwas inne haben: es zur Zeit — zu=
nächst in den Händen, dann verallgemeint — im Besitz haben,
ohne daß der Innehabende (Inhaber) schon dadurch der dauernde,
wirkliche — rechtliche oder auch nur thatsächliche — Besitzer oder
gar Eigenthümer*) zu sein braucht, z. B.: Wir hatten bei dem
Gastwirth die drei größten Zimmer bestellt. Er besitzt ein sehr
geräumiges Haus, das an 300 Zimmer hat; aber die drei größten
hat zur Zeit der General X. inne und so haben wir denn die
drei nächstgroßen Zimmer bekommen. Doch auch die Zimmer,
die wir bis zur Abreise des Generals inne haben, sind immer=
hin noch stattliche Säle 2c. Du bleibst bis zur Verfallzeit der
rechtliche Eigenthümer der Sachen, die du bei dem Pfandleiher
versetzt hast, du hast das Eigenthumsrecht darauf; aber da er
sie inne hat, so besitzest du sie nicht. Die Engländer müssen
eine sehr große Flotte haben, wenn sie die ausgedehnten Be=
sitzungen, die sie außerhalb ihrer Heimath inne haben, dauernd
besitzen, behaupten und beherrschen wollen 2c. Also wohnte
Israel in Ägypten im Lande Gosen und hatten es inne(n).
1. Mos. 47, 27 u. o. Daß sie [die Engländer] schon die große
Stadt Paris | inn' hätten und des Reiches sich ermächtigt.
Schiller 459a [Jungfr. v. Orl. I, 10]. Er hat den Flügel | des
Kaiserschlosses inn', den man gewöhnlich | den fremden Prinzen
anzuweisen pflegt. 588a [Turand. V, 2]. Eine Stelle, Stellung,
einen Posten, Rang 2c. inne haben**).

*) S. hierzu einstweilen das in meiner Zeitschrift für deutsche Sprache II,
363 Gesagte.

**) Es wird vergönnt sein, hier wenigstens in einer Fußanmerkung auf den
Anfang von Plinius Epist. 1. 16 hinzuweisen: Amabam Pompeium Saturninum, hunc
dico nostrum; laudabamque ejus ingenium. etiam antequam scirem. quam varium.
quam flexibile. quam multiplex esset: nunc vero totum me tenet. habet, pos-
sidet. wozu in der Ausgabe von G. E. Gierig Gessner's Bemerkung mitgetheilt
ist: Haec dicta esse monet ex formula stipulationis a Gallo Aquilio prodita. „quodve
tu meum habes. tenes. possides“ etc. Döderlein in seinen „Latein. Synon.“
aber erklärt: „er hat es fest in seiner Hand und ist im physischen Besitz;

In der weitern Anwendung aber gilt inne haben, wie besitzen (s. o.) und nur noch als etwas stärkerer Ausdruck in Bezug auf etwas Erlerntes, das man sich bis zur vollständigen Beherrschung angeeignet hat, z. B.: Die lateinische Grammatik wohl inne haben [darin zu Hause sein]. So übt er Jedes pünktlich aus | mit schnell gewandtem Sinn; | was Brauch ist in dem Gotteshaus, | er hat es alles inn'. Schiller 68b [Der Gang nach dem Eisenhammer, Str. 23] 2c.

Habitus s. Gebärde.   S. 192.
Hader s. Zwiespalt.
Halb ... halb; theils ... theils 2c.

Halb (s. Sanders 1, 661 ff.), als Eigenschafts- und Umstandswort, im Gegensatz zu ganz, mit der Grundbedeutung: von einer Seite her (z. B.: halbe oder Halb-Geschwister), bezeichnet als Bruchzahl zunächst einen Theil eines in zwei gleiche Theile getheilten Ganzen und Etwas, das zwischen zwei auf einander folgenden Ganzen in der Mitte liegt, wobei jedoch verallgemeinert auch von der strengen Gleichheit der beiden Theile und der genauen Mitte abgesehen wird, wie man ja von einer größern und einer kleinern Hälfte spricht, mit Bezug auf die Zweitheilung, während bei Theil die Zahl der Theile unbestimmt bleibt, vgl. umstandswörtliche Bestimmungen mit Theil (s. Sanders 3, 1306c Nr. 14 u. 15): zum Theil und theils, auch — mit Bezug auf die Verschiedenheit in der Größe der einzelnen Theile — großen- (gesteigert: größern, größten), kleinen, kleinern 2c., geringe[r]n, geringsten — -theils, oder: zum großen, größern 2c.... Theil oder — mit Bezug auf die Zahl der einzelnen Theile (auf die größere oder geringere Häufigkeit): mehren-, meisten-, geringe[r]n-theils 2c. Hier ist die Eintheilung nicht, wie bei halb, auf 2 beschränkt und außerdem bezieht sich

zweitens: er hat es wirklich in seiner Gewalt und ist im faktischen Besitz; drittens: er hat es als Eigenthum und ist im rechtlichen Besitz." Mir ist nur eine Übersetzung von Dr. C. F. A. Scholl (Stuttg. 1827) zur Hand, worin es, — weit hinter der Urschrift zurückbleibend, — heißt: „Jetzt aber fesselt und besitzt er mich ganz." Ich würde hier die wörtliche Wiedergabe vorziehen: Jetzt aber hält, hat, besitzt er mich vollständig, — wenn man nicht etwa in freierer Übertragung setzen will: Jetzt aber hat er meinen Geist ganz und gar in Beschlag genommen, hat ihn inne und beherrscht ihn vollständig, oder Ähnliches.

halb auch auf den Grad der innern Stärke (Intensität, s. auch
als Gegensatz voll), vgl. z. B. die — genaue oder ungefähre
(annähernde) — Mitte zwischen zwei entgegengesetzten Zuständen ꝛc.
bezeichnend: Wer erst halb wach ist, ist natürlich noch halb
im Schlaf. Ein Halbgescheiter ist ein Halbverrückter.
Eine Knospe, die halb aufgebrochen ist, ist noch halb zu
oder geschlossen u. s. w. Der Verwundete lag zum größten
Theil oder größtentheils (vgl. meistentheils) in einem fieber=
haften halben (oder Halb=)Schlaf [einem Zustande zwischen
Schlaf und Wachen]. Die Heringe werden nur zum geringsten
Theil frisch verzehrt; zum größten Theil oder größten=
theils werden sie [der größte Theil davon wird] eingesalzen,
vgl.: meistentheils [= in den meisten Fällen] werden sie ein=
gesalzen und dann zum Theil (oder theils) auch noch ge=
räuchert. Das Räuchern halb (oder leicht; nicht vollständig)
gesalzner Heringe ist eine französische Erfindung ꝛc. Der Be=
wohner einer kleinen, fast ländlichen Ackerbaustadt kann sagen,
daß er halb in der Stadt, halb auf dem Lande wohne; der
Großstädter aber, dem ein Landhaus zur Verfügung steht: Ich
wohne theils in der Stadt, theils auf dem Lande, und zwar
im Sommer größtentheils auf dem Lande. So auch, wenn es in
einem bekannten Freimaurerliede heißt: „Was ist der Mensch?
Halb Thier, halb Engel", so ist damit gesagt, daß die ver=
schiednen oder entgegengesetzten Eigenschaften des Thiers und
des Engels in dem Menschen vereinigt und verbunden seien;
hieße es dagegen: „Der Mensch ist theils Thier, theils
Engel", so träte darin vielmehr die sondernde Eintheilung
hervor, je nachdem — und in so fern — die zwei verschiedenen
Seiten der menschlichen Natur gesondert und für sich in Be=
tracht gezogen werden, vgl.: Halb fromm und halber Schalk |
währt wohl und verdirbt nicht bald. Sprichw. [Weidner
Apophthegm. 54]. Halb ein Hirsch und halb ein Pferd | ist das
Elend. Brockes Irb. Vergnüg. 9, 273. Daß dieser „wohlmei=
nender Unterricht" halb ein neues und halb ein aufgewärmtes
Buch ist. Lessing 5, 46. Halb zog sie ihn, halb sank er hin.
Goethe 1, 150 [Der Fischer]. Beseht die Gönner in der Nähe, |
halb sind sie roh, halb sind sie kalt. 11, 8 [Faust, Vorsp. auf
dem Theater]. Das ist eben ihre zarte, schweigende, halb schwei=

genbe, halb andeutende Manier, wodurch man seiner Wünsche gewiß wird und sich doch immer des Zweifels nicht ganz erwehren kann. 18, 225 [Wanderj. II, 3]. Halb knieend, halb sitzend. Immermann Münchhausen 1, 411. Nur dämmernd war das Zimmer von einer einzigen Lampe erhellt. Diese warf dann und wann halb furchtsame, halb neugierige Lichter über das Antlitz der kranken Frau. Heine (in 12 Bdn.) 7, 83 [Florent. Nächte] u. Ä. m.

Vgl. (nicht wie halb auf Zweierlei beschränkt): Dennoch hat er es in keinem Zeitpunkte seines Lebens im Publikum zu derjenigen Reputation gebracht, welche in seinem Zeitalter jeder Gelehrte sich erwarb, der nur ungefähr ein Jahrzehend hindurch fleißig und anhaltend Bücher schrieb. Dies war wohl zum Theil Mißgeschick, zum Theil aber auch eigene Schuld. Fichte 8, 41 [Nicolai 53]. Zum Theil oder theilweise habe ich es ja selbst mit erlebt, zum Theil von Augenzeugen Näheres gehört, zum (größten) Theil aber weiß ich es von den Hauptpersonen selbst. Die Sammlung ist sehr ungleichmäßig, zum Theil — oder: theilweise —, leider nur zum geringsten Theil enthält sie Vorzügliches, zum großen Theil aber auch Mittelmäßiges und zum größten Theil Schlechtes ꝛc.; ferner: Er hat seine großen Reisen theils zu Fuß, theils zu Pferde, theils mit Pferd und Wagen, theils mit der Eisenbahn, theils zu Schiff zurückgelegt ꝛc. Ihr Hofstaat vermehrte sich täglich, theils weil ihr Treiben so Manchen anregte und anzog, theils weil sie sich Andre durch Gefälligkeit und Wohlthun zu verbinden wußte. Goethe 15, 182 (Wahlverw. II, 5). Daher entstanden die vielen Konfessionen, die wir theils selbst schrieben, theils wozu wir [richtiger: oder wozu wir theils] Andre veranlaßten. 17, 330 [Lehrj. VIII. 5]. Ich hatte von meinen Jugendarbeiten, was ich für das Beste hielt, mitgenommen, theils weil ich mir denn doch einige Ehre dadurch zu verschaffen hoffte, theils um meine Fortschritte desto sicherer prüfen zu können. 21, 51 [Wahrh. u. Dicht. VI, Schluß] u. o.

Man sieht aus diesen Beispielen, daß, während das zweimal gesetzte halb nur die Art und Weise eines Umstandsworts (Adverbs) hat, das zwei- oder mehrmal gesetzte theils auch das Wesen einer wirklichen Konjunktion, d. i. eines — Sätze ver

knüpfenden — Bindeworts annimmt, zu bezeichnen, daß für das
Ausgesagte nicht bloß eine einzige Beziehung, sondern verschie=
dene, mit und neben einander wirken und so sich einander zu
einer Gesammtwirkung ergänzend, in Betracht zu ziehen sind.
Vereinzelt und im Allgemeinen nicht nachahmenswerth folgen
auf das erste theils auch andre Umstands= oder Bindewörter.
So heißt es z. B. kurz vor der zuletzt angeführten Stelle bei
Goethe (21, 50): Jedermann protestierte gegen meine Liebhabe=
reien und Neigungen und Das, was man mir dagegen anpries,
lag theils so weit von mir ab, daß ich seine Vorzüge nicht er=
kennen konnte, oder es stand mir so nahe, daß ich es eben nicht
für besser hielt als das Gescholtene, — in einer Vermischung
zweier Fügungen, statt: theils ..., theils — oder: entweder ...,
oder; ähnlich: Er kam, mich in dem Hause eines neapolita=
nischen Edelmanns aufzusuchen, der mir bei sich gern eine Zu=
flucht erlaubte, theils weil er einige Sachen meiner Profession
gesehen und zugleich die Richtung meines Körpers und Geistes
zu kriegerischen Thaten, wozu er auch sehr geneigt war, bemerkt
hatte. 28, 71 [Cellini I, 6]. Nach meinen eigenen Besitzungen
sehne ich mich nicht zurück, theils aus politischen Ursachen,
vorzüglich aber, weil mein Sohn, für den ich Alles eigentlich
gethan und eingerichtet, ... an Allem keinen Theil nimmt. 15, 28, 9
[Wahlverw. II, 10]. Näheres kann man von ihr nicht erfahren,
theils weil sie zu jung war, um Ort und Namen genau an=
geben zu können, besonders aber, weil sie einen Schwur ge=
than hat, keinem lebendigen Menschen ihre Wohnung und Her=
kunft näher zu bezeichnen. 17, 296 [Lehrj. VIII, 3]. Theils
mühsam ein mangelhaftes Gleichnis suchend, zuweilen auch
schon ganz darauf verzichtend. Wattenbach Eine Ferienreise
nach Spanien, 11/2, vgl. auch andere Beispiele in meinem Ergänz.=
Wörterb. 556 c.

Dem in zwei= oder mehrfacher Wiederholung auftretenden
bindewörtlichen theils schließt sich das immer auf eine Zwei=
theilung bezügliche einestheils ., anderntheils und
ähnlich auch: einerseits ..., andrerseits an; aber, während
es sich bei den mehrern theils um mehreres Gleichartiges han=
delt, das in seiner Zusammenfassung zur Gesammtheit oder
Summe die gesammte Wirkung ausmacht, treten bei den beiden

andern genannten Verbindungen vielmehr zweierlei verschiedene und entgegengesetzte Beziehungen hervor, mit dem Unterschiede, daß bei den Zusammensetzungen mit =theils mehr die einander gegenüberstehenden Theile (oder Parteien in der Rechtssprache) und der Eintheilungsgrund, bei denen mit =seits mehr die Auffassung nach den verschiedenen Seiten der Beziehung berücksichtigt wird, vgl. z. B. (aus der Rechtssprache): In Sachen des Eselstreibers Anthrax, Klägers an einem —, entgegen und wider den Zahnarzt Struthion, Beklagten am andern Theil. Wieland 14, 28 [Abderiten IV, 4]. Ein Vertrag zwischen einem ganzen Volke, das aus einigen hunderttausend Köpfen und doppelt so viel Armen und Fäusten besteht, an einem und einem einzelnen Manne als König am andern Theil ist ein Vertrag zwischen sehr ungleichen Parteien. 31, 417 [Lustreise ins Elysium] 2c.; ferner: Ich kann es dir nicht geben, einestheils, weil ich es überhaupt noch nicht habe, und anderntheils, weil ich für den Fall, daß ich es bekomme, es schon früher deinem Bruder versprochen habe 2c.; ferner, zunächst rein örtlich: Das zu beiden Seiten weit über die Thiere hinausreichende Gepäck. streift bald einerseits an die Felsen und, wenn das Thier, um Dieses zu vermeiden, sich gegen die andere Seite zieht, so schwebt die Last über dem Abgrund, dem Zuschauer Sorge und Schwindel erregend. Goethe 19, 37. [Wanderj. III, 5]. Einerseits hatte ich an diesen Dingen manche Lust, weil Alles ein innres Verhältnis anzeigte .; andererseits aber konnte ich mir ein gewisses Missfallen nicht verbergen, wenn ich.. die.. Verhandlungen . abschreiben mußte. 20, 219 [Wahrh. u. Dicht. V.] Die Individualität eines Menschen ist ein wunderlich Ding, die meine hab' ich jetzt recht kennen lernen, da ich einerseits dies Jahr bloß von mir selbst abgehangen habe und von der andern Seite mit völlig fremden Menschen umzugehen hatte. 24, 131 [2. Aufenthalt in Rom, 27. Okt. 1787]. Indem nun also auf der einen Seite meine große Neigung und Verehrung für ihn [Herder] und auf der anderen das Missbehagen, das er in mir erweckte, beständig mit einander, im Streit lagen, so entstand ein Zwiespalt in mir. Goethe 21, 235 [Wahrh. u. Dicht. X]. Meine Versetzung ist mir einerseits lieb, wegen des höhern Gehalts, andrerseits unlieb, wegen der Trennung von guten

Freunden 2c. — Auch hier (j. v.) finden sich — nicht nachahmungs-
werthe — Vermischungen verschiedner Fügungen, z. B.: Hieraus
verstunde ich wohl, daß ich dieses groben Knollenfinken Sohn nicht
sei, welches mich „einentheils" erfreute, hingegen [vgl. anderntheils, andrerseits] aber auch betrübete, weil mir zu-
gefallen, ich müßte sonsten ein Bankert oder Findling sein. Simplician. Schriften (v. H. Kurz) 2, 37   Die heilige Schrift enthält gewissermaßen nur die Grundbücher und gesellschaftlichen
Statuten einerseits des prophetischen Volkes, anderntheils
der apostolischen Gemeinde. Fr. Schlegel (Wien 1845) 12, 79 u. Ä. m.
Zum Schluß sei hier noch eine für die Bedeutung sehr beachtens-
werthe Stelle angeführt, worin die Bindewörter hauptwörtlich
auftreten: Sie machte sich so zum personificierten Einerseits
und Andererseits. Johanna Kinkel Hans Ibeles 2, 168 = zum
Vertreter der verschiedenen (allseitigen) Auffassungen.

Halfen f. umarmen.

Halter f. Schäfer.

Haltung f. Gebärde.   S. 191; 192.

Handel, Händel f. Zwiespalt.

Handtüchlein f. Taschentuch.

Handweiser f. Wegweiser.

Haß f. Abgunst S. 11; 12.   Abneigung S. 61; 66.

Helfen f. abhelfen S. 22; beispringen. S. 133 ff.; 145.

Hemmen f. abhalten.   S. 17; 18.

Herauslocken f. abnöthigen.   S. 70.

Her 2c. helfen f. beispringen.   S. 136; 140.

Herkommen, Herkömmling f. ableiten 2. S. 42 ff.

Herkunft f. ableiten 2.   S. 44/5.

Herleiten f. ableiten 2.   S. 42 ff.

Herlesen f. ablesen II.   S. 46.

Herstammen f. ableiten 2.   S. 43.

Herunterlesen f. ablesen II.   S. 46 ff.

Hie, hier, hieselbst f. da.   S. 157 ff.

Hilflich, hilfreich sein f. beispringen.   S. 142; 147.

Hindern f. abhalten S. 17; beispringen.   S. 149.

Hinhalten f. abhalten.   S. 16; 17.

Hin- 2c. helfen f. beispringen.   S. 140 ff.

Hinsicht, hinsichtlich s. Absicht. S. 111.

Hinweg s. fort. S. 183 ff.

Hinweg= drehen, =kehren s. abkehren. S. 29.

Hinwegreißen ꝛc. s. fort. S. 185.

Hinwegsehen s. absehen. S. 109.

Hinwegwenden s. abkehren. S. 29 ff.

Hirt s. Schäfer.

Hölle, Höllen=Rachen, =Raum s. Abgrund. S. 6; 7; 8.

Horizontal s. scheitelrecht.

Hübsch (veraltet = ehrenhaft, ehrbar ꝛc.) siehe rühmlich.

Hüter s. Schäfer, Wächter.

In, zu (vor Namen von Ortschaften), entsprechend dem Wo?)

So weit meine Beobachtung reicht, möchte ich sagen: in der schlichten Rede und Schrift ist — jedenfalls wenigstens für Nord= deutschland — in das Allgemeinübliche, während das z. B. in Luther's Bibel herrschende und in Süddeutschland auch im ge= wöhnlichen Leben etwas geläufigere zu mehr dem Kurialstil (der Gerichts= und Verhandlungssprache, z. B. von dem Sitz hoher Würdenträger, Behörden, Versammlungen, ausgedehnter und wichtiger Anstalten ꝛc.) und außerdem der gehobnen Sprache, zumal der Dichter angehört. Für die Wahl zwischen den beiden Verhältniswörtern tritt auch noch die Rücksicht auf die Ab= wechslung hinzu. Nur in und nicht zu steht, wenn zwischen dem Verhältniswort und dem Ortsnamen noch ein näheres Bestimmungswort tritt, z. B.: Zu oder in Jerusalem, Rom, Köln ꝛc.; aber nur: in (nicht: zu) der Stadt Rom ꝛc.; in dem mächtigen Rom ꝛc., vgl.: Ist der Fall ein Faktum, hätt' | er sich wohl gar in unsrer Diöces', | in unsrer lieben Stadt Jerusalem | ereignet. Lessing Nathan IV, 2, V. 2529. Es ist zu Köln das Wiegenlied des Knaben hell erklungen. | Und heut in diesem selben Köln ꝛc. Freiligrath Sämmtl. Werke, New=York (1859) 6, 262 [Rob. Blum] ꝛc.

Zu in Luther's Bibel z. B. Matth. 2, 1; 4, 13 ꝛc. (auch van Eß). Sie konnten das Wasser zu Mara nicht trinken. 2. Mos. 15, 23;

2. Sam. 1, 1; 3, 5; 1. Kön. 3, 5; 13, 32 (hier überall in bei Zunz). Die Zeit aber, die David König war zu Hebron. 2. Sam. 2, 11 [zu auch bei Zunz] u. Ä. m.

Bei Goethe herrscht unbedingt in vor, z. B. in der „Kampagne in Frankreich" (Bd. 25) heißt es gleich im Anfang auf S. 3 im ersten Absatz: Gleich nach meiner Ankunft in Mainz besuchte ich Herrn von Stein   Er   versah mich mit einem Auszug des topographischen Atlas von Deutschland, welchen Jäger zu Frankfurt, unter dem Titel: Kriegstheater veranstaltet. Bald darauf aber heißt es (S. 6): In Trier angelangt fanden wir die Stadt von Truppen überlegt u. s. w., vgl.: Am 28. August 1749   kam ich in Frankfurt am Main auf die Welt. 20, 5 [Wahrh. u. Dicht. I]. In Frankfurt, wie in mehreren alten Städten. 12 [ebd.] ꝛc. Wir trafen nämlich in Auerstädt ein vornehmes Ehepaar. 21, 34 [ebd. VII]. Als ich in Leipzig ankam. 35 ꝛc. Mich in Straßburg der Rechtswissenschaft ferner zu befleißigen. 178 [IX]. Was mir in Wetzlar begegnete. 22, 93 [XII]. Mußte ich doch jeden Tag erfahren, daß ich mich in Wetzlar aufhielt. Das Gespräch über den Zustand des Visitationsgeschäftes ꝛc.*) 110 [ebd.]. Mit Merck war verabredet, daß wir uns zur schönen Jahreszeit in Koblenz bei Frau von La Roche treffen wollten. 132 [XIII, Anfang]. In wenigen Stunden sah ich mich mit meinen lustigen Gefährten in Darmstadt. 339 [XVIII]. Jenes ungebildete, damals mitunter genial genannte Betragen ward in Karlsruhe   beschwichtigt. 343 [ebd.]. Ein besonderes, zwar nicht unerwartetes, aber höchst erwünschtes Vergnügen empfing mich in Zürich. 353 [ebd.]. Georg Melchior Kraus, in Frankfurt geboren, in Paris gebildet   ein heiterer Lebemann, dessen leichtes und erfreuliches Talent in Paris die rechte Schule gefunden hatte. 394 [XX, Anfang]; ferner Bd. 26 (aus der Schweizerreise 1797): Ihre Antwort, die ich nach dem jetzigen Lauf der Posten in Frankfurt gewiß finden kann, wird meine Wege leiten. S. 7. Hofrath Hirt ist hier, der in Berlin eine Existenz nach seinen Wünschen hat. 12. Wieland lebt in

---

*) Vgl. Reichskammergericht   hatte seit 1693 seinen Sitz zu Wetzlar. Brockhaus' Kleines Konverj.=Lexikon (1886) 2. 633 b. Reichskammergericht ... hatte seinen Sitz Anfangs in Frankfurt am Main, seit 1497 in Worms, dann in Speier, seit 1689 in Wetzlar. Meyer's Hand=Lexikon des allgemeinen Wissens (1885) 1606 a.

Osmanstedt mit dem nothdürftigen Selbstbetruge. 14. So bin ich denn vergnügt und gesund am 3. in Frankfurt angekommen. 16. In Frankfurt ist Alles thätig und lebhaft. 18. Die Feier des morgenden Tages, der in Wetzlar begangen werden soll. 21. Das städtische Wesen in Frankfurt. 39. Um zwölf in Darmstadt. 47 u. Ä. m.

In Schiller's 30jährigem Kriege findet sich häufiger zu (vielleicht zum Theil auch nach der Amtssprache der Quellen), z. B.: Alle Früchte des mühlbergischen Sieges gehen auf dem Kongresse zu Passau und dem Reichstage zu Augsburg ver= loren   Auf diesem Reichstage zu Augsburg. 882a. Der Religionsfriede zu Augsburg. 883a. Die allgemeine Kirchen= versammlung   war unterdessen in der Stadt Trident vor sich gegangen. 884b. Die   Stände   verabredeten unter sich eine eigenmächtige Zusammenkunft zu Prag   In großer An= zahl erschienen sie zu Prag. 888a. Ein eigenes Konsistorium   ., welches von dem erzbischöflichen Stuhle zu Prag durchaus unab= hängig ist. ebd. Nach Verjagung seiner passauischen Truppen blieb der Kaiser, entblößt von aller Hilfe zu Prag   Matthias war unterdessen unter allgemeinem Frohlocken in Prag ein= gezogen. 888b. Dieses oberrichtliche Amt hatten sie   dem Kammergericht zu Speier übertragen. 889a. Kurfürst Gebhard zu Köln.   empfand für die junge Gräfin Agnes von Mans= feld, Kanonissin zu Gerresheim, eine heftige Liebe. b. An diese kölnische Streitigkeit knüpfte sich kurz nachher eine neue in Straß= burg an   Die in Straßburg Zurückgebliebenen. 890b. Der Reichstag zu Regensburg.   Zu Anhausen in Franken traten (1608).   Lutheraner mit Kalvinisten   in ein enges Bündnis zusammen. 891b. Auf seinem ersten Reichstage zu Regensburg (1613) 2c. 895b. Friedrich saß zu Prag bei der Mittagstafel. 904a [bis hierher sämmtlich aus dem 1. Buche]; ferner aus dem Schluß des Werks: Die Botschaft des zu Osnabrück und Münster am 24. Oktober unterzeichneten Friedens. 1001b, vgl.: West= fälischer Friede, den 24. Oktober 1648 zu Münster und Osna= brück (Westfalen) geschlossene Friede. Brockhaus Kl. Konv.=Lex. 2, 916b und übereinstimmend Meyer's Hand=Lex. 2c. 2068b.

Ich führe noch an, daß z. B. in Lessing's Briefen sich einer findet. „An Herrn Nicolai zu Berlin" (im November 1756) und ein andrer: An den Buchhändler Chr. Friedr. Voss in Berlin (vom 22. Oktober 1774) und wende mich nun zu Stellen aus Dichtern. Wenn Schiller's Ballade „Der Graf von Habsburg" beginnt: Zu Aachen, in seiner Kaiserpracht, | im alterthümlichen Saale, | saß König Rudolf's heilige Macht ꝛc., so haben vielleicht die beiden nachfolgenden in auf das vorangehende zu mitgewirkt, vgl. den Anfang von Jul. Mosen's bekanntem Gedicht: „Hofer's Tod": Zu Mantua in Banden | der treue Hofer war; | in Mantua zum Tode | führt' ihn der Feinde Schar ꝛc., ferner z. B.: Als man vernahm die Kunde | zu Aachen in der Stadt. Simrock (Echtermeyer's Auswahl deutscher Ged., 5. Aufl.) S. 79. War einst ein Glockengießer | zu Breslau in der Stadt. Wilh. Müller Gedichte 1, 393. Preisend mit viel schönen Reden | ihrer Länder Werth und Zahl, | saßen viele deutsche Fürsten | einst zu Worms im Kaisersaal. Just. Kerner (Der reichste Fürst). Zu Speier im Saale, da hebt sich ein Klingen. Uhland Gedichte (45. Aufl.) 325 [Graf Eberstein]. Zu Döffingen im Dorfe, da hat der Graf die Nacht | bei seines Ulrich's Leiche, des einz'gen Sohns verbracht. 367 [Graf Eberhard IV, Str. 16], aber auch sonst freilich — ohne Rücksicht auf Abwechslung — bei Uhland gewöhnlich, z. B.: Am Ruheplatz der Todten, da pflegt es still zu sein. | Zu Döffingen war's anders. 365 [ebd. Str. 1]. Zu Hirsau bei dem Abte, da kehrt der Ritter ein. 356 [I, Str. 3]. Zu Wildbad auf dem Markte, da steht ein stattlich Haus. ebd. [Str. 4]. Drei Könige zu Heimsen. 359 ff. [II, Str. 1 u. 13]. Zu Achalm auf dem Felsen, da haust manch kühner Aar. 361 [III, Str. 1]. Zu Reutlingen am Zwinger, da ist ein altes Thor. 362 [ebd. Str. 7]. Zu Limburg auf der Feste, | da wohnt ein edler Graf. 368 [Schenk v. Limburg] ꝛc.; ferner z. B.: Noch war zu Toledo in hohem Flor | die heimliche Kunst. Chamisso Gedichte (17. Aufl.) 222. In Rom ist der Zweite dem Letzten gleich). 231. Zu Glost in [s. o.] unsern Schulen bekam ich Unterricht. 319. Zu Wilna, o da waren fast grausam allzusehr | die Ältesten. 320. Zu Holten bei der Burg. 441 (vgl.: Nicht weit von der Burg zu Holte. Möser Patriot. Phant. 2, 351). Von meines Meisters Kunst zu Köln am Rheine. 497 ꝛc. Zu Halle auf dem Markt, | da stehn zwei große Löwen. Heine (in 12 Bdn.) 9, 113 ꝛc. Im Folgenden beschränke ich mich absichtlich auf zwei Gedichtsammlungen, zunächst auf die erwähnte von Echtermeyer: Zu Paris mit seinen Großen | hielt Karol der Kaiser Hof. 81. Zu Goslar war's im [s. o.] hohen Schloß. 88 [Gruppe]. Der junge König Heinrich schlief | zu Goslar in der Kammer tief. 89 [Schwab]. Auf der Burg zu Germersheim | sitzt der greise Kaiser | Von dem hohen Dom zu Speier Rudolf. 92/3 [Kerner]. In Aargau steht ein hohes Schloß   In Straßburg steht ein Gotteshaus. 94 [Simrock]. Zu Aachen saßen die Fürsten | beim Mahle. 96 (Zimmermann). Es sahn am Thum zu Mainz die adeligen Herrn | den Willegis zum Bischof nicht allerwege gern. 111 [Kopisch]. Zu Brandenburg einst wallet | der Kurfürst weit und breit. 171 [Schmidt v. Lübeck]. Wie war zu Köln es doch vordem | mit Heinzelmännchen so bequem. 221 [Kopisch]. Wie waren die Mönche zu Dünwald so klug. 267 [Simrock] 2c.; ferner z. B. aus dem zweiten Band von Gödeke's 11 Büchern deutscher Dichtung: Zu Bacharach am Rheine. 306 (Brentano). Zu Ottensen auf der Wiese .. | Zu Ottensen an der Mauer. 397/8 (Rückert). Roland der Ries' | am Rathhaus zu Bremen. 399a (Ders.). Der hohe Dom zu Köln. b. (Ders.). Was hat Herr Kongreß in Wien gethan? b. (Ders.). Im Dorf Leinach an der Leinach. 416b. (Ders.) Zu Bamberg auf des Kaisers Grab. 561 (Simrock). Die Thadener zu Hanerau. 568a (Kopisch). In Krippstedt wies ein Schneiderjunge. 570b. In Breitbach stellte mich die Wacht; in Unkel trank man Neuen; | in Erpel schlug es Mitternacht, | in Erpel vor der Leyen. 584b (Freiligrath) 2c. Vgl. auch bekannte Volkslieder, wie: Zu Straßburg auf der Schanz 2c. Zu Lauterbach hab' ich mein' Strumpf verloren 2c.

Die wunderliche Behauptung von Weigand (Wörterbuch der deutschen Synonymen 3, S. 1169): „Wenn ich die Aufschrift mache: ‚An Herrn N. N. zu Mainz‘, so kann dieser auch vor den Thoren, z. B. im Gartenfelde, wohnen; schreibe ich aber: ‚An Herrn N. N. in Mainz‘, so kann dieser nur innerhalb der Stadt oder Festungsmauer wohnen", — erweist sich (wie so Vieles in dem genannten Buche) als durchaus grund- und haltlos.

Inne — haben s. haben. S. 203. — **halten** siehe abhalten. S. 15.

Intention s. Absicht. S. 124.

Kampf ſ. Zwieſpalt.
Kauf auf —, nach —, zur Probe ſ. Probe.
Kehren ſ. abkehren. S. 29.
Keiner, Niemand.

Kein (ſ. Sanders 1, 891b ff.) — im Gegenſatz zu ein — iſt
ein verneintes eigenſchaftswörtliches Fürwort, das — ähnlich,
wie andre Eigenſchaftswörter, — auch ohne Bezug auf ein ge=
nanntes Hauptwort — in der Form Keiner (= kein Menſch,
keine Perſon) ſelbſt Hauptwort wird und ſo denn nahe ſinn=
verwandt mit Niemand, das, wie der Gegenſatz Jemand
(ſ. Sanders 1, 838; 2, 440a) immer hauptwörtlich ſteht, außer
wenn es vor einem hauptwörtlich gebrauchten Eigenſchaftswort —
in Verbindungen wie: niemand oder jemand Fremdes [= kein
oder ein Fremder] die Art oder den Schein eines Eigenſchafts=
wortes annimmt (vgl. hierüber auch meine „Hauptſchwierigkeiten"
S. 190). Ein Unterſchied zwiſchen dem Hauptwort Niemand
und dem hauptwörtlich gebrauchten kein iſt der, daſs bei dieſem
letztern doch durch die Endung noch ein Geſchlechtsunterſchied
hervorgehoben werden kann, ſo: Keine = keine Frau, kein
weibliches Weſen, vgl. auch im ſeltnern ſächlichen Geſchlecht —
als ſprachlich beide natürliche Geſchlechter umfaſſend oder nicht
berückſichtigend — z. B.: Keins [= Keiner oder Niemand]
reicht hilfreich ihm die Hand. Novalis 1, 41. Wegnehmen ſoll
mir Keins die Arbeit untern Händen. Rückert Roſtem und
Suhrab. 21b ꝛc. Ich führe hier namentlich zwei Stellen aus
dem ſiebenten Geſang von Wieland's Oberon an, worin für das
hauptwörtliche kein nicht Niemand ſtehen kann. Wenn in
Strophe 77 Amanda ſagt: „Bleibſt du mir nur, ſo werde ich
Keine neiden, | die ſich durch Gold und Purpur glücklich
ſchätzt", — ſo würde durch die Ändrung: „Niemand neiden,
der" ꝛc. der Sinn gefälſcht, da Amanda als Gegenſtand ihres
Neides entſchieden nur weibliche Weſen (Frauen), nicht Menſchen
überhaupt im Auge hat (ſ. u.). Die Strophe 32 aber macht uns
noch auf einen weitern Unterſchied aufmerkſam. Sie lautet (von
Amanda und Hüon): „Wie aber wird es dir, du holdes Paar,
ergehen, | das ohne Hoffnung nun im offnen Meere treibt? | Er=
ſchöpft iſt ihre Kraft; Beſinnen, Hören, Sehen | verſchwunden, —

das Gefühl von ihrer Liebe bleibt. | So fest umarmt, als wären
sie zusammen | gewachsen, Keines mehr sich seiner selbst be=
wusst, | doch immer noch im Andern athmend, schwammen | sie,
Mund auf Mund, dahin und Brust an Brust." Hier hat der
Dichter sehr glücklich das sächliche Geschlecht — als das männ=
liche und weibliche umfassend — gewählt; und es wäre jeden=
falls von Verschlimmbesserung, hier das Keines durch Keiner
zu ersetzen, das aber doch noch immerhin einigermaßen statthaft
erscheinen dürfte, während gegen Niemand sich das Sprach=
gefühl entschieden erklären würde. Machen wir uns den Grund
klar! Das Niemand in seiner Allgemeinheit bezieht sich, wenn
nicht auf eine unbeschränkte, doch immer auf eine größere Zahl
von Personen und kann daher füglich nicht gebraucht werden,
wo es sich, wie hier, nur um zwei handelt, vgl. — ganz allge=
mein, in Bezug auf die Menschen überhaupt —: Niemand ist
vor dem Tode glücklich zu preisen. Niemand kann zweien
Herren dienen 2c.; Du einz'ger Freund! Ich habe Niemand —,
Niemand, — | auf dieser großen, weiten Erde Niemand.
Schiller 245a [Karlos I, 2] 2c.; ferner von einer größern, aber
doch immer beschränkten Zahl von Personen, z. B.: Im ganzen
Lande —, in der ganzen Stadt —, in der ganzen Versamm=
lung —, unter allen Anwesenden 2c. — war Niemand, der
einen bessern Rath hätte geben können u. Ä. m., wo überall statt
Niemand auch Keiner gesetzt werden könnte; dagegen umge=
kehrt: Nach meiner Ansicht kann ich Keinem [nicht: Niemand]
von Beiden unbedingt zustimmen, wenn gleich Keiner von ihnen
etwas ganz Falsches behauptet 2c., vgl.: Pharao　ließ rufen
alle Wahrsager in Ägypten und alle Weisen und erzählete ihnen
seine Träume. Aber da war Keiner, der sie dem Pharao
deuten konnte. 1. Mos. 41, 8. Mir hat ein Traum geträumet
und ist Niemand, der ihn deuten kann. 15. Weil dir Gott
Solches alles hat kund gethan, ist Keiner so verständig: weise
wie du. 39, vgl. bei Zunz: Keiner V. 8, 15 u. 24, während es
hier V. 39 heißt: Ist kein so Einsichtiger und Weiser wie du —
und bei Mendelssohn. Keiner wußte ihn dem Paroh recht zu
deuten. V. 8. Niemand kann ihn deuten. 15. Niemand
kann mir die Bedeutung sagen. 24. So ist Niemand so ver=
ständig und weise wie du. 39. Da ist Keiner, der Gutes

thue, auch nicht Einer. Psalm 14, 4, vgl.: Niemand thut Gutes, auch nicht ein Einziger. Zunz; ferner z. B.: „Waſſer! Waſſer! Ein Tropfen! Hört denn Niemand?" Niemand hörte, Keiner kam. Spielhagen Ein neuer Pharao, 4. Buch, 2. Kap. Ich will Frieden geben in eurem Lande, daß ihr ſchlafet und euch Niemand ſchrecke [ganz allgemein]. 3. Moſ. 26, 6, ähnlich Mendelssohn = Daß ihr ſchlafet und Keiner euch aufſchreckt. Zunz, vgl. auch: Keiner. Hosea 11, 7 bei Luther u. Zunz u. A. m. In Bezug auf das oben (zu Wieland's Oberon 7, 77) beſprochene weibliche Keine füge ich noch aus der Bibel Stellen an, worin es ſich um perſonificierte Städte handelt: [Sie] ſprach in ihrem Herzen: „Ich bin's und Keine mehr." Wie iſt ſie ſo wüſte ge= worden ꝛc. Zeph. 2, 15; Jes. 47, 8 u. 10, — minder gut, bei Zunz: Ich bin es und Keiner ſonſt (oder mehr) und bei Gese= nius (Hebräiſches Handwörterb. 3. Aufl., S. 66 b: Ich bin's und Niemand mehr.

Nun noch einige grammatiſche Bemerkungen! In meinem Wörterbuch heißt es unter kein Nr. 7: „Mit abhängigem parti= tivem [oder Theil=] Verhältniſſen, zumeiſt durch Präpoſitionen bezeichnet: von, unter, zuweilen auch (bei Sammelnamen) in, aus, z. B.: Keiner von (unter) ſeinen Freunden. Keiner im — oder aus dem — Volke, Heere, unter der Menge ꝛc. Es iſt dir Keiner gleich unter den Göttern [und iſt Niemand, der thun kann wie du]. Psalm 86, 6 [vgl.: Unter Götterweſen iſt dir Niemand, | Nichts, Herr, deinen Thaten gleich. Mendels= ſohn. Niemand iſt dir gleich unter Göttern ꝛc. Zunz]. Unter ſeinen Knechten iſt keiner ohne Tadel. Hiob 4, 18. Keiner unter, von ihnen . Statt Deſſen auch, zumahl in der Mehr= zahl der Genitiv: Keiner ſeiner Freunde — oder: Seiner Freunde keiner. Keiner des Heers, gewöhnlich: der Soldaten. Keiner dieſes böſen Geſchlechts, gewöhnlich: aus ꝛc. (ſ. auch: Will denn der Übelthäter keiner Das merken? Psalm 14, 4). Derer ſoll Keiner das Land ſehen [. ., auch Keiner ſoll es ſehen, der mich verläſtert hat]. 4. Moſ. 14, 23. Derer, die ich kenn', erſetzt ihn Keiner. Rückert [Auswahl 500]. Unſer Keiner lebt ihm ſelber. Röm. 14, 7 [auch van Ess]; Weish. 2, 9. Der Das vermag, was unſer Keiner kann. Goethe 12, 17 [Fauſt II, 1. Akt, Kaiſerl. Pfalz] ꝛc., gewöhnlich: Keiner von uns, indem der Genitiv hier bei persönlichen Fürwörtern seltner ist und z. B. bei all gradezu ungewöhnlich: Keiner von Allen ., nicht: Keiner Aller.“

Dies gilt in noch höherem Grade von Niemand, also z. B. wohl: Keiner oder Niemand — des Gefolges, der Leidtragenden 2c., gewöhnlicher: aus (von) dem Gefolge, aus (unter) den Freunden 2c.; aber nicht: Unser, euer, ihrer, Aller — Niemand, sondern nur: Niemand von (unter) uns, euch, ihnen, Allen 2c.

Nun noch von dem von einem Hauptwort abhängenden Genitiv, der, wenn er diesem vorangestellt wird, der sächsische heißt (s. meine Hauptschwierigkeiten S. 238 ff.). Dieser Genitiv ist von Niemand üblich, aber nicht recht von kein, das erst durch ein zu ergänzendes Hauptwort (wie Mensch, Mann 2c.) zu einem Hauptwort (substantiviert) wird, sondern dafür tritt gewöhnlich mit Hinzufügung des sonst nur gedachten oder zu ergänzenden Hauptwortes gewöhnlich die Form ein: keines Menschen. So heißt es z. B. in Campe's Wörterb. 3, 507b unter Niemand: „Die Nacht ist Niemands Freund, keines Menschen“ und in meinen Hauptschwierigkeiten a. a. O. habe ich eine Stelle aus Fischart angeführt: „Da kainer andacht ist so tif“, — mit dem Zusatz: „nach der heutigen Schreibweise: Da Keiner Andacht ist so tief, — allerdings unzweideutig; aber doch würde man in der heutigen Prosa dafür üblicher sagen: Da die Andacht keiner (oder: bei keiner) Frau so tief ist u. Ä. m.“ So wird man nicht leicht sagen: Ich verlange Keines Hilfe — statt: Niemandes Hilfe, vgl.: keines Menschen Hilfe oder auch: von Keinem — wie: von Niemand — eine Hilfe.

Schließlich noch Eins. Schon Adelung sagt in seinem Wörterbuch unter Niemand: „Im Scherze wird es wohl auch als ein Hauptwort gebraucht: Der leidige Niemand“, vgl. Homer's Odyssee 9, 366; 408 (auch in den Übersetzungen) und z. B.: Wer wird denn nu[n] reformiert? Der große Schalk, Niemand. Denn, so Papst und Kardinäl[e] fromm sind, so ist ihr Gesinde auch fromm. Denn wer will's gethan haben, so Papst und Kardinäl[e] Nichts gethan haben. Also hat denn alles Unglück der leidige „Niemands“ [Nomin. = Niemand] gethan und ist diese Reformation Nichts denn des Niemands

Reformation. Luther 6, 535a, namentlich bei Hutten, f. dazu: Als Nichts, als der Niemand zurückgekommen. Strauss 7, 104. Diesen Niemand. 106. Der Niemand. 105. Dieses Nichts und Niemand, das Hutten jetzt so oft zu hören bekam. ebd. Es bedarf wohl kaum der Bemerkung, dass in solcher Anwendung das hauptwörtliche Keiner unstatthaft ist.

Kiepe f. Abschlag. S. 102.
Klamm(e) f. Abgrund. S. 7.
Klanschig, klitschig, kloßig f. teig.
Kluft f. Abgrund. S. 6; 7; 8.
Klunschig f. teig.
Kompromiß f. Abrede I. S. 86.
Konto aufs Konto schreiben f. beilegen. S. 128.
Kontrakt, Konvention f. Abrede I. S. 86.
Korb f. Abschlag. S. 102.
Körperausdruck f. Gebärde. S. 193.
Kraft f. Macht.
Krieg f. Zwiespalt.
Kund thun f. ablegen (Wünsche). S. 39.

Lacedämonisch f. lakonisch.
Lager, Bett.

Lager (f. Sanders 2, 11c ff.) ist allgemein „der Ort des Liegens, Ruhens, Rastens, zuweilen auch das Liegen selbst und etwas zu Boden Gesunknes und dort Liegendes, Gelagertes ꝛc.", namentlich — in der vorliegenden Sinnverwandtschaft — „der Ort, wo man sich zur Ruhe, zum Schlafen hinlegt", sowohl (f. u.) von Personen, wie von Thieren. In so fern aber Lager auch den einem Zuge, Heere, namentlich Kriegsheere zum Rasten dienenden und dazu eingerichteten Ort ꝛc., auch die Raststätte eines Hirten mit seiner weidenden Herde, so auch z. B. den Bezirk einer Alpweide bezeichnet, tritt es aus der zu besprechenden Sinnverwandtschaft heraus, so auch in den Anwendungen, in welchen Lager den Ort, die Vorrichtung bezeichnet, wo Gegenstände liegen, aufbewahrt liegen, ruhen ꝛc., außer von Gestein- und Erzschichten im Innern der Erde (f. u. S. 223).

Bett (f. Sanders 1, 121a ff.) liegt als Bezeichnung des Lagers, worin, worauf Etwas ruht, für leblose Wesen — außer in der eben angegebenen Anwendung, außerhalb der in Rede stehenden Sinnverwandtschaft, so z. B. namentlich als Bezeichnung des bestimmt abgegrenzten Raumes, worin ein Wasser ꝛc. fließt oder ruht, s.: Das Bett eines Stromes, Flusses, Baches, des Meeres, Oceans, auch: eines Lavastroms, einer Lawine ꝛc.

Für Personen ist Lager der allgemeine Ausdruck, während das bestimmtere Bett ein für ein bequemes Ausruhen eigens hergerichtetes Lager bezeichnet (namentlich für das Schlafen ein weiches Federbett) und, in so fern ein solches Bett aus ver= schiednen Theilen besteht, auch die einzelnen Haupttheile, wie das Bett-Gestell (=Stelle, =Sponde), die Pfühle, nebst Überzügen, Laken ꝛc., für welche in ihrer Gesammtheit auch Ausdrücke wie Bettung, Bettwerk, Bettzeug vorkommen, vgl. auch Bett= wäsche, z. B.: Ein Lager auf bloßer Erde, auf Streu ꝛc ist kein Bett. Hab Urlaub, Strohsack, ich habe ein Bett überkommen. Keisersberg Brösaml 32a. Er ruht' im Bett, sie lag auf Streu. Schmidt-Phiseldeck Neugr. Volkspoesien 8. Da zeigt man ihm [dem Podagra] ein hölzen Bett | ., war nit mit Mai oder Blumen b'steckt, | auch nit mit seiden Tepten [Teppichen] deckt; | ein wenig Stroh darinnen lag. Waldis Esop. 2, 31, V. 61 ff. = Da wies der Bauer ihm zum Bette | gar eine harte Lager= stätte, | worauf ein wenig Stroh nur lag. Zachariä ꝛc. Sein eisern Bette. 5. Mos. 3, 11 (vgl.: Seine Bettstatt von Eisen. Mendelssohn. Ein Bettgestell von Eisen. Zunz) ꝛc. Ich schlafe nicht auf Betten [Bettpfühlen], sondern auf Matratzen, nicht unter Betten, sondern unter einer Steppdecke ꝛc. Oft auch wechselnd oder neben einander: Du bist auf deines Vaters Lager gestiegen, daselbst hast du mein Bette besudelt. 1. Mos. 49, 4. [Du hast bestiegen das Ehebett deines Vaters; da hast du Den entweiht, der mein Ruhebett bestieg. Mendelssohn]. Ich schwemme mein Bette die ganze Nacht und netze mit meinen Thränen mein Lager. Psalm 6, 7. Der Ewige stützet ihn auf siecher Lagerstätte, | er wendet ihm das Bett in seiner Krank= heit um. Mendelssohn Psalm 41, 4, vgl.: Der Ewige wird ihn stützen auf seinem Schmerzenslager, sein ganzes Bette kehrst du um in seiner Krankheit. Zunz ebb. In der Ecke eines Bettes und auf dem Damast des Lagers. Ders., Amos 3, 12.

Die auf Betten von Elfenbein liegen und sich hinstrecken auf ihren Lagern. 6, 4 2c.; s. z. B. auch in Goethe's Braut von Korinth (1, 188 ff.): Müdigkeit läßt Speis' und Trank vergessen, daß er angekleidet sich aufs Bette legt. Str. 4. Ruhe nur so fort | auf dem Lager dort! Str. 6. Bleibe, schönes Mädchen! ruft der Knabe, | rafft von seinem Lager sich geschwind. Str. 7. Doch sie widersteht, | wie er immer fleht, | bis er weinend auf das Bette sank. Str. 15. Wie mit Geists Gewalt | hebet die Gestalt | lang und langsam sich im Bett empor. Str. 22 und in der gleich folgenden Ballade: Der Gott und die Bajadere (S. 195 ff.): Und so zu des Lagers vergnüglicher Feier | bereiten den dunklen behaglichen Schleier | die nächtlichen Stunden, das schöne Gespinnst. Str. 5, — wo offenbar der bestimmtere Ausdruck Bett zu gewöhnlich und alltäglich klänge.

Vgl. ferner: Unser Bedienter … Er ward … bestürzt, als meine Mutter ihm befahl, die Betten hineinzubringen. Wie konnte er ahnen, daß auf dem „Schlosse" keine Betten befindlich! Und die Order meiner Mutter, daß er Bettzeug für uns mitnehmen solle, hatte er … ganz überhört … [Meine Mutter] bat mich um Verzeihung, daß ich durch Johann's Nachlässigkeit kein ordentliches Bett bekommen werde. Die alte Marthe, sagte sie, ist schwer krank und kann dir, liebes Kind, ihr Bett nicht abtreten. Johann soll dir aber die Kissen aus dem Wagen so zurecht legen, daß du darauf schlafen kannst und er mag dir auch seinen Mantel zur Decke geben. Ich selber schlafe hier auf Stroh … War es nun das ungewohnte Lager oder das aufgeregte Herz, es ließ mich nicht schlafen … Ich mochte mich rechts oder links wenden auf meinem Lager 2c. Heine (in 12 Bdn.) 7, 84/5 [Florentin. Nächte I]. Überzug für die Bettung. Gutzkow Liesli 48 2c. Ich ließ ihn mit warmem Bettwerk zudecken. Simplician. Schriften, v. H. Kurz 2, 288^{27} (vgl. Unterbettwerk. 4, 238^{27}, als verhüllenden Ausdruck). Man legte ihn auf etwas Bettwerk. Kriegk Die Brüder Senckenberg 270 2c. Da standen zwei hoch aufgerichtete Betten, sie enthielten aber Bettzeug für sechs Lagerstätten. Auerbach Landolin von Reutershöfen, S. 9 2c. Bühre: Bettzüge, ein Überzug der Betten und Kissen. Voss Ged. 2, 197; 1, 203. Reine Bettwäsche zum Überziehen des Bettes 2c.

Auch in Bezug auf Thiere ist Lager der allgemein geltende
Ausdruck, s. Sanders a. a. O., wo es unter 1 b heißt: „Dem Hund,
dem Pferd ein Lager im Stall zurecht machen. Das Kuh-
Lager auf dem Felde. Die zahmen Thiere lagern in ihren
Ställen, die wilden sicherlich in ihren Lagern. Goltz 1, 76, so
namentlich auch weidmännisch von Thieren, die sich niederlegen,
z. B.: Das [Wild-]Schwein hat ein Lager und kein Bette
[s. b. 2 a]. Döbel 1, 25 a [s. u.] Kluft, darein die Bärin sich ein
Lager von Moos und Laub zusammenbringet. 33 a. Der
Luchs hat ein Lager. 34 a. Der Wolf hat einen Bau oder
ein Lager. 36 b. Um Klotzen wie den Hasen im Lager an-
zugreifen. Lessing 13, 225 2c., so: Bären-, Biber-, Dachs-, Eich-
horn-, Feldhühner- [s. u.], Fuchs-, Hamster-, Hasen-, Hunde-,
Igel-, Iltis-, Kaninchen-, Luchs-, Marder-, Mäuse-, Otter-,
Ratzen-, Wiesel-, Wolfs-Lager 2c. Ein Lager Feldhühner
[s. o.] auch: die zusammengelagerten. Vgl. dagegen (s. Sanders
1, 121 a, Nr. 2 a): „weidmännisch: Bette, Sitzbette vom Hirsch
und Rothwild. Döbel [s. u.]. Der Heher sucht die Eichen, |
sein Bette Hirsch und Thier. Hagedorn 2, 214. Ein Reh aus
seinem grünen Bette aufgehetzt. Wieland 12, 234; auch Raum-
bett. Grimm Altdeutsche Wälder 3, 114 und — vom Wild-
schwein: Wohn- oder Wahnbett. Fleming Vollk. Jäger
95 b ff.“, — vgl. z. B. auch (s. o.): Der Hirsch hat kein Lager,
sondern ein Bette. Es wird auch auf Feld und Wiesen, wo
er sich nieder gethan hat, das Niederthun genannt. Döbel 191 a.
Bette, auch Ruhesitz oder Ruheplatz, Sitz- oder Wohnbette
benennt, wird der Platz geheißen, wo ein Hirsch oder Thier 2c.
sich niedergethan hat. In einigen Landen wird auch das
Saulager [s. o.] Bette genannt und gesprochen: da oder dort
haben die Sauen sich gebettet. Also heißt es dann wohl: länd-
lich, sittlich. Chr. Wh. v. Heppe Wohlred. Jäger 83, vgl.:
Lager: also wird der Ort benannt, wo die Sauen und andere
wilde Thiere sich hinlegen oder wo sie gelegen sind; Hirsch,
Thier und Rehe wird aber ausgeschlossen, indem diese sich
betten. 248 a. Lager heißt bei vielen wilden Thieren der
Ort, wo sie sich sowohl Tages als auch Nachts darauf niederthun, insonderheit heißt es bei dem Bär, Sauen, Wolf, Luchs
und Hasen also, bei dem Rothwildpret aber wird es ein Bette

genannt. Grosskopff Weidwerks=Lex. 216; 51. Den Platz, wo
Elen=, Edel=, Dam= und Rehwild gesessen hat, nennt man das
Bett; wo eine einzelne wilde Sau gelegen hat, heißt Lager;
wo aber mehrere Sauen beisammen gelegen haben, wird der
Kessel genannt. Hasen haben ein Lager und der Ort, wo
andere vierläufige Jagdthiere gesessen haben, nennt man den
Sitz. Hartig Lex. für Jäg. 76; 344 u. Ä. m. (s. mein Wörterb.
der Weidmannssprache, in der Zeitschr.: Der Weidmann).

Endlich noch (s. o.) von gelagerten Stein= und Erzschichten
im Innern der Erde. Auch hier gilt als der allgemeine Aus=
bruck Lager, s. d. bei Sanders a. a. O., wo es unter 6o heißt:
„Befinden sich Erze zwischen den Schichten des Flözgebirges, so
daß ihre Lage und Ausdehnung nach denjenigen der Schichten
oder Schiefer bestimmt wird, so heißt man ein solches Erzvor=
kommen ein Lager. Oken 1, 383 ꝛc. Auch verallgemeinert:
der Ort, wo Vorräthe nutzbarer Fossilien ꝛc. in Schichten liegen,
und die Vorräthe selbst: Einzelne, bestimmt begrenzte Ge=
birgsmassen, Gebirgslager und von diesen Gebirgslagern
wieder einzelne Theile oder Massen, welche den eigentlichen Stoff
zum Bergbau darbieten. Man nennt sie die den Gebirgs=
lagern untergeordneten Massen... Solche untergeordnete Massen,
die zwischen den Schichten des umschließenden Gebirgslagers sich
finden, heißen Lager Braunkohlenlager Stockförmige
Lager oder Stöcke, wohin z. B. manche Gipslager, das Erz=
lager im Rammelsberge...gehört... Stückgebirgsförmige Lager,
wohin das Eisenerzlager des Taberges in Schweden gehört
Karmarsch Techn. Wörterb. (2. Aufl.) 1, 163, Klüfte der Ge=
steinslager Thon= und Mergellager 61 ꝛc.“ So z. B.:
Kalk=, Quarz=, Torf=, Zinnlager ꝛc. Nur in einzelnen Fällen,
namentlich von Steinkohlenlagern findet sich hier auch zuweilen
die Bezeichnung Bett (s. Sanders 1, 121), Kohlenbett, vgl. auch
Zinnbett als Bezeichnung eines halbkugelig brechenden Kupfer=
erzes, worauf Zinn lagert.

Lakonisch, lacedämonisch, spartanisch.

In F. C. Schlosser's „Weltgeschichte für das deutsche Volk“,
bearbeitet von Kriegk Bd. 1, S. 273 ff., heißt es: „Im Lande
Lakonien hatte ein Theil der in den Peloponnes eingewan=

derten Dorer einen Staat gegründet, welcher unter dem Namen des spartanischen oder lacedämonischen in der Geschichte berühmt geworden ist" und weiter auf S. 284: „Daher wurde das Denkvermögen nur für die praktische Seite des Lebens entwickelt und namentlich an Bestimmtheit und Schnelligkeit der Auffassung und des Ausdrucks gewöhnt und das spartanische Volk erwarb sich diesen Vorzug in einem so hohen Grade, daß das Wort lakonisch zur Bezeichnung eines treffenden und kurzen Ausdrucks sprichwörtlich geworden ist."

In dieser Anwendung auf die Ausdrucksweise, als sinnverwandt mit kurz (s. o., in einem spätern Hefte) gilt heute nur lakonisch, z. B.: Es finden sich viele darunter [unter den orientalischen Sprüchen] die man mit Recht lakonische Parabeln nennen könnte. Goethe 4, 254 [Noten zum Westöstl. Divan XLII]. So trat ich ihm freiwillig diesen hübschen lakonischen Namen [Otto] ab. 15, 24 [Wahlverw. I, 3]. Bestimmtheit, Präcision und Kürze Haller und Ramler waren von Natur zum Gedrängten geneigt; Lessing und Wieland sind durch Reflexion dazu geführt worden. Der erste wurde nach und nach epigrammatisch in seinen Gedichten, knapp in der Minna, lakonisch in Emilia Galotti Wieland, der noch im Agathon mitunter prolix gewesen war, wird im Musarion und Idris auf eine wundersame Weise gefaßt und genau, mit großer Anmuth u. s. w. 21, 66 [Wahrh. u. Dicht. VII]. Da ich in solchen Gelegenheiten ohnehin keine Sprache habe, so brachte ich nur sehr lakonisch vor, daß 2c. 24, 35. [Ital. Reise, Neapel 3. Juni 1787]. Es war ein wunderbares, zufällig eingeleitetes, durch innern Drang abgenöthigtes lakonisches Schlußbekenntnis der unschuldigsten und zartesten wechselseitigen Gewogenheit. 297 [ebd. April 1788] u. Ä. m.

In solcher Anwendung ist heute eben nur lakonisch, nicht lacedämonisch oder spartanisch üblich; doch wurde früher wenigstens auch der letztre Ausdruck so gebraucht, s.: So sind auch Die nit zu loben, sondern vielmehr zu schelten und zu verlachen, welche ein Ding mit weitläuftigen Umständen vorbringen, so sie auf spartanisch gar wohl kurz und gut geben könnten, wie jener Stadtschreiber, der auch ein sonderbar neu Teutsch, welches gar zier- und höflich sein sollte, aufbringen wollen.

Vielleicht, wann es aufkäm, daſs es mehr Schreibtax ertragen und ihm(e) also beſſer als eine lakoniſche Art in die Kuche [Küche] tragen möchte. Simplician. Schriften (v. H. Kurz) 4, 390.

Langräche ſ. Rachbegier.

Laſt, zur Laſt legen, ſ. beilegen. S. 131; 133.

Laufplanke ſ. Brücke. S. 156.

Legen, die Schuld auf Jemand, ihm Etwas zur Laſt ꝛc. ſ. beilegen. S. 131 ff. Rechenſchaft legen ſ. ablegen. S. 37.

Leger ſ. Brücke. S. 156.

Lehren ſ. zeigen.

Leiſten ſ. ablegen. S. 37; 38.

Leſen ſ. ableſen. S. 45 ff.

Liebenswerth; liebenswürdig ſ. rühmlich.

Liefern, Beweiſe, Proben ſ. ablegen. S. 39.

Lobenswerth, lobenswürdig, lobeſam, löblich ſ. rühmlich.

Loshelfen ſ. beiſpringen. S. 141; 144.

Lothrecht ſ. ſcheitelrecht.

Maar ſ. teig.

Machen, Bekenntniſſe, Beſuche, Geſtändniſſe, Proben ꝛc. ſ. ablegen. S. 38; 39.

Macht; Vermögen; Kraft; Stärke; Vigor; Gewalt.

Vermögen (ſ. Sanders 2, 322), der ſubſtantiviſche Infinitiv des Zeitworts vermögen hat zwei Hauptbedeutungen, die eine von der zu beſprechenden Sinnverwandtſchaft abliegende: Das, was Jemand an Hab’ und Gut beſitzt, und dann die vorliegende: das Können und Im-Stande-Sein; die einem Weſen eignende Kraft [ſ. u.], wodurch es dieſem möglich wird, Etwas zu thun und zu wirken ꝛc. Darüber habe ich a. a. O. bemerkt: Heute zumeiſt nur von perſönlichen oder perſönlich gedachten Weſen und, wo keine Miſsdeutung [Verwechslung mit der andern Hauptbedeutung, ſ. o.] zu befürchten iſt: a) in Zuſammenſtellung mit ähnlichen Infinitiven ꝛc., wie: Das Können und —, das Wollen und — Vermögen ꝛc., vgl. auch (mehr dichteriſch, ſ.

meine Zeitschrift 3, 4): Beschlossne Sache war es nie. | In dem
Gedanken bloß gefiel ich mir; | die Freiheit reizte mich und das
Vermögen. Schiller 362a [Wallenst.'s Tod I, 4] — b) nament=
lich von den Kräften der Seele, des Geistes, z. B. auch (ver=
bunden mit einem sinnverwandten Ausdruck): Alle Vermögen
und Fähigkeiten der Seele. Mendelssohn 4, 2, 340 ꝛc., vgl.:
Es [das Publikum] tritt vor den Vorhang mit einem un=
bestimmten Verlangen, mit einem vielseitigen Vermögen.
Zu dem Höchsten bringt es eine Fähigkeit mit ꝛc. Schiller 487a
[Über den Gebrauch des Chors, Braut v. Mess.] ꝛc.; auch:
Das Vermögen des Willens. Ders. 1132a [Über d. Pathe=
tische] = Das, was er vermag ꝛc.; zuweilen auch: das ganze
geistige Sein nach dem Umfang all Dessen, was es vermag,
aller seiner Kräfte, z. B.: Ein Wohlwollen der Art verdiene
die ganze Seele, das ganze Vermögen eines weiblichen Wesens;
dies aber könne sie nicht anbieten. Goethe 19, 169 [Wanderj.
III, 14] ꝛc., vgl.: Gott lieb haben von ganzem Herzen, von ganzer
Seele, von allem Vermögen. 5. Mos. 6, 5 [bei Mendelssohn und
Zunz: ganzem Vermögen] ꝛc. — c) mit Infinitiv und zu,
z. B.: Sein Vermögen, die Unternehmungen auszuführen.
Lessing 4, 204 ꝛc., auch in zahlreichen Zusammensetzungen, vgl.:
Das Vermögen der Seele, Etwas zu ahnen — und: ihr Ahnungs=
vermögen ꝛc., vgl.: Je vollkommener das Empfindungsver=
mögen für eine gewisse Gattung des Schönen ist, um so mehr
ist es in Gefahr, sich zu täuschen, sich selbst für Bildungskraft
zu nehmen ꝛc. Goethe 24, 276. Der Punkt, wo Bildungs= und
Empfindungskraft sich scheidet. 277. Aus dem angemaßten
Bildungstriebe... In dem Empfindungsvermögen bleibt also
stets die Lücke, welche nur durch das Resultat der Bildungs=
kraft sich ausfüllt. Bildungskraft und Empfindungsfähigkeit
verhalten sich zu einander wie Mann und Weib. Denn auch
die Bildungskraft ist bei der ersten Entstehung ihres Werks, im
Moment des höchsten Genusses, zugleich Empfindungsfähigkeit
und erzeugt, wie die Natur, den Abdruck ihres Wesens aus sich
selber. Empfindungsvermögen sowohl als Bildungskraft
Empfindungskraft sowohl als Bildungskraft umfassen mehr
als Denkkraft ꝛc. 278/9 (aus K. Ph. Moritz Nachahmung
des Schönen). Dieser natürliche Abscheu vor dem Un=

echten und das Sonderungsvermögen sind nicht immer bei=
sammen . Abscheu und Sonderungsgabe. 39, 89 [Gesch. der
Farbenl., II. Abth.] 2c.; nur selten von Sachlichem, z. B.: Das
Anziehungsvermögen einer Masse. Kant 8, 323 [häufiger:
Anziehungskraft]. Noch bestimmter sehen wir das Aus=
waschungsvermögen des Wassers an Rinnen, in denen es seit
langer Zeit sich bewegt hat. Burmeister Geschichte der
Schöpfung 9 2c.; ferner z. B.: Nichts hatte das Vermögen
[gewöhnlicher: vermochte], | sie aus der andern Welt, wo sie ver=
irret schien, | in ihren Leib zurückzuziehn. Wieland 12, 245
[Idris u. Zenide III, 55] 2c. Besonders in einigen stehenden
Verbindungen, namentlich abhängig von Verhältniswörtern:
Etwas steht in —, geht über — Jemandes Vermögen 2c., vgl.:
Gott ., der euch nicht läßt versuchen über euer Vermögen.
1. Kor. 10, 13 [über eure Kräfte. van Ess]. Ich kenne seinen
Zorn wohl, daß er nicht so viel vermag, und untersteht sich,
mehr zu thun, denn sein Vermögen ist. Jer. 48, 30 2c.
Nach —, nach äußerstem —, nach bestem — Vermögen, ver=
altet auch): meines Vermögens = nach Kräften 2c.; s. (ver=
altet): So Jemand ein Amt hat, daß er es thue als aus dem
Vermügen, das Gott darreichet. 1. Petr. 4, 11. = Wer ein
Amt hat, verwalte es als mit der Kraft, die Gott schenket.
van Ess. — In d habe ich dann Beispiele aufgeführt, in denen
Vermögen (veraltet: Vermügen) heute — namentlich wegen
zu befürchtender Mißdeutung [s. o.] — gemieden wird, so:
Mein Vermögen [vgl.: meine Kraft] ist weg (Hiob 6, 13, vgl.
V. 11 u. 12), dahin (Klagel. 3, 18). Es ist kein Vermögen in
unsern Händen. Nehem. 5, 5 [Nichts ist in der Macht unserer
Hand. Zunz]. Groß Vermögen ist allezeit bei dir. Weish.
11, 29, vgl.: Sein Vermögen und starke Kraft ist so groß,
daß nicht an Einem fehlen kann. Jesaj. 40, 26 = Vor der
Allmacht Fülle und dem Gewaltigen an Kraft bleibt Keines
aus. Zunz. Laß nicht den Weibern dein Vermögen. Spr.
31, 3 = Gieb nicht den Weibern deine Kraft. Zunz. Laß dich
nicht verlangen, Richter zu sein: denn durch dein Vermögen
wirst du nicht alles Unrecht zu Recht bringen. Sir. 7, 6 [du
wirst Das nicht vermögen]. Daher ist ihr Vermögen auf
meine Kleider gespritzt. Jesaj. 63, 3 mit der Randbemerkung:

Daß Alles, damit sie zuvor mich übermochten, zerschmettert ist und zerspritzt ꝛc.; ferner auch: Wenn du den Acker bauen wirst, soll er dir hinfort sein Vermögen nicht geben. 1. Mos. 4, 12 = Wenn du die Erde bearbeiten wirst, soll sie dir ihre Kraft nicht mehr hergeben. Mendelssohn, ähnlich Zunz [Das, was der Acker, die Erde vermag ꝛc.]. Am Thor des Schlosses springt | sein edler Hengst herbei und wiehert, voll Vermögen [Kraft und Muth] | und Ungeduld dem Kommenden entgegen. Alxinger Doolin 115 [IV, 52], auch: Bei Flinten, welche Vermögen genug [= eine genügende Stärke, s. u.] des Laufs haben, d. h. die im Lauft stark genug an Eisen sind. Winkell's Handb. für Jäger 3, 387.

Von dem, wie man sieht, im Gebrauch beschränkten Ausdruck Vermögen erwähne ich hier schließlich nur noch eine Zusammensetzung: Was übersteigt der Liebe Allvermögen? Wieland 20, 109 [Oberon V, 8], vgl. Allmacht, Allgewalt und als Eigenschaftswörter: Die Liebe ist allvermögend, allmächtig, allgewaltig.

Kraft (s. Sanders 1, 1006 c) ist allgemeine Bezeichnung Dessen, woraus eine Wirkung hervorgeht; der Urgrund einer sich äußernden Wirkung, z. B.: Weil von Wirkung gar wohl auf eine Kraft, die sie hervorbringt, geschlossen werden kann. Kant Sämmtl. Werke (herausg. v. Rosenkranz) 1, 649. Die Quelle der Veränderung nennt man eine Kraft und ist bei ihr eine Bemühung, Etwas zu thun, anzutreffen; folglich unterscheidet man sie von dem Vermögen [s. o.], so nur eine Möglichkeit, Etwas zu thun. Christ. Frhr. v. Wolff Vernünftige Gedanken ꝛc. (1719) § 115; 745 ff. Eisen und Nickel haben das Vermögen [die Fähigkeit], magnetisch zu werden, durch Magnetisieren erhalten sie magnetische Kraft; das Vermögen geht in Wirksamkeit über, die sich z. B. in Anziehung des Eisens äußert ꝛc. Übrigens kann auch die Kraft eine ruhende sein, die nur in einzelnen Fällen, unter Bedingungen hervortritt oder hervortreten kann, was durch abhängiges zu angedeutet wird, wodurch oft zugleich das Maß der Kraft als ausreichend für das Erforderliche angedeutet wird, während sie durch die Verbindung mit Eigenschaftswörtern, z. B. auch mit Mittelwörtern der Gegenwart oder mit abhängigem Genitiv als in Wirksamkeit seiend bezeichnet wird, vgl. z. B.: Der Magnet hat eine anziehende Kraft oder die Kraft der Anziehung für das Eisen, — allgemein: er zieht es an. Er hat die Kraft, Eisen anzuziehen, — unter Bedingungen, z. B., wenn es in seine Nähe kommt, er kann es anziehen. Dieser Magnet hat die Kraft, das Zehnfache seines Gewichts zu tragen: er besitzt diesen Grad der magnetischen Kraft, er kann ein so großes Gewicht, wenn es an ihn gehängt wird, tragen. Durch die Kraft der Anziehung sind die Planeten mit der Sonne verbunden: die Kraft ist in der That wirksam, die Sonne kann nicht nur unter Bedingungen die Planeten anziehen, sondern zieht sie wirklich an ꝛc. Wenn man siehet, das Licht leuchtet, so eignet man ihm eine leuchtende Kraft zu. Christ. Frhr. v. Wolff a. a. O. § 746. Der Tod hat eine reinigende Kraft [er wirkt reinigend und vermag so], | in seinem unvergänglichen Palaste | zu echter Tugend reinem Diamant | das Sterbliche zu läutern. Schiller 514b [Braut v. Meß., V. 2754]. Die magnetische, die elektrische Kraft ꝛc. Wollte Gott, meine Schultern fühlten Kraft, den Harnisch zu ertragen, und mein Arm Stärke [s. u.], einen Feind vom Pferde zu stechen! Goethe 9, 13 [Berlich. I]. Hab' ich die Kraft, dich anzuziehn besessen, | so hatt' ich, dich zu halten keine Kraft. 11, 28 [Faust 1, Nacht]. Der Stein   hatte die geheime Kraft, vor Gott | und Menschen angenehm zu machen. Lessing Nath. 3, 7, V. 1915. Doch, was der König sprach und that, | war ohne Kraft, mich wieder einzuwiegen. Wieland 12, 229 [Idris und Zenide III, 8]. Nicht die Kraft zum Widerstande ꝛc. haben. Bei Personen oft im Gegensatz zum Willen ꝛc., z. B.: Ja, mit dem besten Willen leisten wir | so wenig, weil uns tausend Willen kreuzen. | O, wäre mir zu meinen reinen Wünschen | auch volle Kraft auf kurze Zeit gegeben! Goethe 13, 247 [Natürl. Tochter I, 5]. Ob nicht der Wunsch bei ihm an die Stelle der Kraft tritt. K. Ph. Moritz Ant. Reisen 4, 158 ꝛc. Nach dem Voraufgehenden versteht es sich, daß wir in Bezug auf eine Wirkung von der Kraft eines Gegenstands nur sprechen, wenn wir den Grund dieser Wirkung in ihm annehmen, also z. B.: Der Magnet hat die Kraft, Eisen anzuziehen, — aber nicht: Er hat die Kraft [statt: Eigenschaft], sich nach Norden zu richten, — sondern vielmehr: Die Erde hat die Kraft, ihn nach Norden zu richten ꝛc. Und so wird denn auch die Kraft als das Innerliche und von innen heraus Wirkende den sinnverwandten Ausdrücken gegenüber= gestellt: Zusammen traten einst Gewalt und Macht und Stärke, | gemeinschaftliche Hand anlegend einem Werke. | Mit Waffen die Gewalt, die Stärke mit dem Arm | gerüstet und die Macht mit einem Dienerschwarm. | Doch wäre nicht hinzu getreten auch die Kraft, | wär' ihr gesammtes Werk geblieben stümperhaft. | Nur wenig richten aus Gewalt und Macht und Stärke, | o König, wo die Kraft des Geistes fehlt, Das merke. | Denn göttlich ist die Kraft und weltlich jene drei. | Was kann die Erde thun, steht nicht der Himmel bei? Rückert Weish. des Brahm. 2, 30 [V, 47].

Hieran schließt sich Kraft mit Genitiv oder besitzanzeigendem Fürwort zur Umschreibung für etwas in seiner Kraft Wirk= sames, z. B.: Reich uns des Erzes Kraft [das starke Erz, die Waffe]. Goethe 10, 279 [Pandora]. Gieb ungebändigt jene Triebe, | das tiefe schmerzenvolle Glück, | des Hasses Kraft, die Macht [s. u.] der Liebe, | gieb meine Jugend mir zurück! 11, 10 [Faust I, Vorspiel] = Haß und Liebe in der Stärke, wie sie in der Jugend wirksam sind. Abgemessen knüpften sie drauf an die Wage mit saubern | Stricken die rasche Kraft der leicht hin= ziehenden Rosse. 5, 46 [Herm. u. Doroth. V, 141]. So lang des Vaters Kraft vor Troja stritt. 13, 35 [Iphig. II, 2]; Voss Il. 2, 658 u. 666; 23, 720 u. Ä. m., s. mein Wörterb. a. a. O. (und meine Zeitschr. 3, 40), auch über Verbindungen, wie: durch Kraft [vgl.: mittels 2c.]; in (veraltet: aus) Kraft oder auch (ganz präpositionsartig) bloß: kraft, wofür sich nur vereinzelt findet: Eh es der Herr Papa Macht seines Amts gethan. Körner 229a, ähnlich wie vermöge (statt des ältern: nach Vermöge mit Genitiv). Ferner bezeichnet Kraft auch: Wirk= samkeit und Das, wovon die Wirksamkeit eines Gegenstands besonders abhängt, z. B.: Das Gesetz tritt erst mit dem 1. Januar in Kraft, hat früher keine, hat keine rückwirkende Kraft 2c. Alle Kundige[n] | bestätigten mir Eures Anspruchs Kraft [Berechtigung]. Schiller 410b [Maria Stuart I, 6]. Ein Wort, eine Rede 2c., hat Kraft, Saft und Kraft 2c. Ferner biblisch von Personen, als krafterfüllt, Kraft verleihend 2c., z. B.: Ruben, mein erster Sohn, du bist meine Kraft und meine erste Macht.

1. Mos. 49, 3, vgl.: Mein Erstgeborner, meine Kraft und ein Erstling meines Vermögens, vorzüglich an Würde und vorzüglich an Macht. Mendelssohn = Mein Erstgeborner du, mein Mark und Erstling meiner Kraft, stolz auf Hoheit und stolz auf Macht. Zunz. Herr, du bist meine Stärke [s. u.] und Kraft. Jerem. 16, 19 ꝛc. Ferner, namentlich in der Mehrzahl, in Bezug auf die verschiednen Wirkungen des Körpers oder des Geistes, der Seele: Die Kräfte des Körpers, des Leibes, des Geistes. Die obern und die untern oder niedern Kräfte der Seele ꝛc. Aus, mit, von allen (seinen) Kräften; aus Leibeskräften. Alle Kräfte anspannen, daran setzen, aufbieten, zusammennehmen ꝛc.; auch in der Einzahl (zusammenfassend): Alle —, seine ganze — Kraft zusammennehmen, aufbieten ꝛc. Besonders auch von vielvermögender Körperstärke: Kraft haben, — in den Armen, Muskeln. Der Bär hat große Kraft (oder Stärke) in seinen Tatzen ꝛc. Weiter in der Bewegungslehre (Mechanik): Kraft: ein allgemeiner Name Dessen, was Bewegung hervorzubringen, zu ändern oder zu hindern strebt. Gehler Physikal. Wörterb. (1789) 2, 796: Lebendige, todte Kraft. Einfache, zusammengesetzte —, beschleunigende, verlangsamende — veränderliche, unveränderliche —, gleiche, aber entgegengesetzt wirkende Kräfte. Lehre vom Gleichgewicht der Kräfte oder Statik. Die Kraft der Trägheit oder das Beharrungsvermögen [s. o.] ꝛc.

Macht (s. Sanders 2, 196c ff.) ist das Vermögen [s. o.], Etwas in die Wirklichkeit oder ins Werk zu setzen, zu bewerkstelligen ꝛc., namentlich so fern dies Vermögen stark hervortritt, sich sinnenfällig äußert, — sei es bloß ein körperliches, wo es dann wie Gewalt [s. u.] oft dem Recht gegenübergestellt wird, oder ein sittliches, wo es oft mit Fug und Recht verbunden erscheint, — z. B. mit abhängigen Verhältnissen: Macht haben —, Etwas zu thun, — über Etwas oder Jemand ꝛc., zunächst und zumeist von Personen: Dazu hast du Fug und Macht. Goethe 6, 47 ꝛc. So habe ich keine Macht, kein Recht auf dich. Hölderlin Hyperion 2, 10 ꝛc. und ferner ohne abhängige Verhältnisse, z. B.: Der die Berge fest setzet mit seiner Kraft [s. o.] und gerüstet ist mit Macht. Psalm 65, 7, vgl.: Der du mit deiner Macht der Berge Grund gelegt, mit Allgewalt Umgürteter. Mendelssohn. Er bereitete die Berge durch seine Kraft, umgürtet mit Stärke.

Zunz. Herr, erhebe dich in deiner Kraft, so wollen wir singen
und loben deine Macht. 21, 14 = Erhebe dich, Ewiger, in
deiner Macht, wir wollen singen und saitenspielen deiner
Stärke. Zunz 2c. Seid stark in dem Herrn und in der Macht
seiner Stärke. Ephes. 6, 10 = Werde stark durch den Herrn
und durch seine mächtige Kraft. van Ess. Das Reich, Ge=
walt und Macht wird den Heiligen gegeben. Dan. 7, 27. Die
Macht allein giebt Göttern selbst kein Recht. Wieland 12, 251
[Idris u. Zenide III, 72]. Ein heilig Zwangrecht üb' ich aus,
da ich | aus diesen Banden strebe, Macht mit Macht abwende...
Nicht vom Rechte, von Gewalt [s. u.] allein | ist zwischen mir
und Engelland die Rede... | (Burleigh:) Nicht auf der Stärke
[s. u.] schrecklich Recht beruft Euch, | Mylady!... (Maria:) Wohl,
sie brauche die Gewalt, sie tödte mich, | sie bringe ihrer Sicher=
heit das Opfer; | doch sie gestehe dann, dass sie die Macht
allein, nicht die Gerechtigkeit geübt. Schiller 414a [Maria Stuart
I, 7]. Die bloße Macht, sei sie auch noch so furchtbar und
grenzenlos, kann nie Majestät verleihen. Macht imponiert nur
dem Sinnenwesen, die Majestät muß dem Geiste seine Freiheit
nehmen 2c. 1125a [Üb. d. Pathetische] 2c. Gegen die Autorität
verhält sich der Mensch, so wie gegen vieles Andere, beständig
schwankend. Er fühlt in seiner Dürftigkeit, dass er, ohne sich
auf etwas Drittes zu stützen, mit seinen Kräften [s. o.] nicht
auslangt. Dann aber, wenn das Gefühl seiner Macht und
Herrlichkeit in ihm aufgeht, stößt er das Hilfreiche von sich und
glaubt, für sich selbst und Andre hinzureichen. Goethe 39, 69
[Gesch. der Farbenl., II. Abth., 3] 2c. Gegen Macht [geändert
in: Kraft 2, 244] hilft List nur allein und des Goldes | All=
gewalt. Platen 7, 23 2c. Antäus, der aus der ewigen Kraft
der Mutter=Erde, sobald er sie berührte, von neuer Macht
durchdrungen ward. Auerbach Das Landhaus am Rhein (in 3 Bdn.)
1, 280 [V, 6] 2c. So auch von Etwas, dem eine von ihm aus=
gehende sich thätig äußernde Wirksamkeit zugeschrieben wird,
z. B.: Dass das Feuer keine Macht an dem Leibe dieser Männer
bewiesen. Dan. 3, 27. Wie die Sonne aufgeht in ihrer Macht
[Herrlichkeit, Majestät]. Richt. 5, 31. Ein Testament wird fest
durch den Tod; anders hat es noch nicht Macht, wenn Der
noch lebt, der es gemacht hat. Hebr. 9, 17, dem heutigen Ge=

brauch gemäßer: Weil ein Testament erst durch den Tod gültig
wird, indem es keine Kraft hat, so lange Der noch lebt, der
es gemacht hat. van Ess; dagegen z. B.: Die Macht der Ge=
wohnheit, des Vorurtheils, des Aberglaubens, der öffentlichen
Meinung, der Presse u. Ä. m. Ferner, ähnlich wie Kraft (s. o.),
in der gehobnen Rede mit Genitiv, zur Umschreibung von etwas
Mächtigem, mächtig Wirkendem, z. B.: Sie zwingt jetzt deines
Zepters Macht [etwa = dein mächtiges Zepter]. Schiller 57a
[Ring des Polykr.]. Gleich in ihre Pflege theilet | sich der Styx,
des Äthers Macht [der Äther]. 55a [Klage der Ceres]. Fest,
wie der Erde Grund, | gegen des Unglücks Macht | sieht mir
des Hauses Pracht. 78 [Glocke V. 142]. Wohlthätig ist des
Feuers Macht. ebd. [V. 155] u. Ä. m., auch (nach dem Grie=
chischen): Im alterthümlichen Saale | saß König Rudolf's heilige
Macht. 69a [Graf v. Habsb.], in der Hofsprache: Seine Ma=
jestät der König Rudolf 2c., vgl.: Da lächelte sanft des Tele=
machos heilige Obmacht. Wiedasch Odyss. 16, 476 = „Stärke“.
Voss. Drauf vor Jenen begann Telemachos heilige Stärke.
2, 410 (auch Wiedasch) 2c.; dann auch, besonders biblisch: Das,
worin Jemandes Macht liegt, was ihm Macht giebt, z. B. (s. o.): Du
bist meine Kraft [S. 230] und meine erste Macht. 1. Mos. 49, 3.
Der Herr ist meine Macht. Psalm 118, 14 2c., vgl. (s. u.): Du
bist der Geringen Stärke [der sie Stärkende], der Armen Stärke
in Trübsal. Jesaj. 25, 4; Sirach 34, 19 2c.; aber auch ganz ge=
wöhnlich von Staaten und Staatshäuptern: die Truppen, die
sie ins Feld stellen (sinnverwandt: Heer, Heeresmacht, vgl.,
minder gewöhnlich: Auf, zum Kampf um die Schiffe mit Heers=
kraft. Voss Ilias 15, 494 2c.), z. B.: Das Wasser bedeckt
Wagen und Reiter und alle Macht des Pharao. 2. Mos. 14,
28; 5, 11, 4; 2. Sam. 8, 9; 1. Kön. 20, 1 u. o. Er war mit König
Friedrich's Macht | gezogen in die Prager Schlacht. Bürger
13a [Lenore] u. o. Hierher verpflanzten sie die Hauptstärke
[s. u.] ihrer Macht. Schiller 1064a [Unruhen in Frankr.], vgl.
auch: Dahingeschmolzen vor | der schwed'schen Stärke [hier
nicht = Macht, sondern: vor der stärkern schwedischen Macht,
vor ihrer Überlegenheit] waren eure Heere. 380b [Wallenst.'s
Tod III, 13] 2c. Die feindliche Macht (aufs Haupt) schlagen,
vernichten. Eine große Macht auf den Beinen haben. Seine

ganze Macht (z. B. auch übertragen: die ganze Macht seiner
Beredtsamkeit) aufbieten ꝛc., ſ. u. Ferner: dient Macht auch
zur Bezeichnung eines mächtigen Weſens, z. B.: Wagſt du dich |
mit jener Macht, die mich bedroht zu meſſen? Goethe 13, 320
[Natürl. Tochter IV, 2]. Geſellt zu ewigen Mächten. 4, 35
[Weſtöſtl. Div., Buch der Liebe]. Mit des Geſchickes Mächten |
iſt kein ewiger Bund zu flechten. Schiller 78a [Glocke V. 144].
Huldiget der furchtbar’n Macht, | die richtend im Verborgnen
wacht. 58b [Kraniche des Jbykus]. Dann jubilieren die hölliſchen
Mächte. 556b [Macbeth I, 1] ꝛc.; ſo auch ganz gewöhnlich als
Bezeichnung mächtiger Staaten, Reiche ꝛc., vgl.: England iſt —
und hat [ſ. o.] — eine bedeutende Macht zur See, Seemacht.
Das Koncert der europäiſchen Mächte ꝛc. Roger hatte dieſe
kaufmänniſche Macht [die Republik Venedig] an ihrer empfind=
lichſten Seite angegriffen. Schiller 1042b [Begeb. zu Zeiten
Friedr.’s I]. Nach dem Staatskalender mit ſämmtlichen
Potentaten, größern und geringern Mächten und Gewalten
[ſ. u.] bis auf den Adel herunter wohl bekannt. Goethe 21, 232
[Wahrh. u. Dicht. X] ꝛc. — Schließlich ſeien von ſtehenden Ver=
bindungen erwähnt: Aus welcher Macht? = von wem bevoll=
mächtigt. Aus eigner Macht = von Keinem ermächtigt, ohne
fremdes Geheiß ꝛc. Aus aller (oder: ganzer) Macht, wie: aus
Leibeskräften, ſo viel man nur vermag ꝛc., ähnlich: mit (aller)
Macht = gewaltig, heftig, ſehr ꝛc. (von Perſonen und Sachen).
Etwas ſteht, liegt in Jemandes Macht = er vermag es ꝛc.
Etwas in ſeiner Macht (oder Gewalt, ſ. u.) haben = es be=
herrſchen, darüber nach Belieben ſchalten und walten können
u. Ä. m.

Stärke (ſ. Sanders 3, 1180) bezeichnet in der vorliegenden
Sinnverwandtſchaft den Zuſtand des Starkſeins und das Maß
desſelben (die Intenſität) in Kraftäußerung und Wirkſamkeit, im
Gegenſatz zu Schwäche, Schwachheit, z. B.: Die Stärke des
Körpers, Arms ꝛc.; des Geiſtes, der Seele, des Charakters, Willens,
Muths, Widerſtands ꝛc., der Macht [ſ. o.], des Heers ꝛc. Die
Stärke [Intenſität] einer Kraft [ſ. o.], des elektriſchen Stroms ꝛc.,
des Gefühls, der Leidenſchaft, der Liebe ꝛc.; ferner: Das Zepter
deiner Kraft wird Gott ausſenden aus Zion [Pſalm 110, 2, in
der Bibel: „deines Reichs“]. Luther 1, 89b und in der Erklärung

dazu: Das ander Wörtlein: „deiner Kräft, Stärk oder Ver=
mügens druckt aus, nicht die Stärke, damit Einer stark ist im
Bestehen oder Obliegen, welche Stärke heißt billig Festung oder
Festigkeit, als ein Fels, festes Schloß oder Stadt stark ist und
nicht leicht zu überwinden, sondern es heißt hie[r] die Stärke
oder Kraft, damit Einer stark und kräftig ist, Andere zu über=
winden und unter sich zu bringen und zu regieren über sie.
91a 2c. Wenn die Sitten allein ein Volk nicht mehr von Ver=
derbnis bewahren können, so muß eine Veranstaltung hinzu=
kommen, die den Sitten ein neues Leben giebt und Das, was
sie an Stärke verloren haben, durch eine neue Kraft ersetzt.
Wieland 9, 125 [Danischm. XXVI] (vgl.: Diese neue Kraft muß die
frühere Stärke der jetzt verderbten Sitten haben 2c.). Mit der
Schönheit die Kraft zu paaren, die Kraft, diese anscheinende
Feindin der Schönheit. War es möglich, die Kraft besser zu
fassen [als in dem Herkules Farnese], sie besser von der Anstren=
gung oder gar von der Stärke, die ihr ähnelt, zu unter=
scheiden? Der Künstler hatte es wohl begriffen, daß der
große helle Kontrast der Kraft die Ruhe ist; der Gewalt [s. u.]
die Sanftmuth, der Majestät das Lächeln. Forster Br. über
Ital. 1, 226. (Eugenie:) Von altem Heldenstamme grünt er auf.
(Herzog:) Die Kraft entgeht vielleicht dem späten Zweige |
(Eugenie:) Die Schwäche zu vertreten, sind wir da. | (Herzog:)
Sobald er unsre Stärke nicht verkennt. Goethe 13, 249 [I, 6] 2c.
Es war nur ein Moment; dann siegte die Riesenkraft des
Thieres über die gewaltige Stärke des Mannes. Spielhagen
Allzeit voran 1, 191. Doch viel Arges verübt' ich, der Kraft
und Stärke vertrauend, | stolz auf des Vaters Gewalt und die
Macht umschirmender Brüder. Wiedasch Odyss. 18, 139 2c.
Andre Belege für die sich vielfach sehr nahe berührenden Aus=
drücke sind schon bei den frühern Wörtern vorgekommen. Zu
erwähnen bleibt, worin sich Stärke von den andern etwas
mehr entfernt, die Bedeutung: Das, worin sich die Stärke von
Etwas äußert, hervortritt 2c., vgl.: die starke Seite, z. B.: Hierin
liegt die Stärke dieses Mannes, Dichters, der Festung, des
Beweises 2c. Gute Laune, Fröhlichkeit, | Muthwille selbst (Dies
hat sie ausgefunden) | macht ihre Stärke aus. Wieland 12, 44
[Pervonte III]. In den Alterthümern | lag seine Stärke nicht

20, 64 [Ober. III, 29]. Zum Analyſieren, das   meine Stärke niemals werden wird. Goethe 23, 14/5 [Ital. Reiſe, 8. Sept. 1786]. Unſere Einbildungskraft erregt er [Jean Paul], ſchmeichelt unſern Schwächen und feſtiget unſere Stärken. 4, 235 [Noten zum Weſtöſtl. Div. XXXIV]. Daß man bei ſolcher Gelegenheit [wo man den Fechtenden zuſchaut] Stärken und Schwächen gewahr wurde. 315 [LIV]. Er [Lavater] ſagt ſo oft, daß er ſchwach ſei, und ich habe Niemand gekannt, der ſchönere Stärken gehabt hätte. 27, 478 [An d. Konſul Schönborn] 2c. In andern Bedeutungen (ſ. Sanders a. a. O.) tritt Stärke noch mehr aus der Sinnverwandtſchaft, ſo z. B. als Bezeichnung des Starkſeins in Bezug auf den Umfang (ſo ſinnverwandt mit Dicke, Embonpoint 2c.), nah angrenzend jedoch in der Angabe, wie ſtark (wie viel Mannſchaft umfaſſend) Truppen 2c. ſind (ſ. S. 233): Die Stärke eines Truppentheils, der Truppen, des Heers, — nicht immer zuſammenfallend mit der Kraft, Macht, Gewalt eines Truppentheils 2c.

Das Fremdwort Vigor iſt im Deutſchen wohl im Allgemeinen entbehrlich (ſ. mein Verdeutſchungswörterb. 249b); doch findet es ſich z. B.: So wird den Männern in gewiſſen Jahren, obgleich noch im völligen Vigor [in völliger Lebensfriſche, Rüſtigkeit, ſonſt auch: in voller Lebens=, Manneskraft, in Lebensfülle 2c.] das leiſeſte Gefühl einer unzulänglichen Kraft äußerſt unangenehm, ja gewiſſermaßen ängſtlich. Goethe 18, 238 [Der Mann v. 50 Jahren].

Die Gewalt (ſ. Sanders 3, 1468c ff.) iſt eine — befugte oder unbefugte [ſ. u.] — zwingende und unwiderſtehliche Macht, deren Walten man oder Etwas ſich fügen muß, — und: die zwingende Ausübung und Anwendung ſolcher Macht, — ſich von den übrigen Ausdrücken weſentlich entfernend und unterſcheidend, wenn und in ſo weit der Zwang, den die Macht auf das darunter leidende und ſich fügen müſſende Objekt ausübt, als ein unbefugter, unberechtigter oder geradezu ungerechter erſcheint, z. B.: Wo Gewalt vor — oder über — Recht geht. Kein andres Recht als das der Gewalt kennen, anerkennen 2c. Gewalt und Unrecht leiden müſſen. Einem Gewalt (und Unrecht) thun, anthun. An Einem (oder gegen ihn) Gewalt üben, ausüben. Gewalt anwenden, (ge)brauchen. Zur Gewalt greifen 2c.

Mit Gewalt Einen zwingen, ihm Etwas (weg)nehmen, rauben ꝛc.
Schreiende, himmelschreiende, entsetzliche Gewalt ꝛc. Der mit
Gewalt ein armes Christenkind | dem Bunde seiner Tauf' ent-
reißt! Denn ist | nicht Alles, was man Kindern thut, Gewalt?
Lessing Nath. IV, 2, V. 2539 ꝛc., vgl.: Unser ist in diesem Kriege
die Gerechtigkeit und, weil diese, wenn auch nicht die Gewalt,
doch die Stärke. Horn Friedr. Karl 2, 217 ꝛc. In derartigen
Anwendungen sind für Gewalt die übrigen Ausdrücke unstatthaft, die, wo nicht der Begriff des geübten Unrechts hervortritt, sich nahe damit berühren, vgl. z. B.: Hilf mir, Gott, und
schaffe mir Recht durch deine Gewalt. Psalm 54, 3 (= durch deine
Macht. Mendelssohn; mit deiner Stärke. Zunz). Er herrschet
mit seiner Gewalt ewiglich. 66, 7 (= mit Allgewalt Mendelssohn; in seiner Stärke. Zunz). Des Menschen Thun stehet
nicht in seiner Gewalt und stehet in Niemands Macht, wie
er wandle. Jerem. 10, 23 ꝛc. Er gab ihnen Gewalt und Macht
über alle Teufel. Luk. 9, 1, auch van Ess ꝛc. Da die Gestalt
dir | Macht und Gewalt dir | über mich giebt: | Schönste der
Schönen, | mich zu verhöhnen, | freue dich nicht! Sanders Aus
den besten Lebensst. 268 ꝛc. Ich hatte eine uneingeschränkte
Gewalt über ihren Verstand; denn ich kannte alle Mittel, ihre
kleinen Neigungen zu befriedigen: ich hatte keine Macht über ihr
Herz; denn niemals billigte sie, was ich für sie that, wozu ich
sie bewegte, wenn ihr Herz widersprach: nur der unbezwinglichen
Noth gab sie nach und die Noth erschien ihr bald sehr drückend.
Goethe 17, 241 [Lehrj. VII]. „Hast du Auftrag?" Aus eigner
Macht und Gewalt. 402 [VIII] u. Ä. m., s. Belege theils im
Vorstehenden, theils und besonders bei Sanders a. a. O. Be-
sonders zu erwähnen bleiben nebenwörtliche Verbindungen, wie:
Aus aller Gewalt [aus Leibeskräften] lachen, schreien ꝛc.
Adelung; ferner: mit (aller) Gewalt stärker als: mit (aller)
Macht, in Bezug auf das Zwingende, Unwiderstehliche, z. B.:
Der Weizen wächset mit Gewalt [gewaltig, mächtig]. Paul
Gerhard [Geh aus, mein Herz ꝛc., Str. VII]. Wenn nun erst das
Frühjahr mit Gewalt eintritt. Goethe 23, 256 [Ital. Reise
16. März 1787] ꝛc., auch: Welch tiefes Summen, welch ein heller
Ton | zieht mit Gewalt das Glas von meinem Munde? 11, 33
[Faust I, Nacht]. [Judas] habe das bisher unüberwindliche

Zaudern des Herrn mit Gewalt [vgl.: durchaus ꝛc.] zur That nöthigen wollen. 22, 233 [Wahrh. u. Dicht. XV]. Ein verborgenes Geschwür ., das sie mit aller Gewalt aufgestochen wissen wollen. Lessing 6, 261 u. Ä. m.

Mahnen s. abrathen. S. 73 ff.

Matsch, matschig s. teig.

Meilen=Säule, =Stein, =Weiser, =Zeiger s. Wegweiser.

Meinungs=Kampf, =Streit s. Zwiespalt.

Merken lassen s. zeigen.

Merkziel s. Absicht. S. 114.

Miene ꝛc. s. Gebärde. S. 194 ff.

Missgebärde s. Gebärde. S. 196.

Missgönnen, Missgönner, Missgunst, missgünstig, Missgünstiger s. Abgunst. S. 10 ff.

Misshelligkeit s. Zwiespalt.

Missrathen s. abrathen. S. 74.

Mit, mit fort, mit weg (nehmen ꝛc.) s. fort. S. 183.

Mithelfen s. beispringen. S. 141.

Mo(h)l, molsch, mo(o)r, morsch, mudike, mulsch, mürbe s. teig.

Muster, Kauf auf Muster s. Probe.

Nachbessern, nachhelfen, bessern.

Bessern s. Sanders Syn. 2, 49 ff. und Wörterbuch 1, 118 c ff. — Nachbessern (ebd.) = nachträglich, hinterher verbessern; bei etwas bereits Fertigem noch Verbesserungen anbringen, z. B. durch Wegschaffung von Störendem oder durch Hinzufügung von Fehlendem, Ausfüllung von Lücken ꝛc., so an Bauwerken die vorragenden Steine, an Erzgüssen die Gussnähte und Unebenheiten wegarbeiten. Schriftsteller, die ihre Werke sorgfältig feilen und nachbessern. Ich habe ihm gestern den Mantel nachbessern müssen. Rumohr (Novellenschatz 2, 192), vgl.: Seinen Mantel zu flicken, 202 (ausbessern) ꝛc.; auch scherzhaft: Noch einkehren und nachbessern. Gotthelf Schuldenbauer 262, — die Lücken im Bauch ausfüllend, stopfend.

Nachhelfen (ſ. oben S. 141 unter beiſpringen und Sanders 1, 737b bezeichnet: von hinten nachſchiebend helfen; und danach über=tragen: durch Hilfe, Beiſtand vorwärts bringen, fördern, z. B.: Schwachen Schülern laſſen die Eltern bei ihren Arbeiten nach=helfen (ihnen Nachhilfeſtunden geben). Sie hatte manchmal ein Wörtchen mit eingeſprochen und über Dieſes oder Jenes, wenn wir in unſern Einrichtungen ſteckten, nachgeholfen. Goethe 20, 209 [Wahrh. u. Dicht. V]. Doch liegt einem Jeden vor Augen, wie in beiden Abtheilungen dieſes wichtigen Werkes [der Bibel] der geſchichtliche Vortrag mit dem Lehrvortrage der=geſtalt innig verknüpft iſt, daſs einer dem andern auf= und nach=hilft. 39, 64 [Geſch. der Farbenl. II. Abth.: Überliefertes]. Er ſah die Natur ſelbſt ſäen und begießen, ſein Nachahmungstrieb erwachte und bald ſpornte ihn die Noth, der Natur ſeinen Arm zu leihen und ihrer freiwilligen Ergiebigkeit durch Kunſt nach=zuhelfen. Schiller 1010a [Moſ. Urkunde] ꝛc.; auch: Wenn er im Bilde irgend ein Verſehen oder einen Fehler wahrnähme, überall als Freund zu beſſern und nachzuhelfen. Wackenroder (Kurz Liter.=Geſch. 3, 595a).

Ob; daſs.

Von den beiden Bindewörtern knüpft daſs zunächſt Aus=ſageſätze, — ob Frageſätze an einen Hauptſatz und bezeichnet ſomit etwas Fragliches, Ungewiſſes, Unſicheres, Zweifelhaftes ꝛc., vgl.: Ich behaupte, versichre, sage, weiß 2c., ich zweifle nicht 2c., es ist sicher, gewiß, unzweifelhaft 2c., daß u. s. w.; dagegen: Ich frage, ich bin unsicher, ich schwanke, ich weiß nicht, ich zweifle 2c., es ist fraglich, unsicher, ungewiß, zweifelhaft 2c., ob u. s. w. „Ich frage, ob du sicher behaupten kannst, daß er morgen hier sein wird." Daß er kommen will, hat er mir selbst gesagt; ob schon morgen, weiß ich freilich nicht. — Ob ich morgen leben werde, | weiß ich freilich nicht; | aber, wenn ich morgen lebe, | daß ich morgen trinken werde, | weiß ich ganz gewiß. Lessing Ster. 1, 47 [Die Gewißheit] u. Ä. m. In einigen Fällen können beide Bindewörter mit einem leichten Unterschiede stehen, vgl.: „Ich zweifle, ob er kommt", — sagt auch Der, welcher sein Kommen und sein Nichtkommen für gleich möglich hält und eben deßhalb zwischen beiden Möglichkeiten nicht entscheiden will, während in dem Satze: „Ich zweifle, daß er kommt" mehr der Glaube an das Nichtkommen hervortritt, z. B.: Ich zweifle, ob mein ungeheures Reich sie Alle fassen möge. Klinger Faust 30, entschiedner: daß mein Reich sie Alle fassen kann. Karneades und Pyrrho selbst mußten bei solchen Zeugen zweifeln, ob [vgl. daß] da noch Etwas zu zweifeln sei. Wieland 36, 165 [Voltaire]. Ich müßte den Solon nicht kennen, wenn ich zweifeln könnte, ob er einen Fremden, wie dieser, in seinen Schutz nehmen werde. Ders. Lucian 4, 313. Zweifl', ob lügen kann die Wahrheit. Schlegel Hamlet 2, 2 [neige dich zweifelnd selbst der Annahme zu, daß sie vielleicht lügen könne] u. Ä. m.

Offenbaren s. zeigen.
Ordnen, in Ordnung bringen s. abmachen. S. 56; 59.
Ortstafel s. Wegweiser.

Sich packen; (sich) scheren; sich trollen; sich davon, fort, weg, aus dem Staub machen.

Über die zuletzt genannten Verbindungen mit dem rückbezüglichen machen s. Sanders Syn. 1, 401 ff. Auch die übrigen sinnverwandten Wörter bezeichnen, mit verächtlichem, spöttischem oder scherzhaftem Nebensinn: sich in Eile, in Hast weg begeben,

namentlich aus dem Bereich von etwas Drohendem, um sich in
Sicherheit zu bringen (sich zu salvieren).

Packen (s. Sanders 2, 491 b ff.): seine Sachen oder auch ohne
Objekt und besonders oft rückbezüglich, von den Vorbereitungen
zum Aufbruch, zunächst von Soldaten ꝛc.: mit Sack und Pack, —
dann allgemein und überhaupt: sich eilig davon machen, s.: Im
Augenblick werd' ich hier packen und sacken | und diesen Ort
ansehen mit meinem Nacken. Rückert Makamen 2, 21. Wir
packten und bündelten uns nun auf das geschwindeste auf.
E. M. Arndt Erinnerungen a. d. äußern Leben 113 ꝛc. Bis, oft
gestoßen, oft geschmissen, | sich endlich beide packen müssen.
Hagedorn 2, 121 [Der muntre Seifensieder]. Packt Euch zum
Henker! Goethe 10, 133 [Bürgergeneral, 9. Auftr.]. Daß Ihr
Euch aus dem Hause packen könnt. 134 [ebb.] u. o.

In ähnlichem Sinne, in nicht sicher ausgemachtem Bilde
(s. Sanders 3, 910 a, b): sich scheren; sich seiner Wege, zum Teufel,
Satan, zu allen Teufeln, ins Nest, schlafen, heim, fort scheren ꝛc.
Tausend schwere Noth! schert euch hinaus, wenn ihr was
auszumachen habt. Goethe 35, 7 [Götz, Bühnenbearb. I, 1] ꝛc.;
niederdeutsch auch ziellos: Wer nicht des Weidwerks pflegen
kann, | Der scher' ans Paternoster hin. Bürger 70 a [Wild.
Jäg. Str. 8]. Schere hinweg mir! Voss Theokr. 20, 2.

Trollen (s. Sanders 3, 1384 c) ist eigentlich ein weidmän-
nischer Ausdruck von treibendem, mit kurzen Schritten trotten-
dem Wilde, z. B.: Der Hirsch gehet geschwind gen Feld und
trollet gen das Geäße. Döbel Jäger-Pract. 1, 11 a Nr. 53.
Trollen, so wird gesprochen, wenn ein Hirsch einen kurzen
Trab läuft. Chr. Wh. v. Heppe Wohlred. Jäger. 369 b. Flüchtig
nennt man es, wenn Wild schnell läuft; kommt ein Stück Wild
aber im Trabe an, so nennt man es trollen. Hartig Lexikon
für Jäger, 2. Aufl. 192; 552. Trollen: wenn Hochwild in
mäßigem Trabe geht. Laube Jagdbrevier (2. Aufl.) 314 ꝛc. Kam
gegen ihm ein Fuchs getrollt. Waldis Esop 4, 49⁴ ꝛc., auch
von Personen: Von dannen trollen. Heine 7, 179. Indem
er langsam vor sich hin in die Schenke trollte. Prutz Engelchen
3, 309. Wenn tummelnd wo ein Wandrer trollt | um Mitter-
nacht von Hause. Voss Gedichte 3, 165 ꝛc.; so zumeist rückbezüglich: Thät er [der Wolf] sich trollen nach dem Strauche.

Waldis Esop 1, 86[26] 2c. Er war aber nicht mehr vorhanden, sondern hat sich getrollt. Wickram Rollwag. (herausg. von Kurz) 143[25]. Trolle dich, du Sau, zu andern Säuen im Stall. Simplician. Schriften (herausg. v. Kurz) 1, 95[31]. Die Thür wird aufgerissen, | so dass sich Wirth und Gast urplötzlich trollen müssen. Hagedorn 1, 37. Sismund sand ihn nicht bei mir | und trollte sich mit vielem Pochen. 2, 157. Er kann sich trollen. Wieland 34, 316 [Die Acharner III]. So muß sich Frau Stazia   über Hals über Kopf an den Blattern aus der Welt trollen. 40 [Bunkliade]. Mit dieser Emilia Galotti. . ., deren Bräutigam so über Hals über Kopf sich aus der Welt trollen müssen. Lessing Em. Galotti IV, 5. Trollte sich nach Hause. Auerbach Dorfgesch. 1, 7 u. o.

Perïeget s. Wegweiser.

Perpendikular, perpendikulär s. scheitelrecht.

Pfad=Weiser, =Zeiger s. Wegweiser.

Pförtner s. Wächter.

Physio(g)nomie s. Gebärde.   S. 193.

Plan s. Absicht.   S. 121; 124.

Pose s. Gebärde.   S. 197.

Preisenswerth; preislich; preiswerth; preiswürdig
     s. rühmlich.   S. 248 ff.

Probe: auf —, zur —, nach Probe.

Hierfür gelten die Bestimmungen des „Deutschen Handels= gesetzbuches" Artikel 339—341:

Ein Kauf auf Besicht oder auf Probe ist unter der in dem Willen des Käufers stehenden Bedingung geschlossen, dass der Käufer die Waare besehen oder prüfen und genehmigen werde. Diese Bedingung ist in Zweifel eine aufschiebende.   Ein Kauf nach Probe oder Muster ist unbedingt, jedoch unter der Ver= pflichtung des Verkäufers geschlossen, dass die Waare der Probe oder dem Muster gemäß sei. Ein Kauf zur Probe ist unbe= dingter Kauf unter Hinzufügung des Beweggrundes.

Projekt s. Absicht.   S. 124.

Quästionieren s. Frage.   S. 189; 190.

Rachbegier, Rachbegierde, Rache (rächerisch); Rachedurst; Rachgier, Rachgierde, Rachgierig (=keit); Rachgrimm; Rachsucht, rachsüchtig; Rachwuth, rachwüthig; Eigenrache, Selbstrache (langräche).

Über Rache und die Zusammensetzungen: Selbstrache, die der sich beleidigt und gekränkt Fühlende selbst (als eine Handlung der Selbsthilfe) an dem Beleidiger übt, um seinem Gefühl gegen diesen Genugthuung und Befriedigung zu verschaffen, und Eigenrache, worin das Tadelhafte der Eigenmächtigkeit noch schärfer hervorgehoben ist, s. meine Synon. 1, S. 87·8, auch die Belege, wozu ich einige für Selbstrache hinzufügen und den für Eigenrache hier vollständiger mittheilen will. Mir scheint der Zweikampf in obiger Form die letzte mögliche Einschränkung der Selbstrache zu sein. Möser Patriot. Phantas. 4, 138. Zu einem solchen Grade war der Gräuel der Mißhandlung und das Elend der Regierung gestiegen, daß dem Landsherrn nur das verzweifelte Mittel übrig blieb, die Selbstrache zu üben. Schiller 925a [30jähr. Krieg II]. Es konnte deßhalb bei dieser rein patricischen Verfassung [in Athen] ein Bürger, der sich in seinen Rechten gekränkt glaubte, sich weder an die Regierung noch an die Gerichte noch an die Diener der Religion mit Vertrauen wenden. Er wurde also nothwendigerweise zur Selbstrache getrieben. Schlosser's Weltgeschichte (von Kriegk) 1, 300. Schon rotteten sich ganze Scharen, die zu der Rache fertig waren. | Doch ein hochweiser Magistrat besetzt das Thor und sperrt die Stadt, | der Eigenrache vorzukommen. Lessing 1, 118 (Der Eremit].

Zu Rache gehören: rächen, Rächer und das Eigenschaftswort rächerisch (s. Sanders 2, 628c) = in der Weise eines Rächers, Rache übend und zu üben beflissen — vgl. (s. u.): rachgierig, rachsüchtig, rachwüthig: Sogar der Haß, den die Royalisten hegten, war minder entbrannt und rächerisch. Ense Denkwürdigkeiten 6, 15. Das rächerische Schwert. 4, 75. Die Frage ist nur, ob man, wenn man unter zwei Aktricen zu wählen hätte, lieber die zur Elisabeth nehmen sollte, welche die beleidigte Königin mit allem drohenden Ernste, mit allem Schrecken der rächerischen Majestät auszudrücken vermöchte, oder die, welcher die eifersüchtige Liebhaberin mit allen kränkenden Empfindungen der verschmähten Liebe ꝛc.   angemessener wäre. Lessing Dramaturgie XXV Der lachende Wohlstand der feindlichen Religion kränkt ihre Armuth; die Pracht jener Tempel spricht ihrem landflüchtigen Glauben Hohn; jedes aufgestellte Kreuz an den Landstraßen, jedes Heiligenbild, worauf sie stoßen, ist ein Siegesmal, das über sie errichtet ist, und jedes muß von ihren rächerischen Händen fallen. Schiller 832a [Abfall der Niederl. IV]. Daneben veraltet: rächern. Kantzow 1, 41. Ein gerächiger Gott. Schaidenreisser 53a und dazu das aus den Nibelungen bekannte lancræche = das Gefühl der Rache lange in sich tragend, bewahrend und hegend (sinnverwandt nachträg(er)isch), das Treitschke zu erneuern versucht hat: Der Haß gräbt sich in diese festen und langrächen Seelen ein. Preuss. Jahrbücher 27, 241, s. mein Ergänz.-Wörterb. 401c, vgl. 569b.

Für Gier nebst seinen Fortbildungen und Sucht ꝛc. gilt auch in den Zusammensetzungen mit Rache als Bestimmungswort das in meinen Synon. 1, 224—230 Gesagte. Danach bezeichnen sie sämmtlich ein heftig nach Befriedigung strebendes, unwiderstehlich drängendes Verlangen nach Rache, und zwar ist streng genommen Rachgier eine bis ins Übermaß — und Rachsucht eine bis ins Krankhafte gesteigerte Rachbegierde. Im Übrigen begnüge ich mich mit der Anführung der folgenden Belegstellen: Zudem ich wohl denke, daß bei den münsterischen Geistern dies Buch um meiner Vorrede willen desto feindseliger werden und sie viel mehr verstocken und verhärten wird, weil sie denken werden, es geschehe aus lauter „Rachgir“ als von Dem, den sie so heftig durch den Druck ausgeschrien haben. Luther 6, 315a. Jetzt hat in seinem Herzen Rachgier, jetzt wieder Liebe den Überschwung. Engel 8, 360. Aber in der That ist Das nicht Ausbruch des Zorns, sondern des tiefsten Schmerzens, des bittersten Leidens, das sich am Ende zwar allerdings in Wuth, aber nicht der Rachgier, sondern der Verzweiflung verwandelt. 354. Auch die heftigere Rach- oder Genußbegierde, wenn sie hinterwärts plötzlich ein Geräusch hört, welches ihr die Gegenwart des gewünschten Gegenstandes ankündigt, wird den Körper nie anders als mitten im Zurückschreiten herumdrehen.

7, 191. Begierde nach Wegräumung, nach Zerstörung eines
Übels kann etwas Anders als Zorn sein; aber nur unter der
Gestalt des Zorns, der, so viel ich weiß, bei allen alten Welt-
weisen mit Straf- und Rachbegierde Eins ist, hat sie ihr
eigenthümliches Spiel. 7, 235 ꝛc. Daß Geiz nach eigner
Macht, | Stolz, blinde Rachbegier den Anschlag ausgedacht.
Chr. Fel. Weisse Eduard III. (s. Lessing 6, 219). Daß er
[Amor] bald der Rachgierigkeit [gegen die Götter, die ihn
aus dem Himmelssaal verjagt] | und aller Götter ganz vergessen.
Weckherlin Ged. (v. Gödeke 5, 126 = Wilh. Müller's Biblioth.
4, 35), vgl.: Den Punkt der Versöhnlichkeit und Unrachgierig-
keit. Rieger bei Strauss 8, 281 ꝛc. Keine Rachsucht blickt auf
Dich, mit schelen Blicken eines Wolfs. Ewald v. Kleist (Grab-
lied), vgl. in Adelung's Wörterb. 3, 1223: Die Rachgier
die Gier oder heftige Begierde, sich zu rächen, d. i. eine empfangene Beleidigung durch Gegenbeleidigungen zu vergelten
Die Rachgierigkeit die Fertigkeit, sich der Gegenbeleidigungen zu befleißigen, eine zur Fertigkeit gewordene Rachgier Der Rachgrimm eine mit Grimm verbundene
Rachgier. Die Rachsucht die Sucht, d. i. eine lange anhaltende heftige Begierde, sich zu rächen, die Rachgier als eine
anhaltende Leidenschaft betrachtet — und ähnlich bei Campe
(3, 733), woraus ich hier nur Folgendes hersetze: Die Rachgier die Gier oder heftige, fehlerhafte Begierde, sich zu
rächen, eine erlittene Beleidigung ꝛc. durch eine andere zu vergelten; wenn die Rachgier anhaltend ist, wird sie Rachsucht
und ihr höchster Grad heißt Rachwuth, — oder (wie ich lieber
sagen möchte): Die bis zur Wuth gesteigerte Rachgier ist Rachwuth. —

Schließlich bleibt nur noch die Zusammensetzung Rachedurst
zu besprechen oder eigentlich das darüber a. a. O. (in meinen
Synon. 1, 224 ff.) unter Begier in Nr. 5 Gesagte zu wiederholen.
Hier heißt es:

Durst bezeichnet eigentlich: die durch die Dürre des Schlundes entstehende brennende Begierde des Trinkens wie Hunger
die aus Leere des Magens entstehende quälende Begierde nach
Speise. Danach bezeichnen diese Wörter bildlich oder verallgemeint — womit sie in die vorliegende Sinnesverwandtschaft

eintreten — überhaupt: eine auf Befriedigung dringende, heftige (brennende oder quälende) Begier nach Etwas.

Unter den dort gegebnen Belegstellen findet sich auch eine aus Schiller's „Verbrecher aus verlorener Ehre" (S. 707b) für die Verbindung: Hunger nach Rache. Es wird angemessen sein, sie hier nicht nur etwas vollständiger herzusetzen, sondern auch in Verbindung mit einem vorangegangenen und einem nachfolgenden Satze. Es heißt dort: Von jetzt ab lechzte ich nach dem Tage meiner Freiheit, wie ich nach Rache lechzte Mein erster Gedanke, sobald ich mich frei sah, war meine Vater=stadt. So wenig auch für meinen künftigen Unterhalt da zu hoffen war, so viel versprach sich mein Hunger nach Rache Es erquickte mich im Voraus, meine Feinde durch meinen plötzlichen Anblick in Schrecken zu setzen und ich dürstete jetzt eben so sehr nach neuer Erniedrigung als ich da=mals davor gezittert hatte.

Nach weitern Belegen für Hunger in ähnlicher Anwendung habe ich dann a. a. O. als sehr gewöhnlich und keines Beleges bedürfend angeführt: Den Durst nach Ehre, Lob, Ruhm, Nach=ruhm 2c., nach Freiheit, Glück, Wonne, Unsterblichkeit 2c., nach Rache, Streit, Krieg 2c., nach geheimer Wissenschaft 2c. löschen, stillen, befriedigen 2c. Ein dort nur angedeuteter Beleg für die Zusammensetzung lautet: Das Angesicht erglüht dem Schmerz=erfaßten, | die alten Wunden brechen auf, es walten | der Zorn, der Racheburst nach kurzem Rasten. Chamisso 4, 134, s. ferner z. B.: Dennoch traten Egon's Angaben mit einer solchen Be=stimmtheit auf, daß man, selbst eine Art von unedlem Rache=durst bei ihm vorausgesetzt ., an denselben keinenfalls so ohne Weiteres vorbeigehen durfte. Gegenwart 35, 221b u. o., vgl. auch in Campe's Wörterb. aus Sonnenberg angeführt. Oder das Volk der Erdlinge hier aus lechzendem Rachdurst | in süßer Wuth zu verderben.

Rachen s. Abgrund. S. 8.
Rathen s. abrathen. S. 73 ff.
Rechenschaft, Rechnung (ab)legen 2c. s. ablegen. S. 37.
Rechnung, auf die Rechnung schreiben, setzen s. bei=
legen. S. 128.

Recitieren f. ablesen II. S. 47—49.

Redekampf f. Zwiespalt.

Reden, falsch Zeugnis ꝛc. f. ablegen. S. 38.

Refus, refüsieren f. Abschlag. S. 103.

Regeln, regulieren f. abmachen. S. 56.

Reiseführer f. Wegweiser.

Repuls f. Abschlag. S. 103.

Richtig machen ꝛc. f. abmachen. S. 58 9.

Richtpunkt f. Absicht. S. 114.

Rücksprache f. Abrede. S. 82.

Rückweis, Rückweisung f. Abschlag. S. 96.

Rühmlich, ruhmreich, ruhmvoll, ruhmgekrönt, ruhmverklärt, ruhmwürdig, ruhm=, rüh= menswerth, berühmt; glorreich, glorwürdig; ehr(en)reich, ehr(en)voll, ehrenwerth, vereh= rens=, verehrungs= werth, =würdig, ehrfurcht= würdig, ehrenhaft, ehrlich, ehrwürdig, ehr= bar, ehrsam; löblich, lobesam, lobenswerth, lobenswürdig; preislich, preisenswerth, preis= werth, preiswürdig.

Löblich ist: was zu loben —, wie rühmlich: was zu rühmen ist. Nun braucht freilich das zu Lobende — wie das zu Ehrende (f. u.) — dem zu Rühmenden an Güte und innerm Wert nicht nachzustehen; aber die Anerkennung durch den Ruhm hat die weite Verbreitung und das laut Tönende voraus, f. meine Synon. 1, 334 ff., wo ich u. A. gesagt habe: Wie Ehre dem guten Namen entspricht, so Ruhm dem großen ꝛc., vgl. den dort angeführten Vers aus Platen, 2, 13: Nicht nach Lob [Ein= zelner] verlangt der Dichter, doch nach Ruhm verlanget er, — wozu ich hier noch aus den Simplician. Schriften (v. H. Kurz) 3, 29 [30] die Stelle füge: Ich hatte täglich viel Grüße und Bot= schaften von Diesen und von Jenen anzuhören, die alle in des Grafen Spital lagen [eben so wie er in Liebe zu mir hin= schmachteten ꝛc.]; aber ich bestunde so unbeweglich, wie ein Felsen, bis ganz Wien nicht allein von dem Lob meiner unvergleich= lichen Schönheit, sondern auch von dem Ruhm meiner Keusch= heit und anderer seltnern Tugend erfüllt ward ꝛc. In löblich

liegt das wirkliche Vorhandenſein guter und Anerkennung ver=
dienender Eigenſchaften, während mit Ausdrücken wie tadellos,
tadelfrei, untadelhaft, untadelig ꝛc., nur die Abweſenheit
entgegengeſetzter Eigenſchaften ausgeſprochen wird, z. B.: Er
hat ſich in dieſem ſchwierigen Handel nicht bloß vollkommen un=
tadelhaft, ſondern ſehr löblich und wie die ihm allſeitig ge=
zollte Anerkennung zeigt, ſogar rühmlich benommen. Du biſt
eine Ehre des ganzen Volks, daſß du ſolche löbliche That ge=
than. Judith 15, 12. Der Arme wird geehret um ſeiner Klug=
heit willen und der Reiche um ſeiner Güter willen. Iſt aber
die Klugheit löblich an einem Armen: wie viel mehr an einem
Reichen? Sirach 10, 34. Er that ein löbliches Werk, daſß er das
Volk wieder zu rechter Ordnung brachte. 50, 5. Hier ſind wir
verſammelt zu löblichem Thun. Goethe 1, 116. Er verſieht das Ge=
ſchäft ſo löblich und treu, als wenn es ſein eigenes wäre. 19, 131
[Wanderj. III, 129]. Das iſt löblich an dir. 15, 16. [Wahl=
verw. I, 2]. Ja! wenn, was Einem ſchön und löblich dünkt, |
auch jedem Andern ſchön und löblich dünkte, | kein Streit noch
Zwiſt entzweite dann die Welt. Schiller 240 b [Phönicierinnen]. Es
iſt rühmenswerth [ſ. u.], daſß Sie einen Freund nicht verlaſſen
wollen, der in Noth iſt   „Ich will es abwarten“   Das
nenn’ ich eine löbliche Hartnäckigkeit im Guten. Zur guten
Stunde 2, 2, 441. Es iſt eine löbliche Sitte, daſß Hausgenoſſen
ihre Mahlzeiten gemeinſchaftlich einnehmen. 444 u. o. Schon
Adelung bemerkt, daſß man löblich lieber von Sachen und
Handlungen als von Perſonen gebraucht, ob man gleich (wie
er — für ſeine Zeit — noch einigermaßen beſchränkend hinzu=
ſetzt) noch zuweilen hört: ein löblicher König, ein löblicher
Fürſt. Wohl aber — heißt es bei ihm weiter — wird es als
ein Ehrenname gewiſſer Collegiorum und Ämter und der den=
ſelben vorgeſetzten Perſonen gebraucht... Von höhern Collegiis
ſind [oder, wie es heute wohl heißen müſßte, waren] die Aus=
drücke preislich [ſ. u.] und hochpreislich üblich, — vgl. in
meinem Wörterb. 2, 149 c, wo ich z. B. aus Muſäus Volks=
märchen 5, 10 angeführt habe: Das löbliche Küchamt ꝛc. und
als auch noch heute vorkommend: An das (wohl)löbliche
Stadtgericht, Poſtamt. Die (wohl)löbliche Buchhandlung,
Zeitungsexpedition ꝛc., ſ. z. B. auch: Daher beſchloſß der löbliche

Schützenrath   eine Rast von zwei Stunden eintreten zu laſſen. Der Weidmann 20, 409a ꝛc., wie ferner aus Claudius 5, 145 (alterthümelnd): Ein Kindelein, ſo löbelich (welche Form — freilich auf Sachliches bezogen — auch Wieland verwendet: Vorſicht, wiewohl ſie zuweilen ſich | verrechnet, iſt immer löbelich. 10, 237 = Gandalin VI). Jedenfalls aber widerstreitet es dem heutigen Sprachgebrauch, wenn Luther in ſeiner Bibelüberſetzung das viel zu ſchwache löblich von Gott und deſſen Werken gebraucht: Denn der Herr iſt groß und faſt löblich und herrlich über alle Götter. 1. Chron. 17 (oder 16), 25 = Denn groß iſt der Ewige und ſehr geprieſen und furchtbar iſt er über alle Götter. Zunz; ähnlich Psalm 145, 3 (wofür es bei Mendelssohn heißt: Groß iſt der Ewige und hochgeprieſen*), | unerforſchlich ſeine Größe). Wer kann die großen Thaten des Herrn ausreden | und alle ſeine löblichen Werke preiſen? Psalm 106, 3. Was er [Gott] ordnet, iſt löblich und herrlich. 111, 3 ꝛc. Weiter iſt auch löblich veraltet = lobend ꝛc., z. B.: Singet löblich [ſtatt: lobſinget] und lobet den Herrn. Sirach 39, 19 oder, wie Adelung aus Opitz anführt: Streicht löblich aus dem Herren ſeine Werke!

Über das im Allgemeinen veraltete lobſam ꝛc. wird es genügen, das Folgende (namentlich aus meinem Wörterb.) herzuſetzen: Regier wohl und gar lobſam. Hans Sachs (Ausw. v. Götz, Nürnb. 1824) 2, 83. Von lobeſamen Thaten. Al. Schlichtkrull Laterna mag. III; als veralteter Titel meiſt dem Hauptwort nachgeſetzt und adverbial, noch alterthümlich oder mit ſpöttiſcher Färbung: Das hat gebauet und volnbracht | aus ſonder Gotts Worts Andacht, | zu Sachſen ein Herzog lobeſam, | Johannes Friederich heißt ſein Nam ꝛc. Luther 8, 195b. [Der Löwe] ließ mit Blut befleckt den Mantel lobeſam. Schlegel Sommernachtstr. V, 1. Die ſchnellen Ritter lobeſam. Simrock Nibel. 368; Gudr. 69. Als Kaiſer Rothbart lobeſam | zum heil'gen Land gezogen kam. Uhland 379 [Schwäb. Kunde] Fürſt Artus lobeſam. Wieland 11, 57 [Sommermärchen I, V. 2]. Ihren Papa, den Sultan lobeſam. 15, 281 [Amadis XVIII Str. 30].

---

*) In der erſten Ausgabe (Berlin bei Fr. Maurer 1783) S. 344 fehlt das hochgeprieſen. Sollte die Lücke davon herrühren, daß Mendelsſohn geſchwankt, wie er das veraltete Luther'ſche faſt löblich erſetzen ſolle?

Herr Ritter lobesam. 20, 79 [Ober. III 4, — später geändert: Herr Paladin, S. 57], — auch (mit n am Schluss): Ein junges Weibchen lobesan. Bürger 26a. Noch kömmt ihr Gärtner lobesan, | den sie zu ha'n geruhe. Claudius 3, 20. O, solch ein Liebchen lobesan | nicht treff' [ich] in Gottes Welten an. Gleim 3, 192. Wenn einen würdigen Biedermann, | Pastorn oder Rathsherrn lobesan | die Wittib lässt in Kupfer stechen. Goethe 2, 235 [Das garstige Gesicht]. Faust [zu Mephisto, der ihm Moral gepredigt]: Mein Herr Magister lobesan, | lass Er mich mit dem Gesetz in Frieden! 11, 112 [Faust I, Straße]. Einst schürt' es hell die Flammen an | zum Menschenbraten lobesan. Hebel 2, 217. Da stand der Mantel lobesan | ihr nett an und galant. Herder 8, 375. Ein Professor lobesan. Roquette Wald=meist. 5. Ein Ritter lobesan. Uhland 469; 401 ꝛc.

Ganz allgemein üblich aber sind die Zusammensetzungen lobenswerth (s. Sanders 3, 1584b) und lobenswürdig (676b). Solche Zusammensetzungen von =werth und =würdig mit dem Genitiv eines hauptwörtlichen Infinitivs (wie auch oft eines von einem Zeitwort stammenden Hauptworts) drücken im Allgemeinen ohne wesentlichen Unterschied aus, dass der Gegenstand, von dem sie ausgesagt werden, es werth oder würdig sei, dass ihm das in dem Infinitiv ꝛc. Ausgesagte zu Theil werde, als etwas ihm Gemäßes, ihm von Rechts wegen Gebührendes, mit Recht Zukommendes ꝛc. Nur in einzelnen Fällen gehen hier die Zu=sammensetzungen mit =werth und =würdig in ihren Bedeu=tungen aus einander. So hat z. B. liebenswerth (frz. digne d'amour) die im Obigen angegebene allgemeine Bedeutung: Liebe verdienend; werth, dass Einem Liebe gewährt, zu Theil werde; dagegen gilt liebenswürdig (frz. aimable) im Besondern von einem freundlichen, verbindlichen, einnehmenden und zuvorkommen=den Wesen und Benehmen im Umgang und geselligen Verkehr, vgl.: Herr von Kotzebue war liebenswürdig und liebens=werth. Unter vielen Eigenschaften, die an ihm zu loben waren, stand oben an seine gewissenhafte Rechtlichkeit. Chamisso 1, 54. vgl.: Wie lieblich er in seiner Kunst erscheint, | wo selbst er liebeswerth in seinen Tagen. Ders. Ged. (13. Aufl.) 516. Ich bin weder liebenswerth noch liebenswürdig. Gartenlaube 28, 330a (s. Sanders Ergänz.=Wörterb. 631c u. 657c, auch die

Stellen aus Simplic.) Er verbirgt unter einem rauhen, schroffen und selbst abstoßenden Benehmen ein im Grunde doch sehr liebenswerthes Gemüth, während sein Bruder mit seinem glatten, feinen und einschmeichelnden Wesen allgemein für liebens= würdig gilt und in der That doch Nichts weniger als liebens= werth ist ꝛc. So gehen — um Dies vorweg zu nehmen — ehrenwerth und ehrwürdig (s. u.) in ihrer Bedeutung aus einander, während verehrens= und verehrungs=werth und =würdig zusammenfallen, vgl. z. B. auch: Auf eine Landstrei= cherin deutete Nichts an ihr und doch war sie's, aber eine be= klagenswerthe, eine verehrungswürdige. Goethe 18, 57 [Wanderj. I, 5], wofür es auch ohne wesentliche Sinnesänderung heißen könnte: aber eine beklagenswürdige, eine verehrungs= werthe, — nur daß würdig als das gewichtigere Wort in der aufsteigenden Reihenfolge den gemäßeren Abschluß bildet, vgl.: Wie tadelnswerth und strafwürdig [vgl. strafenswerth] die Hartnäckigkeit! Spielhagen Allzeit voran 3, 52 u. Ä. m. Doch ich komme auf lobens=werth und =würdig zurück, wo= für ich nur folgende Belege anführe: Der, welcher mit sichtbarer Wirkung Etwas thut, ist doch nicht hassens= oder lobens= werther als Der, welcher es mit unsichtbarer Wirkung thut. C. F. Bahrdt, Gesch. seines Lebens (1790) 1, 382. Auf eine eigne und unerwartete Weise jedoch sollte Charlotte nach ihrer Tochter Abreise getroffen werden, indem diese nicht sowohl durch das Tadelnswerthe in ihrem Betragen, als durch Das, was man daran lobenswürdig hätte finden können, eine üble Nachrede hinter sich gelassen hatte. Goethe 15, 199 [Wahlverw. II, 6].

Nun zunächst einige Belege für das schon mit löblich ver= glichne rühmlich, s. Sanders 2, 811b, wo es heißt: mit Ruhm genannt oder: so genannt zu werden verdienend: Rühmliche That, Verwaltung eines Amts, Erwähnung ꝛc. Jemand oder Etwas macht eine rühmliche Ausnahme. Endlich nach langem Umschweif ward auch der Tochter erwähnt | rühmlich und rühmlich des Manns und des Hauses, von dem man gesandt war. Goethe 5, 63 [Herm. u. Doroth. VI, V. 263]. Jenen der ganzen Welt als heroïsch patriotisch rühmlich geltenden Meuchelmord [Tell's an Geßler] 22, 368 [Wahrh. u. Dicht. XIX]. Sicher in seinen Wassern, wagte es [Schweden] nicht viel mehr, wenn

seine Armeen aus Deutschland herausgeschlagen wurden, als
wenn sie sich freiwillig daraus zurückzogen; und Jenes war eben
so rühmlich, als Dieses entehrend war. Schiller 969a [30 jähr.
Krieg IV]. Nur schien es seinem Stolz nicht rühmlich, | daß
er [der Pfau] stets artig und galant | hier Nichts für sich zu
lieben fand. Ramler Fabellese 2, 331. Abgestammt. | vom
rühmlichsten der hochberühmten [s. u.] Ahnen. Schlegel
Shakesp. 7, 59 2c. Daran schließt sich, ähnlich wie lobens= [s. o.],
rühmens= =werth, =würdig, vgl.: Der jüngere Bruder war
hochbegabt und dem ältern in der Schule immer weit voraus.
Wir Alle, wie er selbst, glaubten, er werde sehr bald ein hoch= und
weitberühmter Mann werden, was Keiner von dem troß seines
lobens= und rühmenswerthen Fleißes nur langsam fort=
schreitenden ältern je sich hätte träumen lassen; und nun hat
durch seine rühmens= und bewunderungswürdige unermüd=
liche Ausdauer er nicht nur uns Alle und seinen Bruder weit
überholt, sondern er allein von uns Allen hat es zum berühmten
Manne gebracht u. Ä. m. Stärker sind die Ausdrücke ruhm=
werth und =würdig: das Rühmens=werthe, =würdige ist
werth, würdig, verdient, daß es gerühmt werde; das Ruhm=
werthe, =würdige ist des Ruhmes werth, würdig, verdient
die ihm zu Theil gewordene Verherrlichung durch den (personi=
ficierten) Ruhm oder die Fama, z. B.: Der opferwillige Helden=
muth, der den Tod fürs Vaterland nicht scheut, ist immer rüh=
menswürdig, auch wenn er nicht durch den ruhmwürdigen
Tod eines Leonidas gekrönt wird. So will ich   dieses Ge=
schäft übernehmen und mit aller Anstrengung   diesen ruhm=
werthen Vorsaß durchzuführen suchen. Goethe 29, 191 [Cellini,
Anhang XVI] 2c. Sechs ruhmwürdige Meister ziehen daneben, |
des Bahrtuchs Bänder haben sie gefaßt. Zedlitz [Bei Beethovens
Begräbnis, Str. 3]. Ruhmwürdig war es stets: den Sieg er=
streiten. Streckfuss Roland V, 1. Vater Zeus, ruhmwürdig
und hehr, du Herrscher vom Ida! Voss Ilias 3, 276; 298;
320 2c. s. u.: glorwürdig. S. 254.
    Berühmt s. Sanders 2, 811a und Synon. I, 253 (unter be=
rüchtigt) und vgl.: Manche That, von der nur sehr Wenige
erfahren haben, ist weit rühmlicher, rühmenswerther und
ruhmwürdiger als andre, die durch die begleitenden Umstände

zu einer hoch= und weitberühmten geworden sind. Meide das Gezänk der falschberühmten Kunst. 1. Tim. 6, 20 = Habe mit den Streitfragen der fälschlich sogenannten Weisheit Nichts zu schaffen. van Ess ꝛc. Richte den Pfeil zum rühmlichen [s. o.] Held Menelaos, | aber gelobe Apollon, dem lykischen, bogenberühmten, eine Dankhekatombe der Erstlingslämmer zu opfern ꝛc. Voss Ilias 4, 102.

Die Zusammensetzungen ruhmreich und ruhmvoll heben, wie man sofort sieht, einen Reichthum an Ruhm und eine Fülle des Ruhms hervor: Ruhmreiche Helden, welche ruhmvolle Thaten —, aber auch umgekehrt: Ruhmvolle Helden, welche ruhmreiche Thaten — vollbracht haben ꝛc. Demetrius: O sieh mich an, ruhmreicher Sigismund! Und ihr, erhabne Männer des Senats, | ehrwürdige [s. u.] Bischöfe, der Kirche Säule, | ruhmreiche Palatin' und Kastellans! Schiller 664a [Demetrius I] ꝛc. Auf der benarbten Brust ruhmvolle Wunden. J. E. Schlegel 1, 230a, s. u.: ehren= reich, =voll.

Die der gehobnen Sprache angehörige Zusammensetzung **ruhmgekrönt** (s. Sanders 1, 1036a, b) bezieht sich auf die Krone als den Preis des Sieges, als anerkennende Belohnung ruhm= voller (s. o.) Auszeichnung, vgl.: Ein Volk nur krönet der Sieges= ruhm. Voss Ilias 13, 303. Zu Hauf' und in dem Kriege herrscht der Mann | Ihn krönt der Sieg, | ein ehrenvoller [s. u.] Tod ist ihm bereitet. Goethe 13, 4 [Iphig. I, 1]. Der Himmel hat für Euch entschieden, Schwester! | Gekrönt vom Sieg ist Euer glücklich Haupt. Schiller 427a [Mar. Stuart III, 4] ꝛc., — so z. B.: Pausanias, lacedämonischer Feldherr, durch den wichtigen Sieg bei Platäa ruhmgekrönt, nachher aber das Vertrauen seiner Landsleute verlierend. Goethe 33, 154 [Byron's Man= fred]. Mit den Palästen unsrer | ersten Geschlechter ruhm= gekrönten Namens. O. Roquette (Deutsche Dichtung 6, 163). Es strebt mein Sinn hinauf zu ruhmgekrönter Höhe. Ders. 190b. Das ruhmgekrönte Wort: | Extra Hungariam non est vita. K. Beck Aus der Heimat (1852) S. 21ff. ꝛc., vgl. auch: Sieggekrönt und ruhmgeschmückt. Rückert Rostem und Suhrab 52b ꝛc. und ferner z. B.: Hektor erschien vor Ajas, dem ruhmverklärten, ein Gegner. Voss Ilias 15, 415, s. Sanders 1, 923b: „Verklären: mit durchdringendem Licht=

glanz erfüllen, so dass das Dunkle und Trübe darin verschwin=
det, eigentlich und übertragen, z. B. biblisch mit strahlendem
Himmelsglanz 2c., mit dem Strahlenglanz der Herrlichkeit, des
Ruhms, der Freude 2c." und dazu dort die Belege, darunter
z. B.: Doch werd' ich dich mit kriegerischen Ehren, | vor allen
Erdenfrauen dich verklären. Schiller 452a [Jungfr. v. Orl.,
Prolog, 4. Auftr.].

In so fern Glorie (s. Sanders 1, 601b, lat. gloria) „höchsten
Glanz und Ruhm" bezeichnet, ist glorreich ein noch stärkrer
Ausdruck als ruhmreich = reich an hell glänzendem, strahlen=
dem Ruhm, z. B.: Von ihm dann unzertrennlich wärmt den
jungen Busen | der Glanz, der glorreich ihn umgiebt. Goethe
6, 56 [An Zachariä]. Glorreich können wir's [das Thun des
Erobrers] nicht finden, | glorarm mag's wohl sein. Claudius
6, 89 2c. Daran schließt sich (s. S. 252: ruhmwürdig): Auf Kaiser
Karl's glorwürd'gem Enkel ruht | die letzte Hoffnung dieser
edeln Lande. Schiller 245a [Don Karlos I, 2]. Nie hat
überlegene Tugend die größere Macht glorwürdiger gestürzt.
Johannes v. Müller (Wackernagel's Lesebuch 4, 816[35]). Von dieser
Zeit an haben wir Nachkommen des glorwürdigsten Sancho
einen innerlichen Trieb zu regieren. Rabener 4, 183. Die in
antiker Form gebildeten Werke [Platen's], die ruhmvoll [s. o.]
mit der Ode an König Ludwig beginnen und glorwürdig mit
den Hymnen schließen. Gödeke (Platen 1, 69) 2c.

Die nun zunächst folgenden sinnverwandten Ausdrücke hängen
zusammen mit dem Hauptwort Preis (s. Sanders 2, 585b, c in
Nr. 2f = laute Anerkennung des Vorzüglichen, Ausdruck der
hohen Schätzung, hohes Lob, schallender Ruhm) und dem Zeit=
wort preisen, s. ebd. 586b = einem Gegenstand Preis zollen,
ihn als hohen Werthes, als vorzüglich laut erheben, rühmen und
loben, — mit Belegen auch für die Verbindungen mit — loben,
ehren, rühmen. Hiernach und nach dem oben über =werth
und =würdig Gesagten bedarf es keiner weitern Bemerkung
über die Zusammensetzungen: preisens= und preis=werth und
=würdig, in so fern die häufigeren mit preis= in diese Sinn=
verwandtschaft gehören (vgl. außerhalb derselben z. B.: Preis=
werthe, =würdige Waare = die den dafür gezahlten oder zu
zahlenden Preis werth ist 2c.), z. B.: Es schallen gut im Liede

der Purpur und das Schwert, | doch hüllt sich oft in Lumpen,
der auch ist preisenswerth. Chamisso 5, 323 2c. Viel Wunder=
dinge melden die Mären alter Zeit | von preiswerthen Hel=
den 2c. Simrock Nibelungen 1; 541 2c. Preiswerthe Schwär=
merei! wohlthätige Magie! Wieland 11, 174 [Klelia u. Sinib. I,
Schluß]. Willkommen, Sohn des ritterlichen, frommen | preis=
werthen Herrn! 20, 13 [Oberon I, 13]. Verehelichen Sie Sich,
ruhmwürdige Stazia   Preiswürdige Stazia, was sagen
Sie dazu? 34, 39 [Bunkliade], vgl. (s. u.): Pflichten   ., die
nicht immer so angenehm sind als diejenigen, zu deren Erfüllung
er die hochpreisliche Stazia aufgefordert. 41 (ebd.). „Heil
dem großen Monarchen von Indien für diese ewig preis=
würdige Unmöglichkeit!" Singe mir noch kein Triumphlied!
9, 238 [Danischm. XLIV]. Weil mein Muttergeschlecht preis=
würdiger anhub. Voss Ovid's Verwandl. 2, 296 2c. Das S. 248
erwähnte (hoch=)preislich (s. Sanders 2, 566 c) z. B. auch:
In alle Ewigkeit preislich [mit Ruhm und Preis] gedacht.
Mathesius, De Profundis 30. Von ihm, den ihr verdammt, dem
ihr Verderben schwört, | hab' ich aus treuem Munde viel Preis=
liches gehört: | er ist ein tapfrer Degen 2c. Reithard Gesch. u.
Sagen aus der Schweiz. 81. Ritterübungen und preisliche
Thaten. Münchhausen 24. Beide [Aristophanes und Sokrates]
bewiesen mir (da ich ihr wahres Verhältnis kannte) durch ihr
Benehmen gegen einander, daß die attische Urbanität eine sehr
preisliche Bürgertugend ist. Wieland 22, 191 [Aristipp XXV].
In preislichem Gedichte. Bürger 101 b [Heloïse an Abelard,
Schluß] 2c. und als veraltender Titel (vgl. löblich 2c.): Das hoch=
preisliche Kollegium der Zehnmänner. 14, 148 [Abdr. V, 4].
Hochpreislicher Herr Archon. 13, 123 [II, 2], Eine hoch=
preisliche Regierung. Prutz Engelchen 1, 93 2c. Heute ge=
wöhnlich aber nur noch mit scherzhafter oder spöttischer Färbung:
Kaspar Fabian von Luck, wie er ihn dann preislichst bezeichnete.
Droysen York 1, 9. Habegern von Fürchtenicht, | der preisliche,
freisliche, unabweisliche, unabspeisliche. Rückert Makam. 2, 31.

Nun bleiben nur noch die mit dem Hauptwort Ehre = dem
Zeitwort ehren (s. Sanders 1, 343 ff. und Synon. 1, 334—36) zu=
sammenhängenden Eigenschaftswörter.

Ehrenwerth (s. o,) bedeutet: werth, daß man es ehrt; ver=

ehrungswerth oder -würdig dagegen: werth, daß man es verehrt d. h. zu ihm als etwas Höherem mit Ehrerbietung und Ehrfurcht (s. u.) emporblicke und sie ihm erweise; ehrwürdig aber bedeutet: von einer (Hoheit und) Würde, die Ehre und Ehrerweisung verdient, die auf Ehre und Ehrerbietung begründeten und berechtigten Anspruch hat, z. B.: Ehrenwerthe Personen, Handlungen 2c. Ehrenwerther Charakter. Brutus ist ein ehrenwerther Mann. | Das sind sie Alle, Alle ehrenwerth. Schlegel Jul. Cäsar 3, 2. Der Weg   verdient jedoch eine ehrenwerthe Erwägung. Thümmel 6, 136. Schenk' ich dir das schönste, das ehrenwertheste Kleinod. Voss Odyss. 4, 614. O Hermes ., Herrscher des Goldstabs, | ehrenwerth und geliebt. 5, 88 2c. Wenn das Alter schon an und für sich verehrungswerth (oder verehrungswürdig) ist: um wie viel mehr dieser ehrwürdige Greis, dessen Leben eine Kette von ehrenwerthen Handlungen bildet! — Was hat der ehrwürdige friedsame Landmann verschuldet? Wieland 27, 29 [Araspes und Panthea]. Drauf antwortetest du, ehrwürdiger Pfarrer von Grünau. Voss 1, 4 [Luise]. Ehrwürd'ger — Herr, — Vater! [Anrede des Tempelherrn an den Patriarchen]. Lessing Nath. 4, 2 [V. 2464, 2565 u. 2494). „Ihr scheint mir ein Paar ehrwürdige Leute." Ob wir ehrwürdig sind, Das wissen wir nicht; aber daß wir ehrlich [s. u.] sind, können wir betheuern. Goethe 6, 328 [Was wir bringen, 9. Auftr.]. So hüllt er [Ariost] Alles, was den Menschen nur | ehrwürdig, liebenswürdig machen kann, | ins blühende Gewand der Fabel ein. 13, 121 [Tasso I, 4]. Den man an seiner Kleidung und seiner ehrwürdigen Miene wohl für einen Geistlichen hätte nehmen können. 16, 137 [Lehrj. II, 9]. Mein Gemüth war von Natur zur Ehrerbietung geneigt und es gehörte eine große Erschütterung dazu, um meinen Glauben an irgend ein Ehrwürdiges wankend zu machen. 20, 52 2c. Nur vereinzelt findet sich (um des Versmaßes willen) die um eine Silbe verlängerte Form: Ehrenwürdigste der Parzen, weiseste Sibylle du. 12, 182 [Faust II, 3. Akt]. Ehrenwürdigster Herr, Agamemnon, Völkerbeherrscher! Bürger 200a [Ilias 2, 434 = Atreus Sohn, ruhmvoller (s. o.), du Völkerfürst Agamemnon. Voss].

Hieran schließt sich das, wenn auch nicht häufige, doch gute

Wort **ehrfurchtwürdig** = der Ehrfurcht würdig, Ehrfurcht ver=
dienend, — vgl.: Ehrfurcht ist eine Furcht oder ein Abscheu,
Jemanden zu mißfallen, den man verehrt. Mendelssohn 4, 1, 66.
Die Verehrung [s. o.] ist ein innigeres, wärmeres Gefühl der
Bewunderung eines uns wirklich näher stehenden oder als näher
stehend gedachten Gegenstandes; die Ehrfurcht ist die höchste
Achtung mit Anerkennung der eigenen Abhängigkeit von ihrem
Gegenstand verbunden und die Ehrerbietung ordnet sich einem
Höhern unter. Burdach Der Mensch (1858) S. 402. Ehrfurcht:
die höchste Achtung mit der Scheu, ihren Gegenstand irgend
wie zu verletzen. Sanders 1, 520b —, so: Nahe dem Schluchzen=
den trat die ehrfurchtwürdige Mutter. Voss Ilias 18, 70.
Ich kenne in der Welt nichts Abscheulicheres als die Zerstörung
aller Ordnung durch Pöbelwuth, als Herunterwürdigung alles
Ehrfurchtwürdigen durch Demagogenhohn, als Untertretung
der Humanität durch Phrasen. Johannes v. Müller 6, 97.

Den oben besprochenen **ruhm=reich**, **=voll** entsprechen
(davon verschieden wie Ehre von Ruhm): **ehrenreich** und **ehren=
voll**, z. B.: [Das] wäre dir und mir nicht ehrenreich [vgl.: zur
Ehre gereichend rc.]. Rückert Rostem und Suhrab. 12a. Der
ehrenreichen Wunden Mitgenoß. Schlegel Shakesp. 7, 143 rc.;
Ein ehrenreich Beginnen. Logau 1, 134, 17. Eine einträgliche
und ehrenreiche Stellung rc.; auch von Personen: Des ruhm=
gekrönten [s. o.] Kaisers ehrenreiche Truppen. [Das deutsche
Volk] ehrenreich, lobgierig, ruhmsüchtig. Sebast. Franck Welt=
buch 48a rc. Selten um die Mittelsilbe verkürzt: Des Geistes
ehrreiche Tempel. Weckherlin 122 rc. Ferner z. B.: Ein ehren=
voller, aber beschwerlicher Beruf. Ehrenvolle — Stellung,
Thätigkeit, Wirksamkeit rc. Man zieht den Todten ihr ehren=
volles Gewand an. Goethe 3, 98 [Zahme Xen. V]. Verfehlt |
ist ehrenvollster schuldiger Empfang | so hohen Gastes. 12,
192 [Faust II, 3. Akt]. Ihren Soldaten statt ehrenvollen
Soldes ein bettelhaftes Almosen kümmerlich zu spenden. 26, 316
[Kunstschätze am Rhein, Heidelberg] rc. Seltner von Personen,
wie z. B.: Darauf erbot ich mich, mit ihnen   zum Podesta
zu gehen, ihm meine Papiere vorzulegen, da er mich denn als
einen ehrenvollen Fremden anerkennen werde. 23, 139 [Ital.
Reise, 25. Okt. 1786] statt ehrenhaften, wie es kurz darauf heißt:

Ich   ersuchte ihn, ehrenhafte Fremde   zu beschützen. 140,
vgl. dazwischen: Daß ich euch alsobald für einen braven Mann
gehalten, — und etwas weiterhin — in einer allerdings heute
veralteten Anwendung hübsch (f. Sanders 1, 796a und Ergänz.=
Wörterbuch 279 b/c): Wenn es mir als einem hübschen Manne,
wie billig, um ein hübsches Frauenzimmer zu thun sei, so könne
er mir versichern, daß die schönste und ehrbarste [f. u.] Frau
in ganz Assisi auf seine Empfehlung mich mit Freuden auf=
nehmen werde. 140. Auch zuweilen: Nur beim Namen genannt
sein | wollte sie schlecht und recht, in edler Bescheidenheit ehr=
voll. Voss 1, 136. Süß ist's und ehrvoll sterben fürs Vater=
land. Ders. Horaz 1, 156 [Oden 3, 2]; Ilias 3, 211 2c.

Das hier gelegentlich erwähnte **ehrenhaft** und noch mehr die
Wörter **ehrlich, ehrbar, ehrsam** haben das Gemeinsame, daß
in ihnen — wenigstens nach dem heutigen Gebrauch — nicht
sowohl das wirklich Ehrenvolle und Ehre Bringende hervortritt,
als vielmehr die Abwesenheit alles Ehrwidrigen, gegen die Ehre,
das Wohlanständige, die gute Sitte und Zucht Verstoßenden, —
so: Ehrenhaft (f. Sanders 1, 344c): Ehre habend, der Ehre
gemäß handelnd, — von ehrbar, ehrsam dadurch unterschieden,
daß es aufs innere Wesen geht, diese (auch als Titel) zugleich
auf die äußere Würde und den Anstand: Eine ehrbare [f. u.]
Miene. Ein ehrenhafter [vgl. ehrenwerther, f. o.] Cha=
rakter. Er hat sich bei dem ganzen Handel sehr ehrenhaft
benommen 2c. Ferner ehrbar (f. Sanders 1, 342c): (sachlich)
Ehre bringend, in sich tragend; der Ehre, Sitte, dem Anstand
gemäß, sittsam, züchtig, ernst, würdevoll und gesetzt, anständig —
und (von Personen): solches Wesens, daher auch Ehre genießend,
angesehen; auch als Titel, größtenteils veraltet und heute zumeist
etwas Spießbürgerliches bezeichnend, f. die Belege a. a. O., vgl.
ehrsam (Sanders 1, 345a) = ehrbar, doch mit alterthümlicher
Färbung, zumeist als Titel: Ich hätte gern die Ehr= und
Tugendsame, | wenn auch nur zur Veränderung gespielt.
Bürger 107a. Organist, Schulmeister zugleich und ehrsamer
Küster. Voss 2, 155 (70. Geburtstag) 2c.; endlich: ehrlich,
f. Sanders 1, 344c, namentlich in Bezug auf die Belege für die
heute veralteten Anwendungen, wie: löblich, rühmlich, preis=
lich, ehrend, ehrenvoll 2c.; dann auch: ansehnlich (in Ansehen

stehend, vornehm, — von Personen), — noch üblich im Sinne
wie tüchtig, gehörig (vgl. rechtschaffen), z. B.: Meine Blüthe
brachte ehrliche und reiche Frucht. Sirach 24, 24 ꝛc.; besonders
aber: Er lügt etwas Ehrliches zusammen. Ich streiche 'was
Ehrliches herum. Goethe an Merck 1, 93 ꝛc. Den 10.
aus Wien und den 14. in Gräz heißt im Januar immer ehr=
lich zu Fuß gegangen. Seume Spaziergang 55 ꝛc. Heute ge=
wöhnlich von Etwas, dem kein Schimpf anhängt, anständig,
z. B.: Ein ehrliches [verschieden: ehrenvolles] Begräbnis.
Ehrliches Gewerbe. In einem ehrlichen Hause, gegen ein
ehrbares Mädchen darf man sich so Etwas nicht heraus=
nehmen. In meiner Stube soll's ehrlich und ordentlich zu=
gehen. Goethe 9, 7 [Götz v. Berlich. I, 1], vgl. 1. Kor. 14, 40 ꝛc.;
namentlich aber: ohne Schelmerei, Betrug und Spitzbüberei;
Treu und Glauben haltend: Ehrlich währt am längsten. Ehr=
liche Hand und gutes Geld gehen durch die ganze Welt. Ein
ehrlicher Mann hält sein Wort. Einem auf sein ehrliches
Gesicht borgen. Einem ehrlichen Arbeiter seinen ehrlich ver=
dienten Lohn nicht vorenthalten ꝛc. Ehrlich gestanden, ich
thu's nicht gern. Wie ich so ehrlich war, | hab' ich gefehlt.
Nun wollt' ich Schelm sein ꝛc. Goethe 4, 43 [Westöstl. Div.,
Buch der Betrachtungen] u. o.; zuweilen auch mit dem Neben=
sinn von einfältig; z. B.: Als man einem ehrlichen Schweizer
begreiflich machen wollte, was ein König sei. Zimmermann
Nationalstolz 32 ꝛc.

    Sack, in den Sack schieben s. beilegen. S. 132.

    Sacktuch s. Taschentuch. S. 271; 272.

    **Schäfer, Schafhirt; Hirt; Hüter, (Halter, Vieh=,
Schafhalter).**

Hirt (s. Sanders 1, 766 c), mit der Grundbedeutung des Hüters
[s. u.], bezeichnet besonders Den, der eine Herde — zunächst eine
Viehherde — hütet und weidet, sei diese sein Eigenthum, womit
er (wie in den ältesten Zeiten) von Weideplatz zu Weideplatz
umherzieht (= Nomade), sei es (wie jetzt meist) Einer, der um
Lohn einer Herde vorsteht und sie weidet, z. B.: Und war immer
Zank zwischen den Hirten über Abraham's Vieh und zwischen
den Hirten über Loth's Vieh. 1. Mos. 13, 7. Eure Kinder
sollen Hirten sein in der Wüste vierzig Jahre. 4, 14, 33

(= sollen vierzig Jahre in der Wüste herumwandern. Mendelssohn, umherziehen. Zunz). Dort, wo dem Hirten | ruft eintreibend der Hirt und der austreibend ihn höret, | und wo ein Mann schlaflos zwiefältigen Lohn sich erwürbe, | diesen als Rinderhirt und jenen als Hüter [f. u.] der Schafe. Voss Odyff. 10, 82 ff. 2c. Oft übertragen: der die unter seiner Obhut Stehenden Leitende und für sie Sorgende, so von den Leitern und Führern eines Volks, den Regenten 2c., von Seelsorgern, Propheten, Lehrern, Aufsehern, auch von Christus und von Gott 2c. In der Anmerkung hab ich hervorgehoben, dass im Niederdeutschen die Volkssprache weder Herde noch Hirt gebraucht, sondern für dies Hüter (f. u.) oder auch Schäfer, wie man denn in Meklenburg z. B. sehr häufig selbst Kuhschäfer hört; andrerseits habe ich auf einige schweizerische, hochdeutsch nicht allgemein übliche Ableitungen hingewiesen, f. Stalder 2, 46, auch z. B.: Er hirtete die Kühe selber, ich war sein Handbub. Bräker Arm. Mann 17 2c.

Schäfer (f. o. und Sanders 2, 880 b) bezeichnet bestimmt den Schafhirten, vgl.: Habel ward ein Schäfer. 1. Mos. 4, 2 = Es wurde Hebel ein Schafhirt. Zunz (Hebel ward ein Schaf- und Ziegenhirte. Mendelssohn). Gewöhnlich nicht, wie Hirt (f. o.) von dem Leiter einer unter seiner Obhut stehenden Menge, außer etwa im Wortspiel, wie z. B. Goethe in dem Brief des Pastors zu * an den neuen Pastor zu * schreibt: Freilich ist's auch kein Vortheil für die Herde, wenn der Schäfer ein Schaf ist. 14, 245; dagegen häufig: eine Person, wie sie in der Idealwelt der Idyllendichter auftreten, wo, wie in einer Art von goldnem Zeitalter, Sitteneinfalt und Unschuld, zärtliche Liebe und reines Glück herrschen, f. Belege a. a. O. und vgl. — um den Abstand hier von Hirt (f. o.) recht augenfällig zu machen: Christus der treue Hirt — und: Guarini's „Treuer Schäfer" [Liebhaber, pastor fido].

Hüter (f. Sanders 1, 811 b) bezeichnet allgemein: eine Person, die Etwas hütet (vgl. Wächter 2c.) und kann natürlich in engerem Sinne auch von Hirten gelten, z. B. (f. o.). Voss Odyff. 10, 85. Melanthios, Hüter der Geißtrift   Der Geißtrift Hüter Melantheus. 22, 135 u. 142 [= der Geißhirt   der Geißaustreiber. Wiedasch]. Kleinere und größere Heerden dieses edlen Thiers [der Pferde]   Sie werden durch reitende

Hüter gelenkt und zusammengehalten 2c. Goethe 18, 298 [Wanderj. II, 9] 2c. — Hirt und Schäfer (s. o.) bezeichnen einen bestimmten Stand und dauernden Beruf, während Hüter eine — oft nur zeitweilige — Beschäftigung bezeichnet, vgl.: Nach dem Tod des Hirten bewarb sich der Schäfer um dessen Posten, indem er zugleich seinen Jungen, der bisher Hüter der Gänse gewesen, für seine bisherige Stelle empfahl u. Ä. m.

Nur mundartlich — um Dies im Vorübergehen zu erwähnen — z. B. in Salzburg, gilt auch **Halter** = Hirt, s. Sanders 1, 675a (und z. B. bei Schmeller Baier. Wörterb. 2, 187: Vich= [Vieh=] Halter und Geißhirten. Raufen wie die Halterbuben 2c.; Schafhalter. Zeitschrift für deutsche Philologie 12, 341); auch übertragen wie Hirt: Ein Bischof soll sein ein treuer Halter seiner Schäflein. Unresti Chron. Austr. 694 2c.

Schattierung s. Abänderung. S. 2.

Schauder s. Abneigung. S. 61.

Scheitel=, senk=, senkel=, steil=, stengel=, blei=, loth=, aufrecht; seiger; perpendikulär, (=ar), vertikal; —wage=, wasserrecht, wassergleich, wasserpaß, söhlig, horizontal; — faden=, schnurrecht.

S. hierzu Sanders 2, 672c ff., wo es unter recht 2 u. A. heißt: Gegensatz zu schief, doch gewöhnlich nur in der Verbindung: Ein rechter Winkel, der einen gleichen Nebenwinkel hat, wie der schiefe einen ungleichen, vgl. die oben genannten deutschen Zusammensetzungen.

Aufrecht — ohne die genaue Maßbestimmung nach dem rechten Winkel — bezeichnet: grade in die Höhe gerichtet, so stehend im Gegensatz des Umgestürzten, zu Boden Liegenden 2c., z. B.: Da er andere Thiere zur Erd herniederneigend gemacht hat, schuf er dich in die Höhe aufrecht gegen den Himmel. Fischart Bienkorb 36a 2c. [Er] setzt ihn auf das Roß | und bindt ihn aufrecht feste. Uhland 445 [Sängers Fluch] 2c. Alle Säulen mit dem größten Theil des Gesimses stehen noch aufrecht, obgleich durch Zeit und Witterung sehr angefressen. Goethe 30, 118 [Hackert]. Solche aufrecht stehende Mauern und Trümmer von niedergerissenen Kerkern. Börne 5, 74 2c. Daran schließen sich eng Anwendungen, wie: Etwas aufrecht [= bei Bestand] erhalten 2c., die aber aus der vorliegenden

Sinnverwandtschaft herausgehen, eben so wie die veraltete Be=
deutung von aufrecht = aufrichtig.

Wo es sich genau um das Maß des rechten Winkels han=
delt, den zwei Ebenen oder grade Linien mit einander bilden,
bezeichnet man mit den fremden Kunstwörtern die Ebene, welche
in der Ebene des Horizonts, d. h. des Gesichtskreises oder der
ihr entsprechenden Wasserebene (dem Niveau) liegt, oder gleich
läuft, als **horizontal** und die damit den rechten Winkel bildende,
unter einem rechten Winkel darauf stehende als **perpendikulär**.
Für die Bestimmung dieser Richtungen bedient man sich z. B.
bei Bauten 2c. der Wasserwage und des Bleiloths und daher
schreiben sich die Verdeutschungen, — für **horizontal**: wage=
recht, wasser=recht, =gleich, =paß, — für **perpendikulär**:
blei=, loth=, senk= (oder minder üblich: senkel=)recht. In
der Geometrie oder Raumgrößenlehre, wo nur das Maß der
Winkel in Betracht kommt, gilt im Allgemeinen bloß perpen=
dikulär, nicht horizontal und hier sagt man, wenn zwei Ebenen
oder zwei Linien A und B rechte Winkel mit einander bilden, eben so
wohl: A steht auf B—, wie umgekehrt: B steht auf A— per=
pendikulär oder verdeutscht: senkrecht oder lothrecht (ge=
wöhnlich nicht bleirecht, vgl. das im 2. Jahrgang meiner
Zeitschrift S. 494 über das Verhältnis von winkelrecht zu
rechtwinkig Gesagte). In der Sternkunde bezeichnet das neu=
lateinische **vertikal** (von vertex, Scheitel) die Richtung einer
senkrecht oder perpendikulär auf dem Horizont oder Gesichtskreis
des Beobachters gehenden graden Linie; ihm entspricht voll=
kommen die Verdeutschung scheitelrecht. — Als gute deutsche
Ausdrücke im Bergbau gelten für **horizontal**: **söhlig** (vgl. bei
den Markscheidern z. B. Ebensohle = Horizontalebene und
für **perpendikulär** (senkrecht darauf): **seiger** [stammverwandt
mit mittelhochdeutsch seigen, mit eingeschaltetem Nasenlaut sinken,
gothisch siggan]. — Der Ausdruck steilrecht (s. steil, jäh 2c., vgl.
S. 21 u. in meinen Synon. 1, 71 ff.) ist beschränkt auf Etwas, das
in hohem Grade abschüssig, also fast senk= oder lothrecht, empor=
steigt oder abfällt (je nachdem man es von oben oder unten be=
trachtet), vgl.: Gesteinart, deren Wände fast ganz perpendi=
kulär in die Erde einschießen. Goethe 14, 196 [Schweizerreise,
5. Nov. 1779], aber auch übertragen. Das sich dafür bei

Baggesen 4, 184 findende stengelrecht ist wohl nur mund=
artlich. — Die außerdem noch in der Überschrift genannten
beiden Ausdrücke: schnur= und fadenrecht gehören eigentlich
mehr in die Sinnverwandtschaft von g(e)rade. Sie bezeichnen:
richtig und genau nach der Schnur (Meßschnur) oder dem
Faden (zunächst eines Gewebes). —

Die folgenden Belege zu dem Vorstehenden sind größten=
theils meinem Wörterbuch entnommen, zunächst für die Zu=
sammensetzungen von recht (außer den gleich zu Anfang ge=
gebnen für aufrecht).

Die Mauer steht nicht bleirecht. Adelung. Indem
ihre Strahlen bleirecht fallen. Brockes 9, 365. Hier und da
schwoll das Land und neue Hügel entstanden, | die bald rissen
und dicke cylindrische Säulen gen Himmel | bleirecht thürmten.
Bodmer Noachide, 9. Gesang 2c. — Lothrecht traf sie der
Strahl. Kosegarten Dichtungen 2, 123. An einem lothrechten
Kalkfelsen. Matthisson Erinner. 1, 35 2c. — Salas y Gomez raget
aus den Fluthen | des stillen Meers, ein Felsen nackt und
bloß, | verbrannt von scheitelrechter Sonne Gluthen. Chamisso
4, 152. Scheitelrecht in die Höhe stehend. Waldau (Deutsches
Museum von Prutz 1, 1, 129). Zwei feindliche | Gestirne, die im
ganzen Lauf der Zeiten | ein einzig Mal in scheitelrechter Bahn |
zerschmetternd sich berühren, dann auf immer | und ewig aus
einander fliehn. Schiller 246b [Karlos I, 2]. — Die Schenkel
eines rechten Winkels stehn senkrecht auf einander. Eine Senk=
rechte [Linie = Perpendikel]. Steile Felsen, welche senkrecht
den letzten Wasserspiegel entschieden begrenzten. Goethe 15, 25
[Wahlverw. I, 3]. Diesen Grundstein, der mit seiner Ecke die
rechte Ecke des Gebäudes, mit seiner Rechtwinkligkeit die Regel=
mäßigkeit desselben, mit seiner wage= [s. u.] und senkrechten
Lage Loth und Wage aller Mauern und Wände bezeichnet.
75 [I, 9]. [Mars, der Planet] schoß mit senkrecht= oder schräger
Strahlung, | bald im Gevierten=, bald im Doppelschein | die rothen
Blitze meinen Sternen zu. Schiller 360b [Wallenst.'s Tod I, 1] 2c.
Senkelrecht bei Schweizern wie Joh. Gg. v. Zimmermann,
Reithard, aber auch häufig bei Wh. Heinse. — Den Fels des
Drachen sah er steilrecht ragen. Freiligrath Sämmtl. Werke
1, 377 [Rolandseck]. Der zu Pferde einen Berg steilrecht

hinanrennt. Schlegel Heinrich IV. [1. Abth. II, 4]. Wafferfälle,
hohe, steilrechte. Tieck Novellen=Kranz 2, 34 2c.; auch: Der
Mann war steif und linkisch   Der steilrechte Mann. Ders.
(Novellenschatz von Heyse 3, 15). Auch den bloß großen Men=
schen von Génie mein' ich nicht unter dem hohen und schon die
Metapher deutet dort wagerechte [s. u.] und hier steilrechte
Ausdehnung an. Jean Paul 2, 58 2c. — Eine fadenrechte
Naht. Sie könnens nicht allzeit also schnurgleich und faden=
recht treffen. Luther Sämmtl. Werke (von Irmischer) 61, 311.
Könnte sie es doch nimmer so schnurrecht treffen, wie etliche
Klüglinge meinten. Zinkgräf Apophthegm. 1, 172. Ist die Ge=
schichte   genau umgrenzt und eingetheilt, ist sie schnurrecht
und übersichtig [übersichtlich] wie ein Feld. Börne 3, 246. Nun
kämmte [krümmte?] er sein fadenrechtes braunes Haar.
Stilling 2, 189 [legte das schlichte in Locken, es kräuselnd?] 2c. —
Dort | ist Alles senk= [s. o.] und wag[e]recht und regelhaft.
Goethe 12, 184 [Faust II, Akt 3]. Die Biene   baut sich ein
Haus, winkel= und wagerecht. 19, 405 [Novelle]. Ägyptische
Gelehrte, welche die Höhe beider Meere aufgenommen, hatten sie
nicht wagerecht [im Niveau, in gleicher Höhe, wasser=recht,
=gleich, =paß] gefunden. Wieland Luc. 6, 237. Nach seiner Philo=
sophie setzt ein weiser Mann sich zuerst in seinem Mittelpunkt
so wagrecht [sicher, — so fern die wagrechte Lage den
Schwerpunkt am sichersten stützt] als immer möglich fest. Ders.
9, 8 [Danischm. II]. Wenn die Schalen vorher wagerecht
[gleich, im Gleichgewicht] standen. Fichte 6, 94. Schräg oder
wagerecht aufliegend. Jahn Werke zum deutsch. Volksth.
71 2c. — In wasserrechten Schichten. Kosegarten Rhapsod.
2, 114: — Wasserpaß oder horizontal oder wagerecht
Jede Linie oder Fläche ist wasserpaß, wenn sie mit dem
scheinbaren oder wahren Horizonte eines Ortes parallel läuft.
Die Richtung der Schwere oder des Bleilothes macht alsdann
rechte Winkel mit ihr. Bobrik Nautisches Wörterb. 729 b. Seine
Schnauze liegt dann wasserpaß in einer Ebene mit einer
Rehkeule. Jean Paul 1, 128 2c. — Horizontal, wasser=
recht oder wassergleich und wagerecht. Campe Ver=
deutsch.=Wörterb. (1806) 354 b 2c. — Seiger heißt auf Berg=
werken das Blei an der Wasserwage, welches die Linie der

Donlage abschneidet oder eine Linie, die auf den Horizont per=
pendikular fällt. Joh. Theod. Jablonski Allgem. Lex. der
Künste u. Wissensch. 1059a. Söhlig heißt bei den Bergleuten,
wenn eine Stollensohle ganz wag= oder wasserrecht gehauen
ist, darauf das Wasser nicht ablaufen kann. ebd. 1085a. Weil
aber diese Ablösung ganz seiger ist und also, wenn auch der
vordere Theil nach der Binge zu einstürzen sollte, doch die
Rückwand stehen bleiben   würde, so sind sie ohne Sorgen.
Goethe 40, 213 [Ausflug nach Zinnwalde]. Wh. v. Humboldt
3, 211 2c. Als Folge des Einflusses, den ein gehobenes Berg=
system   auf dem söhligen Boden der anliegenden Ebene
ausgeübt hat. Al. v. Humboldt Kosmos 1, 53. Ders. Kleine
Schr. 1, 105 2c.; auch übernommen in naturgeschichtliche Werke,
z. B.: Man kann sie [die schneckenartigen Kracken] zunächst in
söhlige und senkrechte eintheilen. Oken Naturgesch. 5, 512.
Die Nachtfalter oder Motten tragen die Flügel gewöhnlich
söhlig oder dachförmig. 1088 2c.

Schel sehen, Schelsucht 2c. s. Abgunst. S. 11—14.

Scheren (sich) s. packen sich.

Scheu s. Abneigung. S. 61; 66.

Schieben, in den Sack, in die Schuhe, die Schuld auf
Jemand 2c. s. beilegen. S. 132.

Schlichtig, schliesig, schliffig s. teig.

Schließer s. Wächter.

Schlucht s. Abgrund. S. 7; 8.

Schnupftuch s. Taschentuch. S. 270; 271.

Schnur=gleich, =recht s. scheitelrecht. S. 263; 264.

Schreiben, auf Jemandes 2c. Rechnung, ihm zu Gute
— 2c. s. beilegen. S. 128; 130 ff.

Schuhe, in die — schieben 2c. s. beilegen. S. 132.

Schuld — geben; die Schuld legen, schieben, wälzen,
werfen auf Jemand s. beilegen. S. 131 ff.

Schul=Gezänk, =Streit, =Zänkerei s. Zwiespalt.

Schweißtuch s. Taschentuch. S. 272.

Schwören einen Eid, Schwur s. ablegen. S. 38.

Sehen lassen s. zeigen.

Seite, zur — stehen s. beispringen. S. 143.

Selbstrache s. Rache. S. 243.

Selbstzweck s. Absicht. S. 117; 118.

Senk(el)recht s. scheitelrecht. S. 262; 264.

Session, Sitzung, =speriode s. Tag, Tagung. S. 269.

Söhlig s. scheitelrecht. S. 262; 265.

Spalt(e) s. Abgrund. S. 6; 9.

Spaltung, Span s. Zwiespalt.

Spartanisch s. lacedämonisch. S. 224.

Speckig, spintig, spündig s. teig.

Stärke s. Macht. S. 228 ff.—237.

Staub, sich aus dem Staub machen s. packen (sich). S. 240.

Steg s. Brücke. S. 155; 156.

Stehen, zur Seite s. beispringen. S. 143.

Stehlen s. abnöthigen. S. 72.

Steilrecht s. scheitelrecht. S. 262; 264.

Stengelrecht s. scheitelrecht. S. 263.

Steuern s. abhalten. S. 18; 19.

Stimmen wogegen s. abrathen. S. 73; 77.

Stipulation, stipuliren s. Abrede. S. 87.

Stockmeister s. Wächter.

Stören s. abhalten. S. 19.

Streit, Streiterei s. Zwiespalt.

Streitfrage s. Frage. S. 189; 190.

Streithandel, Streitigkeit s. Zwiespalt.

Stück, stückweise, Stückzahlung s. abschlägig. S. 104; 105.

Stuterei, Gestüt.

(s. Sanders 3, 1262 b, c und Ergänz.=Wörterb. 541 a, b) = Anstalt für Pferdezüchtung und: die dort befindlichen Pferde. — Im Alt= und Mittelhochdeutschen bezeichnet stuot eine Herde von Zuchtpferden, woraus dann erst (vgl. Frauenzimmer) die heute gewöhnliche Bedeutung = weibliches Pferd sich entwickelt hat, und daraus sind dann wieder mittels der Vorsilbe Ge= und der Nachsilben =erei, welche beide dem Begriff der Zusammenfassung entsprechen, im Sinne des alten stuot die in der Überschrift genannten beiden Ausdrücke entstanden, ohne weitern Unterschied als daß die staatlich eingerichteten Anstalten überwiegend die Bezeichnung Gestüte führen, während Stuterei mehr der gewöhnlichen Volksſprache angehört, ſ. die folgenden Belege, aus denen auch die erweiterte Bedeutung = Zucht= und Fortpflanzungsanſtalt für andere Thiere und (immer mit ver= ächtlichem Nebenſinn) auch für Menſchen erhellt:

Friſch in ſeinem Wörterb. 2, 354 b ſagt: „Die Stu dt für Stuterei oder Geſtütte. Teutſche Sprechw. Fol. 168 b: So lang die Pferd bei [ein]ander und eins ſind, mehret ſich die Studt; wo ſie aber einander beißen und ſchlagen, ſo muſs die Studt zergehen; auch T. I. Script. Sax. Menk. coll. 666: einer Studt=Trift oder 12 ledige Studt=Pferde auf der Weide haben können, agmen equarum ... Kraus in ſeinem Buch von Geſtütt= Garten ſagt oft Geſtütte für Stuterei; im Collectivo, Ge= ſtütt=Garten (daher Stuttgart die Stadt in Schwaben) septum equarum" —, vgl. Joh. Christ. v. Schmidt Schwäb. Wörterb. 516 und Schmeller Bair. Wörterb. 3, 672 3. — Große Gebäude eines ehemaligen Geſtütes der Herzoge von Lothringen. Goethe 21, 252 [Wahrh. u. Dicht. X]. Wie bäueriſch treues Blut | ſind doch immer Euer beſtes Gut | und könnt Euch mehr an uns erfreun | als an Pferden und „Stutterein“. 6, 43 [Dem Herzog Karl Auguſt, in der Verkleidung eines Landmanns]. Dort wird er jagen, baun, Geſtüte halten, | ſich eine Hofſtatt grün= den ꝛc. Schiller 365 b [Wallenſt.’s Tod I, 6, — in der 1. Ausg.: Geſtütte] „Wie... zum holden Geſtüt der Beſchäler [wandert]. Voss Horaz 2, 160. Geſtüt, in der allgemeinſten Bedeutung, bezeichnet einen Ort, wo Pferde gezüchtet und die gezüchteten bis zu einem gewiſſen Alter ernährt und gepflegt werden ꝛc. J. E. L. Falk Univerſal=Lex. der Thierarzneikunde 1, 338 b (Stu= terei iſt nicht aufgenommen). Geſtüte oder Stutereien nennt man die Anſtalten, in denen Pferde nach ſyſtematiſchen Grund= ſätzen gezüchtet und aufgezogen werden ꝛc. [im weitern Verlauf ausſchließlich: Geſtüte]. Brockhaus Konverſ.=Lex. 12. Aufl. 7, 280. Nach dem Aufhören des neapolitaniſchen Geſtüts und des wilden Geſtüts verordnete der Herzog 1666: das beſſere Ge= ſtüt mit 10 Stuten, welches das Kronenzeichen hatte, ſollte zu Güſtrow ſein, das Paſsgängergeſtüt zu Dargun ꝛc. Natur (v. K. Müller) 25, 432 b ꝛc. Er veranſtaltete eine Schauſtellung, einen Umzug der Haupthengſte und des Geſtüts [nicht füglich: der Stuterei] oder prämiierten Fohlen und Mutterſtuten.

National-Ztg. 29, 369. Ward eine Summe zur Anlage einer kleinen Stuterei ausgesetzt. 42, 430 ꝛc. Des Britten Rofs, vom Barbenhengst erzeugt, | den kräft'gen Normann und des Polen Pferd, | den leichten Meklenburger und die Kinder | so manches vaterländ'schen Zuchtgestüts, — | sie alle sieht man hier in großer Zahl. Frz. Graf v. Waldersee, Der Jäger (1865) S. 61. Die Gestütpferde. H. v. Kleist (herausg. v. Grisebach) 2, 151, Gegensatz: Gebrauchs-, Wirthschaftspferde ꝛc. Dafs ... bei Pisa ... ein Kamelgestüt bestand. Ad. Bacmeister Alemannische Wanderungen 1, 65 ꝛc. Ein Löwen-Gestüt zu begründen. National-Ztg. 33, 465 ꝛc. Elefanten-Stutereien. Max Perty Seelenleben der Thiere 267. Die übrigen [zahmen Elefanten] einschließlich der beiden, welche zuerst den Korral betraten, waren der Regierungs-Stuterei entnommen. Gust. Spiess Preuß. Expedition nach Ostasien 69. Bis Pallabadulla scheint das Hauptgestüt und irdische Paradies der Blutegel zu sein. Wilh. Heine Weltreise 1, 114 ꝛc. Dafs Deutschland von je her das große Fürsten-Gestüte war, das alle regierenden Nachbarhäuser mit den nöthigen Mutterpferden und Beschälern versehen mufs. Heinrich Heine 1, 164. Lauter Besitzer von schwarzen Gestüten [Züchtereien von Negersklaven]. Maximilian v. Mexiko 6, 163. Die Bestimmungen des Lykurgs machten die Ehe zu einer rationell betriebenen Stuterei. Scherr Studien 1, 15 ꝛc.

Stütze, stützen f. beispringen. S. 145.

Synonym, gleichsinnig.

f. meine Synon. I, 636, wozu ich hier nur noch das dort fehlende sich an sinnverwandt anschließende, häufiger von Personen als von Worten gebrauchte gleichsinnig füge, f. Sanders 3, 1106 b und in der vorliegenden Sinnverwandtschaft: Vielleicht wird der Sinn des Wortes „Eigenliebe" sofort dadurch klar, dafs wir es mit einem andern Worte erläutern, das in der Ausdrucksweise des gewöhnlichen Lebens gleichsinnig [üblicher: in dem gleichen Sinne] verwendet wird, nämlich mit „Selbstbewufstsein". National-Ztg. 42, 438.

(Tag), Tagung, Sitzung, Sefsion, Sitzungs-, Sefsionsperiode.

Das hier Folgende ist der Haupsache nach eine bloße Wiederholung aus meiner Zeitschrift für deutsche Sprache II, 171,

In der badischen Thronrede (Dec. 1887) lautet ein Satz: Seit Ihrer letzten **Tagung** ist der erzbischöfliche Stuhl zu Freiburg auf regelmäßigem Wege wieder besetzt worden. Das hervorgehobene Wort (s. mein Ergänz.-Wörterb. S. 548c ff.) ist ein sehr glücklicher und empfehlenswerther Ersatz für das sonst übliche Fremdwort Session und das nur zur Hälfte deutsche Sitzungsperiode, wofür man bekanntlich im Französischen session sagt, während zum Unterschiede davon für die einzelne Sitzung séance gilt, (s. z. B. B. Lafaye, Dictionnaire des Synonymes de la langue française. 3ième Edit. 1869, I, p. 191). Eben so können wir im Deutschen unterscheiden und **Tagung** anwenden, wo es sich um einen zusammenfassenden Ausdruck handelt für all die einzelnen Sitzungen eines in sich abgeschlossenen, Zeitabschnitts (Zeitraums, der Sitzungsperiode), s. z. B.: Die Ständeversammlung hat die Berathung in zwei kurzen **Tagungen** glücklich zum Ziel geführt. National-Ztg. 40, 379, verschieden: in zwei kurzen Sitzungen, vgl.: Für die **Tagung** 1888,9 ist der Reichstag bekanntlich zum 22. November 1888 berufen worden ꝛc. 42, 426 u. o.; auch: Der auf den 16. September 1886 zu einer außerordentlichen **Tagung** einberufene Reichstag wurde nach einigen Sitzungen schon am 20. September geschlossen. — Das war die bewegteste Sitzung während der ganzen diesjährigen **Tagung** des Reichstages ꝛc.; ähnlich: Die einzelnen Sitzungen in der Schwurgerichts**tagung** u. s. w.

Ich füge hinzu: nur in einzelnen Fällen können für **Tagung** auch Zusammensetzungen von Tag, wie Reichstag, Landtag ꝛc. oder auch das bloße Tag eintreten (s. Sanders 3, 1278c unter Tag 3z), z. B.: Der Szekler Landtag Gefiel es, einen Landtag auszuschreiben Sie kamen gern, entschlossen, gut zu tagen | und Satzungen und Bräuchen treu zu bleiben. | Da wurde denn, nach bräuchlichen Gelagen, | der Tag eröffnet ꝛc. Chamisso 4, 76. Schon waren die Hirten zu Alp, die Herren auf Tage gefahren. Joh. v. Müller 24, 34. An ihm bloß hieltest du bei jenem Sturme | dich fest, der auf dem Regensburger Tag | sich gegen dich zusammenzog. Schiller 366a [Wallenst.'s Tod I, 7]. Fast bin ich | jetzt so verlassen wieder, als ich einst | vom Regensburger Fürstentage ging. 380b [III, 13] u. s. w.

Die ganz oder halb undeutschen Ausdrücke aber: Session, Sessions= oder Sitzungsperiode dürften nach dem Vorstehenden wohl als vollständig entbehrlich bezeichnet werden.

Talket, talkig, talsterig ſ. teig.
Taschentuch; Schnupftuch; Naſ=, Naſentuch; Sacktuch, Schweißtuch; Thränen=, Zähren=, Handtüchlein (Augfahne, Fazzoletto 2c.).

Die vorstehenden Ausdrücke, ſämmtlich (bis auf die beiden letzten) Zuſammenſetzungen von **Tuch** (ſ. Sanders 3, 1397 c ff.: Ergänz.=Wörterb. 581 c ff.), bezeichnen ein gewöhnlich quadrat= oder geviertförmiges Tuch, das unter Andrem und hauptſächlich dazu dient, die Naſe zu wiſchen und zu ſäubern. Dem entſpricht zunächſt der Ausdruck: Naſ= oder Naſentuch, z. B.: Wie Anne   mit dem Naſtuch im Geſichte focht. Gotthelf Geld und Geiſt 305; 208 2c. Ihre „Naſe= und Schnuptücher" Olearius Reiſebeſchr. 81 b. „Näſetuch" 319 a (niederdeutſch näsdok). Daß neben dem einen Pater ein „Naßtüchel", ein Taſchenmeſſer, ein Schnupftabackbüchſel und ein Schlüſſel lag. Simplician. Schriften (v. H. Kurz) 3, 382 ⁸. So halte der Herr ſein „Naßtüchel" auf   Er befahl mir, das „Naßtüchel" fleißig zuſammen zuknüpfen ... Als ich das „Naßtüchel" zuband(e)   Nachgehends probierten wir die Wirkung meines „Schnupftüchleins" oft   Das „Naßtüchlein". Ebd. 4, 30 ²; ⁶; ¹³; ²⁴; ²⁹ 2c.

Allgemeiner üblich und der gewöhnlichſte Ausdruck iſt das ſchon erwähnte Schnupftuch, als das Tuch, in welches man die Naſe ſchnaubt (ausſchnaubt), vorzugsweiſe zur Benutzung kommend, wenn man den Schnupfen hat. Es liegt in dem Weſen der feinern Umgangsſprache, daß ſie einen mehr verhüllenden Ausdruck, wie Taſchentuch (ſ. u.), vorzieht; doch verſchmäht die gewöhnliche und ſelbſt die edle und gehobne Sprache auch die Bezeichnung Schnupftuch nicht, z. B.: Wie die Geſichter | glühen! und Jeglicher führt das Schnupftuch und wiſcht ſich den Schweiß ab. [ſ. u.: Schweißtuch]. Goethe 5, 5 [Herm. u. Doroth. I, V. 41]. Die Erinnerung einer ſolchen Scene fiel   mit ganzer Gewalt bei dieſen Worten über mich. Ich nahm das Schnupftuch vor die Augen und verließ die Geſell=

ſchaft. 14, 39 [Werther I, 1. Juli]. Sie nahm ihr Schnupf=
tuch und umwickelte ſeine Hand damit, um das erſte hervor=
bringende Blut zu ſtillen. 16, 339 [Lehrj. IV, 20, Schluß]. Das
ſchöne Frauenzimmer nahm ihr Schnupftuch, das reich mit
Gold geſtickt war, und, als ich damit nicht verbunden ſein wollte,
riß ſie es ſogleich in der Mitte durch ꝛc. 28, 153 [Cellini II, 2] ꝛc.
Auf der Parade will ich ihn [den Brief] als von Ungefähr mit
dem Schnupftuch herausſchleudern. Schiller 197b [Kabale
u. Liebe III, 2]. Beide Stücke hatten [auf der Bühne] den er=
ſtaunlichſten Effekt gethan. Nie waren binnen drei Stunden ſo
viele Schnupftücher voll geweint worden. Wieland 13, 182
[Abderiten III, 3]; Gervinus Hiſtor. Schr. 6, 235; H. v. Kleist
(von Griſebach) 2, 202; 301. Ward dann der Kopf ihm ſchwer
und dumm, | ſo knüpfte ſeine Hand | der heißen Stirn ein
Schnupftuch um, | bis Rauſch und Schmerz verſchwand.
Pfeffel Poetiſche Verſuche 3, 142. Als Euch der Kopf nur
ſchmerzte, | ſo band ich Euch mein Schnupftuch um die
Stirn, | mein beſtes, eine Fürſtin ſtick't es mir. Schlegel
König Johann IV. 1 (Shakespeare 1, 70). Ich will ſie [die Stirn]
feſt dir binden, in 'ner Stunde iſt's wieder gut. (Othello): Dein
Schnupftuch iſt zu klein. ebb. 9, 204 Tieck Othello III, 1 (ſ. u.),
vgl. was Karl Biltz in der „Gegenwart" 36, 75b ff. als Beleg
für die „nur allzunatürliche Redeweiſe" der Berliner in Wilden=
bruch's vaterländiſchem Drama: „Die Quitzow's" anführt. Köhne
Finke — heißt es dort — fordert die jungen Mädchen auf, „die
Schnupptücher raus zu ziehen, und damit in die Luft zu we=
beln". Auf die Frage, ob ſie „alle welche" hätten, erwiedert ihm
Käthe . entrüſtet: „Na, wir und keine Schnupptücher".

Sofern man das Schnupftuch — um es für den Fall der
Benutzung bei der Hand zu haben — gewöhnlich in der Taſche
bei ſich trägt, wofür ſüddeutſch auch die Bezeichnung Sack (ſ. u.
Sanders 3, 830c Nr. 1a) üblich iſt, ſo gilt dafür auch, wie ge=
ſagt, ſehr gewöhnlich Taſchentuch und namentlich in Süddeutſch=
land auch (allerdings mit mundartlicher Färbung) Sacktuch,
wobei die Norddeutſchen freilich mehr an die Bedeutung =
Sackleinwand denken. Ich führe für den erſten kaum eines Beleges
bedürfenden Ausdruck nur einige weitere Stellen aus Shakespeare's
Othello in der ſogenannten Tieck'ſchen Überſetzung an: (Emilia:)

Was giebst du mir | für dieses Taschentuch? (Jago:) Welch
Taschentuch? | (Emilia:) Welch Taschentuch? | Ei nun, des
Mohren erstes Brautgeschenk. S. 205/6 [III, 3]. (Othello:) Mich
plagt ein widerwärt'ger böser Schnupfen, | Leih mir dein
Taschentuch. 216 [III, 4], vgl. Shakespeare's Dramatische Werke
übersetzt v. Phil. Kaufmann Bd. 2, der hier überall Tuch oder
Taschentuch hat, auch S. 210, wo Othello ruft: „Hol mir das
Taschentuch! ich ahne Schlimmes" und dann der Ruf: Das
Taschentuch! noch dreimal wiederholt (bei Tieck S. 218 nur
das Tuch). Vgl. auch z. B.: Zusammensetzungen wie Braut=
taschentuch. National-Ztg. 31, 55 ꝛc. Für das mehr mund=
artliche Sacktuch bietet mein Wörterbuch Belegstellen aus Gutz=
kow, Mor. Hartmann u. Hackländer; aber wenn wir in des
letztgenannten Buch: „Vom Heidehaus" S. 174 z. B. lesen: Bat=
tistsacktücher, so würde, wenn ich nicht irre, in dem größten
Theil Norddeutschland's dafür die Bezeichnung: Batisttaschen=
tücher gesetzt werden, vgl.: Batist   Seine Anwendung zu
Damenkleidern und Taschentüchern gehört zu den bekannten
Dingen. Karmarsch u. Heeren Techn. Wörterb. (2. Aufl.) 1, 115.

Nach seiner häufigen Benutzung zum Abwischen des Schweißes
heißt das Tuch auch **Schweißtuch**, welches Wort bekanntlich
mehrfach in der Bibel vorkommt (Luk. 19, 20; Joh. 11, 44; 20, 7 ꝛc.)
aber — grade wegen des Gebrauchs in der Sprache der Kirche —
in der gewöhnlichen Sprache nur selten oder kaum gebraucht
wird, vgl.: „Das Schwaißtuech (alte Sprache auch sueizfano,
sueizvanch, orarium, sudarium), nur mehr [= noch] in Bezug auf
die Leidengeschichte Christi vorkommend und durch Schnupf=
tuch verdrängt", wie ferner: „Die fromme Matrone Veronica ...,
als sie zu Jerusalem vor ihrem Hause stehend dem unter der
Last des Kreuzes unterliegenden Erlöser auf dem Wege nach
Golgatha an der sechsten Station der Via dolorosa ihr weißes
dreifach zusammengelegtes Taschentuch zum Abwischen des
Schweißes und Blutes reichte — es heißt gewöhnlich Schweiß=
tuch oder sudarium; aber man würde unrecht thun, darin etwas
Anderes als ein gewöhnliches Taschentuch zu sehen, das nur
in südlichen Ländern häufig zu einem Schweißtuch wird.
Gegenwart 35, 101 (Rud. Kleinpaul). Doch kommt das Wort
auch zuweilen im außerkirchlichen Gebrauch vor, z. B. bei

Spindler Vogelhändler v. Imſt 4, 227 und: Warum dieſe Herren meiſtens in ziemlich lumpiger Geſtalt erſcheinen und alle ihre zeitliche Habe ganz bequem in einem Schweißtüchlein mit ſich führen können. Wieland 32, 404 [Nikol. Flamel].

In den Stellen der Bibel, wo Luther Schweißtuch (und z. B. van Ess bloß Tuch) ſetzt, hat die vorluther'ſche deutſche Bibel noch ein andres Wort, ſ. K. Biltz Zur deutſchen Sprache und Litteratur S. 136 ff., wo es heißt:

„Intereſſant iſt das in der vorlutheriſchen Bibel mehrfach vorkommende Wort: augſa[h]ne, Augentuch, welches unſerm heutigen Taſchentuch entſpricht und, wie dieſes, außer ſeinem eigentlichen Gebrauche zu dem doppelten Zwecke diente, ſowohl die Thränen von den Augen abzuwiſchen (daher der Name augſane), als auch den Schweiß abzutrocknen, weßhalb es ſpäter durch das Wort: Schweißtuch erſetzt wurde. Die vorliegende Bibel gebraucht dasſelbe in der Stelle Luk. 19, 20, wo von dem wenig ſpekulativen Knechte die Rede iſt, welcher das empfangene Pfund ins Schweißtuch legt und zu ſeinem Herrn hernach ſagt: Dein gewichte [Talent, Pfund], dz hat ich verborgen in eim augſanen. Ferner kommt es Joh. 11, 44 vor, wo von den Tüchern die Rede iſt, in welche der ſchon begrabene Lazarus gewickelt war: Sein antlutz was gebunden mit augſanen. Dieſelbe Bedeutung hat es Joh. 20, 7: Er (nämlich Petrus, der zum Grabe Chriſti eilte) ſach die tuoch gelegt vnn den aug= ſanen, der do was auff ſeim haubt u. ſ. w. Intereſſant nannte ich das Wort, weil einerſeits ſchon Ulfilas in jener zuerſt ange= führten Stelle Luk. 19, 20 dafür das Wort ſano hat, während der althochdeutſche Überſetzer des Ammonius eben da ſueizbuoh ſetzt, andererſeits dies ſelbe Schwanken zwiſchen ſane und tuoch ſich noch im 15. Jahrhundert in der gedruckten Bibel wiederholt. In der zuletzt angeführten Stelle Joh. 20, 7, wo von den Tüchern die Rede war, die um Jeſu Haupt gebunden waren, iſt nämlich ſchon in der erſten Ausgabe unſerer vorlutheriſchen Bibel vom Jahre 1466 erklärend hinzugeſetzt: augſanen oder ſchweiß= tuoch, ein Beweis, daß ſchon zur Zeit des erſten Druckes unſerer Bibel jenes augſanen wieder unverſtändlich geworden war" u. ſ. w.

Dies heute ganz veraltete Augſahne leitet über zu der in

einzelnen Gegenden vorkommenden Bezeichnung des Taſchen=
tuches (bei Trauerfällen) als Thränen= oder Zähren=Tuch,
=Tüchlein, ſ. z. B. ſo Zährentüchlein in der Zeitſchrift Zur
guten Stunde 2, 1, 268.

Ähnlich gilt, ebenfalls nur in einzelnen Gegenden (in Öſter=
reich), als beſondrer Ausdruck für ein von Frauenzimmern nicht in
der Taſche, ſondern in der Hand getragenes Schnupftuch das
verkleinerte Handtüchlein (während Handtuch ſinnverwandt mit
Quehle iſt), ſ.: Die Regerl hält ihr rothes ſauber gefalztes
Handtüchlein vor dem Mund. Schorer's Familien=Blatt 10,
14b (Rosegger) 2c.

Das italieniſche fazzoletto bezeichnet ein Tüchlein (Schnupf=
und Halstuch) und iſt auch in mehr oder minder verſtümmelter
Form in der Volksſprache Süddeutſchland's üblich, ſ. mein Fremd=
wörterbuch 1, 381 mit Belegen für Facilet ſchon bei Seb. Franck,
Hans Sachs (auch Rollenhagen Froſchmäusler III, 2, 4, V. 37)
und Fazinet Simplician. Schriften (v. H. Kurz) 4, 34²² (auch 3,
383¹), ſ. Stalder Schweiz. Idiot. 1, 357; Schmeller Baier. Wörterb.
1, 579; Joh. Christ. v. Schmid Schwäb. Wörterb. 183; Hügel Der
Wiener Dialekt 58a und z. B.: Wiſchte ſich mit dem Fazolett'l
die ſchweißperlende Stirn. Schücking Große Kaiſerin 2, 10. Fazo=
lett=Tüchel. Ders. Ein Staatsgeheimniß 2, 17 2c. Der allge=
meinen hochdeutſchen Schriftſprache aber gehört das Wort nicht an.

Taugen; tauglich, taugſam ſein ſ. beiſpringen.
**Teig, teigig, weichteigig; — mo(h)l, molſch,
mulſch, mudike; ma(a)r, mo(o)r, morſch,
mürbe; matſch, matſchig; — glitſchig, klit=
ſchig, klanſchig, klunſchig, ſchliefig, ſchliffig,
ſchlichtig, ſpeckig, ſplintig, ſpintig, ſpündig,
waſſerſtreifig 2c., kloßig, talkig, talket, tal=
ſterig.**

Das Eigenſchaftswort teigig von dem Hauptwort Teig
(ſ. Sanders 3, 1295c, 6a) bezeichnet eine Beſchaffenheit der Kon=
ſiſtenz (d. i. des Zuſammenhangs der Theile) wie die des Teigs
von Brot oder ſonſtigem Gebäck, alſo die einer weichen, dick=
breiigen knetbaren Maſſe, z. B.: Das Brot blieb allemal teigig
und dicht. Karmarsch u. Heeren Techniſches Wörterb. (2. Aufl.)

1, 371. Man erwärmt diese [Legierung] über Kohlenfeuer genau
bis zu dem Punkte, wo sie eine körnigteigige Konsistenz an=
nimmt. 541. Einfach=Schwefelblei, welches ... zu einer teigigen
Masse erstarrt. 248. Bei der nur teigigen Konsistenz [der Ge=
schirre im Muffelofen]. 722. Auf dem Herd eines großen Flammen=
ofens bis zur teigigen Konsistenz gefrittet. 2, 144. Jede Kali=
seife ... bleibt von weicher, schleimiger oder teigiger Konsistenz.
3, 256 u. o.; ferner z. B.: Das bisher feste Gestein wird . erdig,
saugt . Wasser ein, wird breiig, teigig. Burmeister Geologische
Bilder 1, 22. Die Benutzung der Birnen ist geringer wie
[als] bei den Äpfeln, weil die schmackhaftesten Sorten bald
morsch [s. u.] oder teigig werden und dann nicht allein an
Wohlgeschmack verlieren, sondern auch rasch faulen ... Die Holz=
birnen ... genießbar sind sie nur im teigigen Zustande. Brock=
haus Konv.=Lex. (12. Aufl.) 3, 452 [s. u. Oken]. Die Früchte
(Mispeln) sind auch bei völliger Reife sehr herb und werden erst
später durch Liegen, wenn sie durch eine Art Gärung teigig
geworden sind, als Obst genießbar. 10, 458 [Die Mispel]
wird auf Stroh hingelegt, bis sie teigig][ge]worden Sie
kann, ehe sie teigig wird, wie andere Früchte eingemacht werden.
Jablonski Allgem. Lex. der Künste 2c. 669b 2c., auch: Birnen, welche
weichteigig sind. Gartenlaube 15, 668a 2c., s. Adelung 4, 932,
wo es heißt: „Teigiges Brot, welches nicht ausgebacken ist. Wenn
man indessen den Begriff der Weiche überhaupt als den Stamm=
begriff ansiehet, so kann man auch teigige Birnen sagen. Im
Oberdeutschen lautet es nur teig: Teige Mispeln, Birnen" 2c.,
doch vgl.: Teiggen, teiggelen molsch [s. u.] werden, in
den ersten Grad der Fäulnis übergehen, zunächst von Birnen
(bei Pictorius p. 399); teigg, teiggig von Brot oder Back=
werk: nicht ausgebacken; von Birnen, die inwendig zu faulen
anfangen, molsch. Stalder Schweizer. Idiot. 1, 275. In der
Anwendung auf Obst ist das einsilbige teig die gewöhnliche und
überwiegende Form auch in der Schriftsprache, vgl.: taig
von Obst (besonders Birnen, Mispeln) weich, kleberig durch
innerliche Auflösung, welche der faulen Gärung vorangeht:
taigig, taiget = hochdeutsch teigicht. Schmeller Baier. Wörterb.
1, 437. Taig: morsch, z. B. Kernobst. v. Schmid Schwäb.
Wörterb. 118. Teig adj. mollis, als Obst, das man noch essen

kann, ob es gleich der Anfang zum Faulen ist: Teige Birn. Keisersberg Postille Fol. 165b: Man darf die teigen Birn nicht im Sack suchen; man sieht wohl am Sack, wo sie sind ... Tichy, böhmisch mitis, mansuetus, tranquillus wird sonderlich an und in Böhmen gehört, vornehmlich von Birn und allerlei sorbis [Spierlingen] als Mespeln, Spier=Äpfel, Adlersbeer. Die Niederteutschen sagen dafür mol, vom lat. mollis: die Birn ist mol, d. i. teig und weich: Frisch Teutsch=Lat. Wörterb. 2, 367a (vgl. 1, 668a, wo aber mohl gesetzt ist) und ferner z. B.: Teige Holzbirn. Rollenhagen Froschmäusl. I, 1, 9, V. 161. Eine teige Birne. Holtei Eselsfresser 2, 246; 3, 219. Jetzt kommen sie Alle, wie die Bienen auf eine teige Birne. Auerbach Auf der Höhe 2, 256; auch: Die Benutzung der Früchte [Birnen] ist mannig=faltig, doch weniger als beim Apfel, weil sich die schmackhaften nicht lange aufbewahren lassen, sondern bald teig werden und faulen. Oken Naturgesch. 3, 2075 (s. o. Brockhaus). Am Baum sind die Früchte [Mispeln] herb, einige Zeit aber auf Stroh oder in die sogenannte Mutte gelegt, werden sie teig und eßbar. 2069 ꝛc.

Neben dem in dieser Anwendung schriftgemäßen Ausdruck finden sich aber auch andere mehr auf bestimmte Gegenden be=schränkte, so — im Anschluss an das von Frisch erwähnte mo(h)l [s. o.] — molsch, wozu es bei Adelung heißt: „ein nur in den gemeinen Sprecharten einiger Gegenden, besonders Ober= und Niedersachsen's, übliches Wort, welches eigentlich weich be=deutet, aber vornehmlich von den Äpfeln, Birnen, Mispeln und andern Arten des Obstes gebraucht wird, wenn sie in den ersten Grad der Fäulnis übergehen. In einigen Gegenden mulsch", vgl. Sanders 2, 325c, mit dem (westpreußischen) Beleg: Molsche Kruschken (in Fäulnis übergegangene Holzbirnen). Bogumil Goltz Ein Jugendleben 3, 237 und dazu als Fortbildung: Auf dem Boden molschten ein Haufe wilder Holzbirnen. 1, 91 ꝛc., vgl.: Mulsch, molsch, vom Obste: durch und durch mürb, wenn es eigentlich schon anfängt, in die Fäulnis überzugehen. Bernd Die deutsche Sprache in dem Großherzogthum Posen 183 und: Molschet adj. (von Obst, Fleisch u. dgl.) fehlerhaft weich, sächsisch molsch. Schmeller Baier. Wörterb. 2, 571, — mit Hinweis auf: Molet, mollet adj.: trocken weich, sanft; fleischicht, fett, schlapp:

Ein Tuch ist mollet anzurühren (fühlt sich weich an). 568 und —: Molzet adj.: teigig=, klebrig=weich: Moləté Dampf=nudeln sind der Köchin gut —, molzəté aber schlecht gerathen. Der Schnee wird molzet, wenn Thauwetter eintritt. 575. Vgl. auch: mar, mär…, vor vokalischer Flexion marw…: mürbe… ə mársBrod; ə márəʹ, márwər Apfel.. Augenscheinlich steht mit dieser Form das auch hochdeutsche mürbe im Ablautverhältnis. 608, wie auch: Ma(a)r, mo(o)r: reif oder vielmehr mürbe… nur von Obst; davon das Zeitwort: ma(a)ren: durch Liegen reif oder vielmehr mürbe werden. Stalder Schweizer. Jdiot. 2, 197.

Von diesen Ausdrücken aber dürften neben der schrift=deutschen Bezeichnung teig von Obst und in diesem Sinne (vgl. auch das berlinische mudike — ‿ ‿) höchstens molsch und mulsch als schriftmäßig (und auch diese nur mit entschieden mundart=licher Färbung) bezeichnet werden; etwas anders verhält es sich mit dem Worte morsch, von welchem Adelung 3, 586 sagt, dass es eigentlich mürbe bedeute, aber nur in einigen Fällen üblich sei. „Von festen Körpern" (fährt er fort), „welche durch die Fäulnis mürbe werden, sagt man im gemeinen Leben, dass sie morsch sind, ital. marcio: Ein morscher Apfel, der in den ersten Grad der Fäulnis gegangen ist, da er noch essbar bleibt, welches in einigen Gegenden auch molsch, mulsch genannt wird", — s. oben aus Brockhaus' Konv.=Lex.: morsch oder teigig werden [von Birnen] und in Weigand's Wörterb. der deutsch. Syn. II, 429 aus Zesen's Prirau 676 angeführt: Mursche Äpfel. Im Allgemeinen aber gilt doch (s. Sanders 2, 334a ff. u. 349c) morsch in der heutigen Schriftsprache nur = fehlerhaft mürbe, so dass es leicht zerfällt oder zerbricht, von Etwas, das fest sein, Halt in sich haben sollte, namentlich Holz, Knochen ꝛc. und danach auch übertragen, während das allerdings auch in diesem Sinne vorkommende mürbe doch allgemeiner auch in gutem Sinne steht, so namentlich von Speisen, die leicht auf der Zunge zergehen, z. B.: Mürbes, saftiges Obst, Fleisch ꝛc.; mürbes Gebäck. Den Stockfisch mürbe klopfen, s. für beide — sich oft nahe berührende Wörter — die Belege a. a. O., woher ich hier absichtlich nur die beiden folgenden anführe: Ein alter Mann…, der durchaus von der Zeit mürb und morsch ge=macht und durch so viel durchlebte Olympiaden nicht weiser ge=

worden ist. Wieland Lucian 5, 210. Herr *** spielte den Prinzen [in der Emilia Galotti]. Von dem Fürsten hatte er nur das Staatsrechtliche, von dem Hofmanne nur die Charakterlosigkeit, von dem Liebenden nur das Lächerliche. Er war hart, wo er fest —, morsch, wo er weich —, schwach, wo er nur nicht gebieterisch sein sollte. Börne 1, 216 2c.

Von den in der Überschrift genannten Ausdrücken ist nun zunächst noch **matsch** und **matschig** zu erwähnen, die aber (s. Sanders 2, 257a) allgemeiner eine tadelhaft breiweiche Konsistenz bezeichnen. So kann man eine im hohen Grade teige Birne auch als matsch oder matschig bezeichnen; aber umgekehrt wird man z. B. von Beerobst, Kirschen 2c., die nicht durch beginnende Fäulnis, sondern durch das Rütteln und Schütteln auf der Fahrt nach dem Markte gelitten haben und theilweise zerquetscht sind, wohl sagen, daß sie matsch oder matschig, nicht aber, daß sie teig sind. Auch der Schnee und durch ihn der Erdboden bei Thauwetter ist matsch oder matschig, nicht teig u. s. w.

Was nun aber die Anwendung des Wortes teigig (nicht teig) auf unausgebackenes Gebäck betrifft, so gehören dazu als sinnverwandt eine Menge größtentheils landschaftlicher Ausdrücke. Am weitesten verbreitet darunter ist vielleicht als Bezeichnung der schmierigen zäh-klebrigen Beschaffenheit des nicht gehörig aufgegangnen Teiges **klitschig**, z. B.: Immer wird sich die Hausfrau beim Backen darüber freuen, sobald der Teig schön aufgeht; wenn sie aber einen Geburtstagkuchen bäckt, achtet sie ängstlich darauf, daß er in die Höhe geht und nicht etwa klitschig und klantschig bleibt. Rud. Kleinpaul Sprache ohne Worte, S. 52, vgl.: Der Klitsch   ein im gemeinen Leben übliches Wort, denjenigen Schall auszudrücken, welcher entsteht, wenn man einen weichen zusammenklebenden Körper an einen andern eben so weichen oder auch an einen festern wirft oder schlägt und welcher ein heller Klatsch ist. Imgleichen ein Schlag, welcher dieser Schall hervorbringt. Figürlich im gemeinen Leben auch ein Stück eines solchen zähen Körpers, welches denselben hervorbringen kann. Ein Klitsch Butter: ein Stück von unbestimmter Größe, ein Klecks. Ein Klitsch Teig, Lehm u. s. f. Daher das in den niedrigen Sprecharten übliche Bei- und Nebenwort flitschig für teigig: Das Brot ist flitschig, wenn es nicht ausgebacken ist; niedersächsisch klitzig, klibberig. Adelung 2, 1637 und ähnlich Campe 2, 964a, der dazu noch klunschig fügt, s.: Der Klunsch eine zusammenhangende weiche und zähe Masse, — ein Wort, welches besonders von Brot und allerlei Backwerk gebraucht wird, wenn es nicht ausgebacken, sondern inwendig meist ein zäher Teig geblieben ist. Es ist Alles ein Klunsch. Klunschig Klunsch enthaltend: Klunschiges Brot Klunschige Klöße. 971b, vgl. Bernd Deutsche Sprache in Posen 128; 130 ꝛc. Klitschiges Brot. Burmeister Geolog. Bilder 2, 304 bei Sanders 1, 600b und daneben (ebd.). Dieses nasse glitschige Brot. Kürnberger Amerik. 114, vgl.: Ein glitschiges Stück von dem Backwerk. Zur guten Stunde 2, 1, 13 ꝛc., — sich anlehnend an das allgemeinere glitschig = glitscherig, wie glipferig = schlüpferig, — von schlüpfen. schliefen, vgl. daran sich anschließend: „Schlief, m. glitschige Stelle im Brot, in Klößen ꝛc., auch zuweilen: Schliff. Dazu: Schliefiges oder (z. B. K. Müller Die Natur 4, 62b) schliffiges Brot ꝛc., vgl.: Schlichtige Nudeln. Schmeller Baier. Wörterb. 3, 432.“ Sanders 3, 957a, vgl.: Speckiges Brot ꝛc. = glitschig. 1130b nach Schmeller 2, 556, wo es heißt: Speckig: allzuklebrig= fest und konsistent, z. B. Brot, Backwerk; kothig, z. B. Erdreich (specknaß) ꝛc.; ferner: Kloßig: wie Klöße zusammenklebend: Kloßiges Brot (K. Müller Natur 4, 62b) Sanders 1, 943b. — Die Ausdrücke Spint (s. Sanders 3, 1143c) und Splint be= zeichnen zumeist die weiche, weiße Holzmasse zwischen Rinde und Kern (die noch nicht gehörig verholzten Jahresringe im Gegen= satz zum Kernholz), aber mundartlich auch allgemeiner: Etwas von ähnlicher Konsistenz, z. B. (s. Schmeller 3, 572) Fett ꝛc. und danach: „das Zähe, fehlerhaft Fette, Käsige, Speckige im Back= werk“ und dazu: spintig, gespintig, spündig (auch: splin= tig) z. B. von Brot, Knödeln (Klößen), Nudeln ꝛc. Vgl. mit einer andern mundartlichen Bezeichnung: Die Klöße sind ganz talfig geworden. Auerbach Dorfgesch. 2, 451 bei Sanders 3, 1283 und vgl. zu dem dort Gesagten und Angezogenen z. B. auch: Talk m.: unausgebackenes Backwerk; talket, talkicht: taigigt, speckigt. v. Schmid Schwäb. Wörterbuch) 119; Schmeller Baier. Wörterbuch) 1, 368; Weinhold Schles. Wörterbuch) 96 ff. ꝛc.

und vgl.: Talsterig: naß weich, unausgebacken: Das Brot ist talsterig, hat Wasserstreifen, ist nicht gehörig ausgebacken. Man sagt dafür auch wohl talkig, talket und nennt unausgebackenes Brot einen Talks. Bernd Deutsche Sprache in Posen 305/6. Zu dem hier erwähnten Wasserstreif (s. Sanders 3, 1238a, auch mundartlich: Wasser-Striefe, -Strieme) gehört — nicht als Bezeichnung des ganzen Gebäcks, sondern eines unausgebacken gebliebnen Streifens darin — als Eigenschaftswort: wasser--streifig (-striefig, -striemig, -strömig).

Termin(al)szahlung s. abschlägig. S. 104.

Theil s. abschlägig. S. 104; halb S. 204 ff.

theils s. halb. S. 204.

theilweise, Theilzahlung s. abschlägig. S. 104.

Thun, eine Beichte, ein Bekenntnis, einen Eid, ein Gelübde, eine Rechnung, einen Schwur, einen Widerruf s. ablegen. S. 38.

Thürmer, Thurm-Hüter, -Meister, -Wärter, Thürner 2c. s. Wächter.

Tiefe s. Abgrund. S. 6; 7; 9.

Tilgungszahlung s. abschlägig. S. 104.

Tracht s. Gebärde. S. 192.

Trollen s. packen. S. 241; 242.

übereilig, übereilt s. voreilig.

übereinkommen, Übereinkommnis, Übereinkunft s. Abrede. S. 79; 84; 85.

überhelfen s. beispringen. S. 141.

überstürzt s. voreilig.

Umarmen (sich armen, bearmen, zusammen-armen); umfahen, umfangen; umfassen; um-flechten; umhalsen, halsen, hälsen, behälsen; umschließen; umschlingen; umschmiegen; um-spannen; umstricken; umwinden.

Die genannten zielenden Zeitwörter sagen sämmtlich aus, daß das Subjekt wie ein in sich zurücklaufender Ring das Objekt allseitig (rings) umgiebt und einschließt, — einfach mit sachlichem

Subjekt oder, die beabsichtigte Wirkung bezeichnend, mit per=
sönlichem.

Dieser Begriff liegt zunächst, wie aus den Theilen der Zu=
sammensetzung erhellt, in umschließen (s. Sanders 3, 960a),
z. B.: Jemandes Arme umschließen — oder: Er mit seinen
Armen umschließt — eine Person. Drück' ich sie nie an das
Herz, so will ich die Brust und die Schultern | einmal noch sehen,
die mein Arm so sehr zu umschließen begehret. Goethe 5, 64
(Herm. u. Doroth. VI, V. 285). Die Mauern umschließen die
Stadt — und: Man umschließt die Stadt mit Mauern. Daß
jenes Dach, von faulem Moos gedrücket, | und so viel Land, als
jener Zaun umschließt, | der ganze Rest von meinem Erbgut
ist. Wieland 3, 17 (Musarion I), vgl. auch: In jenem Sitz der
Pieriden, | der bergumschloßnen malerischen Stadt. Platen
1, 231. Felsumschloßnes Thal. Alfr. Meissner Ged. 63 2c.

Hieran schließt sich umfassen (Sanders 1, 416c = in sich
fassend umschließen 2c., z. B. auch, von den übrigen Ausdrücken
sich entfernend, im eigenschaftswörtlichen Mittelwort der Gegen=
wart, auch ohne Objekt = viel in sich fassend oder schließend,
von weitem Umfange, so: Umfassende Unternehmungen. Danzel
Lessing 330. Umfassendes Studium. 416. Auf diesem Stand=
punkt weiß er [Buffon] sich aus dem Einzelnen das Umfassende
zu bilden. Goethe 40, 501. Daß, ungeachtet der grenzenlosen
Einzelnheiten, denen er [Buffon] sich hingiebt, er nicht verfehlte,
ein Umfassendes anzuerkennen. ebd. 2c., wie auch mit hinzu=
tretenden Umstandswörtern oder Objekten als näheren Bestim=
mungen, z. B.: So unerschütterlich auf jenem Princip beharrt,
so allumfassend und so konsequent durchgeführt hat es
Keiner. Fichte Nicolai 12. Der Gegenstand vielumfassender
Erörterung. Humboldt Kosmos 2, 4. Den weitumfassendsten
Übeln. Lessing 10, 277. Schon hier ist Posa der kältere, der
spätere Freund und sein Herz, jetzt schon zu weitumfassend,
um sich für ein einziges Wesen zusammenzuziehen, muß durch
ein schweres Opfer errungen werden. Schiller 762a [Briefe über
Don Karlos III]. Er hatte weltumfassende Entwürfe. National-
Ztg. 30, 183 u. Ä. m., vgl. (s. u.): Ein Zweig des weltumspan=
nenden Handels. Soyaux 1, 201. Das weltumspannende
Fernsprechnetz 2c.; aber im Übrigen sich mit den andern Aus=

drücken berührend, z. B.: [Thetys] umfaßte mit ihrer | Linken
seine Kniee. Bürger 192a [Ilias 1, 500] ꝛc., [s. u.: umarmen].
vgl.: Heute früh Morgens saß sie bei dir und umschlang
[s. u.] dir die Kniee. 193a [V. 557, bei Voss beide Mal „um=
schlang" und auch bei Bürger in der jambischen Übersetzung:
Hier sank sie vor ihm hin, umschlang sein Knie | mit ihrer
Linken. S. 148a, V. 708 — und: Um das Morgenroth saß sie
vor dir | und hielt dein Knie umschlungen. ebb. b., V. 785].
„Ottilie, du liebst mich!" und sie hielten einander umfaßt. Wer
das Andere zuerst ergriffen, wäre nicht zu unterscheiden gewesen.
Goethe 15, 104 [Wahlverw. I, 12]. Nicht den tausendsten Theil
verdroß es Vulkanen, sein Weibchen | mit dem rüstigen Freund
unter den Maschen zu sehen, | als das verständige Netz im rechten
Moment sie umfaßte, | rasch die Verschlungnen umschlang
[s. u.] 1, 239 [Elegien XIX], vgl.: Beide bestiegen das Lager und
schlummerten. Plötzlich umschlangen | rings sie die künstlichen
Bande des allerfahrnen Hephästos. Voss Odyss. 8, 296. Zum
ersten Mal, seitdem ich sie geboren, | umfass' ich meines Glückes
Fülle ganz. Schiller 492a [Braut v. Mess. V. 298]. Laut auf=
weinend umfasst sie das Haupt des theueren Sohnes. Stolberg
Ilias 18, 70 = Und laut weinend umschlang [s. u.] sie das
Haupt des theueren Sohnes. Voss ebb. V. 74. Mein Leben
hängt in einer solchen Stunde | an deinem feurig nektarvollem
Munde | und will, bei deinem trauten Armumfassen | mich fast
verlassen. Iris (v. J. G. Jacobi) 3, 149. Der Geschichtsschreiber
umfasst alle Fäden irdischen Wirkens. Wh. Humboldt 1, 3.
Der Samstag kam und sah dieselben Mauern | umfassen noch
des Landes Rath und Hort. Chamisso 4, 77. Laß den Kolossen |
umfassen eine halbe Welt. 57. Die Moresken, | die bunten,
mannigfalten, | die jedes Bild umfassten. Freiligrath Sämmtl.
Werke 1, 196 [Die Bilderbibel]. Seine [des Erzherzogs] Sucht,
die „weiten Umgehungen", mittels welcher Napoléon auf beiden
Seiten umfasst werden sollte, hatte ihn verleitet, seine Streit=
macht übermäßig auszudehnen. Scherr Blücher 2, 412.

Während bei umschließen und umfassen der Zwischenraum
zwischen dem Umgebenden und dem Umgebenen (oder dem Ein=
schließenden und dem Eingeschlossenen) auch ein weiterer sein
kann, tritt bei umfangen (s. Sanders 1, 410a), wofür das ältere

umfahen noch in der gehobenen Sprache zuweilen vor=
kommt, — wenigstens nach dem heutigen Sprachgebrauche —
der Begriff der nähern und engern Berührung hervor. Wenn
z. B. Luther übersetzt: Der äußere Vorhof war umfangen mit
einer Mauer. Hesek. 42, 7, so wäre — wie schon Adelung 4, 1184
bemerkt — dafür umgeben, einschließen üblicher. Freilich
bezeichnet er das Wort überhaupt als „ein im Hochdeutschen
größtentheils veraltetes", was aber durch die folgenden (leicht
zu mehrenden) Belege zur Genüge widerlegt wird: [Der König]
sprang von seinem Stuhl und umfing sie mit seinen Armen.
Stücke in Esther 4, 8. Sie umfingen und küsseten sich zu
guter Letz [Abschied nehmend]. 3. Macc. 5, 46 ꝛc. Wer aber auf
den Herrn hoffet, Den wird die Güte umfahen. Psalm 32, 10
[= Den umfahet Güte um und um. Mendelssohn. Den wird
Huld umgeben. Zunz]. Es umfingen mich des Todes
Bande Der Hölle Bande umfingen mich ꝛc. 18, 5 u. 6
(ähnlich auch Mendelssohn) = Es hatten mich umfangen die
Schmerzen des Todes Der Hölle Banden umfingen mich.
2. Sam. 25, 5 u. 6 = Mich umringten Todesbrandungen
Bande der Unterwelt umgaben mich, Todesschlingen um=
fingen mich. Zunz u. s. w.; ferner z. B. noch: Der Morgen
kam; es scheuchten seine Tritte | den leisen Schlaf, der mich ge=
lind umfing. Goethe 1, 1 [Zueignung]. Mich umfängt ein
banger Schauer, | mich umgeben Qual und Trauer. 8, 74
[Claudine v. Villa=Bella III]. Nicht mehr bleibest du um=
fangen | in der Finsternis Beschattung. 4, 16. Wo klar und
still auf immer reinem Sande | der weiche Fluß die Nymphen
sanft umfing. 13, 130 [Tasso II, 1]. Wiederholtes Versprechen,
das ihr die Gewißheit aller Hoffnungen versiegelt, kühne Lieb=
kosungen, die ihre Begierden vermehren, umfangen ganz ihre
Seele Sie streckt endlich ihre Arme aus, all ihre Wünsche
zu umfassen [s. o.] — und ihr Geliebter verläßt sie und
blind in die Enge gepreßt von der entsetzlichen Noth ihres
Herzens, stürzt sie hinunter, um in einem rings umfangenden
Tode alle ihre Qualen zu ersticken. 14, 58 [Werther, 12. Aug.] ꝛc.
Den besten der Hellenen, | hofft sie bräutlich zu umfahn.
Schiller 61 b [Kassandra]. Wasser umfänget | ruhig das All.
51 b [Punschlied]. Mich umfängt ambrosische Nacht; in duf=

tende Kühlung | nimmt ein prächtiges Dach schattender Buchen mich auf. 75a [Spaziergang, V. 21]. Umfängt mich nicht der weite Himmelsschoß? | Die Blicke frei und fessellos | ergehen sich in ungemeßnen Räumen. 425b [Maria Stuart III, 1]. Hier in der fremden menschenreichen Öde | umfang' ich die vertraute Schwesterbrust! 478a [Jungfr. v. Orl. IV, 9]. Da liegt er, entseelt | hingestreckt in der Blüthe der Tage! | schwer um= fangen von Todesnacht. 507a [Braut v. Mess., V. 1957]. Mich vor Allen umfing unermeßliches Elend. Voss Odyss. 1, 343. Fern im troïschen Lande, wo Noth umfing euch Achaier. 4, 243. Der Schwanenarm, womit sie um den Gürtel ihn umfangen. Wieland 20, 163 [Oberon VI, 74]. In der Fülle des Lebens, die ihn umfängt. Hölderlin Hyper. 1, 33; Rückert Rostem und Suhrab 100 (s. u. umschmiegen) u. Ä. m.; auch: Allreizumfangner, Lustumfah'ner. Ders. Nal und Damaj. 29 und (s. Sanders Ergänz.=Wörterb. 190c), z. B. auch: gram=, kummer=, leid=, schmerz=, weh 2c., lust=, wonne= 2c.; schlummern=, schlaf=, traumumfangen u. Ä. m.

Umschlingen (s. Sanders 3, 961c) bezeichnet: sich oder Etwas wie zu einer eng einschließenden oder umschließenden Schleife oder Schlinge gekrümmt um Etwas herum legen (oder winden, s. u.: umwinden), z. B. (s. S. 282 umfassen). Voss Odyss. 8, 296 2c.; Goethe 1, 239. Soll ich [der Apfelbaum] nicht lieben die Pflanze [Epheu], die, meiner einzig bedürftig, | still mit begieriger Kraft mir um die Seite sich schlingt? | Sie nur fühl' ich, nur sie, die umschlingende 2c. 261/62 [Amyntas, V. 28 u. 41, vgl. V. 16]. Aufgelöst sind diese Zauberbande | deiner Arme, die mich sonst umschlingen. 2, 81 [Der Besuch]. Indem sie die Schleife des [die Brieftasche] umschlingenden Bandes wieder aufzog. 18, 228 [Wanderj. II, 4]. Der Besuch in Weimar um= schlang mich mit schönen Verhältnissen. 27, 5 [Annalen v. 1764—69]. So kommen ungeheure Schlangen ., eilen auf die Kinder des Priesters [Laokoon] ..., umwickeln sie . ., umwin= den [s. u.] und umschlingen darauf Brust und Hals des zu Hilfe eilenden Vaters. 30, 318. Das Netz, womit er sie um= schlang. Chamisso 3, 287. Umschlingend=umschlungen. Immermann Münchhausen 3, 114. In ihrer Rechten schwingen | sie lauernd einen langen Strick . Mit dem Strick um=

ſchlingen | ſie ſchnell den nahen Feind . | Ihr ſcharfer Dolch trinkt des Beſtrickten Blut. Alxinger Doolin 265 [VIII, 13] ſ. u.: umſtricken. Wie feſtverſtrickt | der Epheuzweig den Baum umſchlinge. Ernſt Schulze 3, 136 ꝛc. Rückert Roſtem und Suhrab 100, ſ. u: umſchmiegen ꝛc.

Umſchmiegen ſ. Sanders 3, 979a, wo es erklärt iſt: eng anſchmiegend umſchlingen, z. B.: Von der Schweſter Arm umſchmiegt. Kosegarten Dichtungen 1, 31. Wie ſich ein Geiſt umſchmiegt mit goldner Kette, | damit er von der wüſten Welt ſich rette. Fouqué Gedichte (1816) 1, 212. Wie eine Goldſpang' eng den Frauenarm umſchmiegt, | ſo mit den Armen eng umſchmiegten ſich die Beiden. | So rang Suhrab mit Tehemten. | Mit mächtigem Umfahn [ſ. o.], gewaltigem Umſchlingen [ſ. o.] | vermochten ſie ſich doch zu Boden nicht zu ringen Umſonſt umſchlangen ſie, umſonſt umflochten [ſ. u.] ſie, | vergebens rangen ſie, vergebens fochten ſie ꝛc. Rückert Roſtem und Suhrab 100.

Umſtricken (ſ. Sanders 3, 1243c): mit — oder wie mit — einem haltenden Strick (vgl. auch Fallſtrick), mit Geſtrick (Strickwerk, Gewebe ꝛc.) umſchlingen (ſ. d., vgl. auch be, verſtricken), z. B.: Es ſchien ſich | aufzulöſen das Band, das viele Länder umſtrickte, | das der Müßiggang und der Eigennutz in der Hand hielt. Goethe 5, 52 [Herm. u. Doroth. VI, 12]. Sie [die Hölle] haucht mich an, durchdringt, erſtarrt die Bruſt, | umſtrickt das Haupt, zerrüttet alle Sinnen. 10, 254 [Epimenides II, 6]. Ihr habt mich in das Netz gezogen, | mir graut, ſeitdem es mich umſtrickt. 12, 253 [Fauſt II, IV. Akt]. Laſs dieſer Lüfte liebliches Geweb' | uns leiſ' umſtricken, daſs an Sturm und Streben | der Jagdluſt auch der Ruhe Luſt ſich füge. 13, 230 [Natürl. Tocht. I, 1]. Fern, am Rande | des nachtumgebnen Oceans erblick' ich | mit Noth und Jammer deinen Pfad umſtrickt. 312 [ebb. IV, 2]. Wie ſoll ich nun | des wunderbaren Knotens Räthſelſchlinge, | die euch umſtrickt, zu löſen übernehmen? 333 [ebb. V, 2]. Da fühlte man ſich ſchon wieder von allen Sorgen umſtrickt in einem kummervollen Zuſtande. 25, 201 [Kampagne in Frankr., Münſter, Nov. 1792]. Deinen Irrthum, | der dich umſtrickt, bewein' ich. 35, 172 [Mahomet I, 2] ꝛc. Von der Betrachtung angehalten, | von eurem Späher

aug’ umstrickt, | verriethen die vertraulichen Gestalten | den Ta-
lisman, wodurch sie euch entzückt. Schiller 23b [Die Künstler,
V. 140]. Von dieser Lügen schlau gewebten Banden | ward unser
redlich Herz umstrickt. 30b [Zerstörung v. Troja, Str. 33].
So hab’ ich | mit eignem Netz verderblich mich umstrickt [362a
(willkürlich geändert in verstrickt) = Wallenst.’s Tod I, 4].
Hielt dieses Eisengitter sie zurück, | das edle Herz des Norfolk
zu umstricken? 406a [Maria Stuart I, 1]. Muß sie im Tod
mit Liebesbanden mich umstricken? 445a [ebd. V, 10]. Das
Gespinnst der Lüge umstrickt den Besten. 646b [Parasit, Letzt.
Auftr.]. Eines Bruders, den deine Arme nimmer umstricken
werden. 702b [Eine großmüthige Handlung]. Zuletzt hatte ich
ihn mit Mysticität so umstrickt und umwunden, [s. u.]
daß Nichts mehr bei ihm Kredit hatte, sobald es natürlich war.
728a [Geisterseher I]. Die List strebt die Kühnheit zu umstricken. 1031b [Über Völkerwanderung]. Kräftig wehrt sich
der deutsche Geist gegen den herzumstrickenden Despotismus.
ebd. Nachdem sie der Götter Geschick zum Verderben um-
strickte. Voss Odyss. 3, 269. = Nachdem sie der Götter Geschick
umstrickend bewältigt. Wiedasch ebd. Sie bebt, von meinem
Arm umstrickt. Bürger 19b. Riesenschlangen ., | du um-
strickst sie, du zermalmst sie. Freiligrath Sämtl. Werke
1, 243 u. o.

Umflechten (s. Sanders 1, 457): flechtend —, mit (oder wie
mit) Geflecht, Flechtwerk umschlingen, z. B.: Kein Arm, der mich
umflicht. Herder 15, 311. Könnt’ ich, ach, dich nur um-
flechten [umarmend umschlingen] | in den langen Winternächten!
Kosegarten Poesien 2, 190. Wie uns Das umflicht, | das ge-
spenstische Gezücht! Goethe 12, 37 [Faust II, 1. Akt. Weitläufiger
Saal]. Wem Freundeshand, wem Dienerpflicht | mit Blumen
den irdischen Pfad umflicht, | um Den ist’s so traurig nicht
bestellt. 35, 410 [Nachspiel zu Iffland’s „Hagestolzen“, 3. Gruppe].
Das Ufer umflocht ein grüner Ring von Orangen. Jean Paul
22, 15 [Titan]; Rückert Rostem 100 [s. o. umschlingen]. Dem
das Alter | nicht den Psalter | hat entwunden, | sondern neu
umflochten. Ders. Ged. 4, 71 [Östl. Rosen]. Den Fels um-
flicht die süße Rebe | mit grünem Netz. Geibel Roderich 82.

Umspannen (s. Sanders 3, 1127a): mit etwas darum Ge-

ſpanntem oder Ausgeſpanntem umgeben oder umſchließen (um=
faſſen), z. B.: Einen Walddiſtrikt mit Jagdtüchern und Netzen
umſpannen. Gartenlaube 9, 236a u. o. (vgl. umſtellen).
Wenn zu ſtraff ſie Netz' umſpannen. Göcking 3, 102. Ihr
mögt umſpannen | im Netz den Eber. Platen 6, 36 [Polen=
lieder XII]. So fluch' ich Allem, was die Seele | mit Lock= und
Gaukelwerk umſpannt. Goethe 11, 65 [Fauſt I, Studier=
zimmer] ꝛc. und ferner: Ihr hättet ſie mit vier Fingern um=
ſpannt, ohne ſie zu zwängen. 29, 345 [Rameau's Neffe]. Die
Taill' iſt zum Umſpannen. Gotter 1, 63. Drei Männer um=
ſpannten den Schmerbauch ihm nicht. Bürger 66a. Nahend
haut' ich davon [von der Keule des Cyklopen], ſo viel die Klafter
umſpannet. Voss Odyſſ. 9, 325 [ſo viel umfaſſet die Klafter.
Wiedasch] ꝛc. [Winkelried,] ſieht, Himmel dich, langt aus, um=
ſpannt | viel mörderiſche Spieß | und Blut ſpritzt ꝛc. Lavater
(Wh. Wackernagel Leſebuch 2, 835⁷). Frei, wie das Firmament
die Welt umſpannt, | ſo muſs die Gnade Freund und Feind
umſchließen [ſ. o.]. Schiller 469a [Jungfr. v. Orl. III, 4]. Da
mein glücklicher Wahnſinn den ganzeu Himmel in ihr zu um=
ſpannen wähnte. 201a [Kabale und Liebe IV, 2]. O dieſer
einzige Abend! welch einen edeln und glücklichen Zirkel um=
ſpannt er nicht! Thümmel 5, 185. Welch eine Maſſe von
Ideen muſs er umſpannen! Engel 4, 11. Indeſſen | die
Blicke den Geſichtskreis rings umſpannten. Chamisso 4, 135
[Salas y Gomez I, Str. 11]. Die griechiſchen Säulen waren von
zierlicher, ſchlanker Geſtalt; ſich ſelbſt täuſchend wand ſich der
Blick um ſie her. Hier haben wir ſchwerfällige, aus einander
gedehnte Schäfte, die das Auge nicht umſpannen kann.
Gg. Forster Briefe über Italien. 2, 160. Das Brett, das er
[der Schiffbrüchige] umſpannt. Ernst Schulze 3, 302 u. Ä. m.

Umwinden (ſ. Sanders 3, 1615c): Etwas umwindet das
Objekt = windet oder ſchlingt in Windung ſich um daſſelbe
herum — und (im bewirkenden Sinn): Jemand umwindet es
(damit), — ſehr häufig, z. B.: Wie, wenn wir ihn mit Blumen
bänden? | ihn um und um an Arm und Bein | mit Feſſeln von
Epheu und Roſen umwänden? Wieland 3, 78 [Die Grazien II].
Die Wolluſt, Spinnen gleich, umwindet ihren Fang | im
Sträuben gleich mit unſichtbaren Ketten. 12, 267 [Idris u. Ze=

nibe III, Str. 121]. Er hatte, vom Mantel der Freundschaft umwunden, | bei Beiden doch einen Schleichweg zu ihrem Herzen gefunden. 15, 7 [Amadis I, Str. 17] ꝛc. Umwunden bin ich, römische Flechten, von euch. Goethe 1, 226 [Elegien IV]. Umwinde mir die Mütze! | Aus deiner Hand nur ist der Dulbend schön. | Hat Abbas doch, auf Iran's höchstem Sitze | sein Haupt nicht zierlicher umwinden sehn. 4, 71 [Suleika Nr. 13]. Das artige Köpfchen, | umwunden reich mit Zopf und Zöpfchen. 6, 80. Dich klein geblümt Gefäß mit Schmuck und Leben | des Blumenflores malerisch zu umwinden. 273. Den die verderblichen, | schleichenden, erblichen | Mängel umwanden, 11, 33 [Faust I, Nacht]. Tücher und Binden | reinlich umwanden wir. ebd. [statt: damit umwanden wir ihn]. Ein Feuermeer umschlingt [s. o.] uns, welch' ein Feuer! | Ist's Lieb'? ist's Haß, die glühend uns umwinden? 12, 7 [Faust II, 1. Akt, 1. Sc.] Der älteste Sohn [Laokoon's] ist nur an den Extremitäten verstrickt, der zweite öfters umwunden Der Vater will sich und die Kinder von diesen Umstrickungen [s. o.] mit Gewalt befreien. 30, 310 [Üb. Laokoon]; 318 [s. o. S. 284: umschlingen]. Der pfeilgerade Schuß der Schlangen | erwählt sich nur den Priester am Altar. | Der Knaben zitternd Paar sieht man sie schnell umwinden ꝛc. Schiller 31a [Zerstör. v. Troja, Str. 36]. Der Styx, der neunfach sie umwindet. 72a [Das Ideal u. das Leben, Str. 2]. Warum muß | der Väter Doppelschuld und Frevelthat | uns gräßlich wie ein Schlangenpaar umwinden? 384a [Wallenst.'s Tod III, 18]. Umstrickt [s. S. 286] und umwunden. 728a. Während daß er selbst unbeobachtet und unverdächtig mit unsichtbaren Seilen mich umwindet. 732a [Geisterseher, 1. Buch, Schluß]. Dich hab' ich gefunden, | hab aus Millionen dich umwunden. 755a [= 8a, Philosoph. Br.] ꝛc. Hier fühlt, vom Bruderarm umwunden, | der Bruderliebe Seligkeit! Wie Reben um den Stamm sich winden | in traulicher Umschlungenheit ꝛc. Auswahl deutsch. Lieder (1836) S. 24. Da wollten Meer und Himmel nur sich zeigen | die diesen einsam nackten Stein umwanden. Chamisso 4, 157 [Salas y Gomez, 1. Schiefertafel] ꝛc.

Die Ausdrücke **umarmen** (s. Sanders 1, 45a) = Jemand mit den Armen umfassen und umschlingen und der engere **umhalsen** (ebb. 667a) = ihm um den Hals fallend oder sich ihm um den Hals schlingend, ihn umarmen unterscheiden sich von den bisher besprochenen Wörtern dadurch, dass sie eigentlich nur für Personen gelten, wobei der Umarmende oder Umhalsende dem Umarmten oder Umhalsten die Empfindung zum Ausdruck bringen will, dass er mit ihm in ungetrennter engster und innigster Verbindung bleiben möchte. Umarmen freilich kommt auch verallgemeinert vor, doch in der Regel nur von etwas mehr oder minder Personificiertem, wobei dann die Handlung nicht immer als Ausdruck eines innern zärtlichen Gefühls erscheint oder erscheinen kann. Im Allgemeinen richtig bemerkt Eberhard: „Umarmen kann sich nur auf die ganze Person ohne Bestimmung eines besondern Theiles ihres Körpers beziehen; umfangen hingegen auch auf einen besondern Theil: Zwei Freunde umarmen sich mit aller Inbrunst der Zärtlichkeit nach langer Abwesenheit bei ihrem ersten Wiedersehen; ein Flehender aber umfängt die Kniee seines Gebieters, um ihn zu erweichen." Allerdings setzt Stolberg, davon abweichend in seiner Iliasübertragung 1, 419; 503: seine Knie umarmen, aber bei Bürger S. 191a lautet es dafür: Alsdann will ich hinauf in sein erzbegründetes Haus gehn | und sein Knie umschlingen ꝛc., und bei Voss: Hierauf steig' ich empor zum ehernen Hause Kronion's | und umfass' [s. o.] ihm die Knie'. 1, 427, vgl.: Mit der Linken umschlang sie seine Knie'. 500. Doch Thetis schmiegte sich fest ihm | an die umschlungenen Knie' 512. Der Greis ... | naht' und umschlang dem Peleiden die Knie'. 24, 478; 18, 71 (s. o.). Drum nun flehend umfass' ich die Kniee dir. 457.

Für die Verbindungen im eigentlichen Sinne: Einen — oder: sich (einander) umarmen (— und herzen, — und küssen ꝛc.) bedarf es keiner besondern Belege; aber es findet sich z. B. auch nicht bloß: Wer dich will retten und die Seine nennen, | der muss den Tod beherzt umarmen können. Schiller 429b [Maria Stuart III, 6] u. Ä. m., sondern auch: Dann ist Einer durchaus verarmt, | wenn die Scham den Schaden umarmt [sich damit verbindet ꝛc.]. Goethe 3, 17 [Sprichwörtlich]. Die einander umarmenden Erlenbäume. Jean Paul 2, 77. Wann der Weinstock die Pappel umarmt. Ramler 270. Traulich rankt sich die Reb' empor an dem niedrigen Fenster, | einen umarmenden Zweig ſchlingt um die Hütte der Baum. Schiller 75b [Spaziergang, V. 54] ꝛc. Nah umarmen die Heere ſich 7a. [Die Schlacht], — wie zwei Gegner beim Ringkampf ſich umfaßt, umſchlungen, umſchmiegt [ſ. d. S. 285, Rückert] halten. Siehe, Laura, Fröhlich= keit umarmt | wilder Schmerzen Überſchwung [ſie ſind aufs innigſte verbunden] 2b [Phantaſie an Laura]. Geiſterreich und Körperweltgewühle | wälzet eines Rades Schwung zum Ziele. | Hier ſah es mein Newton gehn. | Sphären lehrt es, Sklaven eines Zaumes, | um das Herz des großen Weltenraumes | Laby= rinthenbahnen ziehn, — | Geiſter in umarmenden Syſtemen | nach der großen Geiſterſonne ſtrömen ꝛc. 7b [Die Freundſchaft] = in Syſtemen, die ſich (oder einander) umarmen ꝛc. und ſo nennt man ſogar in vierzeiligen Versgebinden die gereimte 1. und 4. Zeile umarmende Reime, ſo fern ſie die 2. und 3. Zeile in ſich einſchließen, ſ. Sanders Abriß der Verskunſt S. 109a, Nr. 3. S. auch: Umfanget [ſ. o.] euch mit eherner Umarmung. Schiller 493a [Braut v. Meſſ. V. 452].

Veraltet iſt für umarmen das bloße **ſich armen** ohne die Vorſilbe, z. B.: Wenn er mit Dem ſich armt und küßt, | was nicht kann küſſen und umarmen. Lohenſtein Arminius 2, 1406 u. ö. (ſ. Grimm Wörterb. 1, 558), ſelbſt: Daß die .. ſich mit etlichen Schütten Stroh und Reiſiggebündern armen [in den Armen verſehen] ſollten 245; ferner bearmen, z. B.: Was die reiche See bearmt [umarmt, umſchließt] Opitz (1690) 2, 60. Was Auf= und Niedergang, was Mitter=Tag und =Nacht | in ſich bearmet. Fleming (1651) 10. Was der weiſe Rhein, | der Elb= und Donauſtrom in ſich bearmen können. 569, wie auch: Sich zuſammenarmen. Hippel Lebensläufe 1, 104 = ſich an einander ſchließen.

Belege zu dem oben erwähnten **umhalſen** z. B.: Die Frauen warfen ſich einander in die Arme [= umarmten ſich], die Männer umhalſten ſich und Luna ward Zeuge der edelſten keuſcheſten Thränen. Goethe 18, 291 [Wanderj. II, 7]. O ſei gebenedeit! Laß dich umhalſen! | Ich halte mich nicht mehr vor Freud' und Jubel! Schiller 592a [Turandot II, 4]. Wie in goldnen Strömen wallten | lichtgelbe Locken um einen Hals, | den zu umhalſen allenfalls | ein Schach vier Städte gegeben hätte. Wieland 11, 14 [Wintermärchen I], wofür freilich (ſ. o. Eberhard's

Bemerkung zu umarmen) wegen des vorhergehenden Hals wohl umfangen oder umschlingen besser lauten dürfte; auch: Der eigne Ritter | der schönen Königin war Lanzelot; | viel Thaten hatt' er ihr zu Lieb gethan | und manchen süßen Kuß und manche glühende | Umhalsung im Geheim zum Sold empfangen. 116 [Geron der Adlige]. Du machtest, es ist wahr, dich ein Mal oder zwei | von den Umhalsungen der schönen Nymphe frei. 12, 313 [Idris u. Zenide V, 44] ꝛc. — Hierfür ist (s. o.) das Grundwort ohne die Vorsilbe um noch heute nicht ganz unüblich. Es heißt nicht bloß (s. Sanders 1, 667a und Ergänz.=Wörterb. 349a) z. B. in Schaidenreisser's Odyssee 48a: Mich zu umfahen [s. o.] und halsen ꝛc. und mit Umlaut: Kommt, tretet näher her, das schöne Kind zu grüßen, | zu tragen auf der Hand, zu hälsen und zu küssen. Opitz Deutsche Poemata (1629) 1, 17 [Lobgesang über den ... Geburtstag ... Christi V. 226]; Keller Fastnachtsp. 316 ꝛc., sondern auch z. B.: Sie halste schluchzend ihre Mutter. Joseph Rank Achtspännig 1, 107. Mit der möcht' ich halsen [= mich halsen] Roman-Ztg. 15, 264 ꝛc. und sogar: Buchen im Wind | halsen sich lind. Zur guten Stunde 2, 2, 131; doch ist Dies im Ganzen wohl nur als mundartlich zu bezeichnen, wie auch die Zusammensetzung: Was hilft das Händedrücken und viel Behälsen doch? Chr. Knittel Poet. Sinnenfrüchte (Colberg 1677) 165 (bei Grimm 1, 1321).

Umfahen, umfangen, umfassen, umflechten, umhalsen, umschließen, umschlingen, umschmiegen, umspannen, umstricken, umwinden siehe umarmen.

Unausschöpflich s. abschöpfen. S. 108.

Unbedacht, unbedächtig, unbedächtlich, unbedachtsam, unbesonnen s. voreilig. S. 294 u. 295.

Uneinigkeit s. Zwiespalt.

Unerschöpfbar, unerschöpflich, unerschöpft s. abschöpfen. S. 108.

Unfriede s. Zwiespalt.

Ungebärde s. Gebärde. S. 196.

Ungeneigtheit s. Abneigung. S. 62.

Ungunst, ungünstig s. Abgunst. S. 10; 11; 13; 14.

Unluft s. Abneigung. S. 64; 65.

Voraus f. ehe.   S. 174; 175.
Vorbeihelfen f. beispringen.   S. 140; 142.
Vordem, voreh f. ehe.   S. 171 ff.
Voreilig; vorschnell; vorlaut; vorwitzig; übereilt, übereilig, überstürzt; unbedacht, unbedächtig, unbedächtlich, unbedachtsam; bedachtlos; unüberlegt; unbesonnen; naseweis; (zungenfertig, -flink, -gewandt, -rasch, -schnell).

Diesen Eigenschaftswörtern ist im Allgemeinen der Begriff gemeinsam: beim Sprechen oder Handeln in tadelnswerther oder nachtheiliger Weise der ruhigen Überlegung und Bedachtsamkeit ermangelnd. Diesen Begriff bezeichnen zunächst —, wie man sofort sieht —, und zwar mit nur sehr geringfügigen Unterschieden, die Ausdrücke: unbedacht, unbedächtig, unbedachtsam; bedachtlos und unüberlegt.

Über das unverneinte Bedacht als Hauptwort und als Eigenschaftswort f. Sanders 1, 258 b, c und vgl. das Zeitwort bedenken ebd. 280 c. Das Hauptwort Bedacht habe ich dort erflärt: Überlegung, womit man etwas zu Thuendes 2c. bedenkt, erwägt, — mit Belegen, woraus ich hier absichtlich nur folgende aushebe: Bist du ohne Bedacht nicht oft bei Mondschein gekommen? 2c.   Goethe 1, 227 [Elegieen VI, V. 7].   Newton vertheidigt sich gegen den Vorwurf, daß er an der Verbesserung der dioptrischen Fernröhre ohne genugsamen Bedacht verzweifelt habe.   39, 254 [Gesch. der Farbenl. V, 1. Epoche, 11. Abschn.].   Mit gutem Bedacht trennen, was der Pfaffe ohne Überlegung zusammengeschmiedet.   Fanny Lewald Prinz Louis Ferdinand 1, 357 2c.   Zu dem Eigenschaftswort bedacht haben habe ich gesagt: mit Bedacht handelnd, seine Gedanken auf Etwas sorgsam richtend; achtsam auf Etwas; mit Überlegung zu einem Entschluß kommend 2c. und dazu, wie zu wohlbedacht, als Gegensatz unbedacht, z. B.: Nur nicht so rasch und unbedacht gethan!   Goethe 6, 25.   Die Theorie ist furchtsam und zaudernd, die Ausübung ist unbedacht und vorschnell [f. u.] Börne Franzosenfresser 42 2c, vgl. auch: Du hast zerstückt mit Unbedacht | den Spiegel dir, o Thor! | Nun blickt der Schmerz verhundertfacht, | vertausendfacht hervor.   Platen 1, 117.

An das Eigenschaftswort bedacht schließen sich als Fort=
bildungen bedächtig (mit der Nebenform bedächtlich) — und
bedachtsam, — auch sämmtlich mit der verneinenden Vorsilbe
un= — s. Sanders 1, 259 a, wo es heißt: Bedachtsam = bedacht
aber — genau genommen — als dauernde Eigenschaft, wie be=
dächtig, während bedacht auch auf eine einzelne Handlung
gehen kann, vgl. z. B. — wo die hervorgehobnen Ausdrücke
nicht füglich ihre Stelle wechseln könnten —: Schilt ihn nicht
unbedachtsam (oder unbedächtig), weil ihm in der über=
wältigenden Bestürzung beim plötzlichen Anblick des Todtgeglaubten
der unbedachte Ausruf entschlüpft ist — und umgekehrt: In
diesem einzelnen Falle hat er einmal ausnahmsweise nichts Un=
bedachtes gesagt oder gethan; aber darum kann man ihn doch
nicht für bedächtig (oder bedachtsam) überhaupt erklären 2c.
In vielen Fällen freilich wird man ohne wesentlichen Unterschied
eine Person, Äußerung, Handlung 2c. unbedacht, unbedacht=
sam, unbedächtig nennen können, vgl. auch (heute weniger
üblich): Ein sehr seichter, unwissender, unbedächtlicher Gesell.
F. L. Schröder Maß für Maß 16 2c. In andrer Weise, doch in
demselben Sinne: wird das Nicht=Vorhandensein des Bedachtes
oder der Bedachtsamkeit zuweilen durch die Endsilbe =los aus=
gedrückt, z. B. Achtlos und bedachtlos. Rückert Rostem u.
Suhrab 41 a. Und vorbei lief Jener bedachtlos. Voss.

Über unüberlegt (s. o.) s. Sanders 2, 81 a, b, wo es unter
überlegen in Nr. 4 heißt: Etwas nach allen Beziehungen, die
auf Jemandes Verhalten bestimmend einwirken können, erwägen,
s. dort die Belege, auch z. B.: Er dachte, er überlegte oder
vielmehr, er dachte, er überlegte nicht; er wünschte, er wollte
nur: er mußte sie sehen, sie sprechen. Wozu, warum, was dar=
aus entstehen sollte? — davon konnte die Rede nicht sein: er wider=
stand nicht, er mußte. Goethe 15, 289 [Wahlverw. II, 16].
Dazu: Mit Überlegung, ohne Überlegung handeln u. s. w.,
wie ferner auch: Unüberlegt handeln. Unüberlegte Hand=
lungen 2c. Das war unüberlegt und übereilt [s. u.]. Forster
Briefe 1, 106. Der Fall ist ernst; mit Nichten wär' es
weise, | mit übereiltem Rathschluß einzugreifen, | wir handeln
nicht unüberlegter Weise. Chamisso 4, 76 [Szekler Landtag
Str. 9].

Nahe angrenzend ist das verneinte Particip **unbesonnen** zu besinnen, s. d.: Sanders 3, 1105b, c, wo es zunächst in Nr. 7b heißt: sich sammelnd über Etwas nachsinnen, nachdenken, es bedenken   in Bezug auf etwas zu Thuendes ꝛc. — mit zahlreichen Belegen; und dann weiter in Nr. 10: Particip Perfekti: a) = bedacht   Der reinen Wollust edler Handlung | sich mit frohem Muth zu überlassen, | und vor solcher, der nur ewige Pein folgt, | mit besonnenem Sinn sich zu bewahren, | ist gewiß das Beste. Goethe 4, 20 [Westöstl. Div., Buch Hafis Nr. 3]. Wer ist im nämlichen Moment zugleich | gefaßt und wüthend, sinnlos und besonnen? Schiller 565b [Macbeth II, 10]. Ei, Tell, du bist ja plötzlich so besonnen. 536b [Tell III, 3]. Sich bei den besonnenern Athenern | zu vertheidigen. Wieland 34, 301 [Acharner, 2. Akt] u. s. w. . . . b) Gegensatz: Es nimmt 'die Gefahr, wie wir beim Brande vor zwanzig | Jahren auch wohl gesehn, dem Menschen alle Besinnung, | daß er das Unbedeutende faßt und das Theure zurückläßt. | Also führten auch hier, mit **unbesonnener** Sorgfalt, | schlechte Dinge sie fort ꝛc. Goethe 5, 8 [Herm. u. Doroth. I, V. 124]. Ihre Pflicht ist's, mein Herr, Das zu prüfen und darnach sich zu betragen, wenn Ihr Schritt nicht einer jugendlichen, **unbesonneren** Hitze ähnlich sehen soll. 9, 266 [Clavigo II]. Gerührt von meiner Seele stillen Leiden, | beredet sich großmüthig-**unbesonnen** | ihr weiches Herz, mir Liebe zu erwiedern. Schiller 269a [Karlos II, 15]. Daß er sich blind und **unbesonnen** in die Schlinge gestürzt habe. 733a [Geisterseher, I. Buch, Schluß]. Alle, die **Unbesonnenen** folgten. Voss Odyss. 10, 257 wofür es in veralteter Form bei Schaidenreisser 43a heißt: Die Andern all seind **unbesinnt** hineingegangen u. Ä. m.

Während in den bisher besprochnen Wörtern nur der Mangel an Bedacht, Überlegung, Besonnenheit ausgedrückt ist, tritt bei den nun nächstfolgenden: **übereilt** ꝛc., **voreilig, vorschnell** der Begriff hinzu, daß man zu dem nöthigen Bedenken, Überlegen, Besinnen sich nicht die erforderliche Muße gelassen, Zeit genommen, oder kürzer: der Begriff der Überstürzung, s. Sanders 1, 352b: Einen, sich übereilen = übermäßig, zu sehr eilen: Antworte, was recht ist, und übereile dich nicht. Sirach 5, 13. Sie heißen Vorsicht, | wenn sie sich übereilen. Goethe 3, 83

[Zahme Xenien IV]. Reine mittlere Wirkung zur Vollendung des Guten und Rechten ist sehr selten; gewöhnlich sehen wir Pedanterie, welche zu retardieren, Frechheit, die zu übereilen strebt. 184 [Maximen III]. Der Fehler des eiteln Pädagogen, der sein Kind lieber übereilen und mit ihm prahlen als gründlich unterrichten will. Lessing Erzieh. des Menschengeschl. § 17. Der nämliche Plan der allgemeinen Erziehung des Menschengeschlechts, nur dass sie ihn übereilten, nur dass sie ihre Zeitgenossen, die noch kaum der Kindheit entwachsen waren, ohne Aufklärung, ohne Vorbereitung, mit Eins zu Männern machen zu können glaubten 2c. § 89 2c. Dazu: übereilt von Sachen und Personen = vorschnell, unbedacht, ohne Überlegung, s. o.: unüberlegt, ferner z. B.: Tödte mich zuerst! | denn nun empfind' ich, da uns keine Rettung | mehr übrig bleibt, die gräßliche Gefahr, | worein ich die Geliebten übereilt vorsätzlich stürzte. Goethe 13, 80 [Iphig. V, 3]. Der übereilte Knabe will des Manns | Vertraun und Freundschaft mit Gewalt ertrotzen. 145 [Tasso II, 3]. Sein [Newton's] Hauptfehler .., dass er jene Fragen zu schnell und übereilt beseitigt und verneint. 39, 245 [Gesch. der Farbenl. V, 1. Epoche, 14. Abschn.] 2c. Von dem ein noch größeres Ungestüm der Eile ausdrückenden Zeitwort **überstürzen** (s. Sanders 3, 1262a) findet sich das Mittelwort nur vereinzelt eigenschaftswörtlich). Ich war zu überstürzt. Alfr. Meissner Sansara 4, 154 2c. Seltner als übereilt ist auch **übereilig** (s. Sanders 1, 352b) = allzueilig, z. B. — nur als Ausdruck des Bedauerns von Seite Derer, die ein längeres Verweilen gewünscht hätten, nicht mit dem Begriff eines Verschuldens von Seite Dessen, der nicht länger verweilt hat oder verweilen konnte: Halte heilig, | was dir von der Holden blieb, | die so groß, — ach übereilig! | von den Allertreusten schied. Goethe 6, 87 2c.; doch auch: Allzuübereilig in seinen Wünschen. Merck's Briefe 2, 246 2c., häufiger so **voreilig** (s. Sanders a. a. O.), eine Eile bezeichnend, welche den rechten, den inne zu haltenden Zeitpunkt ungeduldig nicht abwartet, sondern ihm zuvorzukommen strebt, z. B.: Voreilig ist kein höherer Grad des Schnellen. Leisewitz Jul. v. Tarent 43 (siehe meine Synon. 1, 450, vgl. 337/8). Bei deiner Erblickung habe ich einem geheimen Zuge nicht widerstehen können und du hast

in diesen wenigen Stunden meine voreilige Neigung so sehr
gerechtfertigt Befriedige also mein Verlangen und sei ver=
sichert, dass die Hoffnung, dir vielleicht nützlich sein zu können,
weit mehr Antheil daran hat als ein unbescheidener Vorwitz
[s. u.] Wieland 5, 58 [Agathon VII, 9]. Voreiliger, warum
verbarg dein Mund | nicht Das, was du empfandst, bis du dich
werth | und werther ihr zu Füßen legen konntest? Goethe 13,
138 [Tasso II, 2]. Aber drüben, fürchte ich, stellt sich eine Scheide=
wand der Einbildungskraft und der Empfindung entgegen. Doch
Das ist vielleicht nur eine voreilige Besorglichkeit; denn es
wird auch drüben nicht anders sein als hier. 18, 6 [Wanderj.
I, 1]. Nun aber, nächtig immer schleichend wach umher, | bedaur'
ich meiner Schlafenden zu kurzes Glück, | des Hahnes Krähen
fürchtend, wie des Morgensterns | voreilig Blinken. 10, 270
[Pandora, 1. Auftr.], auch (scherzhaft): Man solle sich für diese
Nacht in die Erde graben und mit dem Mantel zudecken
Es wurden mehrere Gräber ausgehauen Der Herzog von
Weimar selbst verschmähte eine solche voreilige Bestattung
nicht. 25, 62 [Kampagne in Frankr., 19. Septbr. 1792]. Wie
man die Freundschaft Russland's selbst im Volke mit instinktiver
Ehrbegierde suchte, so war man doch sehr geneigt, gegen die
einzelnen Personen mit voreilig harten Urtheilen hervorzutreten.
Ernst v. Koburg 2, 404 ꝛc., vgl. auch: Wir müssen doch der Vor=
eiligkeit Ihres Vaters zum Opfer werden. Schiller 191b
[Kabale u. Liebe II, 3] ꝛc.

Vorschnell ist, wie Adelung 4, 1681 sagt, „im hohen Grade
voreilig" und da schnell (s. Sanders 3, 991a u. Synon. 1,
449ff.) einen hohen Grad das Geschwinden an und für sich
ausdrückt, während eilig nur mehr die in einem bestimmten
Fall durch die Umstände und ihre Einwirkung auf den Eilenden
eingetretene Beschleunigung der Bewegung bezeichnet, so könnte
man vielleicht auch sagen, dass vorschnell nicht, wie voreilig,
sich bloß auf einzelne Fälle bezieht, in denen man den richtigen
und schicklichen Zeitpunkt abzuwarten, zu ungeduldig und hastig
ist, sondern auch eine haftende, dauernde Eigenschaft bezeichnet,
vgl.: Ein jeglicher Mensch sei schnell zu hören, aber langsam
zu reden und langsam zum Zorn. Jakobi 1, 19 [ähnlich auch
van Ess], wo natürlich vorschnell ganz unstatthaft wäre; da=

gegen: Sei nicht schnell mit deinem Munde und laß dein Herz nicht eilen, Etwas zu reden von Gott. Pred. 5, 1 = Sei nicht vorschnell mit deinem Munde und dein Herz sei nicht ge= schwind, auszustoßen ein Wort vor Gott. Zunz, mehr der ge= hobnen Sprache gemäß als voreilig; so auch z. B.: Du wirst dich um so weniger wundern, daß ich so leicht in die Falle des Unbekannten einging (wofern wir es anders durch ein etwas vorschnelles Urtheil für eine Falle erklären wollen). Wieland 16, 183 [Peregr. Proteus IV]. Auf die Frage des Oheims: Was bisher begegnet? Womit man sich unterhalten? — fiel Herfilie vorschnell ein 2c. Goethe 18, 80 [Wanderj. I, 6]. Urtheilen Sie künftig weniger vorschnell von der Gerechtigkeit in Venedig! Schiller 718 b [Geisterseher I].

Vorlaut (s. Sanders 259 a, b) ist zunächst ein Weidmanns= wort, z. B.: Vorlaut — zu früh laut bei den Hunden, auch weidlaut genannt. Laube Jagdbrevier (2. Aufl.) 321. Daß er [der Weidmann] nicht so gleich frei hinaus oder, wie man es zu nennen pflegt, vorlaut anspreche, wenn er eine Fährte sieht, sondern er muß mehrere Fährten hinter einander besehen. Döbel Jäger=Practica 1, 8. Vorlaut, auch frei= oder fährtlaut, in= gleichen vorschlagen: so spricht man, wenn ein Hund, der auf eine Fährte kommt, einen Laut giebt und anschlägt, gleichsam als wenn er das Wild im Gesicht hätte, welches aber ein Fehler und eine Eigenschaft falscher Hunde ist; denn sie sollen eher nicht laut sein, als bis sie Dasjenige wirklich im Gesicht haben, worauf sie angelassen werden. Die Jäger sind auch oft sehr vorlaut oder, wie Andere zu sagen pflegen, weidlaut 2c. Chr. Wh. v. Heppe Wohlredender Jäger (2. Aufl.) 389 b/90 a; Freilaut oder vorlaut kann von Jägern und Hunden gesagt werden 2c. 164 a, b; 149 a. Fährtenlaut oder auch vorlaut: wenn ein Jagdhund zu hitzig [ist] und ausgiebt oder laut wird, ehe er das Thier aus seinem Lager bringet 2c. Grosskopf Weidewerks= Lex. (1759) 109. Vorlaut oder weidelaut nennt man die Hunde, wenn sie früher laut werden, als sie das Wild sehen oder ganz nahe vor sich haben. Dieser Fehler ist den Hunden durch Nichts abzugewöhnen. Hartig Lex. für Jäger (2. Aufl.) 574 u. s. w. Danach auch verallgemeinert, von Personen, die naseweis [s. u.] und vorwitzig [s. u.] mit ihren Äußerungen sich ungehörig vordrängen, z. B.: Edelmann: Wenn ich heirathe, will ich mich nach einem Frauenzimmer umsehen, die ihr ähnlich ist. Görge: Die ist schon gefunden. Röse: Ich denk's. Seien Sie nicht böse, gnädiger Herr, dass wir so vorlaut sind. Goethe 10, 113 [Der Bürgergeneral I, 2]. Bescheidenheit gehört eigentlich nur für persönliche Gegenwart. In guter Gesellschaft ist es billig, dass Niemand vorlaut werde 2c. 32, 103 [Recensionen]. Sie waren sonst so vorlaut und sind jetzt so nachstill. Heine Reisebilder 4, 319. „Jungfer Vorlaut!" Ich will Ihnen 'was vorlauten, dass Ihnen die Ohren gellen sollen. Gutzkow Otfried 71. Vorlauter Bengel. Vorlautes Wesen 2c., zuweilen noch weiter verallgemeint von mehr oder minder Personificiertem, z. B.: 2000 Mann sind glücklich herein prakticiert. Ich habe sie bei den Kapuzinern untergebracht, wo auch kein vorlauter Sonnenstrahl sie ausspionieren soll. Schiller 163b [Fiesko II, 4].

Auch **naseweis** (s. Sanders 3, 1538b; Ergänz.-Wörterbuch, 623b) stammt aus der Weidmannssprache und gilt zunächst von Hunden mit feiner Spürnase, s. mittelhochd. nasewîse und vgl.: Wie es M. Gratian sehr nasweislich erschmackt hat. Fischart Bienkorb 189a 2c.: Naseweis sein heißt eigentlich eine weise, mit feinem Geruche begabte Nase haben, wie sie die wirklich naseweisen Jagdhunde besitzen und hat erst allmählich einen tadelnden Sinn und die Bedeutung des „Alles-wissen- und -verstehen-wollens" angenommen. R. Kleinpaul Sprache ohne Worte 113 2c.; dann — zunächst wohl als volkswitzige Umdeutung (vgl.: Bis an den Hals gelehrt 2c.) von Personen, deren Weisheit sich nicht bis ins Gehirn (oder den Brägen), sondern nur bis in die Nase, die sie so gern in Allem haben, in Alles stecken 2c., erstreckt, vgl.: Es fehlt ihm über der Nase, sagt man im gemeinen Leben von Einem, der nicht viel Verstand hat. Lichtenberg 3, 473 und das plattdeutsche Sprichwort: Näsewis is ken brägenwis (Naseweis ist nicht brägen- oder gehirnweise) 2c. und z. B. (auch zum Hauptwort erhoben): Etliche Leute sind mit großer Weisheit und Verstand begnadet aber danach sind andere, die wollen's sein und thun und können's doch nicht thun, die heißet man dann im weltlichen Regiment Naseweisen und Meister Klügel u. s. w. Luther 8, 305b. Andre „Naßweise" Schulfüchse. Simplician. Schriften (von H. Kurz) 4, 207[25].

Euch) „naßweise" Spätling. 369³³. Frau Naseweis beguckt die Heil'ge um und an. Wieland 11, 235 [Klelia u. Sinib. V]. So geht es, wenn man naseweisen Jünglingen erlaubt, in der weiten Welt herumzureisen ꝛc. 13, 65 [Abder. I, 9]. Naseweise Klüglinge und eingebildete Alleswisser. 22, 58 [Aristipp I, 8]. Ein paar leichtsinnige, unerfahrne naseweise Dirnen. 34, 48 [Bunkliade]. Ein naseweiser, vorlauter [s. o.] unbesonne= ner [s. o.] Pedant. Ders. Att. Museum 2, 3, 54. Sticht mich unbesonnenen [s. o.] und naseweisen Esel der Vorwitz [s. u.], zu wissen, wer die Schreier da unten sind. Ders. Lucian 4, 279 ꝛc. Als des Äsopus Löwe mit dem Esel   ging, rief ihm eine „nasenweise" Krähe   . zu: Ein schöner Gesellschafter! Lessing Fabeln II, 7. Gelbschnabel heißt man Diesen . | Doch Diesen heißt man Naseweis, der flink und rasch | nach allen Gegenden das stumpfe Näschen kehrt. Goethe 6, 294 [Paläophr. u. Neoterpe]. Was das liebe junge Volk betrifft, | das ist noch nie so nase= weis gewesen. 11, 179 [Faust I, Walpurgisnacht]. Als Werk= zeug der Erziehung, freilich nicht von naseweisen, sondern von wahrhaft weisen Menschen genutzt. 39, 64 [Gesch. der Farbenl., II. Abth., 2]. Springt Einem ein nasenweises Wort übers Maul, — bums! Schiller 183b [Kabale u. Liebe I, 2]. Immer schnippisch, immer naseweis! Benedix 2, 258. Jungfer Nase= weis! ebd. Manch naseweises Muttersöhnchen. 3, 305 ꝛc., vgl. auch (mundartlich): nasenwitzig. Abr. a Sta Clara Etwas für Alles 1, 331; 2, 718 (s. auch Schmeller 4, 208) ꝛc. Sei Er nicht so weisnasig! J. G. Müller Siegfried von Lindenberg 2, 417 ꝛc. Er hatte eine dicke Mopsnase, welche durch einen Studentenhieb in zwei Abtheilungen getheilt war, zum Denk= zeichen einer großen Vornäsigkeit in der Jugend. Gottfr. Keller Grüner Heinrich 4, 375.

Vorwitz (s. Sanders 3, 1644a ff.) oder, wie in der ältern Sprache, noch mundartlich Fürwitz hatte ursprünglich die Be= deutung der Wißbegierde oder Neugier, s. a. a. O. die Belege und darunter noch: Diese Vorstellungen dienen,   den ange= borenen Vorwitz und die Begierde nach Wissenschaft zufrieden zu stellen. J. J. Breitinger (W. Wackernagel Leseb. 4, 10²⁵). Die Sachen, die nicht weiter bequem sind als unsern Vorwitz zu stillen. 11¹¹ ꝛc. und — wo freilich schon der Begriff des Un=

befugten 2c. mit hineinspielt —: Karlos: Ich bin | ganz Ohr, ich
weiß Nichts von mir selber, stürze | ins Kabinett, der süßen
Künstlerin | ins schöne Aug zu sehen. Prinzessin: Ein liebens=
würd'ger Vorwitz, den Sie doch | sehr bald gestillt. Schiller
260b [Karlos IV, 8], heute aber gewöhnlich nur von einer un=
gehörig und theils schädlich, theils unbefugt über die inne zu
haltenden Schranken sich vordrängenden Neugier und Naseweis=
heit, s. Belege a. a. O. Dem entsprechend auch das Eigenschafts=
wort vor=, bei Älteren und auch noch zuweilen fürwitzig
(auch: fur=, fürwitz), s. namentlich für die veraltete Bedeutung
= wißbegierig, neugierig Belege in Schmeller's Baier. Wörterb. 1,
555 u. 4, 207 und ferner z. B.: Viele aber, die da „fürwitzige"
Kunst getrieben hatten, brachten die Bücher zusammen und ver=
brannten sie öffentlich. Apost. 19, 19, in neuern Ausgaben: vor=
witzige, vgl.: Die sich mit vorwitzigen Künsten abgegeben.
van Eß = mit Zauberkünsten 2c. Nicht allein aber sind sie
[die jungen Wittwen] faul, sondern auch schwätzig und „fur=
witzig" und reden, das nicht sein soll. 1. Timoth. 5, 13 [für=
witzig. van Eß]. Der Teufel feiret nicht; so ist Fleisch und
Blut nicht gut und die Leute dieser fährlichen Zeit wünderlich
und fürwitzig. Luther 6, 352a. Daß man sich „fursehe" und
nicht leichtfertig und „furwitz" sei. Ders. Sämmtl. Werke
(v. Irmischer) 35, 30. Pedrillo, der, wie alle schwatzhafte[n] Leute,
eben so vorwitzig [neugierig] als plauderhaft war, hatte an
einer kleinen Seitenthüre des Zimmers die ganze Unterredung
angehört. Wieland 1, 74 [Don Sylvio I, 4]. Pandora ist ein
Mädchen und sollte nicht vorwitzig sein? 28, 354 [Pandora
I, 11]. Voreilig [s. o.] und fürwitzig. Tieck Don Quixote
2, 467. Da giebt's nur ein Vergehn und Verbrechen: | der
Order fürwitzig widersprechen. Schiller 322b [Wallenst.'s
Lager 6]. Ein vorlauter [s. o.] Bursche, der seine vor=
witzigen Fragen und naseweisen [s. o.] Bemerkungen überall
hören läßt, bis er einmal gehörig anlaufen wird.

Die in der Überschrift am Schluß in Klammern beigefügten
Ausdrücke: zungen=fertig, =flink, =gewandt, =rasch, =schnell
können sich freilich zuweilen mit vorlaut 2c. berühren, wie andrer=
seits mit plauderhaft, schwatzhaft 2c.; aber an und für sich
gelten sie doch nur — ohne bestimmt hervortretenden Tadel —

von Personen, die, wie es in der Volkssprache heißt, nicht auf den Mund gefallen sind und ihre Zunge fertig, gewandt, rasch, schnell zu gebrauchen wissen. Ihre Besprechung bleibt einer andern Stelle vorbehalten.

Vorhaben s. Absicht. S. 119; 120; 123.
Vorher(o), vorhin, vorig, vormals s. ehe. S. 170 ff.
Vorlesen s. ablesen II. S. 45; 47; 50.
Vorlaut s. voreilig. S. 298.
Vornehm, =heit s. edel. S. 168 ff.
Vornehmen s. Absicht. S. 119 ff.
Vorsatz s. Absicht. S. 119 ff.
Vors Auge führen s. zeigen.
Vortragen s. ablesen II.
Vorwitz, vorwitzig s. voreilig. S. 300 ff.

Wächter; Wärter (Wart, Wartmann, Wärtel); Hüter.

Vieles (Lebendes oder Lebloses) bedarf, wenn man Schaden verhüten will, der ihm zustoßen oder auch zuweilen von ihm ausgehen könnte, der Beaufsichtigung. Der Beaufsichtigende (Beaufsichtiger oder Aufseher) heißt, in so fern das zu Beaufsichtigende seiner Hut oder Obhut übergeben ist, auch dessen Hüter (s. Sanders 1, 811 b), in so fern er es zu warten oder hütend und pflegend sein Augenmerk darauf zu richten hat, der Wärter (ebd. 3, S. 1488 a) und, in so fern er darauf oder darüber zu wachen, es zu bewachen hat, der Wächter (s. ebd. S. 1446 c ff.): Man sieht leicht, daß von den genannten Ausdrücken, die in vielen Fällen wechseln können, doch in einzelnen bald der eine, bald der andre als der geeignetere oder als der allein geeignete zu bezeichnen sein wird. So wird z. B. der eine Herde hütende Hirt [s. d. unter Schäfer, S. 260/1] am üblichsten und richtigsten deren Hüter heißt, während der Hund, den er zur Bewachung der Herde sich zugesellt, häufig genug auf den Namen Wächter hört, s. z. B.: Ihr lauft so auf der Liste mit! | wie Dachs und Windspiel alle — Hunde heißen; | die eigne Rasse aber unterscheidet | den schlauen Spürer, den getreuen Wächter | den

flücht'gen Jäger ꝛc. Schiller 568a [Macb. III, 5 bei Bürger 299a:
Geht's aber recht ans Auslesen [der Hunde], so unterscheidet
man den Haushüter vom Jäger]. — 's kommt Regen, Fährmann.
Meine Schafe fressen | mit Begierde Gras und Wächter scharrt
die Erde. Schiller 517a [Tell I, 1] u. s. w. Man bezeichnet
Ammen, Kindermädchen, Kinderfrauen ꝛc., denen kleine Kinder
nicht bloß zur Beaufsichtigung, sondern zugleich auch zur Pflege
und Wartung übergeben sind, am üblichsten und richtigsten als
(Kinder=)Wärterinnen, z. B.: Wir überlassen sie [die Kinder]
also in ihren ersten Jahren den Müttern, Kinderwärterinnen
und Pädagogen, um sie zu ernähren und auf eine freigeborenen
Menschen anständige Art zu erziehen ꝛc. Wieland Lucian 4, 345.
Wenn nicht mein nachgeborener Bruder so klein ausgefallen wäre,
daß ihn die Wärterinnen sogar aus den Windeln verloren
haben. Goethe 19, 74 [Die neue Melusine] ꝛc. vgl.: Ich bekam
das Amt einer Kindwärterin. Karschin (Deutsche Lehr-
u. Wanderj. 1, 4) ꝛc. Schlafkammer, wo sie sammt ihrem Kind,
item einer alten „Kindswarterin" [ohne Umlaut s. u.] und
dem Kindsmägdlein zu liegen pflag. Simplician. Schriften (von
H. Kurz). 4, 146ᵇ. Ähnliches gilt für (Kranken=)Wärter und
Wärterin, vgl.: Eine in Lohn verdingte Krankenwär=
terin. Gutzkow Ritter vom Geist 6, 4 und (veraltet, mund=
artlich) ohne Umlaut s. o.: Aus demselben Zimmer konnte man
durch ein[e] ander[e] Thür kommen in dasjenige, worin der
Kranke lag, maßen ich seine Warterin mit ihrer Suppe dort
hinein gehen sahe. Simplician. Schriften (von H. Kurz) 3, 326²².
Wird Einer oder Eine krank, hatte er oder dieselbe einen sonder=
baren [= besondern] Kranken=Warter oder [=]Warterin 2,
90²⁵f. Ein schönerer Schmuck umgiebt euch [die Johanniter], die
Schürze des Wärters, | wenn ihr, Löwen der Schlacht, Söhne
des edelsten Stamms, | dient an des Kranken Bett, dem Lechzen=
den Labung bereitet ꝛc. Schiller 82b [Die Johanniter]. Wenn
diese Heldenschar ihre ritterlichen Verrichtungen ohne Murren
mit dem niedrigen Dienst eines Wärters vertauscht, wenn
diese Löwen im Gefecht hier am Krankenbett eine Geduld, eine
Selbstverleugnung, eine Barmherzigkeit üben, die selbst das glän=
zendste Heldenverdienst verdunkelt. 1106b [Vorr. zur Gesch.
des Malteserordens]. Daß sie es natürlich finden, auch bloß

vegetierend fortleben zu wollen, und sollten auch Ärzte und
Wärter in großer Anzahl ihre ganze Zeit zum Opfer bringen,
um ein solches gehaltloses Leben hinzuhalten. Schleiermacher
(Wh. Wackernagel Leseb. 4, 1225[14]). Freilich spricht man auch
von Kranken-Wächtern und -Wächterinnen; aber bei dieser
Bezeichnung denkt man doch mehr an Personen, die zu nächtlicher Zeit, wo Andre schlafen, bei Kranken wachen, am Krankenbett Wache halten, um erforderlichen Falls nicht sowohl ärztliche
Hilfe zu leisten, als sie herbeizurufen 2c., vgl.: Nachtwächter
und dafür auch zuweilen das bloße Wächter, zur Bezeichnung
für Angestellte, die nächtlich die Straßenpolizei ausüben, die
Stunden abrufen, z. B. auch: Der Wächter ruft erst 12 Uhr an.
Auerbach Joseph im Schnee 2 2c.

Statt Wärter ist das einfache Wart (s. Sanders 3, 1486c)
kaum üblich, wenn auch z. B. Joh. Tycho Mommsen in seiner
Pindar-Übersetzung (2. Aufl.) S. 86 schreibt: Wart der alther-
stammenden Ehre des Vaters zu sein, vgl. auch: Als frommer
Wart [des Klosters] Mariens. Westermann Monatshefte
229, 73b. Etwas üblicher, doch immerhin nur selten und mit
alterthümlicher Färbung ist der Ausdruck Wärtel, z. B. heißt
es bei Goethe in der Novelle (Bd. 19, 385 ff.): In dieser Ecke
[des Thurms] ist für ihn [den Maler] und den Wächter, den
wir ihm zugegeben, eine kleine angenehme Wohnung eingerichtet.
389. Den angestellten Wächter, der die Werkstatt des Malers
bewachte. 403, — weiterhin aber (S. 409, 410 u. 411): Der
Wärtel, ferner: Drum waren auf dies Schloß gesetzt, zu
Schirm und Halter, | statt eines Wärtels zwei. Rückert
Rostem 2c. 20a. Auch will ich mir nicht herausnehmen, bei
diesem Kampf Wärtel zu sein und meine Stange dazwischen zu
werfen, wenn von der einen oder der andern Seite ein gar zu
hämischer oder unedler Streich geführt würde. Der Kampfwärtel war eine Gerichtsperson und ich richte Niemanden, um
von Niemanden gerichtet zu sein. Lessing 10, 47 [Duplik, An-
fang], vgl. außer Kampfwärtel, (z. B. auch Voss Antisymbolik 1,
333 2c.), andre Zusammensetzungen wie Gries-, Kreis-Wart,
-Wärtel, z. B.: Es fehlt einem solchen Kampfe gerade an
Allem: an ritterlichem Schrankraum, an Kreiswärteln und
Kampfrichtern. Goethe 27, 502 [Kotzebue]. Kupido, der allhier

ein recht „Grießwärtel" war. Mühlpforth Hochzeitged. 147 ꝛc.
Geöffnet sind die Schranken! sehet, | schon ritt der Grieswart
durch die Bahn. Freiligrath Sämmtl. Werke (1858) 5, 38 [Das
Lied des Turniers] ꝛc., s. namentlich Frisch Wörterb. 1, 547a ꝛc.
und vgl.: Aber Lynx und Lupardus, die Wärter des Kreises,
brachten | nun die Heil'gen hervor und beide Kämpfer beschwuren,
Wolf und Fuchs, mit Bedacht die zu behauptende Sache. Goethe
5, 285 [Reineke XII, V. 12], wofür es in der niederdeutschen
Urschrift heißt [IV. Kap. 7]: De Kreitwarders (Kreiswärter).
Der Turnierwärtel. Salon 3, 275 ꝛc.; ferner: Auch die Wärter
des Kampfs erhuben sich, neun in Allem, | öffentlich auserwählt,
in dem Kampfspiel Jedes zu ordnen. Voss Odyss. 8, 257 =
Neun Kampfwärter indeß, allsammt vom Volke gewählet,
traten hervor ꝛc. Wiedasch ebd., s. ferner Sanders a. a. O. und
Ergänz.-Wörterb. 609b, c, zahlreiche andre Zusammensetzungen
von -Wart und -Wärtel, zu vergleichen mit den (mehr der
gewöhnlichen, nicht gehobenen Sprache angehörenden) von:
Wärter, vgl. auch das heute seltene Wartmann, z. B.: Bischof
kommt auch aus Griecher [griechischer] Sprach; denn sie nennen
Episcopus. der heißet auf Lateinisch Speculator, auf Deutsch ein
Wartmann oder Wächter [s. o.], auch der Wart, gleich wie
man nennet einen Thurner oder Hausmann auf dem Thurn, der
da wachen und über die Stadt sehen soll, daß nicht Feuer oder
Feind Schaden thun. Luther 1, 370a ꝛc.

Nur im Vorbeigehen möchte ich kurz erwähnen, daß man
für den Gefangen- oder Gefängnis-, Kerker-Wächter oder
-Hüter auch (in so fern ihm die Pflege und Beköstigung ꝛc.
der Gefangnen obliegt) -Wärter (oder -Wart) noch manche
andere Bezeichnungen hat, deren Besprechung einer spätern Stelle
vorbehalten bleiben muß, wie: Kerker-, Eisen-, Stock-,
Thurmmeister, Pförtner, Schließer, Thürmer oder
Thürner (in so fern die Thürme früher als Verliese und Gefängnisse dienten, s. Sanders 3, 1321c ff., Nr. 2), z. B.: Des
Thürners Sinne will ich umnebeln, bemächtige dich der Schlüssel
und führe sie heraus! Goethe 11, 197 [Faust I, Trüber Tag ꝛc.],
vgl.: Gärtchen am Thurn. 9, 134 = Ein Gärtchen am Gefängnisse. 34, 151, Berlich. V], vgl.: Wenn du den Wächter bereden könntest, mich in sein klein Gärtchen zu lassen. 9, 134

und: Des Thurnwärters Gärtlein. 6, 69 [Gotter an Goethe 2c.,
vgl.: Eine Stunde des Thurnhüters Hausmann sein. Hebel
3, 129 2c.

Zurückkommend auf Hüter (s. o.) will ich hier nicht die in
meinem Wörterb. 1, 811b angeführten Belege wiederholen, vgl.
z. B. auch: Wie den Apostel einst | der Engel führte aus des
Kerkers Banden —, | ihn hält kein Riegel, keines Hüters
Schwert. Schiller 443a [Maria Stuart V, 7]. Sich durch Er-
mordung seines Hüters in Freiheit zu setzen. 1219a [Über d.
moral. Nutzen ästhetischer Sitten] u. Ä. m. Bemerken möchte ich
nur noch in Bezug auf die Zusammensetzungen, daß sie von
denen von Wächter und Wärter ganz aus einander gehen, so
fern darin hüten die Bedeutung hat: eine genannte Räumlich-
keit nicht verlassen, wie in Laden= oberdeutsch: Gadenhüter
zur scherzhaften Bezeichnung einer Waare, die den Laden hütet
(immer dort liegen bleibt), vgl.: Wer liest bei uns noch Tieck,
Jean Paul   und so viel Andere, ihrer Zeit gefeierte Namen,
jetzt Hüter der Leihbibliotheken? Du Bois - Reymond (Monats-
berichte der Akad. der Wissensch. vom 28. März 1878, S. 236) 2c.;
ferner z. B.: Ofen=, Polster=, Stubenhüter, wie Stuben-
hocker u. Ä. m.

Wagerecht s. scheitelrecht. S. 262—264.

Wälzen, die Schuld auf Einen oder Etwas siehe beilegen. S. 132.

Warnen s. abrathen. S. 75; 76.

Wassergleich s. scheitelrecht. S. 262; 264; 265.

Wasserhöhle s. Abgrund. S. 6; 8.

Wasserpaß, wasserrecht s. scheitelrecht. S. 262; 264.

Wasserschlund s. Abgrund. S. 6; 8.

Wasser=streifig, =striesig, =striemig, =strömig s. teig.

Weg 2c. s. fort und die darauf folgenden Zusammensetzungen. S. 179 ff.

Weg(e)=Säule, =Stein, =Tafel s. Weg(e)weiser.

Weg(e)=Weiser, =Zeiger, =Säule, =Stein, =Tafel;
Bahn=, Pfad=Weiser, =Zeiger; Bahnbrecher,
Zielzeiger; Handweiser; Armsäule; Ortstafel;
Meilen=Weiser, =Zeiger, =Säule, =Stein;

Führer, Fremden-, Reiſeführer; Bote; Cice-rone, Guide, Perïeget.

Wegweiſer, ſeltner vierſilbig: Wegeweiſer (ſ. Sanders 3, 1546 b; Ergänz.-Wörterb. 625 b) bezeichnet eigentlich und zu-nächſt Jemand, der Reiſenden als wegekundiger Begleiter die von ihnen einzuſchlagenden Wege weiſt oder zeigt (ſ. u.), z. B.: Ihr älterer Bruder begleitete zu Pferde den Zug [der Aus-gewanderten] und war zugleich Kourier, Wagenmeiſter und Wegeweiſer. Goethe 19, 211 [Erzähl. deutſcher Ausgewan-derten]. Geſtern beſuchte ich die Katakomben Der Domini-kaner, der mein Führer [ſ. u.] war ſagte Vor 40 Jahren ungeſähr hatte ein junger Mann mit ſeiner Frau die Neu-gierde, hinein zu gehen. Sie hatten einen Wegweiſer und eine Fackel mitgenommen. Plötzlich ſtürzte der Fels hinter ihnen ein. Es war ſpät am Abend. Man vermißte den Wegweiſer im Kloſter ꝛc. Gg. Forſter Briefe über Italien 2, 17 8 u. o. Na-türlich kann ein ſolcher Wegweiſer auch als Führer und be-ſtimmt z. B. als Fremden- oder als Reiſeführer bezeichnet werden, z. B.: Ohne dieſe Verhältniſſe näher zu beurtheilen, glaubte doch der gewandte, wohlerfahrene Reiſeführer einige Veränderung . zu bemerken Hier müſſen wir nun den Reiſeführer beſonders rühmen: er gehörte zu jenen beweg-lichen, thätig gewandten, welche, mehrere Herrſchaften geleitend, dieſelben Routen oft zurücklegen, mit Bequemlichkeiten und Un-bequemlichkeiten genau bekannt, die einen zu vermeiden, die andern zu benutzen und, ohne Hintanſetzung eignen Vortheils, ihre Patrone doch immer wohlfeiler und vergnüglicher durchs Land zu führen verſtehen, als dieſen auf eigene Hand würde ge-lungen ſein. Goethe 18, 284 85 [Wanderj. II, 7] ꝛc. So weit es ſich, wie in dem letzten Beiſpiele, um berufsmäßige Fremden- und Reiſeführer handelt, dient einerſeits auch das italiäniſche Cicerone (ſ. mein Fremdwörterb. 1, 217 b), als Einer, der die von ihm geführten und begleiteten Fremden auf die Sehens-würdigkeiten ꝛc. aufmerkſam macht [nach der Redſeligkeit dem berühmten Redner Cicero verglichen; nur im Vorbeigehen er-wähne ich hier kurz das franzöſiſche Guide, ſ. a. a. O. 465 a und das griechiſche Perïeget 2, 225 a]; andrerſeits weiſe ich hier auf Sanders 1, 193 a hin, wo es unter Bote 2 heißt: „Der

wegkundige Bote dient oft auch als Geleiter, Wegweiſer." Dies
gilt namentlich bei fußwandernden Reiſenden, denen der weg=
weiſende Bote zugleich auch als Träger ihres Gepäcks 2c. zu
dienen pflegt, z. B.: Es iſt eingepackt. Der Bote ſchnürt den
Mantelſack und das Reff 2c. Goethe 18, 8 [Wanderj. I, 1].
Schon hatte der Wanderer, ſeinem Boten auf dem Fuße fol=
gend, ſteile Felſen hinter und über ſich gelaſſen 2c. 9 [ebb. 2].
Der mit dem refftragenden Boten heranſtürmende Freund.
22, 367 [Wahrh. u. Dicht. XIX] 2c.

Von den bisher beſprochnen deutſchen Ausdrücken (denen für
weibliche Weſen ſich auch die Bezeichnungen Wegweiſerin,
Führerin, Botin 2c. anſchließen) werden namentlich die beiden
erſten auch zum Theil, verallgemeinert, auf etwas mehr oder
minder perſönlich oder belebt Gedachtes angewendet, vgl. z. B.
zunächſt: Der Univerſalhiſtoriker   Wenn er von dem laufen=
den Jahr und Jahrhundert zu dem nächſt vorhergegangenen in
Gedanken hinaufſteigt u. ſ. w.,... wenn er dieſen Gang ſchritt=
weiſe fortgeſetzt hat bis zum Anfange — nicht der Welt; denn
dahin führt ihn kein Wegweiſer —, bis zum Anfange der
Denkmäler: dann ſteht es bei ihm, auf dem gemachten Weg um=
zukehren 2c. Schiller 1006b [Was heißt... Univerſalgeſchichte?].
Einen Wegweiſer nicht hören zu wollen, der die Gänge ſo
mancher früheren Génies beachtet,   alle Abwege erkundigt 2c.
Engel 7, 29. Weder der Eris noch der Bellona iſt es je erlaubt,
in den Tempel [der Wahrheit] ſelbſt zu kommen. Jene aber
wirft ſich zuweilen zur Wegweiſerin auf und es ſoll ihr wirk=
lich nicht ſelten gelingen, die Freunde der Göttin bis an die
äußerſte Pforte des Tempels zu bringen. Mendelsſohn Morgen=
ſtunden 60 2c., vgl.: Platon nennt den Dichter gleichſam Vater
und Führer in der Weisheit. Ernst Kapp Die Heimfahrt des
Odyſſeus S. XI. Wie eiſern ſind doch ohne dich die Zeiten, |
o Jugend, holde Führerin! Hagedorn 3, 150 2c. In andern
Fällen tritt der Gedanke an Belebtes und Beſeeltes weiter zurück,
ſo z. B. in Titeln von Schriften, namentlich von Reiſehand=
büchern, wie: Führer, Reiſeführer durch —, Wegweiſer
in — Frankreich, Italien 2c. und z. B.: Ohne meinen Weg=
weiſer bei mir zu tragen, den ich ſonſt immer bei meinen
Wanderungen zu Rathe zu ziehen pflege. K. Ph. Moritz Italien

1, 198 ꝛc.; aber auch ähnlich: F ü h r e r durch das Feld (Gebiet), — Wegweiser in dem Felde (Gebiete) der Geschichte, Erdkunde ꝛc.; ferner z. B.: Die Erfahrung ist der beste F ü h r e r — oder: die beste F ü h r e r i n — durch das Leben ꝛc. Die Schaubühne ist … eine Schule der praktischen Weisheit, ein Wegweiser durch das bürgerliche Leben ꝛc. Schiller 704a [Die Schaubühne als moral. Anstalt]. Indessen fuhr ich fort, der Bildung und Um= bildung organischer Naturen ernstlich nachzuforschen, wobei mir die Methode, womit ich die Pflanze behandelt, zuverlässig als Wegweiser diente. Goethe 40, 420 [Einwirkung der neuen Philosophie]. Die Seefahrer, längst gewohnt, sich des Polar= sterns und anderer nördlichen Sterne als Wegweiser in den Wasserwüsten zu bedienen. Allgemeine Ztg. (1844), Beilage S. 2091a. Als Wegweiserin auf der See die Magnetnadel. Westermann's Jllustr. Monatsschr. 325, 64b. Überall war die Jagdflinte seine Wegweiserin. Rundschau 15, 2, 377 ꝛc. Voll= ständig aber tritt der Gedanke an etwas Belebtes oder Beseeltes bei Wegweiser zurück, als Bezeichnung einer an Scheide= oder Kreuzwegen aufgerichteten Säule ꝛc., welche dem Wandernden oder Reisenden die Richtung der zunächst gelegnen Ortschaften weist. An einer solchen Säule ꝛc. stehen die Inschriften, welche die verschiednen Richtungen und häufig auch die Entfernungen bezeichnen, gewöhnlich auf Armen, die an der zumeist hölzernen Säule oder einem aufgerichteten Pfahle befestigt sind und oft in eine Hand auslaufen. Daraus erklären sich ohne Weiteres die in dieser beschränkten Anwendung sinnverwandten Ausdrücke: Wegsäule, Armsäule und Handweiser. Finden sich die betreffenden Angaben nicht an Holzpfählen, sondern an steinernen Säulen, so hört man auch zuweilen den Ausdruck Wegstein (s. u.) und häufiger: Meilenstein, wobei aber, wie auch bei den Bezeichnungen: Meilen=Weiser, =Zeiger, =Säule haupt= sächlich die Entfernung, nicht eigentlich die Richtung (wie bei den Wegweisern) in Betracht kommt. So finden sich z. B. längs der Chausséen oder der Eisenbahnen kleinere oder größere Kilo= meter= oder Meilensteine, von denen namentlich die größern auch als Meilen=Weiser und =Zeiger bezeichnet werden können, aber nicht als Weg=Weiser oder =Zeiger (s. u.), wie die an den Scheidewegen befindlichen Armsäulen ꝛc. Der Aus=

druck Wegtafel bezeichnet eine aufgerichtete Tafel mit Angabe der verschiednen Wege, wie Ortstafel mit Angabe des Orts= namen u. Ä. m. Das oben erwähnte Wegstein bedeutet (ähn= lich wie Chausseestein) auch Steine, die zum Wegebau ver= wendet werden, und — in der vorliegenden Sinnverwandtschaft — auch Steine am Wege, längs des Weges, z. B. als sogenannte Prellsteine, auch ohne Angabe der Entfernung. Für das rein sachliche Wegweiser und die mehr oder minder sinnver= wandten Ausdrücke (zum Theil auch in übertragener Anwendung) werden die folgenden Beispiele genügen: Die Arme wie ein Wegweiser ausgebreitet. Immermann Münchh. 1, 405. Als Weg= und Wahrweiser ein hohes Holzkreuz. Nord und Süd 127, 7. Dieser Prediger heißt mit Recht ein Wegweiser zur Tugend, da er Andern den rechten Weg weist, aber ihn niemals selbst geht (vgl. Waldis Esop IV, 64, s. u.) 2c. Der Wegweiser: Weißt, wo der Weg zum Mehlfaß geht, | zum vollen Faß? Echtermeyer Auswahl deutscher Ged. (5. Aufl.) S. 13 [nach Hebel] 2c. Armsäule. Jean Paul 1, 76 2c. Mit Überstreichen der Handweiser. National-Ztg. 17, 332 2c., auch z. B.: Das alles wird der Beobachter [der Volkseigenthümlichkeiten] notieren; es wird ihm als ein Handweiser den Weg nach der Heimat des Unbekannten zeigen. Rud. Kleinpaul Sprache ohne Worte 131 2c. Indem du deine Worte | verlierst, ist schon ein Meilen= zeiger [s. u.] nach dem andern | zurückgelegt von meinen Eilen= den, | die mein Gebot nach Prag und Eger tragen. Schiller 368b [Wallenst.'s Tod II, 2]. Schneegestöber füllt | Erd' und Himmel; wie die Leichen stehen | Thürm' und Meilenzeiger eingehüllt. Göckingk Lieder zweier Liebenden 36 2c., auch (s. o.): Meilen=Weiser, =Säulen, =Steine, auch: Wegsteine. Schücking Die Geschwornen und ihr Richter 2, 259. Sprang auf einen Wegstein... Auf dem Prellsteine. Moritz Hartmann Die Diamanten der Baronin 2, 55 2c. Ist es euch wirklich um das deutsche Lustspiel, um die deutsche Bühne zu thun? Nun wohl, Gutzkow hat den Weg gewiesen, wo das Lustspiel hinaus muß, er hat zuerst durch seine Stücke Wegsäulen aufgerichtet, an denen der Pfad vorüberführt. So laßt ihn dieses Weges ziehen, ermuntert ihn 2c. L. Schücking (in den Monatsblättern zur Allgem. Ztg. 1, 267b) 2c. Auf den Orts= und Wegetafeln

wurden die polnischen Namen durch deutsche ersetzt 2c. Als er
einmal durch Audorf am Inn fuhr, ärgerte er sich über die
bureaukratische Namensverseinerung [in „Audorf"] auf der Ortstafel. Sepp Ludwig I. S. 143. Das „o" in „Schwarzort"
sprechen sie lang und hell; ganz richtig las ich daher auch auf
der Ortstafel „Schwarzohrt". Passarge Aus baltischen Landen
156 2c.

Nun bleiben noch einige mit Wegweiser sinnverwandte
Ausdrücke kurz zu besprechen, in denen theils das Grundwort
der Zusammensetzung durch das sinnverwandte Zeiger (s. u.:
zeigen, weisen), theils das Bestimmungswort durch sinnähn-
liche Wörter (wie Bahn, Pfad, s. Sanders Synon. I, 164 2c.)
ersetzt werden. Der Weiser sagt etwas mehr als Zeiger: der
Zeigende lenkt nur das Auge auf Etwas, bringt es vors Auge,
läßt es sehen, erkennen 2c.; der Weisende verbindet damit zugleich eine Weisung (vgl. An-, Unterweisung, Belehrung). Oft
können beide Ausdrücke wechseln, vgl. z. B.: Von den beiden
Zeigern oder Weisern der Uhr zeigt oder weist der kleinere
(der Stunden-Zeiger oder -Weiser) die Stunde, der größere
(der Minuten-Zeiger oder Weiser) die Minute. Die durch
ihr Fortrücken auf die betreffenden Zahlen zeigenden oder deutenden Zeiger heißen hier mit Recht auch Weiser mit Rücksicht
auf Den, der sie gleichsam befragend, wie hoch es an der Zeit
ist, von ihnen die gewünschte Belehrung oder Weisung erhielt.
Dagegen ist z. B. Wegweiser (persönlich und sachlich, s. o.) gewöhnlicher als Wegzeiger, weil man dabei doch in der Regel
an die Weisung (Belehrung 2c.) denkt, welche der Wandrer oder
Reisende über die einzuschlagende und inne zu haltende Richtung
des Weges empfängt, während umgekehrt die Meilensteine üblicher
Meilenzeiger (s. o.) als Meilenweiser heißen, weil dadurch
im Allgemeinen nur die Entfernung angegeben (angezeigt) werden
soll ohne eine bestimmte Weisung oder Anweisung des Verhaltens
für den Wandrer; doch findet sich allerdings z. B. auch: Die
blauweißen Wegzeiger. Gartenlaube 16, 171a. Ein schwarz-
rother Wegzeiger. Grenzboten 33, 2, 215 2c. und übertragen:
Im Drang zum Personwerden begegnen sich die höchsten und
mächtigsten Kräfte unserer Zeit auf dem großen Kreuzweg der
Zukunft. Unheimlich geht's da wohl um nächtlicher Weile, auch

der ſonnige Tag bringt viele Qualen, Nebel, Lärm und Unge=
heuer. Aber der ſichere Wegzeiger iſt aufgepflanzt. Er weiſt
auch den Eiſenbahnen ihren Weg ꝛc. Allgemeine Ztg. (1844)
Beilage Nr. 196, S. 1561a. Hier finden wohl auch zwei Hin=
weiſe auf ältere Schriftſteller für das unzuſammengeſetzte Zeiger
im Sinne von Wegweiſer (perſönlich und ſachlich) paſſend eine
Stelle. Simon Schaidenreisser, genannt Minervius, ſchreibt in
ſeiner „Odyſſea" (Augsburg 1538) S. 64b: Mir einen Diener
oder Zeiger des Wegs zu geben, wofür es bei Voss Odyſſ.
15, 309,10 heißt: Gewähre mir einen Begleiter, | welcher den
Weg mich führe ꝛc. und Waldis ſetzt in ſeiner ſchon oben ge=
legentlich angezogenen Fabel (Eſop IV, 64) „vom Bilgrim vnd
einer hültzen Hand": Da ſtund ein Baum auf weiter Heid, |
da war ein dreifach Wegeſcheid. | Er ſahe auf; an dem Baum
da fand | genagelt eine hültzen [hölzerne] Hand, | die zeigt recht
auf den mittlen Pfad [ſ. u.]. | Der Bilgrim [Pilgrim] näher zu
hin trat. | Er fragt die Hand, was ſie bedeut. | Sie ſprach: ich
weiß die fremden Leut, | zugleich die böſen und die frommen, |
daſs ſie zur guten Herberg kommen, | wenn ſie halten den mittlen
Steg, | wie ich mit meinen Fingern zeig (V. 11—21) und weiter:
Der Bilgrim ſprach: So bin ich heute(n) | den ganzen Tag bis
bis jetzt irr gangen. | Nach guter Herberg hab Verlangen, | dazu
du mir jetzt biſt der Zeiger. (V. 30—33.)

Was nun die in Weg=Weiſer oder =Zeiger (ſ. o.) zu=
weilen geſetzten Beſtimmungswörter Bahn und Pfad betrifft,
ſo vergleiche man darüber, wie geſagt, meine Synon. I, 194ff.
Wegweiſer iſt der allgemeine Ausdruck; bei Pfad denkt man
einen ſchmalen, nur für Wenige neben einander gangbaren Weg
für Fußgänger, bei Bahn an die Forträumung der den darauf
Schreitenden im Wege ſtehenden Hemmniſſe und Hinderniſſe,
ſ. z. B.: Herder's, des Pfadzeigers in der Lyrik. National-
Ztg. 40, 112. Die beiden Dioskuren, die in beiden Künſten die
ſichern Bahnzeiger einer glücklichen Fahrt ſind. Gervinus
Händel 6, vgl.: Ein bahnzeigender Genius. ebd. 329 und
das häufige Bahnbrecher (vgl. Sanders 1, 204c unter brechen
4d) für Einen, der nicht bloß die Bahn zeigt oder weiſt, ſondern
ſie durch Fortſchaffung der Hinderniſſe überhaupt erſt eröffnet,
d. h. gang= oder wegbar macht, und ſo ſchließlich auch: Bahn=

brecher und Zielzeiger. Gegenwart 17, 118a von Personen, die auf das (End-)Ziel hin zeigend (oder weisend) die Bahn dazu brechen oder eröffnen, — vgl. (in andrem Sinne) Ziel-, wie Scheiben-Zeiger, -Weiser = Zieler, der bei dem Schießen nach der Scheibe als Ziel die darauf gefallnen Schüsse anzeichnet und zeigt (vgl. Sanders 3, 1760b), wofür auch (s. ebd. 1720a) das bloße Zeiger vorkommt. Zwischen seinem [des Schützen] Stutzen und der Scheibe Nichts als ein bischen Luft. Ehedem kam noch manchmal der Zeiger dazwischen. Gotthelf Geld und Geist 274 2c.

Weg-Fall, -fallen 2c. s. **Fort-Fall, -fallen**. S. 180 ff.

Weg-Säule, -Stein, -Tafel, -Weiser, -Zeiger s. **Wege-Weiser**.

Wehren s. **abhalten**. S. 18.

Weichteigig s. **teig**. S. 275.

Weigern, Weigerung s. **Abschlag**. S. 98; 100/1.

Weisen s. **zeigen**. S. 311 ff.; — von der Hand s. **Abschlag** S. 94.

Weiser s. **Weg(e)-Weiser**. S. 311.

Weiter z. B. **-helfen** s. **beispringen** S. 142; **-leiten, -spielen** u. s. w. s. **fort**. S. 188.

Wenden s. **abkehren**. S. 29; 30.

Werfen, die Schuld auf Einen oder Etwas siehe **beilegen**. S. 132.

-werth s. **rühmlich**. S. 250.

Widerrathen s. **abrathen**. S. 74; 77.

Widerspan s. **Zwiespalt**.

Widerstreben s. **Abneigung**. S. 65.

Widerstreit s. **Zwiespalt**.

Widerwille(n) s. **Abneigung**. S. 62 ff.

Wiederhelfen s. **beispringen**. S. 142.

Wille(n); das Wollen; Willelei, Velleïtät.

Das Zeitwort **wollen** (s. Sanders 3, 1659a—1661b hat die — in verschiedenen Anwendungen mehrfach näher bestimmte und beschränkte — Grundbedeutung: Vorsatz und Absicht haben, daß Etwas geschehe, und entsprechend bedeutet der hauptwörtliche Infinitiv: das Wollen allgemein die Thatsache oder den Umstand, daß man Etwas will oder daß man den Vorsatz, die

Abſicht habe, daſs es geſchehe. Das wirkliche Hauptwort: der Wille(n) aber (ſ. Sanders 3, 1605b ff. und oben unter Abſicht S. 119 ff.) bezeichnet: das Vermögen zu wollen; die Äußerungen dieſes Vermögens in Thun und Handeln und den Ausdruck deſſelben als Geſinnung; die aus dieſem Vermögen hervorgehenden Beſtimmungen und Anordnungen ꝛc. Somit unterſcheiden ſich im Allgemeinen die Ausdrücke: der Wille und: das Wollen ſo wie im Franzöſiſchen la volonté und le vouloir, über die Lafaye in ſeinem Dictionnaire des Synonymes (3. Aufl.) p. 20a ſich dem Sinne nach etwa ſo ausdrückt: Wille, das Wollen: Fähigkeit oder Thätigkeit Deſſen, der will. In beiden Bedeutungen iſt der Wille bezüglich und das Wollen beziehungslos: Man findet bei den Einen einen feſten und unerſchütterlichen, bei den Andern einen ſchwachen und ſchwankenden Willen; das Wollen läſſt derartige Beſtimmungen nicht zu, weil es ohne beſtimmte Beziehung auf einen einzelnen Fall oder auf ein Einzelweſen iſt In Bezug auf die ſich äußernde Thätigkeit und die Wirkung betrachtet, bezieht ſich der Wille auf Das, was man will, und iſt von Dauer und Beſtand, während dem Wollen nicht ein Gegenſtand entſpricht, der es ſo oder ſo beſchaffen macht, ſondern die Thätigkeit, den Vorgang ohne Weiteres ausdrückt Der Wille iſt wirkſam und bekundet und äußert ſich durch das Streben, ſich in That umzuſetzen (par le moyen des organes), das Wollen beſteht nur in einem innern Vorgang. Deſshalb kann man auch den Willen, aber nicht das Wollen zurückhalten, hemmen oder hindern. Wenn die ſo für das Franzöſiſche angegebnen Unterſchiede im Allgemeinen auch für das Deutſche zutreffen, ſo hüte man ſich doch vor der Annahme, daſs die Ausdrücke in beiden Sprachen ſich vollſtändig decken. Daſs Dies nicht der Fall iſt, zeigt ſich z. B. ſchon darin, daſs die von le vouloir unübliche Mehrzahl von la volonté ganz gewöhnlich iſt, während ſie im Deutſchen auch von Wille (wie ich unter dieſem Worte in Nr. 5 ausdrücklich bemerkt) „nicht häufig" iſt, obgleich ſie vorkommt, wofür ich Belege gegeben, wie: Die Liebe iſt eine Übereinſtimmung zweener [zweier] Willen zu gleichen Zwecken. Gellert 3, 60. Ein Vorſatz, mitgetheilt, iſt nicht mehr dein; | der Zufall ſpielt mit deinem Willen ſchon. | Selbſt, wer gebieten kann, muſs überraſchen. | Ja, mit dem beſten

Willen leisten wir | so wenig, weil uns tausend Willen kreuzen. Goethe 13, 247 [Natürl. Tochter I, 5] 2c. Im Französischen dagegen heißt es z. B. ganz gewöhnlich in der Mehrzahl: Les volontés sout libres (mit Bezug auf den Willen jedes Einzelnen), wo wir im Deutschen sagen: Der Wille ist [nicht: die Willen sind] frei 2c. und so führt Lafaye z. B. für den Unterschied zwischen volonté und vouloir den Satz an: Il faut reprimer les volontés de l'enfant, car il ne doit point avoir de vouloir, wofür wir im Deutschen beide Mal Wille in der Einzahl setzen würden: Man muß den Willen des Kindes unterdrücken, denn es soll keinen eigenen Willen (oder Eigenwillen) haben u. s. w. Für den Unterschied aber zwischen dem Hauptwort: der Wille und dem hauptwörtlichen Infinitiv: das Wollen im Deutschen entlehne ich die folgenden Belegstellen zum größten Theil meinem Wörterbuch: Der Wille ist die Potenz, die Möglichkeit des Wollens, das Wollen selbst ist Aktus. Schelling 2, 2, 36. Ich konnte meinen Willen nicht mehr regen; | denn selbst die Kraft des Wollens war zerschlagen. Ders. (Hungari 2, 380). Ἀνάγκη, Nöthigung: Da ist's denn wieder, wie die Sterne wollten: | Bedingung und Gesetz; und aller Wille | ist nur ein Wollen, weil wir eben sollten, und vor dem Willen [der Sterne, des Geschicks] schweigt die Willkür stille; | das Liebste wird vom Herzen weggescholten, | dem harten Muß bequemt sich Will' und Grille. | So sind wir scheinfrei denn, nach manchen Jahren, | nur enger dran, als wir am Anfang waren. Goethe 3, 346 [Urworte, Orphisch]. Das Hauptfundament des Sittlichen ist der gute Wille, der seiner Natur nach nur aufs Recht gerichtet sein kann; das Hauptfundament des Charakters ist das entschiedene Wollen, ohne Rücksicht auf Recht und Unrecht, auf Gut und Böse, auf Wahrheit oder Irrthum: es ist Das, was jede Partei an den Ihrigen so höchlich schätzt. Der Wille gehört der Freiheit, er bezieht sich auf den innern Menschen, auf den Zweck; das Wollen gehört der Natur und bezieht sich auf die äußere Welt, auf die That, und, weil das irdische Wollen nur immer ein beschränktes sein kann, so läßt sich beinahe voraussetzen, daß in der Ausübung das höhere Recht niemals oder nur durch Zufall gewollt werden kann. 39, 293 4 [Gesch. der Farbenl., Newton's Persönlichkeit].

Vorerſt gingen mehrere Tage hin, bis ein Klavier beigeſchafft, probiert, geſtimmt und nach des eigenſinnigen Künſtlers **Willen** und **Wollen** zurecht gerückt war, wobei dann immer noch Etwas zu wünſchen und zu fordern übrig blieb. 24, 150 [Ital. Reiſe, Bericht v. Nov. 1787]. Vorherrſchend in den alten Dichtungen iſt das Unverhältnis zwiſchen Sollen und Vollbringen, in den neuern zwiſchen **Wollen** und **Vollbringen** . . . . . Weil aber Sollen und **Wollen** im Menſchen nicht radikal getrennt werden kann, ſo müſſen überall beide Anſichten zugleich, wenn ſchon die eine vorwaltend und die andern untergeordnet, gefunden werden. Das Sollen wird dem Menſchen auferlegt, das Muſs iſt eine harte Nuſs; das **Wollen** legt der Menſch ſich ſelbſt auf, des Menſchen **Wille** iſt ſein Himmelreich. Ein beharrendes Sollen iſt läſtig, Unvermögen des Vollbringens fürchterlich, ein beharrliches **Wollen** erfreulich und bei einem feſten **Willen** kann man ſich ſogar über das Unvermögen des Vollbringens getröſtet ſehen ꝛc. 35, 373 [Shakeſpeare u. kein Ende] ꝛc. Weil all und jedes Theil von unſerm **Wollen** | in Eurer Hoheit **Willen** ſich ergiebt. Schlegel König Johann, Aufz. 4, Auftr. 2. Da in deinem Briefe keine Spur iſt von deinem **Willen** und **Wollen.** Zelter 2, 206 ꝛc.

Außer ſolchen Stellen, in denen der hauptwörtliche Infinitiv: **das Wollen** und das im Allgemeinen häufigere eigentliche Hauptwort: **der Wille** abſichtlich neben einander geſtellt ſind, enthält mein Wörterbuch a. a. O. zahlreiche Belege für den einen wie für den andern Ausdruck, in denen häufig mit ſehr geringem oder kaum merklichem Unterſchiede der eine für den andern eintreten könnte. Mit abſichtlicher Übergehung derartiger Beiſpiele hebe ich vielmehr hier nur Anwendungen hervor, in denen eine derartige Vertauſchung nicht — oder doch nicht füglich — ſtatthaft iſt. Dahin gehört die Verbindung des hauptwörtlichen Infinitivs mit einem davon abhängigen Infinitiv, z. B.: Luciane war kaum aus der Penſion in die große Welt getreten . . . ., als ihr **Gefallenwollen** wirklich Gefallen erregte und ein junger, ſehr reicher Mann gar bald eine heftige Neigung empfand, ſie zu beſitzen. Goethe 15, 171 [Wahlverw. II, 4], wo eine entſprechende Zuſammenſetzung mit **Wille** unſtatthaft und auch die Wendung: „ihr **Wille** zu gefallen" nicht ganz gleichbedeutend wäre, vgl. eher: ihr Streben, ihre Sucht zu gefallen oder (mit

einem Wort): ihre Gefallsucht oder Koketterie ꝛc.; ähnlich:
[So] verlockt der unheimliche Dämon des Alleskennenwollens
Middendorff und seine Genossen bis in die schauerlichen Frost-
öden an der Lenamündung. Fallmerayer (in den Monatblättern
zur Ergänz. der Allgem. Ztg. 1845 S. 311a). Was hilft mein
Sterbenwollen mir? Chamisso 3, 211 u. Ä. m. Auch für die
hauptwörtlichen Verschmelzungen mit den die Gesinnung bezeichnenden Nebenwörtern wohl, Gegensatz: übel, miß sind
die Zusammensetzungen mit dem Hauptwort Wille nicht (oder
kaum) üblich, vgl.: Ihn beurtheilt man nicht mit Wohlwollen,
sondern mit Übelwollen. Gegenwart 35, 46b u. a. In der
neuern Zeit wagt man sich kühn und zuversichtlich heraus und
überläßt auf gut Glück seine Produktion dem Wohlwollen
oder Mißwollen der Beurtheilenden. Goethe 40, 49 [Nachträge
zur Farbenl. Nr. 22] u. o., dagegen nur selten: Scheiterte das
Emancipationsgesetz an Mißwillen der zweiten Kammer.
Deutsches Museum (v. Prutz) 1, 2, 55 (vgl. Wider- und schweizerisch: Aberwille ꝛc.) Ferner findet sich freilich mit dem
hauptwörtlichen Infinitiv: das Wissen (s. Sanders 3, 638c)
nicht bloß das entsprechende: das Wollen, sondern auch das
wirkliche Hauptwort: der Wille verbunden in den stehenden
Wendungen: mit —, ohne —, wider — Jemandes Wissen
und — Wollen oder häufiger: Willen*), s. Belegstellen in
meinem Wörterb. 3, 1606b und 1661b, auch (veraltet): Es hat...
ein ehrloser Bube etlich[e] Epigrammata „hinder" [hinter]
Wissen und Willen Derer, so es befohlen ist, zu urtheilen,
ausgehen lassen. Luther 6, 533a ꝛc. Daß er solch. böswillige
Schrift. sollt Wissens und Wollens [statt: mit Wissen
und Willen] lassen ausgehen. 1, 218a ꝛc.; aber im Übrigen
wird andern hauptwörtlichen Infinitiven in der Regel nicht:
der Wille, sondern der Gleichmäßigkeit entsprechend nur:
das Wollen nebengeordnet, z. B.: Die gewaltige innere Arbeit
des Denkens, Fühlens, Wollens [nicht: Willens], die sich
in jedem Menschen zwischen der Wahrnehmung gewisser Vor-
gänge und der Reaktion darauf mittels gewisser Handlungen
abspielt, ist jedenfalls wesentlich bedingt durch Das, was

---

*) Vgl. auch z. B.: Wider — mein Wollen. Voss Jlias 1, 301, — meinen
Willen. Stolberg Jlias 1, 296. Wider Willen, Bürger S. 145a u. 189b.

man Charakter nennt. National-Ztg. 42, 438 u. Ä. m. Um=
gekehrt steht Wille, wo das Wollen unüblich ist, z. B. als
Bezeichnung eines Wesens, dessen Wille herrschend waltet, wie:
So manches Jahr bewahrt mich hier verborgen | ein hoher
Wille, dem ich mich ergebe, | doch immer bin ich, wie im ersten,
fremd. Goethe 13, 3 [Jphig. I. 1]. Und ein Gott ist, ein heiliger
Wille lebt, | wie auch der menschliche wanke. Schiller 88a
[Worte des Glaubens] ꝛc.; ferner namentlich in der Verbindung:
Jemandes letzter Wille in der Bedeutung: sein Testament,
seine letztwillige Bestimmung, Verfügung, Anordnung, wie er es
nach seinem Tode gehalten wissen will, z. B.: Das war die große
Meinung seines Todes! Mich wählte er zu seines letzten Willens
Vollstreckerin. Schiller 308b [Karlos, letzter Auftr.]. Auch Schreiber
und Notarien verlang' ich | um meinen letzten Willen aufzu=
setzen. 407a [Maria Stuart I, 2] und ferner in manchen andern
eigenartigen Verbindungen, wie z. B.: (des) Willens sein =
gewillt sein, die Absicht haben ꝛc.; (um)—willen, mit zwischen=
geschobnem Genitiv, sinnverwandt mit den Verhältniswörtern:
wegen, halb ꝛc.

In der Überschrift habe ich noch als sinnverwandt das
Fremdwort Velleität hinzugefügt (franz. velléité), dem die Ver=
deutschung Willelei entspricht (s. Sanders 3, 1418c und 1607b),
in der Bedeutung: kraft= und thatloses Wollen, bloße Willens=
anwandlung, s. den in der letzten Stelle aus Raumer's Päda=
gogik 3, 1, 232 mitgetheiltem Ausspruch Jahn's: Das bringet
das Wollen durch die Irrwege der Willelei zum folgerechten
Willen, zum Ausharren ꝛc.

Wo, woselbst s. da. S. 167.
Wort=Fehde, =Gefecht, =Gewechsel, =Hader, =Kampf,
    =Krieg, =Streit, =Wechsel, =Zank, =Zänkerei
    s. Zwiespalt. S. 345ff.
=würdig s. rühmlich. S. 250.

Zank, Zänkerei s. Zwiespalt. S. 324ff.
Zeigen, weisen.

Indem ich mich hier auf eine Ergänzung Dessen, was Eber=
hard über die beiden in der Überschrift genannten Zeitwörter

sagt, beschränke, kann und will ich doch nicht unbemerkt lassen, daß er und seine Nachfolger noch manche andere sinnverwandte Ausdrücke zur Besprechung hätten heranziehen müssen, wie z. B.: sehen lassen, blicken lassen, vors Auge führen ꝛc., erkennen lassen, kund thun, lehren, offenbaren u. Ä. m. Ich führe für einige dieser sinnverwandten Ausdrücke, indem ich mir eine eingehende Besprechung für später vorbehalte, hier nur einige Belege vor: Reiten wir hinauf und lassen Sie mich in der Wirklichkeit sehen, was Sie mir hier im Bilde zeigten. Goethe 19, 390 [Die Novelle], vgl. auch: Ich habe mich wohl gehütet, den jungen Kleist meine Empfindlichkeit darüber merken zu lassen. Lessing 12, 148. Darf mich, leider, nicht auf den Gassen, | noch in der Kirche mit sehen lassen. Goethe 11, 123 [Faust I, Der Nachbarin Haus] ꝛc. Verloren war Alles, sobald man Muthlosigkeit blicken ließ; nur die Zuversicht, die man selbst zeigte, konnte ein edles Selbstvertrauen bei den Deutschen entflammen. Schiller 969b [30jähr. Krieg IV]. Wo eine Eule sich sehen (oder blicken) läßt, wird sie von den Krähen verfolgt ꝛc. Darnach offenbarte sich Jesus abermal den Jüngern an dem Meere bei Tiberias. Er offenbarte sich aber also. Joh. 21, 1 = Nach diesem zeigte sich Jesus seinen Jüngern wieder einmal an dem See bei Tiberias, und zwar zeigte er sich auf folgende Weise. van Ess ebd. Es naht sich! Es wird sich mit Schrecken erklären! Schiller 510a [Braut v. Mess., V. 2273] ꝛc. Herr, zeige mir deine Wege und lehre mich deine Steige u. s. w. Psalm 25, 5 ff. = Herr, mache deine Wege mir bekannt! | unterrichte mich in deiner Führung! | Leite mich in deiner Wahrheit, lehre mich! Der Ewige zeigt Irrenden die rechte Bahn, | unterrichtet Demuthsvolle im Gesetz, | lehrt Demuthsvolle seinen Weg. | Ist wo ein Mann, der Ehrfurcht hat vor Gott? | Ihm zeigt er selbst den Pfad. Mendelssohn. vgl. auch Zunz ebd. Zeigt mir der Freund, was ich kann, lehrt mich der Feind, was ich soll. Schiller 91b [Freund und Feind]. Wer Vieles brauchen will, gebrauche Jedes in seiner Art, so ist er wohl bedient. | Das haben uns die Medicis gelehrt, | Das haben uns die Päpste selbst gewiesen. Goethe 13, 207 [Tasso V, 1].

An diesen Andeutungen für die künftig weiter zu be-

sprechenden sinnverwandten Ausdrücken mag es vorläufig genügen; nun aber lasse ich Das folgen, was ich in einer „ge-
legentlichen Abhandlung" in meiner „Zeitschrift für deutsche
Sprache", Jahrg. I, S. 351 zu einer Stelle in Goethe's Aufsatz:
„Der Sammler und die Seinigen" gesagt habe. Diese Stelle
lautet: Wenn man sie [die Thür] sonst eröffnete, zeigte sich ein
mehr überraschender als erfreulicher Anblick. (Bd. 30, S. 330)
und die Bemerkung dazu:

Der in manchen Fällen zurücktretende Unterschied zwischen
zeigen und weisen tritt (was Eberhard und seine Ausschreiber
nicht genug hervorheben) besonders scharf, wie hier, in der rückbezüglichen (reflexiven) Form hervor. Eberhard sagt ganz
richtig: „Zeigen bezeichnet bloß die Handlung, wodurch Jemand
Etwas bemerkbar macht; weisen zugleich die Belehrung, die der
Andere durch diese Handlung erhält", und er führt u. A. als
ein — in der That schlagendes — Beispiel an: „Man weist
daher Jemandem die Thür, wenn man ihn weggehn heißt; man
zeigt sie Dem, der sie nicht finden kann, indem man sie ihm
bemerkbar macht"; allerdings findet sich bei ihm auch das Beispiel: „An den Bäumen zeigen sich die Knospen, wenn sie bemerkbar werden"; aber es fehlt, wie gesagt, die Bemerkung, daß
grade als rückbezügliches Zeitwort ohne prädikativen Zusatz in
dem Sinne: „sich sehen lassen, sich dem Anblick darbieten" (mit
oder ohne Absicht) oder: „erscheinen, in die Erscheinung, zu
Tage — oder: hervor= — treten" (zumal ohne Absicht) gewöhnlich nur sich zeigen üblich ist, nicht: sich weisen, es sei denn,
daß Dem, welchem der Anblick sich darbietet, daraus eine beabsichtigte Belehrung erwächst, z. B., (s. o.): Seit einigen Tagen
zeigt [nicht: weist] sich ein Komet am Himmel (= erscheint,
läßt sich sehen, ohne Absicht). Bei dieser Krankheit zeigen sich
rothe Flecken zuerst am Gesicht 2c. oder: Diese Krankheit zeigt
sich in Gestalt rother Flecke 2c. Schon bei dem Knaben zeigten
sich Spuren des künftigen Helden 2c., — aber auch: Der Schauspieler will sich zeigen [mit Absicht, — seine Kunst, seine Geschicklichkeit sehen lassen]. Schiller 487a [Über den Gebrauch des
Chors, — Braut v. Mess.]. Bat ihn Herr v. Chateaubriand…,
seine Kompagnie zu übernehmen, da sie sonst in Bretagne bleiben
müßte und keine Gelegenheit hätte, sich zu zeigen. 1082a

[Denkwürdigk. des Marschalls Vieilleville], vgl. namentlich: Eine Frau von Stande kann sich darin [in der alten Karosse] nicht auf den öffentlichen Spaziergängen zeigen, ohne mit Fingern gewiesen zu werden. Just. Möser Patriot. Phantasien (4. Aufl. 1820) 3, 10 ꝛc.; dagegen mit prädikativem Zusatz: Jemand oder Etwas zeigt oder weist sich so und so, vgl.: Jemand zeigt, bezeigt, erzeigt sich, — auch: weist, häufiger: beweist, erweist sich — (als) tapfer, als tapferer Held, als tapferen Helden ꝛc., — allerdings mit einer (mehr oder minder hervortretenden) Begriffsverschiedenheit. Auch ohne solchen Zusatz findet sich zuweilen sich weisen statt des im Allgemeinen üblichern sich zeigen, z. B. bei Schiller in „Wallenstein's Lager" 6. Auftritt in der allbekannten Stelle: Wachtmeister: Der seine Griff und der rechte Ton, | Das lernt sich nur um des Feldherrn Person. Erster Jäger: Sie bekam Euch übel, die Lektion. | Wie er räuspert und wie er spuckt, | Das habt Ihr ihm glücklich abgeguckt; | aber sein Génie, ich meine: sein Geist | sich nicht auf der Wachtparade weist" —; aber grade diese Stelle dient zur Bestätigung des Gesagten. Hier handelt es sich bei Dem, was sich in dem Benehmen des Feldherrn zeigt, um eine „Lektion" oder eine Unterweisung [wofür Unterzeigung nicht vorkommt], um Etwas, das in der Umgebung des Feldherrn „sich lernt" (oder: sich lernen läßt). Im Übrigen will ich für den Unterschied zwischen weisen und zeigen hier nur auf mein Wörterb. 3, 1542c—1546 und 1718c—1720 mit den zahlreichen Beispielen und Belegen hinweisen, wovon ich hier nur anführen will, daß es in Lichtwer's Schriften S. 128 heißt, von einem Kobold, dessen Erscheinen in Trauerkleidern einen Sterbefall in der Familie verkündete: Es sah das Schloß nicht ohne Schauer | ihn plötzlich in der tiefsten Trauer. | Ein abgekrämpter Hut, der fast den Mann verbarg, | ein ungeheurer Flor, der sich nicht enden wollte, | Dies alles wies, daß bald ein Großer sterben sollte. Ramler hat in „M. G. Lichtwer's verbesserten Fabeln" (1761) S. 111 und eben so in seiner „Fabellese" (1783) Bd. 2, S. 358 die letzte Zeile willkürlich und unnöthig geändert: Dies zeigte klar ꝛc. Lichtwer's „wies" war durchaus in der Ordnung und berechtigt, da es sich um eine Unterweisung und Belehrung der Schloßbewohner handelte.

In dem vorliegenden Stücke von Goethe steht: „Weil das Bild   nicht mehr vorhanden ist; sonst würde ich es Ihnen gezeigt haben“ — und weiterhin: „Das Bildnis eines jungen Gehilfen, den er bei sich hatte, zeigte sein Talent ꝛc., — wofür es mit leisem Unterschiede heißen könnte: Sonst würde ich es Ihnen vorgewiesen haben — und: Das Bildnis   wies (oder üblicher: be-, erwies) seine Begabung.“

So weit der Aufsatz aus meiner Zeitschrift; im Übrigen behalte ich mir, wie gesagt, die Erörterung der Unterschiede in den sinnverwandten Ausdrücken für eine spätere Gelegenheit vor, s. über Weiser und Zeiger auch das unter Wegweiser ꝛc. Gesagte und z. B.: Eine unsichtbare fürchterliche Hand schwebte über mir, der Stundenweiser meines Schicksals zeigte unwiderruflich auf diese schwarze Minute. Schiller 708b [Verbrecher aus verlorener Ehre], — wofür es ohne wesentlichen Unterschied heißen könnte: Der Stundenzeiger meines Schicksals wies u. s. w., vgl.: Ich bin bereit, zur Ewigkeit zu gehn. | Noch eh sich der Minutenzeiger wendet, | werd' ich vor meines Richters Throne stehn. 443b [Maria Stuart V, 7] = der Minutenweiser ꝛc. und umgekehrt: Die aufsteigende Sonne ist mir jetzt nur ein Stundenweiser [= Stundenzeiger] seiner Ankunft. 311b [Der Menschenfeind, 2. Sc.] u. Ä. m.

Zurückweisen, Zurückweisung ſ. Abſchlag. S. 94 ff.

Zuſammenarmen ſ. umarmen. S. 290.

Zuſchieben, zuſchreiben ſ. beilegen. S. 130 ff.

Zuſpringen ſ. beiſpringen. S. 145.

Zuvor, zuvorhin ſ. ehe. S. 173 ff.

Zweck ſ. Abſicht. S. 110 ff.

Zweihelligkeit, Zweiung ſ. Zwieſpalt. S. 332 ff.

Zwieſpalt (Zwieſpan), Zwietracht, Zwieträchtig-
keit; **Zwiſt, Zwiſtigkeit; Bruch; Entzweiung;**
Feder-Kampf-, Krieg ꝛc.; **Fehde; Feindſchaft,**
Feindſeligkeit; Gehader; Geiſtesfehde; Ge-
ſtreit, **Gezank, Gezänk; Hader; Händel;**
Kampf; Krieg; Meinungs-Kampf, -Streit;
Mißhelligkeit; Redekampf ꝛc.; Schul-Gezänk,
-Streit; **Spaltung; Span; Streit, Streiterei,**
Streithandel, Streitigkeit; Uneinigkeit, Un-
friede; **Verfeindung; Vereinigung, (Ver-**
unzweiung); **Widerſpan; Widerſtreit; Wort-**
Fehde, -Gefecht, -Gewechſel, -Hader, -Kampf,
-Krieg, -Streit, -Wechſel, -Zank, -Zänkerei;**
Zank, Zänkerei; Zerwürfnis; Zungen-Fech-
terei, -Gefecht, -Krieg; **Zweihelligkeit; Zwei-**
ung.

Die vorſtehenden Wörter zerfallen in drei Hauptgruppen,
von denen die erſte zunächſt nur das Nichtvorhandenſein der
Einigkeit oder der Überein- und Zuſammenſtimmung zwiſchen
Perſonen, die mit einander verkehren und in Beziehung ſtehen,
ausdrückt, die andere auch die aus ſolcher Geſinnung, aus dem
Mangel an Einigkeit u. ſ. w. hervorgehende Äußerung und Kund-
gebung in Worten oder auch in Thaten. Wir beginnen mit
Ausdrücken der erſten Gruppe.

Uneinigkeit (ſ. Sanders 1, 355 c) bezeichnet den Zuſtand von
Perſonen, die nicht einig — oder vielmehr mit dem ſtärkern
Ausdruck: uneinig (ſ. d. u. vgl. uneins a. a. O., S. 354 a) ſind,
z. B.: Da nun der Haß und Neid ſo groß war, daß des Simon's
Anhang Etliche darüber erwürgeten und Onias ſahe, daß viel
Unrath aus ſolcher Uneinigkeit kommen würde ꝛc. 2. Macc.
4, 4. Hierüber gerieth er mit Graf Verri in öffentlichen Wider-

streit [f. u.], mit seinen besten Freunden, wo nicht in Uneinig=
keit, doch in Zwiespalt [f. u.]. Goethe 31, 76 [Abendmahl
v. Leonard da Vinci] 2c.; dann aber auch [f. o.], mit Mehrzahl:
Kundgebung und Äußerung solches Uneinigseins in Worten und
Thaten, z. B.: Das Hauptelend der Intoleranz offenbart sich doch
am meisten in den Uneinigkeiten der Christen selbst und Das
ist was Trauriges. Nicht dass ich meine, man sollte eine Ver=
einigung suchen. 14, 250 [Brief des Pastors zu ** an den neuen
Pastor zu **].

Das nahe angrenzende **Veruneinigung** (f. Sanders 1, 355 b)
unterscheidet sich doch von Uneinigkeit wie Werden von Sein.
Wenn man sagt, dass Personen uneinig oder uneins sind oder
sich in dem Zustand der Uneinigkeit befinden, so kann dieser
Zustand ein ursprünglicher sein, dem niemals ein anderer Zu=
stand vorangegangen; dagegen bezeichnet Veruneinigung nur
die Gesinnung von Personen, die sich veruneinigt haben, d. h.
die uneins oder uneinig geworden sind, was sie vorher nicht
gewesen, z. B.: So würde statt Einigung Veruneinigung
kommen. Gutzkow Ritter vom Geist 6, 285 2c. Ähnliches gilt
für Feindschaft (f. d. und Feindseligkeit in meinen Synon.
1, 362 u. 394) und Verfeindung (f. Sanders 1, 429 a), z. B.:
Man sagt mit Fug und Recht, dass es keine ärgere Feind=
schaft giebt als die aus der Verfeindung früherer Freunde
hervorgegangene. Die erbitterte Feindschaft der beiden Fa=
milien, die sich in so ununterbrochenen Feindseligkeiten kund
giebt, reicht so weit zurück, dass Niemand von den sich Befein=
denden den wirklichen Grund der Verfeindung mit Sicherheit
anzugeben im Stande ist 2c., f. u. Entzweiung, Zerwürfnis.

Unfriede(n) (f. Sanders 1, 497) in der vorliegenden Sinn=
verwandtschaft bezeichnet das Verhältnis von Personen, die,
feindselig gesinnt, mit einander nicht Friede halten, sondern sich
hassen und verfolgen und einander möglichst zu schaden trachten,
z. B.: Da ist immer Zorn, Eifer, Widerwärtigkeit, Unfriede,
Todesgefahr, Neid und Zank [f. u.] Sirach 40, 4. Friede(n) er=
nährt, Unfriede(n) verzehrt (zerstört). Sprichwort, z. B. auch
Hebel 3, 431; 488. Weil er mit seinem Nachbar aus Brotneid
in Unfrieden lebte. ebd. Also nährte sie den Unfrieden im
Herzen. 329. Wir Zwei sind die einzigen Menschen, die er auf

der Welt hat. Herr Reihenmeyer; wenn ich Euch was Leids angethan hab' oder wenn Ihr sonst was gegen mich habt, ich bitte mit aufgehobenen Händen, laßt es aus und vorbei sein. Seine zwei einzigen Menschen sollen nicht da in Unfriede an seinem Krankenbett, vielleicht Todtenbett sein. Auerbach Nach 30 Jahren 1, 229 ꝛc. Einen schweren Spruch zu sprechen, | der dem Land Unfrieden droht. Rückert Morgenländ. Sagen 1, 164 ꝛc.; auch: Mit Einem zu Unfried werden = sich entzweien, verfeinden ꝛc., z. B. Berlichingen 32 und danach: Und darüber wurdet Ihr mit seinem Kameraden zu Unfried. Goethe 9, 25 [Berlichingen I]; auch: Den will der Freiheit ich berauben, | dem Vogel in der Luft erlauben, | ihn aus dem Fried in Unfried setzen ꝛc. Fischart Dichtungen v. Heinr. Kurz 2, 107, B. 4067 = ihn als vogelfrei der allgemeinen Verfolgung preisgeben ꝛc. Außerhalb der vorliegenden Sinnverwandtschaft aber bezeichnet Unfriede(n) auch — ohne Rücksicht auf andre Personen — das Nichtvorhandensein des innern oder Seelenfriedens, der innerlichen Ruhe und Beruhigung (s. u. Zwiespalt) ꝛc., z. B.: Der Unfrieden eines Räubers. Horen (v. Schiller) 8, 12, 100 ꝛc. und (s. mein Ergänz.-Wörterb. 213b), sich noch weiter von den hier zu besprechenden Ausdrücken entfernend, bezeichnet „ein Unfried" (wie Störenfried, Friedenstörer) eine Person, die es liebt, Unfrieden zu stiften ꝛc.

Während (s. o.) in Uneinigkeit und Veruneinigung nur das Nichtvorhandensein oder die Aufhebung der Einigkeit, des Einseins oder der Übereinstimmung in der Gesinnung u. s. w. ausgesprochen ist, tritt die Spaltung in zwei verschiedne, aus einander gehende Richtungen bestimmt hervor in Ausdrücken wie Entzweiung, Zwiespalt, Zwietracht, Zwieträchtigkeit, Zwist, Zwistigkeit.

Schon das einfache Spaltung (s. Sanders 3, 1123c) bezeichnet die durch das Spalten Dessen, was früher Eins war und füglich hätte bleiben sollen, gewaltsam hervorgebrachte Trennung, während in Zwiespalt (s. ebd. a) noch bestimmter der Begriff der Entzweiung (s. u.), des Auseinandergehens nach zwei entgegengesetzten und somit auch sich feindlich gegenüberstehenden Richtungen hinzutritt, vgl. z. B.: Ich ermahne euch aber, liebe Brüder,   daß ihr allzumal einerlei Rede führet und lasset nicht

Spaltungen unter euch sein, sondern haltet fest an einander in einem Sinn und in einerlei Meinung; denn mir ist vorgekommen,   daß Zank unter euch sei. 1. Kor. 1, 10; 11 = Ich bitte euch   ., daß Alle Eins bekennen und keine Spaltungen unter euch seien; seid vielmehr in Gesinnungen und Grundsätzen eins; denn durch Chloe's Hausgenossen habe ich von euch erfahren, meine Brüder, daß Uneinigkeiten unter euch sind. van Ess, vgl. 11, 18 u. 19. Daß sie [die englischen Dichter] bei den vielfachen Spaltungen ihres Gemeinwesens, wo nicht ihr ganzes Leben, doch den besten Theil desselben einer oder der andern Partei widmen müssen. Goethe 22, 163 [Wahrh. und Dicht. XIII]. Was mich nämlich von der Brüdergemeinde, so wie von andern werthen Christenseelen absonderte, war Dasselbige, worüber die Kirche schon mehr als einmal in Spaltung gerathen war. 230 [XV]. Wie aber in der wissenschaftlichen Welt nicht leicht ohne Trennung [s. d.] gewirkt werden kann, so findet man auch hier eine entschiedene Spaltung zwischen Theorie und Praxis 39, 225 6 [Gesch. der Farbenl., V. Abth., 1. Epoche, 8. Abschn.]. Ritter gegen Bürger, Zünfte gegen den Adel, Volk gegen Oligarchen, Pöbel gegen Volk, Persönlichkeit gegen Menge oder Aristokratie, findet man in beständigem Konflikt [s. u.: Widerstreit &c.]. Hier zeigen sich dem aufmerksamen Beobachter die seltsamen Vereinigungen, Spaltungen, Untervereinigungen und Unterspaltungen. 29, 159, [Cellini, Anhang X]. Er wußte den Kaiser, der vor Allem das Ende der Kirchenspaltung [des Schismas] wünschte, durch den Vorschlag eines allgemeines Koncils zu gewinnen. Platen 5, 62 [Gesch. des Königr. Neapel, 3. Kap.] &c.

Der (veraltet und mundartlich auch: die) Zwie- (oder Zwei)spalt kann auch nicht bloß zwischen feindlich einander gegenüberstehenden Personen obwalten, sondern auch (s. o.: Unfriede) in dem Innern einer einzigen Person zwischen den sich in ihr feindlich gegenüberstehenden und bekämpfenden Gefühlen, Empfindungen, Regungen, Gedanken &c., wie ja nach dem Obigen Zwiespalt gerade auf Eins hindeutet, das nur durch die Spaltung in zwei aus einander gehende und entgegengesetzte Richtungen aus einander getrieben ist, z. B.: Ich aber verweilte, | hielt die Pferde noch an, denn Zwiespalt war mir im Herzen, |

ob ich mit eilenden Rossen das Dorf erreichte, die Speisen | unter das übrige Volk zu spenden oder sogleich hier | Alles dem Mädchen gäbe, damit sie es weislich vertheilte. Goethe 5, 15 [Herm. u. Doroth. II, 61]. Zu dulden die Laune des Herrn, wenn er ungerecht tadelt | oder Dieses und Jenes begehrt, mit sich selber in Zwiespalt. 85 [IX, 122]. Indem nun also auf der einen Seite meine große Neigung und Verehrung für ihn [Herder] und auf der andern das Mißbehagen, das er in mir erweckte, beständig mit einander im Streit [s. u.] lagen, so entstand ein Zwiespalt in mir, der erste in seiner Art, den ich in meinem Leben empfunden hatte. 21, 235 [Wahrh. u. Dicht. X]. Bei solchem innerlichen Zwiespalt. Chamisso 4, 306. Erklärt mir, Orindur, | diesen Zwiespalt der Natur! | Bald möcht' ich im Blut sein Leben | schwinden sehn, bald ihm vergeben. Müllner Die Schuld II, 5 ꝛc. Der Zwiespalt — im Volk, zwischen den verschiednen Parteien im Volke, — (zwischen den Sekten) in der Kirche ꝛc. Die Kirche, Gottes Sitz, ist oft ein Kampfplatz worden, wo Bosheit und Gewalt Vernunft und Gott vertrieb | und mit der Schwächern Blut des Zweispalts Urtheil schrieb. Haller 76 ꝛc. Die Zwiespalt [fem.] oft bei Mathesius (s. Sanders a. a. O.) und noch z. B.: Es wäre anjetzt in den Sternen große Zwiespalt. Tieck 2, 38. Das Auseinander hier im Raum, dort in der Zeit | das Nacheinander ist zwiespält'ge Ewigkeit. Die Zwiespalt, ob in dir, ob in der Welt sie sei, | genug, dein Anschaun wird nie von der Zwiespalt frei. Rückert Weisheit des Brahmanen 6, 135 [XVII, Nr. 44] ꝛc., vgl. auch (s. Schmeller's Baier. Wörterb. 4, 300) der Zwiespan [s. u.] bei Hans Sachs V, 3, 29 u. 150 = Zwiespalt, Irrung, Streit [s. u.].

Zwietracht (s. Sanders 3, 1342a) ist der Gegensatz zu Eintracht. Wie dies die volle Übereinstimmung zunächst im Dichten und Trachten bezeichnet, also einen Zustand, in welchem Sinn und Streben aller Betheiligten gleichmäßig auf ein und dasselbe Ziel gerichtet ist, so bezeichnet Zwietracht einen Zustand, worin das Dichten und Trachten der Betheiligten entschieden aus einander geht und auf einander entgegengesetzte Ziele gerichtet ist. Zwietracht drückt also eine weit entschiednere, heftiger und thätiger vorgehende Uneinigkeit und Feindschaft aus als Zwiespalt. Wo Zwiespalt herrscht, da ist durch die trennende

Spaltung eine Kluft vorhanden, die ein einheitliches Zusammen-
gehen aus einander hält und verhindert; wo aber Zwietracht
herrscht, da geht das Streben und Trachten der Zwieträchtigen
bestimmt und entschieden nach entgegengesetzten Richtungen aus
einander und tritt in dem entgegengesetzten und feindlichen Streben und Trachten thätig hervor, wie denn auch die Zwietracht
oft personificiert, als Haß und Feindschaft, Streit und Kampf
erregende Göttin ꝛc. erscheint, s. z. B.: Eintracht hat Reiche
fest begründet, | hat Städte groß und reich gemacht. | Zwie-
tracht allein hat sie entzündet | und ihnen Untergang gebracht
Wo Zwietracht waltet, | wo Mißtraun Fürst und Volk ent-
zweit, | da wird nichts Herrliches gestaltet | Zwietracht
will immer unterjochen. | Eintracht macht mächtig, stark und
frei   Vergessen werde | jedweder Zwiespalt [s. o.], jeder
Zwist [s. u.]. Ludw. Bechstein (in Fr. Hofmann's Weihnachts-
baum 6, 34/5). Wer Eintracht in der Gemeinde stiftet, | Dem
wird sie selber mit entsprießen; | und, wer mit Zwietracht das
Volk vergiftet, | Der bekommt sie mit zu genießen. Rückert Er-
bauliches und Beschauliches 2, 151 ꝛc. Aber mit sanft überreden-
der Bitte | führen die Frauen den Zepter der Sitte, | löschen die
Zwietracht, die tobend entglüht. Schiller 81 b [Würde der
Frauen]. Die Zwietracht flieht, die Donnerstürme schweigen.
101 a [Dem Erbprinzen v. Weimar]. Möchte einer der Unsterb-
lichen | nun Schiedsmann sein und eure Zwietracht tilgen!
240 b [Phönicierinnen]. Denkt Ihr, daß der königliche Name
zum Freibrief dienen könne, blut'ge Zwietracht | in fremdem
Lande straflos auszusäen? 412 a [Mar. Stuart I, 7]. Ihr Könige
und Herrscher, | fürchtet die Zwietracht! Wecket nicht den
Streit [s. u.] | aus seiner Höhle, wo er schläft. 469 b [Jungfr.
von Orl. III, 4]. Leben um Leben tauschend siege Jeder, | den
Dolch einbohrend in des Andern Brust, | daß selbst der Tod
nicht eure Zwietracht heile. 493 a [Braut von Mess., V. 455].
Er [Karl IX] erlebte ein neues Auftreten der Protestanten in
offnem Felde und sah in ihrer Vereinigung mit allen andern
Mißvergnügten des Reichs den Beweis, daß die Zwietracht
künftig durch religiöse und bürgerliche Unzufriedenheit, wie aus
doppelten Rachen, Flammen über Frankreich ausspeien werde.
1078 b [Unruhen in Frankr., Schluß]. Hat in Fesseln an der

Höllenpforten Angel | die Zwietracht hingebannt. Ramler
Lyrische Gedichte 99. Eris ., eine Göttin der Zwietracht.
Ders. Mythol. 231. Welche Kronion | trieb zum erbitterten
Kampf [s. u.] der geistverzehrenden Zwietracht. Voss Ilias
7, 210 xc.; auch (veraltet): Wo Glaubens Zweitracht herrscht,
stehn Brüder wider Brüder, | das Reich zerstört sich selbst. Haller
64, s. zahlreiche Belegstellen für diese Form, auch noch bei Joh.
v. Müller, wie bei Gryphius und namentlich aus Stumpf's Schweiz.
Chronik in meinem Wörterbuch) a. a. O., auch als männliches
Hauptwort: Es gab unter weltlichen Fürsten und Städten großen
Zweitracht. Stumpf 132a.

Zu Zwietracht gehört das Eigenschaftswort zwieträchtig
(als Gegensatz zu einträchtig) mit der Fortbildung: die Zwie=
trächtigkeit, welches den Zusatz des Zwieträchtigseins bezeich=
net und daher z. B. nicht leicht wie Zwietracht als Person
auftritt.

Zwist (s. Sanders 3, 1815a, b) ist nach Adelung 5, 475: die
lebhafte Äußerung verschiedener Meinungen und Neigungen durch
Worte, ein edler und glimpflicher Ausdruck für die härtere
Zwiespalt, Zwietracht und das unedle Zank [s. u.]. Ich
möchte dagegen sagen: während in Zwiespalt und in dem noch
härtern Zwietracht die die Gemüther von einander entfernende
und trennende Uneinigkeit eine innerliche und auf die wider=
sprechenden Ansichten und feindlichen Gesinnungen beschränkt
bleiben kann, tritt bei Zwist einerseits immer das lebhafte Be=
streben hervor, dem Trennenden und einander Widersprechenden
zunächst streitend in einander bekämpfenden und das Recht der
eignen Ansicht verfechtenden Reden, dann aber auch, — so weit
sich dazu die Gelegenheit bietet — in solchen Thätlichkeiten Aus=
druck zu geben; andrerseits aber schließt das Trennende und
Widersprechende nicht immer einen freundschaftlichen Wetteiser
und Wettstreit (s. d.) und das Aufgehen und die Lösung der
Disharmonie in eine Harmonie aus, wie denn, um diesen letzten
Punkt zuerst zu erledigen, z. B. Schlegel in seiner Übersetzung
des Shakespeare'schen Sommernachtstraums IV, 1 setzt: Nie hört'
ich so harmon'schen Zwist der Töne xc., vgl. auch: Unsere
schönsten Seelenkräfte... lösen im freundschaftlichen Zwist...
einander ab. Herder Philos. 4, 192. Wettstreit der Malerei

und Musik: Zwei Musen, deren Zwist zu steuern | drei weise Männer unsrer Zeit | viel Aufwand von Beredtsamkeit | und Witz gemacht, begannen ihren Streit | am 24. des Weinmonds zu erneuern. | Den andern Musen ward die Weile lang dabei. Es schien, als ob der Zwist zu mehr nicht nütze sei, | als beider Galle zu versäuern. Wieland 12, 137/8 ꝛc. (s. u. Zank); zumeist aber freilich (s. o.) von den Kundgebungen erbitterter, gehässiger und feindseliger Stimmungen, z. B.: Dass nicht aus dem Hader [s. u.] in Zukunft | Beiden, dir selber und mir, ein größerer Zwist sich erhebe. Voss Ilias 4, 38 = Dass dieser Hader nicht künftig | zwischen mir und dir zu größerem Zwiste gedeihe. Bürger 212b und in der jambischen Übersetzung: Damit nicht dieser Hader zwischen uns | dereinst die Ursach größern Zwie=spalts sei. 156b. Doch Zeus versagte noch Heimkehr, | grau=sames Sinns, da von Neuem er Zwist aufregte zum Unheil. Voss Odyss. 3, 161 = Denn wieder entzündet' er schädliche Zwie=tracht. Wiedasch. Der Schönheit Liebe trieb zu unerlaubten Lüsten | die Sorg' um Unterhalt zu Hass und bittren Zwisten. Haller 155. Der Könige Zwist büßten die Griechen wie ich. Goethe 1, 240 [Röm. Eleg. XIX]. Das Gescheitste war, dass ihr euren Zwist so glücklich und fröhlich durch eine Heirath endigt. 9, 62 [Götz II, Herberge]. Durch wenig Briefe | auf immer dieser Zwist gehoben. 13, 119 [Tasso I, 4]. Der Zwist von heute, sei er, wie er sei, | ist beizulegen. 160 [III, 2]. Lasst endlich uns den alten Zwist vergessen, | der Große gegen Große reizt. 246 [Natürl. Tochter I, 5]. Worüber erst Wider=wärtigkeit und Zwist, darauf ein entschiedener Bruch [s. u.] dem ganzen Verhältnis unwiederbringlich ein Ende macht. 18, 263 [Wanderj. II, 5]. Einen braven Landgeistlichen, der was zu Händeln [s. u.] und Zwist Anlass geben konnte, gleich zu schlichten und abzuthun verstand. 22, 119 [Wahrh. u. Dicht. XII]. Der Zwist beginnt, der Streit [s. u.] wird gewaltsam und Mahomet muss entfliehn. 225 [XIV, Schluss]. Den Stürmen unsers Bürgerzwists entflohen. 35, 255 [Tankred I, 2]. Nach langen Bürgerzwisten. 283 [III, 1] ꝛc. Schiller 218b [s. u.: Gezänk]. Ja! wenn, was Einem schön und löblich dünkt, auch jedem Andern schön und löblich dünkte, | kein Streit [s. u.] noch Zwist entzweite dann die Welt. Schiller 240b [Phöni=

cierinnen]. Du siehst, daß deiner Söhne Bruderzwist | die Stadt empört in bürgerlichem Streit | So siehe zu, wie du der Söhne blut'gen Haber stillst. | Was kümmert uns, die Friedlichen, der Zank | der Herrscher? ꝛc. 490a [Braut v. Mess., V. 63—70]. Schon | entzweite euch der jammervolle Zwist. 500b [V. 1302]. Der jammervolle Zwist, | der gleich nachher, Messina feindlich theilend, sich | entflammt, zog unsre Augen von den Todten ab. 513b [V. 2627]. Das sind die Früchte eures Bruderzwists. 468b [Jungfr. v. Orl. III, 3] u. o.

Daran schließt sich das minder häufige **Zwistigkeit** (Sanders 3, 1815b): der Zustand von Personen, die mit einander zwistig, d. h. in Zwist begriffen sind — und (mit Mehrzahl) die thätlichen Kundgebungen solcher Gesinnung, z. B.: Die armen Opfer unsrer Zwistigkeiten. Schlegel Shakespeare. 1, 170. Kein Zank [s. u.], nur eine kleine Zwistigkeit 8, 204. Die besondern Umstände der ewigen Zwistigkeiten und Fehden [s. u.]   ., welche Eifersucht, Ehrgeiz und Begierde, immer mehr zu haben zwischen Athen und Sparta   ., niemals ausgehen lassen werden. Wieland 24, 2 [Aristipp III, 1]. Eine Zwistigkeit wird entschieden, wenn darin vorgeht, was Rechtens ist; beigelegt wird sie, wenn, ohne auf die Gerechtigkeit zu sehen, beide Parteien auf eine oder auf die andre Weise sich wozu verstanden haben. Mendelssohn 4, 1, 37. Die Ehezwistigkeiten Heinrich's VIII. mit seiner Gemahlin. K. Frenzel Dichter u. Frauen 3, 46. Familienzwistigkeiten. E. Willkomm Im Bann u. Zauber ꝛc. 1, 236. Die Klan=Zwistigkeiten. Rodenberg Insel der Heiligen 1, 93. Liebeszwistigkeiten, welche manche Menschen so anziehend finden. Soph. Verena 2, 208. Religionszwistigkeiten Heinr. v. Kleist (Bülow) 107 u. Ä. m.

Entzweiung (s. Sanders 3, 1806c) verhält sich zu den vorangegangnen Wörtern, z. B. Zwietracht, Zwieträchtigkeit ꝛc. ähnlich wie Vereinigung (s. o.) zu Uneinigkeit; denn es bezeichnet den Zustand von Personen, die sich entzweit haben, also früher nicht in Zwietracht gewesen sind, während der Zwietracht kein entgegengesetzter Zustand vorausgegangen zu sein braucht. So kann man z. B. wohl von der Zwietracht der feindlichen Brüder in Schiller's Braut von Messina sprechen, aber nicht eigentlich von ihrer Entzweiung, da sie von der

frühesten Kindheit an niemals einträchtig, sondern immer zwie=
trächtig gewesen ꝛc. Nur leiden die philosophischen Schulen
meistentheils daran, daß sie   meist nur einseitige Symbole
brauchen, um das Ganze auszudrücken .   Auf diese Weise werden
die Gegenstände niemals durchdrungen, es entsteht vielmehr eine
Entzweiung in Dem, was vorgestellt und bezeichnet werden
soll, und also auch eine Diskrepanz in Denen, die davon han=
deln ꝛc. Goethe 39, 151 [Gesch. der Farbenl., IV. Abth., Kap. 7].
Ob die Entzweiung zu einer offenen Spaltung [s. o.] führen
sollte. Ranke 7, 152. Gewaltige Entzweiungen Hieron. Müller
Aristophanes 1, 379. Jeglichen Zwist [s. o.] verstanden sie in
Entzweiung, jeglichen Hader [s. u.] in Haß   zu verkünsteln.
Jahn Merke zum deutsch. Volksth. 62. Bürgerliche Entzweiung
haberte nirgends furchtbarer. Zschokke Ausgew. Nov. u. Dicht.
8, 30 ꝛc. Als Bürgerentzweiung in Rom's Blut | tauchte
das römische Schwert, sah die gebändigte Welt | Alles gebändigt,
nur nicht die erhabene Seele des Kato. A. W. Schlegel Rom
(Elegie) V. 95. Einmal bei den Alten, als die Weltanschauung
aus ihrer ursprünglichen Naïvetät in das sie zunächst auflockernde
und dann zerstörende Moment der Reflexion überging, und ein=
mal bei den Neuern, als in der christlichen eine ähnliche Selbst=
entzweiung eintrat. Hebbel (bei Strodtman Dichterprofile 1,
122) u. Ä. m.

Daneben findet sich namentlich bei Älteren — und danach
auch noch zuweilen in der gehobenen oder alterthümelnden Sprache
— das bloße Zweiung, s. Sanders a. a. O., z. B.: So ist in
dieser plötzlichen Zweiung noch kein Recht weder Handlung
fürgenommen, viel weniger ein endlich Urtheil gesprochen. Luther
8, 41a; Zwingli 3, 1 u. 2. Anno Domini 1457 erhub sich Zwie=
tracht zwischen den Burgern zu Rapperswil; etlich[e] waren
österreichisch, etlich[e] eidgenössisch. Diese Zweiung grünet so
hart [wuchs so sehr], daß ꝛc.   Und wiewohl die Uneinig=
keit ruht, war sie doch nit gar erloschen. Stumpf Schweiz.
Chron. 476b u. o. Wollt Gott, ich könnt' erbitten | euch Allen
dies groß Gut, | daß ihr die Zweiung mitten [= miedet]
mit gleichem Sinn und Muth. Wh. Wackernagel's Deutsch. Leseb.
2, 240[32] (Joh. Doman) u. Ä. m. und so schreibt alterthümelnd
noch J. V. Scheffel in Frau Aventiure: In Forst und Jagd gilt's

Zweiungen zu einen | und neu die Mark zu zeichnen und zu steinen ꝛc. Andrerseits findet sich im Anschluſs an das oben erwähnte veruneinigen ein mundartliches und nicht zu empfehlendes verunzweien, das aber nicht der Schriftsprache angehört: „Habt ihr euch verunzweit?“ Verunzweit, gewalkt, gekeilt. Alfr. Meissner Novellen Leipzig (1865) 2, 52 und entsprechend: Verunzweiung statt Entzweiung; ſ. Zerwürfniſs am Schluſs.

In Eintracht (ſ. o.) ꝛc. und Einhellig(keit) — oder, wie Joh. Heinr. Voss ſchreibt — Einhällig(keit) iſt die erſte Silbe dieſelbe; aber in den Gegenſätzen Zwietracht und Miſshellig(keit) geht ſie aus einander. In einhellig (ſ. Sanders 1, 739 a) tritt nämlich eigentlich nicht die Einheit des Halles oder Klanges, ſondern vielmehr nur die Übereinſtimmung, das wohlthuende Zuſammenſtimmen der Halle oder Klänge oder ihre Harmonie hervor und man begreift, weſshalb für den Gegenſatz der Disharmonie die Zuſammenſetzung miſshellig lautet, welches ich erklärt habe: nicht zuſammenſtimmend und ſo miſstönend; verſchiedener, widerſtreitender Anſicht; einander widerſprechend; uneins ꝛc. und dazu das Hauptwort: Miſshelligkeit, auch in der Mehrzahl. Nur vereinzelt und veraltet findet ſich hier für miſs die Vorſilbe zwei, z. B. in Joh. Doman's Lied von den Hanſeſtädten: Auf daſs ihr einſt geneſen [mögt] | von der Zweihelligkeit | und kriegt ein friedſam Weſen | in Lieb und Einigkeit. Wilh. Wackernagel Deutſch. Leſeb. 2, 241¹ˢ. Alſo vermehrt und ſtärket | all Ding die Einigkeit, | wie man nichts Guts vermerket | aus der Zweihelligkeit. 246² ꝛc.; allgemein üblich aber nur mit der Vorſilbe miſs, ſ. Belegſtellen für das Eigenſchaftswort, die ich hier übergehe, a. a. O. und für das Hauptwort z. B.: Alſo wird eure Einhelligkeit eure Stärk' und Unüberwindlichkeit — und Miſshelligkeit euer Untergang und Verderben ſein. Zinkgräf Apophthegm. 1, 301. Indeſſen hatten ſich ... einige Miſshelligkeiten eingeſchlichen... Er erhob ſeine Günſtlinge ganz ausſchließlich und brachte dadurch Eiferſucht und Uneinigkeit [ſ. o.] unter die Geſellſchaft. Goethe 16, 214 [Lehrj. III, 7]. Miſshelligkeiten zu ſchlichten. 19, 108 [Wanderj. III, 10]. So gab es Streit [ſ. u.] und Miſshelligkeiten. 20, 221 [Wahrh. u. Dicht. V]. Es war dadurch eine gewiſſe Miſshelligkeit zwiſchen dem Ober= und Unterrhein entſtanden, aber von ſo geringer Bedeutung, daß ſie leicht vermittelt werden konnte. 22, 214 [XVII]. Weil die Geſellſchaft ſich paarweiſe bildete und Scheelſucht und Miſshelligkeit zugleich ausſchloſs. 27, 252 [Annalen 1808]. Weil hinter einer Vorrede gewöhnlich eine Miſshelligkeit mit dem Leſer verſteckt ſei. 40, 5 [Farbenl., ältere Einleitung]. Die Miſshelligkeiten zwiſchen dem Kopf und dem Herzen. Wieland 5, 74 [Agathon IX, 7]. Darauf war ſie nicht gefaſſt geweſen. Auf eine Miſshelligkeit, ja, auf ein Zerwürfnis [ſ. u.], wenn es hoch kam. Spielhagen Heilquelle 77 8 ꝛc.

Von **Spannung** (ſ. Sanders 3, 1126) und **Bruch** (ebd. 1, 223 c ff.) geht jene gewöhnlich dieſem voran, ſ. das Sprichwort: Man muſs den Bogen nicht ſo ſtraff ſpannen, bis er bricht (ſ. auch Wieland 20, 325 = Ober. XII, 49; 12, 162 = Iris u. Zen. I, 15) ꝛc. und Sätze, wie: Sein Verhältnis mit Mäcen war aufs äußerſte geſpannt, es konnte ſo nicht bleiben. Wieland Horaz Br. 1, 137, welchen Satz ich unter ſpannen 2d angeführt habe, „in ſo fern die Spannung bei fortgeſetzter Steigerung zum Riſs, Bruch, Losbruch führt", und z. B.: Von der jetzigen Spannung zwiſchen den Urkantonen und den Bernern. J. G. Kohl Alpen 1, 91. Spannungen. Daraus wurde bald offene Feindſeligkeit. Freytag Ahnen 6, 24 ꝛc., auch: Bei ihrer heftigen Gemüthsart war es ihr unmöglich, ihr Schickſal mit geſetztem Muthe zu ertragen. Bei einem Balle gab es einen öffentlichen Bruch. Goethe 17, 183 [Lehr. VII, 2]; 18, 263 (ſ. o. S. 330: Zwiſt). Sie ſehen, daſs der Herzog mit dem Hof | zerfallen iſt, vermeinen ihm zu dienen, | wenn ſie den Bruch unheilbar nur erweitern. Schiller 357a [Piccol. V, 1]. Nöth'ge mich | zu einem lauten Bruche vor der Zeit. 359b [V, 3].

Über **Span**, ſo weit es in dieſe Sinnverwandtſchaft gehört, ſ. Sanders 3, 1124a, wo auch Belege gegeben ſind für die zugehörigen Wörter: ſpänig, ſpannig, Widerſpänig(keit), Widerſpennig(keit), widerſpännig, ſ. das heute übliche: Widerſpenſtig, =keit (dafür bei Luther noch: der Widerſpanſt). Das Wort iſt zumeiſt oberdeutſch, findet ſich aber auch außerdem in der gehobenen Schriftſprache, — z. B.: 1526 erhub ſich der Span zwiſchen der Stadt und Biſchof zu Coſtenz von wegen

der Religion. Stumpf 393a (wozu es am Rande heißt: Wird
spänig mit Bischof von Costenz). Abt Georg stund in großer
Huldschaft mit den Fürsten von Österreich, die aber mit den
Eidgenossen in Spänen stunden, daraus der Sempacher Krieg
[s. u.] folget. 371b u. o. Von dem schrecklichen Streit [s. u.]
und Span, | den die zween Bettelorden ha'n, | den Niemand
nicht vertragen [= schlichten zc.] kann. Fischart Dichtungen
(v. H. Kurz) 1, 139, V. 242. Der Span und Streit. 143,
V. 412 u. o. und z. B. bei Neueren: In der hohen Häupter
Span und Streit | sich unberufen vielgeschäftig drängen | bringt
wenig Dank. Schiller 505a [Braut v. Mess., V. 1792]. Von ihm
sei unser Span geschlichtet. Uhland 474. Verflucht sei dieser
Krieg! Verflucht sei dieser Span! J. J. Reithard Gesch.
u. Sagen aus der Schweiz 59. Der Span, der uns entzweiet,
besteht nicht länger fort. 83. Ausgekämpft ist unser Span.
169 zc. Mochte denn der neue Span [Anlaß zum Zwist,
Streit zc.] aus einem neuen Kerbholz gehauen werden. Spielhagen Was will Das werden? 3, 378 u. Ä. m.

Von Zusammensetzungen seien nur kurz im Vorübergehen
hier erwähnt. Ohne Widerspan. Zwingli 2, 7 = Widerstreit (s. u.); ferner Zwiespan bei H. Sachs = Zwiespalt (s. o. S. 327).

Hader (s. Sanders 1, 654a, bei Luther zc. auch „Hadder")
gilt von dem sich in Worten oder thätlich kundgebenden Ausbruch einer gehässigen, erbitterten und feindseligen Gesinnung
oder Stimmung, z. B.: Wenn ein Hadder ist zwischen Männern,
so soll man sie vor Gericht bringen. 5. Mos. 25, 1 = Wenn
Leute einen Streit [s. u.] mit einander haben. Mendelssohn
und: Wenn Streit ist zwischen Männern. Zunz. Falscher
Zeuge ., der Hadder zwischen Brüdern anrichtet. Sprüche
6, 19 = Wer Zank [s. u.] stiftet unter Brüdern. Zunz. Haß
erregt Hadder. 10, 12 = Haß erweckt Zank. Zunz zc. Fromme
Bürger und Nachbarn, die Hadder und Zwietracht [s. o.],
so durch böse giftige Zungen zugericht unter Mann und
Weib oder Nachbarn, richten, sühnen und wegnehmen. Luther
5, 360b. Wo dasselbige [das Predigtamt] gehet, bleibt der
Krieg [s. u.], Hadder und Blutvergießen wohl nach. 176a.
Viel Häder und Zänk thätst du andrehen. Hans Sachs

(Narrenschneiden, s. Wilh. Wackernagel Deutsch. Leseb. 2, 98[29])
Der König und die Kaiserin, | des langen Haders müde, | er-
weichten ihren harten Sinn | und machten endlich Friede. Bürger
13a [Lenore, Str. 2]. Drob suchte der Kaiser am Pfäfflein oft
Haber [= ihm Etwas am Zeuge zu flicken xc.]. 66a [Kaiser u.
Abt, Str. 4]; 212b (s. o. S. 330: Zwist) xc. Daraus entstand nun
bald Unwill, Hader und Streit: wir zogen vom Leder xc.
Goethe 19, 63 [Die neue Melusine] xc. Eures Haders Ursprung
steigt hinauf | in unverständ'ger Kindheit frühe Zeit. | Fraget
zurück, was euch zuerst entzweite, | ihr wißt es nicht, ja, fän-
det ihr es aus, | ihr würdet euch des kind'schen Haders schämen |
und dennoch ist's der erste Kinderstreit, | der, fortgezeugt in
unglücksel'ger Kette, | die neuste Unbill dieses Tags geboren |
und jene Knabenfehde wolltet ihr | noch jetzt fortkämpfen, da
ihr Männer seid? Schiller 492b/3a [Braut v. Mess., V. 410
bis 422]. Auch in der Unschuld still verborgnen Sitz | bricht euer
Hader friedestörend ein? 505a [V. 1784]. Laßt allen Groll
und Hader jetzo schwinden. 457b [Jungfr. v. Orl. I, 9]. Zeus …
sandte mir Unheil, | der in ein eitles Gewirr von Hader und
Zank mich verwickelt; | denn ich selbst und Achilleus entzwei-
ten uns wegen des Mägdleins | mit feindseligen Worten.
Voss Ilias 2, 376 = Er riß mich dahin zu schädlichem Hader
und Zwiespalt, | da Achilleus und ich mit widerspännigen
Reden | wegen des Mädchens uns stritten. Bürger 199a, vgl.:
Als wir, unmuthiger Seele, | mit herzkränkendem Zank uns er-
eiferten wegen des Mägdleins. Voss Ilias 19, 58, wo Stolberg
Zwist gesetzt xc. „Tief eingewurzelt wohnt in beiden [Scham
und Schönheit] alter Haß" [Goethe 12, 172] Diese beiden
[Genialität u. Tugend] leben ebenfalls in beständigem Hader xc.
Heine 14, 192. Auch Zusammensetzungen, z. B.: Einen kleinen
Haushader zu bestehen. Heine Salon 1, XIV xc. Der heftige
Parteienhader. Novellenschatz 17, 181 xc. auch: Wort-
hader (s. u.).

Daran schließt sich auch: Um nur dem Gehader ein Ende
zu machen. Immermann Münchh. 1, 258 = dem fortgesetzten
andauernden Hadern — und ähnlich: Ihre Haderei. Schaidenreisser Odyssee 76b xc., s. u.: Gezank u. s. w.

Nah in der Bedeutung an Hader grenzt Zank (s. Sanders

3, 1701 b), das — wie wir S. 329 unter Zwist gesehen — Adelung
unedel nennt, mit Recht, wenn er auf das dadurch Bezeichnete —,
mit Unrecht, wenn er auf das bezeichnende Wort sieht, s. Adelung Wörterb. 5, 432, wo er das Wort erklärt als „ein Kollek-
tivum, einen bittern Streit mit Worten, eine unnöthige heftige
Behauptung widersprechender Sätze zu bezeichnen" oder, wie ich
a. a. O. gesetzt habe: ein sich gleichsam in einem bissigen Hin-
und Herzerren, namentlich aber in heftigen — gehässigen, schel-
tenden — Worten äußernder Streit (s. u.), z. B.: Und war immer
Zank zwischen den Hirten über Abraham's Vieh und zwischen
den Hirten über Loth's Vieh ... Laß nicht Zank sein zwischen
mir und dir und zwischen meinen und deinen Hirten. 1. Mos.
13, 7 u. 8 = Da entstund ein Streit [s. u.] zwischen den Vieh-
hirten   Laß keine Streitigkeiten sein zwischen mir und
dir. Mendelssohn = Es wurde Zank zwischen den Hirten
Nicht doch sei Gezänk [s. u.] zwischen mir und dir. Zunz. Ein
zorniger Mann richtet Hader [s. o.] an, ein Geduldiger aber
stillet den Zank. Sprüche 15, 18 = Ein zorniger Mann erregt
Zank, aber der Langmüthige stillet den Streit. Zunz. Treibe
den Spötter aus, so gehet der Zank weg, so höret auf Hader
und Schmach 22, 10 = so geht auch der Zank mit und aufhöret
Streit und Schimpf. Zunz u. o. Er hört den Zank nicht vor
Gerichten bellen. Hagedorn 1, 106. Sie [seine Blicke] fielen unter
uns wie der Goldapfel des Zanks. Schiller 145 b [Fiesko I, 1],
vgl. Eris=, Zankapfel ꝛc. Daß mein Herr und dieser Lor-
meuil einen heftigen Zank zusammen gehabt haben. 658 b [Neffe
als Onkel III, 4]. Ein lebhafter Zank entspinnt sich darüber
zwischen diesem Papst und dem Kaiser. Ein ähnlicher Streit
wird über Apulien rege. 1043 a [Staatsbegeb. zu den Zeiten
Kaiser Friedrich's I]. Den großen Streit der Welt für einen
bloßen Zank um bloße äußere Verhältnisse zu erklären. Gervinus Gesch. der poet. Nationallitt. 5, 395. Der Streit wurde
zum Zank. Fanny Lewald Das Mädchen von Hela 2, 87 ꝛc.;
selten (s. S. 329 ff. Zwist und unten Streit) ohne den Sinn der Er-
bitterung und Gehässigkeit, z. B.: Wollt Gott, daß alle Welt
den Psalmen also für den seinigen anspreche, wie ich! Das
sollte der freundlichste Zank werden, dem kaum irgend eine
Einträchtigkeit und Liebe zu vergleichen sein sollt. Luther 5, 44 a.

Daran schließen sich (s. meine Synon. I, 425 ff., wo ich den Unterschied zwischen Wörtern mit der Vorsilbe Ge= — theils mit, theils ohne Umlaut — und mit der Endsilbe =ei besprochen habe) die Ausdrücke Gezank(e), Gezänk und Zänkerei. Indem ich darauf hinweise, führe ich hier nur folgende Beispiele an: Das fortwährende Gekeife und Gezanke. Er gewann und überkam die Abtei Pfäfers mit viel Listen, Kosten und Gezank. Stumpf Schweizer Chron. 361b ꝛc. Zu was für schrecklichen Gezänken kommt's, | wenn Streit und Zwist entbrennet zwischen Brüdern! Schiller 218b [Jphig. in Aulis II, 2]. Den Privatgezänken der Mitglieder steuern. 797b [Abfall der Niederl. I: Margar. v. Parma]. Die Zänkereien der Raths= glieder hätten den größten Theil der Zeit weggenommen. 821a [III: Verschwörung des Adels]. Wir betrachten uns als eine einzige Familie und die kleinen Mißhelligkeiten [s. o.], die unter uns entstehen können, sind den Zänkereien der Verliebten oder einem vorübergehenden Zwiste zärtlicher Geschwister ähn= lich. Wieland 7, 79 [Goldner Spiegel V]. Die Zänkereien dieser faktiösen Zeit. Joh. v. Müller 7, 38 u. Ä. m.

Das oft mit Hader, Zank ꝛc. verbundene und sich be= rührende Streit ist davon doch als ein weit allgemeinerer Aus= druck wesentlich verschieden, s. mein Wörterb. 3, 1238c, wo ich als die Bedeutung angegeben habe: der Zustand, der zwischen Solchen obwaltet, von denen der Eine über den Andern den Sieg zu erringen strebt, — und: dies ihr gegen einander ge= richtete Streben. So steht, wie ich dort gesagt, das Wort oft in der ältern Sprache z. B. der Bibel (auch in der — sonst im Allgemeinen heute gemiednen — Mehrzahl) und noch in der gehobnen Sprache, so fern der Sieg durch Gewalt, namentlich von Waffen, im Kriege erstrebt wird, z. B.: In dem Buch von den Streiten des Herrn. 4. Mos. 21, 14 = In der Geschichte (im Buche Zunz) der Kriege des Ewigen. Mendelssohn. Wenn ihr in einen Streit ziehet   wider die Feinde. 10, 9 = So ihr zum Kampf ziehet ꝛc. Zunz. [Er] zog aus zum Streit. Richter 3, 10 = in den Streit. Zunz. Die Philister sammelten ihre Heere zum Streit. 1. Sam. 17, 1 [ihr Lager zum Kriege. Zunz]; 8 ꝛc. Wie sind die Helden so gefallen im Streit! 2. Sam. 1, 25 [im Kriege. Zunz] u. o.; auch: Der Rufer im

Streit. Voss Odyss. 4, 307; Ilias 5, 561 u. 596 u. o. Beid’ allkundig des Streites. 549 (= in jeder Art | des Streits wohl unterwiesen. Bürger 164 b, V. 680 = kundig jeglicher Streitart. 227 b, V. 549). Ruhm für Atreus’ Söhn’, Agamemnon und Menelaos | suchend im Streit. Voss Ilias 5, 553 u. o. Trieb zum Streit | und wiegelt’ auf das Ungestüm der Schlacht. Bürger 164 a, V. 608 = Und ermahnte zum Streit und fachte die Flamme der Schlacht an. 227, V. 496 = Rings anmahnend zum Kampf und erweckte die tobende Feldschlacht. Voss Ilias 5, 496 2c. Ausgestritten, ausgerungen | ist der lange schwere Streit | und die große Stadt bezwungen. Schiller 53 a [Das Siegesfest]. Immer sei zum Kampf bereit! | suche stets den wärmsten Streit! Fr. v. Stolberg Ged. 50 [Lied eines schwäb. Ritters 2c.]. Die Trommel schlug zum Streite. Uhland 291 [Der gute Kamerad] 2c.; ferner, ebenfalls in der gehobnen Sprache, von mehr oder minder Belebtem, z. B.: Die Elemente selbst vollführen ihren Streit. Opitz Poem. (1629) 2, 257 [Lob des Kriegsgottes, V. 459]. Unsre Begierden stehen sehr oft mit unsern Pflichten im Streite. Gellert Moral. Vorles. (Bern 1776) 1, 206. Ich sterbe, sterbe und kann nicht ersterben! Und in dem fürchterlichen Streite des Lebens und Todes zerrissen, schmeck’ ich die Qualen der Hölle vor. Goethe 34, 145 [Gottfr. v. Berlich. V, Weißlingen’s Schloß]. Erschöpft im Streite des Stolzes und der Leidenschaft. Schiller 41 a [Dido, Str. 56]. Kräftig auf blühender Au erglänzen die wechselnden Farben, | aber der reizende Streit [vgl. Wettstreit] löset in Anmuth sich auf. 75 [Spazierg., V. 12]. Da entbrennen in feurigem Kampf die eifernden Kräfte, | Großes wirket ihr Streit, Größeres wirket ihr Bund. ebb. [V. 74] 2c. Dann endlich, sehr gewöhnlich, Streit zwischen Personen oder Parteien, auch so fern er nicht durch thätliche Gewalt, sondern durch Gründe, Reden, ein Rechtsverfahren oder den Gang der Ereignisse 2c. entschieden wird, z. B.: Ein gelehrter Streit zur Ergründung einer Wahrheit. Ein Streit — um des Kaisers Bart, um Mein und Dein 2c. [Ajas] zürnete wegen des Sieges, | den ich von jenem ersiegt im rechtenden Streit [vgl. Rechtsstreit] an den Schiffen | über Achilleus’ Waffen. Voss Odyss. 11, 545. Da trennte bald | der Streit um Reich und Erbe die Geschwister.

Goethe 13, 35 [Jphig. III, 2]. Ich freue mich, wenn kluge Männer sprechen, | daß ich verstehen kann, wie sie es meinen | Ich höre gern dem Streit der Klugen zu ꝛc. 98 [Taſſo I, 1]. Das Theater hat oft einen Streit mit der Kanzel gehabt; sie sollten, dünkt mich, nicht mit einander hadern. 16, 73 [Lehrj. I, 16]. Seitdem uns ein alter Philosoph diese Fabel gelehrt hat, seit= dem haben wir allen Streit über Freiheit aufgegeben. Es ist vielleicht auch keine gelehrte Zänkerei [ſ. o.] weniger gründlich behandelt worden als diese. 32, 79 [Recenſion]. Es sei! wir ergeben uns gern, da wir Streit und Widerſtreit nicht lieben. 40, 120 [Architekton.=naturhiſtor. Problem] ꝛc.; auch: Ohne Streit (oder Widerſtreit) = unſtreitig, unbeſtreitbar ꝛc., vgl. über= haupt: Widerſtreit = Streit, in dem gegenseitig sich Wider= ſprechendes und Bekämpfendes sich befindet, von Perſonen und Sachen (vgl. Widerspruch und von Fremdwörtern Kolliſion, Konflikt), z. B.: Es war ihm jeder einzelne Zug seines wunderlichen Zuſtandes deutlich vor die Augen getreten, daß er, vom schmerzlichen Widerſtreit überwältigt, in Thränen ausbrach. Goethe 15, 143 [Wahlverw. I, 18]. In der unendlichen Verworrenheit, in die er sich bei dem Widerſtreit natürlicher und religiöſer Forderungen verwickeln muß. 21, 91 [Wahrh. u. Dicht. VII]. Ein gewiſſes diplomatiſches, miniſterielles Ansehen, das mit jenen zarten Naturgeſinnungen [Klopſtock's] im Wider= ſtreit zu liegen schien. 228 [X]. Bedenke man nun die wunder= ſame Komplikation der menschlichen Natur, in welcher sich die ſtärkſten Gegensätze vereinigen bedenke man einen solchen Widerſtreit, wenn er in einem vorzüglichen Menschen sich er= eignet und zu Tage tritt ꝛc. 24, 192 [Jtal. Reiſe: Phil. Neri]. An den Werken dieses außerordentlichen Künſtlers glauben wir einen Widerſtreit zu fühlen, welcher beim erſten Anblick nicht aufzulöſen scheint. 31, 91 [Mantegna]. Es giebt unter den Menschen gar vielerlei Widerſtreit, welcher aus den ver= schiedenen, einander entgegengesetzten, nicht auszugleichenden Denk= und Sinnesweiſen sich immer aufs Neue entwickelt. 33, 49 [Homer, noch einmal]. Nun kann der Vortrag... noch so gründlich und auslangend sein, es thut sich doch ein Widerſacher mit gewichtigen Gründen gar bald hervor; die aufmerkenden, erwägenden Zu= hörer sind... getheilt... In solchem, obgleich ſtillem Wider=

streite befinden wir uns ... gegen Kritiker 2c. 249 [Graf Car-
magnola, noch einmal]. Wir vernehmen ihre Meinungen und
Gegenmeinungen; wir werden von mancherlei Widerstreit be-
lehrt, den unser Autor   weder zu vergleichen noch zu entscheiden sich im Stande befindet. 39, 94 [Gesch. d. Farbenl. III, 2] 2c.
    Ferner schließen sich an Streit oder vielmehr an streiten
(f. o.: Gezank u. f. w.): Gestreit (gewöhnlich ohne Mehrzahl)
und Streiterei zur Bezeichnung eines fortwährenden, unausge-
setzten Streitens, z. B.: Das ewige Gestreit und Gezank! 2c.
Die theologischen Streitereien. Oppenheim Jahrbücher 8, 410.
Ermüdende Streitereien über Bewegung, Raum 2c. Natur
(v. K. Müller 2c.) 15, 169a; ferner besonders auch Streitigkeit
(mit der Nebenform Strittigkeit Sanders 3, 1240a), sowohl —
außerhalb der zu besprechenden Sinnverwandtschaft liegend —:
das Streitigsein, wie auch, namentlich die im Allgemeinen ge-
miedene Mehrzahl von Streit ersetzend, im Sinne von Streit-
Handel (f. u.), -Sache 2c., z. B.: Daß er alle Streitigkeiten,
sowohl die häuslichen als die nachbarlichen,   zu stillen und
zu schlichten wußte... Die Landeskollegien wurden mit keinen
Händeln [f. u.] und Processen von dorther behelliget. Goethe
15, 19 [Wahlverw. I, 2]. Religionsstreitigkeiten. 39, 224
[Gesch. der Farbenl. V, 1. Epoche, 6. Kap.] 2c. Die Streitigkeiten zwischen der deutschen Hanse und der englischen Kompagnie. Möser Patriot. Phantas. 3, 165 2c., f. u. Wort-Streit,
-Streitigkeit. — Handel als Grundwort des erwähnten
Streithandel bedeutet allgemein (f. Sanders 1, 982b ff.): was
zwischen zwei Personen oder Parteien vorgeht, was sie mit einander zu thun haben, die Berührung, in der man in einer Beziehung mit und zu einem Andern steht 2c., — im Besondern
auch: eine Streitsache, namentlich, so fern sie zur Verhandlung
und Entscheidung vor einen Richter kommt (bestimmt Rechtshandel, Proceß); aber auch allgemeiner eine Streitsache,
z. B.: Kurz nach der rothenburgischen Handlung [= Fehde,
f. u.] habe ich aber [= wieder] einen Handel gehabt. Ber-
lichingen 235 2c. und noch: Wie kommt er hier herauf? Das
giebt 'nen Handel. Goethe 8, 62 [Claudine v. Villa-Bella III],
gewöhnlich aber so heute nur in der Mehrzahl = Streit, Zwist,
zumal so fern es dabei zu Thätlichkeiten kommt, man handgemein

wird: Händel anfangen, an (oder mit) Einem suchen, bekommen, sich zuziehen, mit Einem haben, Einem machen, anrichten ꝛc., z. B.: Nestor eilt, | die Händel zwischen dem Peliden und | dem Sohn des Atreus gütlich beizulegen. Wieland Horaz Briefe 1, 62. Händel anzuspinnen, die er selbst durchzusetzen weder Herz noch Kraft hat. Lessing 11, 541. Wißt Ihr noch, wie ich mit dem Po= lacken Händel kriegte? Goethe 9, 24 [Götz I]. Daß es Händel setzte, wie in Romeo und Julie. 20, 52 [Wahrh. u. Dicht. II]. Damit es aber auch hier nicht an hergebrachten Händeln fehlen möge, so mußten sie auf freiem Felde den halben Tag bis in die späte Nacht zubringen wegen einer Territorial= und Geleitsstrei= tigkeit [s. o.] zwischen Kur=Mainz und der Stadt. 235 [V].

An Streit (s. o.) schließt sich der Bedeutung nach nahe Kampf, das ich (s. Sanders 1, 860b, vgl. Synon. 1, 101ff.) erklärt habe: die angestrengte Bemühung, Einen oder Etwas zu über= winden, — mit Beispielen, wie: Der Kampf zweier Gegner, der beiden Hähne, zwischen Beiden, mit dem Drachen, mit (oder gegen, wider) Jemand, mit der (oder gegen die) Sünde, Leiden= schaft ꝛc. Ein heftiger, heißer, hitziger, wüthender, erbitterter, hartnäckiger, unentschiedner, blutiger Kampf. Kampf auf Leben und Tod, auf Hieb und Stich. Ein Kampf um den Preis des Sieges, um die Existenz ꝛc. Einen zum Kampf (heraus)fordern, ihn im Kampf bestehen. Einen Kampf mit Einem (oder: mit Etwas) bestehen, wagen, haben, führen, kämpfen, fechten ꝛc.; ferner z. B.: Kämpfe den guten Kampf des Glaubens. 1. Tim. 6, 12 [den edlen Glaubenskampf. van Ess]; 2, 4, 7 ꝛc. Ein= sam blieb nun der Troer und Danaer schreckliche Feldschlacht | und oft rückte von hier und von dort im Gefilde der Kampf vor. Voss Ilias 6, 2. Selber denn gürt' ich zum Kampfe [Zweikampf] mich. 7, 101 u. o. Auf einmal schien die Sonne durchzudringen, | im Nebel ließ sich eine Klarheit sehn | Der luft'ge Kampf war lange nicht vollendet. Goethe 1, 2 [Zueign., Str. 3]. Sie werden nun selbst wider Willen Theil an dem Kampfe nehmen, den ich gegen mich selbst streite. 16, 302 [Lehrj. IV, 15]. Länger werd' ich diesen Kampf nicht kämpfen, den Riesenkampf der Pflicht. Schiller 20a [Der Kampf]. Herr der Natur, die deine Fesseln liebet, | die deine Kraft in tausend Kämpfen übet. 22b [Künstler, V. 11]. Zum [Wett=]Kampf der Wagen und Gesänge, | der auf Korinthus' Landesenge | der Griechen Stämme froh vereint. 57b [Kraniche des Ibykus]. Ich lese | in ihren Augen ihrer Seele Kampf. 415a [Mar. Stuart I, 8] u. v. ä., auch z. B.: Fürchterlich rief er die Tapfersten des Griechenheers zum Gegenkampf heraus. Bürger 151a V. 27; 212a V. 432 [= Zweikampf], aber auch: Die Erlösung vollzieht sich nicht ungehemmt, nicht ohne Gegenkampf düsterer Geister. Nord und Süd 71, 98. Überließ er sich seinem Hang ohne den geringsten Gegenkampf [Widerstand]. Klinger Giafar 12. Hinter sich werfend allen Gegenkampf streitender Verhältnisse. Hotho Vorstudien für Leben und Kunst 14.

Ferner: **Fehde** (s. Sanders 1, 423a, b) = „Streit, Streitigkeit, erklärte Feindschaft, ein Wort aus der Ritterzeit", — z. B.: Zürich von Stund an zu fehden [der Stadt in ritterlicher Weise durch einen Fehde= oder Absagebrief die Fehde oder Feindschaft anzukündigen]. Desselbigen Tages erging folgende Fehde. Joh. v. Müller Gesch. schweizer. Eidgenossenschaft 11, 25 u. o. Die Edlen hielten hörige Gefolge, welche sie zu ihren Hauskriegen [s. u.] und Privatfehden gebrauchten. Möser Patriot. Phant. 3, 181 zc., auch verallgemeint: Messina theilte sich, die Bruderfehde | löst alle heil'gen Bande der Natur, | dem allgemeinen Streit die Losung gebend. Schiller 489b [Braut v. Mess., V. 53]. Seit der Zeit ist zwischen den Zweien [Amor und Fama] der Fehde nicht Stillstand. Goethe 1, 239 [Röm. Elegien XIX]. Wir vergleichen die newtonische Farbentheorie mit einer alten Burg, welche bei Anlaß von Fehden und Feindseligkeiten [s. o.] immer mehr befestigt und gesichert worden Die alte Burg ., weil sie manche Befehdung abgeschlagen ... Es ist hier die Rede nicht von einer langwierigen Belagerung oder einer zweifelhaften Fehde zc. 37, XVIf. [Zur Farbenl., Vorw.]. Immer hast du den Zank nur geliebt und den Kampf und Befehdung. Voss Ilias 1, 177 = Immer hast du den Zank und den Zwist und die Zwietracht geliebet. Stolberg = Immer ein Freund von Hader, Kriegen und Schlachten. Bürger 187b = Denn immerdar ist deine Wonne Zwist | und Fehd' und Schlacht. Ders. 144a V. 252 3. Zwei Banner wehn! | Im Kampfe [s. o.] mitten drinnen | wirst dann auch du bei einem stehn ' Ich sprach: Nah ist die Fehde | und kampfbereit bin ich 2c. Freiligrath Garb. 124 u. Ä. m. (a. a. O.); auch scherzhaft (von sogen. Gardinenpredigten): Sie stritten öfters sich selbst hinter den Gardinen, | wiewohl sich leicht errathen lässt, | dass Fehden dieser Art, wie hitzig sie auch schienen, | der Dame Regiment nur zu befesten dienen. Wieland 12, 45 [Pervonte III] 2c.

Weiter entfernt sich von Streit (s. o.) in seiner heute gewöhnlichen Anwendung Krieg (s. Sanders 1, 1031b), zunächst die mit Waffengewalt zur Entscheidung kommende Feindschaft zwischen zwei Gesammtheiten und der Inbegriff der daraus entspringenden feindlichen Handlungen, im Gegensatz zu Frieden, dann freilich auch verallgemeint und übertragen, s. Beispiele und Belege a. a. O., auch: Die hatten groß Spän [s. o.] und Feindschaft [s. o.] zusammen.　Es entstund groß Krieg hievon. Stumpf Schweiz. Chronik 644a 2c. Es erhob sich　ein Krieg von den Philistern wider Israel 2c. 2. Sam. 21, 15; 19; 20 u. o. Ihr Mund ist glätter denn Butter und haben doch Krieg im Sinn. Psalm 55, 22 = Glatt wie Milchrahm ist sein Mund, | Tück' und Krieg sein Herz. Mendelssohn (ähnlich Zunz). Die Böses gedenken in ihrem Herzen und täglich Krieg erregen. Psalm 140, 3 = Die im Herzen Tücke sinnen, | täglich Streit erregen. Mendelssohn (ähnlich Zunz) 2c. Woher kommt Streit und Krieg unter euch? 2c. Jakobi 4, 1 = Woher kommen die Uneinigkeiten [s. o.] und Zänkereien [s. o.] unter euch? van Ess 2c. Es ist kein Streit mehr zwischen Pfaffen, wie im Anfang Hutten verächtlich den Zwist [s. o.] der Wittenberger mit Tetzel genannt hatte, es ist ein Krieg geworden der Nation gegen die römische Herrschaft und die Helfer derselben. Freytag Bilder der Vergangenheit 2, 2, 51 2c. Anerschaffen | ist ihm der Freund und gegen eine Welt | voll Kriegs und Truges steht er zweifach da. Schiller 492a [Braut v. Mess., V. 369]. Schmach der Feigheit! Krieg der Lüge! | allem Schlechten Krieg! Chamisso 3, 35. O welch ein Krieg von Blicken nun beginnt! Freiligrath Sämmtl. Werke 3, 27 u. Ä. m.

Bei Krieg, Kampf, Gefecht (s. Sanders Syn. 1, 101), Fehde denkt man zunächst an eine Entscheidung durch Waffengewalt; aber dieser Gedanke tritt, wie auch sonst, entschieden zurück in Zusammensetzungen mit Wort- und ähnlichen Ausdrücken, die aussagen, dass die Entscheidung der (mündlichen oder schriftlichen) Rede anheimgegeben ist (vgl. auch Fremdwörter wie Disput, Diskussion, Debatte ꝛc.). Für die Unterscheidung dieser Zusammensetzungen genügt im Allgemeinen das im Vorstehenden über die Grundwörter Auseinandergesetzte und die folgenden Beispiele: Nicht Streitens wegen kam ich her; die Sache | ist keinem Wortgefecht mehr unterworfen. Schiller 413a [Maria Stuart I, 7]: ähnlich: Das Redegefecht der Anwälte vor Gericht. Das Zungengefecht der keifenden Weiber ꝛc., vgl. auch: Überhaupt sind Wortfechtereien immer eine Art von Zweikampf des Verstandes. Campe Wörterb. 577a; Gervinus Gesch. der NationalLitt. 4, 69 ꝛc. Mundfechtereien. Unsere Zeit Neue Folge 12, 2, 109. Zungenfechterei ist mir in Tod zuwider. Körner 232b ꝛc. — Mein Schwert geschliffen hab' ich in der Öde; | bewehrt mit Liedern, ballt sich meine Rechte; ich bin bereit zu einer Geistesfehde. Freiligrath Sämmtl. Werke 1, 277 ꝛc. Durch eine bloße Wortfehde ist unser Streit nicht zu entscheiden ꝛc. — Erbitterte Federkämpfe in Kritiken und Antikritiken ꝛc. Es melden die Trompeten, | daß begonnen hat der Maulkampf der Disput der zwei Athleten. Heine (in 12 Bdn. 1876) 11, 137 ꝛc. Meinungskämpfe auf kirchenpolitischen Gebieten. National-Ztg. 32, 339 ꝛc. Die Aussicht, einem so interessanten Redekampf beizuwohnen. 29, 609. Drinnen wogte der Redekampf unentschieden hin und her. K. E. Franzos Halb-Asien 2, 33, vgl. auch: Wir haben der Rede Wechselkampf, des Lieds Erguß geliebt. Platen 2, 34 ꝛc. und: Ein Redezweikampf zwischen Schurz und Ernsthausen. Ernsthausen vertrat die konservative, Schurz die demokratische Seite der Sache. Nord u. Süd 71, 236 (Fr. Althaus) ꝛc. Der bloße Wortstreit [s. u.] wird ein Wortkampf, wenn er mit allen Waffen der Beredtsamkeit geführt wird In einem Kampfe bietet man alle seine Kraft auf, man läßt kein Mittel unversucht, um sich des Sieges zu versichern. In dem Wortkampfe verläßt man sich also nicht bloß auf vernünftige Gründe, man nimmt alle Künste und Zauberkräfte der Beredtsamkeit, insonderheit der körperlichen, zu Hilfe, eine feurige Deklamation, ein heftiges Gebärdenspiel, das durch eine Art Ansteckung auf die Versammlung wirkt, u. dgl. Eberhard (in Campe's Wörterb. 5, 778a) ꝛc. — Um so weniger konnte es ihm an litterarischen Fehden [s. o.]

ermangeln. Aber   ein solcher Federkrieg darf ihm niemals lange dauern. Goethe 27, 439 [Rede auf Wieland]. Ein Ton, wie man ihn in den Zungenkriegen der Hökerweiber, aber nicht von den Wort- und Redekriegen im Reichstage erwartet 2c., auch (s. u. Wortstreit und Wortzänkerei): Leere Wörterkriege, ewige Verwirrungen und Verwechslungen der Ideen. Herder (in Campe's Wörterb. 5, 778b) = Kriege um leere Wörter 2c. Die politischen Parteikämpfe, die Redeschlachten. Nord u. Süd 9, 348; 25, 134 2c. — Ein Meinungsstreit, z. B. auch: Einen fanatischen Konfessions-Meinungsstreit. Gutzkow Zauberer v. Rom 3, 360. Wort-Streit, -Streitigkeit, oft: bloß um ein Wort oder Wörter, z. B.: So habe man die Sache in einen bloßen Wortstreit gespielt und gesagt: incidi quidem radium, non tamen frangi. Goethe 39, 140 [Gesch. der Farbenl. IV, Kap. 4]. Damit nicht die ganze Sache zuletzt auf einem Wortstreit hinauslaufen möchte. Rabener 4, 48. Sie wissen, wie sehr ich geneigt bin, alle Streitigkeiten der philosophischen Schule für bloße Wortstreitigkeiten zu erklären oder doch wenigstens von Wortstreitigkeiten herzuleiten. Mendelssohn Morgenstunden 212 2c.; auch: Doch, was vielleicht an Licht und Gründlichkeit | der [Glaubens-]Lehre fehlt, ersetzt des Lehrers Feuer. Herr Hüon, standsgemäß ein Feind von Wörterstreit, handhabt das Werk gleich einem Abenteuer 2c. Wieland 20, 147 [Oberon VI, 25] 2c.; aber auch: Wort- oder Rede-Streit, wie -Kampf (s. o.): ein Streit in Worten, mittels der Rede geführt, vgl. auch: Zungenstreit Rachel 1, 264, wie auch: Dergleichen Wortzank, die zu keiner Erbauung thun. Seb. Franck Weltbuch 23a. So Jemand   bleibet nicht bei den heilsamen Worten unsers Herrn   ., der   ist seuchtig in Fragen und Wortkriegen [s. o.], aus welchen entspringet Neid, Hader, Lästerung, böser Argwohn, Schulgezänke 2c. 1. Tim. 6, 4ff. (= Der an der Streitsucht und Wortzänkerei kränkelt. van Ess). Die Stifter und Anfänger loser, unnützer und thörichter Fragen, sophistischer Ursachen und Wortgezänke zu stillen und dämpfen. Luther 1, 99b. Sie überlassen das Wortgezänk dem Wortgelehrten. Herder Philos. 3, XVII 2c. Wo du Waffen liebst und ehrst, | so sieht es aus statt dieser Wortgezänke [mit Waffen]. Schlegel Shakesp. 8, 194 2c. Am

Ende blieb es, so lebhaft er [Lessing] den Streit [s. o.] auch führte, bloß ein Schulgezänke, das   auf die Glückseligkeit des Lebens keinen wesentlichen Einfluß haben sollte. Mendelssohn Morgenstunden 270. Vom gelehrten Schulgezänke | schleunig fort die Schritte lenke! | Fort die Erinnrung | an der Schule Streit und Ränke! Sanders Aus den besten Lebensstunden 238 u. Ä. m.

Zu den mit Wort= beginnenden Zusammensetzungen gehört dann noch Wortwechsel, worüber Eberhard sagt: Der Wortwechsel unterscheidet sich von dem Streite und dem Wortkampfe durch die Hitze, mit welcher die Streitenden sich einander entgegenreden. Ihre Reden wechseln in den kürzesten Sätzen und in den kleinsten Pausen mit ungeduldigen Unterbrechungen. Ein Jeder antwortet, erwiedert, versetzt, ohne den Andern anzuhören [vielleicht richtiger: auszuhören, — zu Ende kommen zu lassen] 2c., vgl. Sanders 3, 1506a: Wortwechsel: Disput, wobei ein Wort das andre giebt, das Hin und Her von Worten, der Redenden 2c., mit Belegen und ebd. auch): Im Wortgewechsel, tosend bald, bald zerrend. Heinr. v. Kleist Der zerbrochne Krug. 96 (selten).

Schließlich bleibt von den in der Überschrift genannten Wörtern nur noch Zerwürfnis zu besprechen (s. Sanders 3, 1679c ff.). Das — auffälligerweise weder in Adelung's noch in Campe's Wörterbuch sich findende — Wort ist nicht etwa neuern Ursprungs, sondern findet sich schon (s. a. a. O.) z. B. in Stumpf's Schweizer=Chron. (1606), und zwar weiblich: Da man sich einer „zerwurffnuß" entsaß. 382a. Und ward da ein[e] ernstliche „zerwürffnuß", die währet so lange 2c. 385a. Als sie drei Tage bei einander   sich ergötzten, ward zuletzt Friedrich von Diethelmi Dienern, hierzu besoldet, bei Nacht in Gestalt einer „zerwürffnuß" [wie bei Gelegenheit eines Streits, Zwistes 2c.] überfallen. 420a u. ö., vgl.: Eines Hypochondristen unstete Zerwürfnis mit sich selber. Spindler Für Stadt und Land 1, 156; Der Vogelhändler von Imst 3, 190 2c., auch: In großer Zerwürfnis unter sich selbst. Joh. v. Müller Gesch. schweizer. Eidgen. 11, 27. Die beispiellose innere Zerwürfnis. Grenzboten 24, 2, 233 u. ö.; überwiegend aber als sächl. Hauptwort, z. B.: In unausföhnbarem Zerwürfnisse. Zschokke Ausgew

Nov. u. Dicht. 1, 269. Hohnlacht mein Geist, indeß mein Herze
weint, — | sie leben, ach! in ewigem Zerwürfnis. Freiligrath
Sämmtl. Werke 5, 347; Heine Lutetia 1, 207. Schlechte Streiche,
die ein gänzliches Zerwürfnis mit seinen Angehörigen nach
sich zogen. Am. Godin Kat. 216 u. v. a. Das Hauptwort ist
abgeleitet von dem mundartlich üblichen rückbezüglichen Zeit=
wort: sich zerwerfen (s. Sanders 3, 1575) im Sinne von: sich
entzweien, veruneinigen (s. o.), so daß man mit einander
auf gespanntem Fuße steht 2c., z. B.: Der „ideologische“ Lucien
[Bonaparte], welcher sich mehr und mehr mit dem wachsenden
Despotismus seines Bruders zerwirft, nimmt die schöne Wittwe
Jouberton zur Frau. Scherr Blücher 2, 95. Erzherzog Karl
schied nach dem Feldzuge von 1809 mit seinem kaiserlichen
Bruder zerworfen. National-Zeitung 41, 415 2c., vgl. da=
neben (s. Sanders 3, 1572a, vgl. Stalder Schweizerisches Idiot.
2, 446), gleichfalls mit mundartlicher Färbung: Sich mit
Einem 2c. abwerfen, oft bei Wieland, z. B.: Seine
Leidenschaft zu vergnügen, ohne sich mit den Gesetzen abzu=
werfen. 4, 129 [Agathon IV, 1]. Ob du wohl gethan hast, dich
um einer an sich wenig bedeutenden Ursache willen mit Dionysen
abzuwerfen. 6, 86 [XII, 7]. Eine jede Schelmerei ausführen
zu können, ohne sich   mit der Justiz abzuwerfen. 13, 133
[Abder. II, 4]. Immer bereit, sich um Wahr und Recht mit
dem unentbehrlichsten Freund und Beschützer abzuwerfen.
35, 260 [Hutten]. Sich mit Leuten, die Niemand gern zu Feinden
hat, abzuwerfen. Ders. Horaz Br. 2, 161; Pfeffel Pros. Versuche
2, 215. Man wolle nicht länger vermessentlich in den Zeiten des
Glücks sich abwerfen mit jener Macht, die man schon einmal
als die einzige Helferin in der Noth erkannt. Görres Die
heilige Allianz 2c. 150 2c. Der allgemein übliche Ausdruck der
Schriftsprache aber ist sich überwerfen, s. Sanders 3, 1574a, b
mit zahlreichen, leicht zu mehrenden Belegen, wovon ich hier
absichtlich nur folgende anführe: Die haben, merk' ich, | sich
überworfen. Wieland 28, 363 [Pandora II, 4]; Lucian 3, 355 2c.
Zu dieser Zeit entzweite ich mich wieder mit meinem Vater über
das Blasen und ein gewisser Holzschneider   hatte sich auch mit
seiner Mutter überworfen. Goethe 28, 28 [Cellini I. 3] u. o.

Wörterverzeichnis.

Abneigung II, 61; 62; 63; 64; 65.

abnöth(ig)en II, 4; 5; 66.

abpassen II, 34.

abpochen II, 5.

abpressen II, 69.

abrahmen II, 73; 106.

abrathen II, 73; 74.

Abrede II, 78; 80; 81.

abreden II, 73; 74; 75; 77; 78; 79; 80.

Abredung II, 79.

abrüsten II, 87; 88; 89.

Abrüstung II, 88/9.

Absage II, 100.

absagen II, 99; 100.

Absagung II, 100.

absahnen II, 73.

Abschattung II, 1.

Abschaum II, 28.

Abscheu I, 21; 25; 26; II, 62; 65.

abscheulich I, 91; 97.

abschießen II, 92; 93.

Abschlag II, 93; 97.

abschlagen II, 93; 96; 97.

abschlägig II, 103; —er Bescheid 97.

abschläglich II, 103; —er Bescheid 97.

Abschlagszahlung II, 103—105.

Abschlagung II, 95; 97.

abschlichten II, 60.

Abschluss: zum — bringen II, 59; 61.

abschöpfen II, 105; 106.

abschüssig II, 21.

absehen I, 1; II, 23; 25; 27; 108; 109.

(das) Absehen II, 109.

Absicht II, 110/1 ff.; 117; 119; 120.

absichtlich II, 110.

absolut I, 4.

Absprache II, 81; (124).

absprechen II, 81; (124).

abspüren II, 24; (124).

abstammen II, 43 4; (124).

abstatten II, 38 u. 39; (124).

abstehlen II, 27; 72.

Abstufung II, 2.

abthun II, 50; 51; 52; 53.

Abtönung II, 3.

abtrotzen II, 4.

ab und an, ab und zu I, 62.

abwarten II, 32,3; 36.

abwehren II, 18.

Abweis II, 95.

abweisen II, 94; 95.

Abweisung II, 95.

abwenden II, 29; 30; 32.

Abwendung II, 29.

abwerfen II, 348.

abwiderrathen II, 74.

abziehen II, 39; 41 2.

abzwingen II, 3—5; 66; 67; 68.

Accord II, 86.

Acht: außer (aus der) Acht lassen I, 2; II, 108.

Adel, Adelheit I, 7; II, 167 ff.

adelig I, 9 u. 11; II, 167 ff.

(ein) Adeliger I, 9 ff.

Adeligkeit, Adelkeit, Adelschaft, Adelthum, Adelthümlichkeit I, 7 u. 8.

Adler II, 1.

affen-artig, -gemäß, -haft, -mäßig I, 107.

Ahnungsvermögen II, 226.

allda II, 161; 162 ff.

alldort(en) II, 161; 162 ff.

alle Frist I, 137.

Allegat, allegieren I, 74.

allemal I, 137.

allemalig I, 137.

das Alleskennen-wollen II, 317.

allewege I, 138.

alleweile I, 138.

allezeit I, 135 ff.

allfort I, 146.

Allgewalt II, 231; 232; 237.

allhier II, 161; 162 ff.

Ergänzungs-Wörterbuch der deutschen Sprache.
Von Prof. Dr. Daniel Sanders.

Eine Vervollständigung und Erweiterung aller bisher erschienenen deutsch-sprachlichen Wörterbücher einschließlich des Grimmschen.

Mit Belegen von Luther bis auf die neueste Gegenwart.

. . . Hieran knüpfe ich eine persönliche Erfahrung. Solange ich auf dem Gymnasium war, brauchte ich bei Anfertigung meiner Aufsätze niemals weder ein deutsches Wörterbuch noch eine deutsche Grammatik; selbst von der Existenz eines Werkes der ersteren Art hatte ich keine Ahnung, weder von Campe, noch Adelung, noch Heinsius; und Grammatik war ich überzeugt hinlänglich zu wissen. Als ich nach langer Studentenzeit zum ersten Male als Schriftsteller in deutscher Sprache auftreten wollte, kam es mir seltsam vor, daß meine Feder oft stockte, weil ich bald über die Construction eines Verbums, bald über die Bedeutung eines Wortes in Zweifel war. Warum war mir das früher nicht begegnet? auch bei den Briefen nicht, die ich als Student geschrieben hatte? Hatte ich denn etwa mein Deutsch verlernt?

In jener Zeit war meine Bekanntschaft mit der deutschen Litteratur gering, und ich hatte nicht bemerkt, daß irgend ein Schriftsteller andere Wörter in anderer Bedeutung habe, als ich dieselben anwenden würde, noch auch, daß er dieselben anders construire und die Perioden anders bilde, als ich zu thun pflegte. Seit dem Frühjahr 1848 aber, seitdem wir Zeitungsleser geworden waren, stieß ich oft auf lexikalische und grammatische Abweichungen von dem, was ich für einzig richtiges Deutsch hielt; und seitdem wuchs mein praktisches, vorzugsweise jedoch natürlich mein theoretisches Interesse an Wörterbuch und Grammatik unserer Muttersprache.

Was beweist nun diese Geringschätzung des heimischen Lexikons und sogar der heimischen Grammatik im deutschen Volk? Es ist schon schlimm genug, daß viele gelehrte und ungelehrte Schriftsteller stilistisch so wenig Formsinn haben — müssen sie auch ihrer Sprachform Gewalt anthun? Wie viele äußere und innere Ursachen hierbei auch mitwirken mögen: die Hauptsache scheint mir die, daß der Deutsche seine Sprache so sehr als sein Eigentum fühlt, daß er schwer zu der Erkenntnis gelangt, daß sie dies doch nur in beschränktem Maße ist, daß er sich ihren bestimmt ausgesprochenen Gesetzen unterwerfen müsse. Dieses Gefühl der Intimität mit der Sprache hat kein Romane und kein Engländer: drum achtet er auf die Forderungen, die ihm von außen her durch Wörterbuch und Grammatik dargestellt werden; der Deutsche versteht die Zumutung nicht, beim Sprechen oder Schreiben erst ein Gesetzbuch nachschlagen zu sollen.

Darum ist die deutsche Sprache (ich kann diese Befürchtung nicht unterdrücken) in Gefahr, zu verwildern.

Prof. Dr. Steinthal.